루돌프 디젤
미스터리

루돌프 디젤 미스터리

전쟁 전야,
천재 엔지니어이자
사업가의
운명 속으로

The Mysterious
Case of
Rudolf Diesel

더글러스 브런트 지음 | **이승훈** 옮김

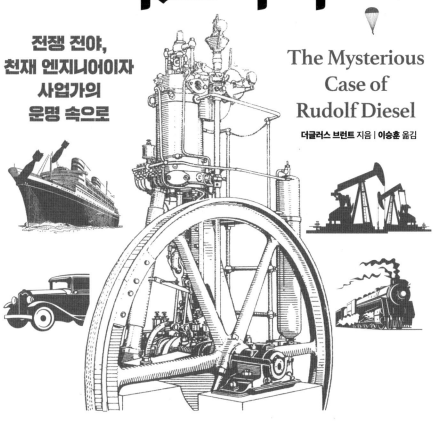

세종

학업을 마치고 일을 시작한 25세의 디젤. (1883)

루돌프 디젤 탄생 100주년 기념우표. (1958)

디젤엔진 특허. (1893년 2월 23일 자 문서)

만 박물관(독일 아우크스부르크)에 전시된 디젤엔진.

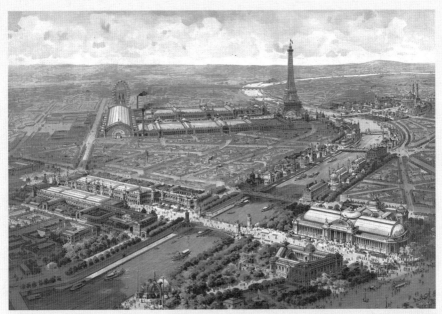

1900년 파리에서 열린 만국 박람회. 1867년 박람회를 관람하며 오토 기관의 승리를 목격했던 어린 디젤이 1900년 박람회에서는 승리를 거두려고 돌아왔다.

디젤엔진은 값비싼 석유보다는 견과류 같은 식물 기름을 사용하고자 했다. 루돌프 디젤은 농촌 같은 지역에서도 비용 부담 없이 디젤기관을 이용해 생활수준을 향상길 바랐다.

1906년 카이저 빌헬름 2세는 처칠을 독일 브레슬라우(현 폴란드 브로츠와프) 근처에서 진행되던 군사 기동 훈련에 초대했다. 제1차 세계대전이 시작되기 8년 전이었다. 당시 처칠은 30대 초반의 신진 정치인이었으며, 이후 영국 해군력 강화에 중요한 역할을 하게 된다.

존 D. 록펠러(1839~1937)는 스탠더드오일의 창립자이자 세계 최고의 부호로 기록되었다. 어떤 이는 록펠러가 디젤의 죽음 배후에 있을 수 있다고 제시했다.

독일 황제 빌헬름 2세. (1859~1941) 1888년 초 황위 계승 서열 2위였던 29세의 왕자는 그해 6월에 독일 황제 겸 프로이센 왕 빌헬름 2세가 되었다.

미국에서 만난 혁신의 두 거장. 학문적 연구를 깊이 해온 디젤과 실용적인 발명가인 에디슨 간에 의견 차이는 상당했다. (뉴저지, 1912년 5월)

1913년 벨기에 헨트에서 열린 만국박람회 포스터. 디젤이 실종 전 마지막으로 참관한 행사다.

드레스덴호(해리 잰슨의 그림). 1913년 9월 30일 아침, 후갑판 부근에서 루돌프 디젤의 단정하게 접힌 코트와 모자가 발견되었다.

저자 노트

이 책의 시작은 내가 낡은 보트 한 척을 구입한 2015년으로 거슬러 올라간다. 1996년에 건조된 길이 12미터짜리 이 소형 선박에는 원래 휘발유를 사용하는 가솔린 기관이 장착돼 있었다. 새로 산 배를 독dock에 두고 그 옆에 서서 나는 조선소 주인과 이야기했다. 그가 아버지에게서 물려받아 수십 년 동안 경영해 온 이 조선소는 1950년대에 멈춰 있는 듯했다. 그의 얼굴은 거칠었고 태양과 소금기를 머금은 바람에 그을려 있었다. 그는 돌 같은 손가락으로 담배를 직접 말아 피웠다. 나는 이 보트를 고치기 위해 무슨 일을 해야 하는지 물었다.

이런 보트에는 가솔린 기관이 아닌 디젤기관을 달아야 한다는 답이 돌아왔다. 모든 기관은 비슷한 성능을 발휘한다는 전제로 주문자에게 인도된다고 늘 생각했던 나는 그 이유를 물었다. 그가 이유를 열거하기 시작했다. 첫째, 디젤기관은 배의 757리터짜리 연료 탱크로 두 배의 항속 거리를 낼 수 있으며 둘째, 디젤유는 가솔린처럼 해로운 연기를 뿜지 않고,* 셋째, 선박 화재는 가솔린 기관에서 발생하지 디젤기관에서는 발생하지 않는다는 것이다. 손가락 사이에 끼인 파편처럼 보이는 담배꽁초를 든 채 그는 이렇게 말했다. "내가 디젤유 드럼통에 이 불붙은 담배를 떨어뜨린다고 해도 아무 일도 일어나지 않을 거요, 가솔린은 불꽃으로도 점화되지만, 디젤유는 그렇지 않아요. 디젤유는 인화성이 없고 디젤기관은 불꽃을 이용하지 않지. 디젤유는 먼저 기관 **안에서** 압축되어야 한다오. 디젤은 다른 기관이야. 더 나은 기관이요." 나는 이 늙은 뱃사람의 충고를 받아들여 보트의 동력을 디젤로 교체했다.

한 해 뒤, 소설 한 편을 끝내고 다음 작품을 시작할 때까지의 애매한 휴식기에 나는 늘 하던 대로 새로운 생각을 연결하는 작업을 하고 있었다. 컴퓨터 앞에 앉아 아무거나 탐색해 보며 다른 시대와 지역으로 나를 데려다줄, 발견의 타래를 무작위로 뽑아내고 있었다. 마우스를 클릭해 가며 타래를 타고 내려가다 보면 간혹 엄청나게 멀리 따라가기도 하고 다른 타래로 뛰어넘어 가기도 한다. 그러다가 나는 '바다에서 일어난 수수께끼 같은 실종'이라는 목록과 마주쳤다. 아래로 내려 보니 루돌프 디젤Rudolf Diesel이라는 이름이 있었고, 나는 이 사람이 내 배에 새로 장착한 디젤기관과 연관이 있을지 궁금해졌다. 1913년 9월 29일에 일어난 사건 요약을 클릭하면서 나는 이 책의 집필로 이어진 비범한 여정을 시작했다.

---

* 　　　디젤기관 발명 당시 디젤은 이 기관을 친환경 기관으로 여겼으나 그 이후 기관에서 연소하는 석유 연료 배기가스의 유해성이 밝혀졌다. - 옮긴이 주

프롤로그

1913년 10월 11일,
물에 무언가가 떠다니고 있었다.

네덜란드의 항만 안내용 증기선 쾨르첸호가 승무원들의 주의를 끄는 물체에 접근했다. 이 작은 배의 선원들은 영불해협 동쪽 끝 셸트강 어귀의 물결치는 검은 바다에서 자기들이 무엇을 보았는지 깨달았다.

시신이었다.

소름 끼칠 정도로 부패했지만, 선원들은 시신이 고급스러운 의상을 입고 있다는 것을 알아보았다. 그들은 시신을 배 옆으로 끌어당겨 망자의 주머니에서 네 가지 물품을 끄집어낸 다음 썩어 가는 시신을 다시 바다로 던졌다. 물품은 동전 지갑, 작은 주머니칼, 안경집, 에나멜 약통이었다. 증기선은 예정대로 네덜란드의 플리싱언항에 기항했고 선원들은 이곳에서 시신 발견을 보고하고 물품을 제출했다.

항만 관리들은 쾨르첸호에서 제출한 보고를 듣고 즉시 유럽과 미국에서 신문 1면을 장식했던 실종자를 떠올렸다. 이들은 다음 날 독일에서 플리싱언까지 찾아온 실종자의 아들에게 소식을 전했다. 물품들을 보자마자 실종자의 아들 오이겐 디젤Eugen Diesel은 아버지 루돌프 디젤의 소지품이라고 확인했다.

자기 이름을 딴 혁명적 기관의 발명자인 루돌프 디젤은 2주 전, 야간에 영불해협을 횡단해 벨기에에서 런던으로 가다 실종되었다. 여객선 선장은 디젤이 바다에서 실종되었다고 보고했다. 그가 실종된 수역은 공해로 어느 나라의 법적 관할권이나 수사권도 미치지 않는 곳이었다. 시체가 없었기 때문에 검시관 보고서는 없었다. 해사재판소의 재판도, 회사 차원의 청문회조차 없었다. 공식적인 조사는 전혀 없었다.

한 줄기 빛도 비치지 않는 디젤 미스터리

(실종된) 독일인 발명가는 백만장자이며 가정도 화목했다.

— 1913년 10월 2일 자 〈뉴욕 타임스〉 1면

루돌프 디젤은 산업 발흥기에 성장했다. 미국에서 이 시대는 도금시대Gilded Age로, 프랑스에서는 벨 에포크Belle Époque로 불린다. 경제는 번영했고 도심은 전례 없는 속도로 개발되었다. 빈곤한 이민자 가정 출신인 루돌프 디젤은 어린 시절 내내 가난한 이민자의 눈으로 이 확장을 목격했다. 디젤 가족은 소년 디젤의 재능을 알아본 한 친척이 도움의 손길을 내밀 때까지 유럽 여러 도시를 전전하며 생계유지를 위해 발버

둥 쳤다.

12세가 되어 평범한 교육을 받을 기회를 잡은 디젤은 이를 최대로 활용했다. 타고난 능력과 절박함에서 나온 결의를 바탕으로 학교에서 최고의 성적을 거뒀고, 20대 초에는 존경받는 공학자가 되었다. 디젤과 어깨를 나란히 하는 과학적 업적을 남긴 이로 에디슨, 테슬라, 벨, 마르코니*, 포드, 아인슈타인, 라이트 형제와 같은 문화적 불멸을 달성한 유명인이 있다. 이 천재들은 과학에 헤아릴 수 없는 진보를 가져왔으며 새로운 산업을 키우고 기존의 산업을 파괴했다. 이들은 책과 영화의 소재가 되고 각종 영예를 안았을 뿐 아니라 다른 수많은 사람이 딛고 설수 있는 어깨가 되었다. 그런데 루돌프 디젤은 이 목록에서 빠졌다.

역사 전체를 통틀어 볼 때, 세상은 발명자가 상상하지도 못하고 의도하지도 않았던 방법으로 기술적 진보를 받아들인다. 디젤과 그의 동시대인들이 가져온 진보는 분산된 농업경제에서 대량 생산 산업으로, 증기 동력의 시대에서 석유의 시대로, 근거리에서 서로를 타격하는 전투에서 기계화 전쟁으로 세상을 바꿨다. 정치적 제국과 기업적 제국 모두 혁명적 기술을 적용해 진보를 가속하는 동안, 발명가의 작품은 의도치 않은 대혼란과 공포를 불러오기도 했다.

디젤의 기관이 널리 보급되기 이전, 영국의 드레드노트_{Dreadnaught}**

---

* 굴리엘모 마르코니_{Guglielmo Marconi}. 무선통신을 실용화한 인물. – 옮긴이 주
** 영국 해군이 혁신적인 설계로 1906년에 건조한 전함으로 이후 전함들의 설계와 건조에 큰 영향을 줌. – 옮긴이 주

같은 거대한 전함 혹은 루시타니아$_{Lusitania}$*와 타이태닉 같은 대형 여객선은 증기기관을 사용했다. 제임스 와트가 개척한, 미국과 동갑인 증기 기술은 산업혁명의 기원이 되었다. 조선사들은 배에 물을 채운 거대한 보일러와 화부들이 쉴 없이 집어넣는 석탄을 때서 물을 증기로 바꾸는 화로를 설치했다. 증기압은 기관의 기어를 돌렸으며, 마지막으로 굴뚝과 연돌煙突이 석탄로에서 나오는 검은 연기 기둥을 내뿜었다. 정지한 기관의 보일러에 담긴 찬물을 데워 '증기압을 높여' 배가 움직이기까지는 몇 시간이 걸렸고 화로에서 태워야 하는 석탄 수십 톤은 귀중한 화물 적재 공간을 잡아먹었다. 배에 살면서 석탄을 집어넣는 화부 수십 명도 추가로 공간을 차지했고 그들을 위한 식량도 필요했다. 덩치가 크고 비효율적인 증기기관은 전 세계를 돌아다니며 항구에 들를 때마다 많은 석탄을 필요로 했고, 이들이 다가오면서 내는 연기는 수백 마일 밖에서도 볼 수 있었다.

디젤기관은 물을 끓이는 데 긴 시간이 필요하지 않았고 식은 상태에서도 즉시 시동을 걸 수 있었다. 불을 때는 화부들도 필요하지 않았으며 단지 탱크에서 자동으로 연료를 가져올 뿐이었다. 이 소형 기관에는 보일러도 화로도 굴뚝 시설도 전혀 없었다. 디젤기관은 매연을 내지 않으며 보관이 안전한 끈적한 연료를 연소했다. 연료를 경제적으로 소비하는 디젤기관을 장착한 선박은 세계 일주를 하면서 연료 재보급을 위

---

*   영국의 여객선. 1915년에 이 배가 독일군 잠수함에 격침당하면서 미국인 승객 다수가 사망한 사건은 제1차 세계대전에 미국이 참전하게 된 원인 중 하나가 되었다. ─ 옮긴이 주

해 멈출 필요가 없을 정도였다. 그리고 이 기관은 수평선에서 배의 존재를 알려 주는 연기를 내뿜지도 않았다. 여기에 더해 거의 어디서나 풍족하게 있는 자연 자원에서 만든 연료를 사용했다. 디젤기관은 자원을 동력으로 바꾸는 인류의 능력에 있어 엄청난 도약이었다. 그런데 이 기관은 역사상 가장 파괴적인 발명이 되었다.

디젤은 소형이고 안전하며 효율적인 기관을 발명하면서, 이 기관을 도시와 시골 경제를 발전시키고 사람의 근력으로 하던 일을 대체하며 모든 사람의 삶의 질을 개선하는 데 사용하고자 했다. 그러나 이런 의도는 실현되지 않을 터였다.

루돌프 디젤이 1913년에 실종되었을 때, 뉴욕에서 모스크바까지 세계의 주요 일간지에서 위대한 과학자의 실종 소식을 1면에 대서특필했다. 익사 자살이 가장 그럴듯한 가설이었으나 언론은 배후에 범죄가 있다는 이론을 들고나왔다. 그리고 지구상에서 가장 유명한 두 사람이 주요 용의자로 지목되었다.

한 가설은 독일 황제 카이저 빌헬름 2세_Wilhelm II_와 그의 요원들을 지목했는데 이 이론에 따르면 빌헬름은 디젤이 영국과 거래하고 있다는 소문에 격분해 그를 살해하라고 명령했다. 한 신문은 "영국 정부에 특허를 파는 사태를 막으려 발명가를 바다로 던지다"라는 제호의 머리기사를 냈다.

어떤 이는 또 다른 유명인 존 D. 록펠러_John D. Rockefeller_가 디젤의 죽음 배후에 있을 수 있다고 제시했다. 록펠러와 그의 수하들은 휘발유나 다른 원유 정제품을 전혀 쓰지 않는 디젤의 혁명적 기술이 자신들의 사업 제국의 존립을 위협할 것으로 보았다. 또 다른 머리기사는 루돌프 디젤이 "거대 석유 기업 집단에서 보낸 요원들에게 살해되었다"라고 주장했다.

천재 발명가 루돌프 디젤은 죽었을 때도 거대한 미스터리의 중심에 있었다. 죽기 겨우 1년 전인 1912년, 세계 무대의 주요 인물들은 디젤의 획기적 기술의 등장에 찬사를 보냈다. 토머스 에디슨은 디젤기관이 "인류의 가장 위대한 성취 중 하나"라고 밝혔다. 초기부터 디젤기관을 칭찬하고 옹호한 윈스턴 처칠Winston Churchill은 디젤기관을 동력원으로 하는 새로운 유형의 화물선이 "금세기의 가장 완벽한 걸작"이 될 것이라고 언명했다. 그러나 유명한 영국 언론인 윌리엄 토머스 스테드가 1912년에 "세계 최고의 마술사"라고 묘사한 루돌프 디젤은 이제 사라지고 없었다.

———

산업 시대에 기관 없이 움직이는 것은 없다. 기관은 국가의 고동치는 심장이며 루돌프 디젤만큼 기존 질서를 파괴한 발명가는 없었다. 기관이 가져온 사회적 진화가 발명자에게는 혐오의 대상이었다는 것은 끔찍한 아이러니다. 그는 도심 위주의 경제 집중화에 반대했으며 석유 독점 기업에 세계가 의지하는 현상을 경멸했다. 또한 기계화 전쟁을 혐오했다. 처음부터 그의 목표는 장인 계급을 부흥시키고 산업 시대의 공장 노동자를 해방할 경제적인 소형 동력원을 발명하는 것이었다. 그는 거의 모든 국가가 가진 자연 자원을 연료로 삼아 깨끗하게 연소해, 스모그를 일으키는 오염물질을 지구에서 제거할 기관을 구상했다.

세상을 바꾸려는 루돌프 디젤의 노력에 관한 이야기는 20세기의 가장 중요한 이야기 중 하나이지만 사람들은 이를 거의 알지 못한다. 그가 발명한 기관은 수십 년에 걸쳐 세월의 흐름을 이겨 내고 널리 사용되었다. 그리고 놀랍게도 기관의 기본 설계 개념은 1897년에 처음으로 공개된 이후 오늘날까지 같다.

그런데 정작 발명가 본인은 의도적으로 역사에서 지워진 것처럼 보인다. 심지어 그의 이름 첫 글자가 소문자 'd'로 잘못 표기될 정도다. 포드가 소문자 'f'로 표기된 적이 있던가? 크라이슬러나 벤츠는?

오늘날 전 세계의 사람들은 매일 여러 번 **디젤**이라는 단어를 지나친다. 이 단어는 여객 열차의 옆이나 선박용 기관, 주유소, 혹은 도로를 달리는 5억 대의 디젤 차량에 적혔다.* 그러나 디젤이라는 단어가 사람 이름임을 아는 이는 드물다. 그리고 그가 가난한 이민자로 생을 시작했다는 것을, 자본주의의 엄밀함을 믿었다는 것을 아는 이 역시 거의 없다. 아울러 그가 평화, 평등, 장인 계급과 깨끗한 환경 그리고 증가 일로에 있던 착취의 시대에서 인간적 노동조건을 옹호했다는 것과 기술자는 과학자와 사회이론가라는 두 가지 역할이 있다고 믿었다는 것을 아는 이 역시 많지 않다.

디젤은 자신의 천재성으로 인해 필연적으로 어떤 황제, 어떤 기업계 거물과 충돌할 수밖에 없었다. 그리고 이 충돌의 결과 제1차 세계대전과 근대 세계의 운명이 바뀌었다. 그러나 이 인물들이 디젤의 실종에

---

*　미국의 자동차 전문 매체 〈워즈오토WardsAuto〉는 2020년 현재 전 세계에는 14억 대의 차량이 있으며 그중 35퍼센트가 디젤 차량이라고 추산한다. 거의 전적으로 디젤기관을 동력원으로 하는 오프로드 차량과 중장비는 여기에서 제외되었다.

연관되었다는 것은 역사상 알려지지 않은 사실이다. 제1차 세계대전으로 이어지는 25년을 이해하는 데 핵심 역할을 할 이 사람들은 존 D. 록펠러, 카이저 빌헬름 2세, 윈스턴 처칠 그리고 지금까지도 간과된 루돌프 디젤이다. 우리는 전쟁 전 수십 년간 이 인물들의 행로를 걸어 보고, 전에는 연관되지 않았던 것으로 여겨진 사실들을 연결함으로써 미스터리의 장막을 걷고 루돌프 디젤의 운명에 관한 진실을 밝히고자 한다.

———

실종 전날인 1913년 9월 28일, 디젤은 아내 마르타Martha에게 편지를 썼다. 런던행 여객선 드레스덴호SS Dresden에 탑승하기 전 마지막 몇 시간 동안 그는 이렇게 적었다. "내가 얼마나 당신을 사랑하는지 느끼시오? 이렇게 멀리 떨어져 있어도 나는 당신이 분명 느낀다고 생각한다오. 당신 안의 부드러운 떨림처럼, 전신기의 수신부처럼."

다음 날, 디젤은 사라졌다. 그의 실종과 시체의 발견은 당시 신문의 1면에 오를 사건이었으나 다른 모든 것을 뒤로 제칠 정도로 세계를 뒤흔들 사건들이 일어나고 있었다. 그때는 32개국이 전쟁을 선포하고 4,000만 명의 희생자를 낼 세계적 분쟁의 전야였다. 조사관들은 디젤의 마지막 며칠과 연관된 인물들의 특이한 행동을 추적하다가 이내 중단했고 언론은 그의 실종 몇 주 뒤에 나온 보도의 모순점을 해결하지 못했다. 디젤이 자살했다고 추정된 지 고작 몇 달 뒤에 일어난 야만적 재난은 모든 것을 제치고 사람들의 주의를 온통 빨아들였다. 그리고 세상은 루돌프 디젤을 잊어버렸다.

차례

08 저자 노트
10 프롤로그

제1부 | 전쟁과 석유기관 WAR & OIL ENGINES 1858-1897년

22 제1장 국제적 정체성
41 제2장 런던에서의 짧은 체류
50 제3장 유럽의 새로운 제국
62 제4장 혼자 힘으로 성공한 사람이 진짜 있을까?
69 제5장 석유, 게임의 판을 바꾸다
91 제6장 이상의 추구
98 제7장 월급보다 더한 의미
113 제8장 빌헬름 2세가 해군을 부러워하다
123 제9장 디젤동력의 탄생

제2부 | 디젤기관의 확산 DIESEL PROLIFERATION 1897-1910년

146 제10장 캘빈 경이 먼저 움직이다
162 제11장 우여곡절 끝에 받은 그랑프리
174 제12장 성공을 붙들다
186 제13장 잠자는 거인의 연구
199 제14장 '디 올드 하우스'가 목숨을 걸고 싸우다

207   **제15장** 카이저가 '위험 이론'을 받아들이다

225   **제16장** 만국의 무기 가운데 한자리

244   **제17장** 새 시대의 여명

제3부 | 걸작 MASTERPIECE 1910-1913년

252   **제18장** 루돌프 디젤이 질서를 깨다

264   **제19장** 셀란디아호에 탑승한 처칠

278   **제20장** 해군장관의 비밀

285   **제21장** 서구를 비춘 위대한 불빛

310   **제22장** 높아지는 압력

322   **제23장** 마지막 몇 달

339   **제24장** 여객선 드레스덴호, 1913년 9월 29일

제4부 | 실종의 진실 VANISHING ACT

344   **제25장** 세계의 반응

357   **제26장** 가능한 이론들

366   **제27장** 루돌프 디젤 작전

374   **제28장** 지문

397   에필로그

406   감사의 말

409   연표

414   부록1

416   부록2

제1부

전쟁과 석유기관

WAR & OIL
ENGINES

1858-1897

제1장
국제적 정체성

An International Identity

루돌프 디젤의 인생에서 시작과 끝에는 유럽 전쟁이 있었다.

프랑스 정부가 모든 독일계 이민자들에게 프랑스를 떠나라는 칙령을 내린 1870년 8월에 루돌프는 12살이었다. 수년간 독일인들을 향해 높아지던 적대감은 끓어 넘치는 지경에 이르렀고 두 나라는 이제 전쟁을 벌이게 되었다. 루돌프는 가족과 함께 파리에 있던 집에서 도망쳤다.

디젤 가족은 바이에른에서 이주해 왔지만 10년 이상 살아온 파리의 이웃과 더 친밀함을 느꼈다. 가족은 대도시 파리에서 번창하던 문화적 삶을 즐기며 이곳에 깊이 뿌리를 내렸다. 그런데 바이에른은 프로이센의 주도하에 독일계 국가 39개국으로 구성된 연방의 일원이 되어 프랑스와 전쟁에 돌입했다. 디젤 가족은 프랑스에서 적성 국민으로 간주되었다.

파리의 거리는 혼란에 빠졌다. 공포에 질린 시골 피란민들이 프로이센군으로부터 도망쳐 경계를 넘어 시내로 쏟아져 들어오면서 파리는 미어터지다시피 했다. 테오도르Theodore와 엘리제Elise 디젤 부부는 아들 루돌프와 딸 루이제Louise와 엠마Emma를 불러 모아 나를 수 있는 몇 안 되는 소지품으로 짐을 꾸린 다음 검소한 주택 겸 작업장을 포기하고 떠났다. 곧 들이닥칠 약탈자들이 이곳을 폐허로 만들 터였다. 테오도르는 돈을 빌리려 시도했으나 독일인에게 적대적인 분위기 때문에 실패했다. 디젤 가족은 거의 무일푼으로 파리를 떠났다.

루돌프의 아버지 테오도르 디젤은 3대째 내려온 장인 집안 출신으로 가죽제본이 본업이었지만 섬세한 비단 안감을 댄 손가방이나 장난감, 총집도 만들었다. 독일에서 가장 오래된 도시 중 하나인 바이에른 왕국 아우크스부르크에서 태어난 테오도르는 20세에 더 큰 기회를 찾아 형제와 함께 파리로 이주했다. 디젤 형제는 행동거지가 단정하고 야심만만했으며 노력하는 삶과 오랜 노동에 익숙한 사람들이었다.

파리에서 테오도르는 뉘른베르크 상인의 딸이며 4살 연상인 엘리제 슈트로벨과 만났다. 이 커플은 1855년에 결혼했고 순서대로 큰딸 루이제(1856년생), 루돌프(1858년생) 그리고 엠마(1860년생) 이렇게 세 자녀를 낳았다.

남편보다 부드러운 성품을 가진 엘리제는 젊었을 때 런던에서 가정교사로 일하며 영어, 프랑스어, 독일어와 음악 과목을 가르쳤다. 아버지가 급사하자 그녀는 집으로 돌아와 몇 년간 일곱 동생을 돌봤다. 그런 다음 파리에 정착해 음악과 외국어 교사로 일하다가 테오도르를 만났다. 디젤 가족은 대체로 검소하게 살았지만 엘리제는 아들 루돌프에게 음악과 예술에 대한 사랑을 불어넣었다.

관찰력이 뛰어난 엘리제는 아들 루돌프가 유아 시절부터 다른 아이와 달랐다고 친구들에게 술회했다. 아이들에게 모유를 먹였는데 유독 아들 루돌프에게 모유수유를 하는 데 애를 먹었다는 것이 첫 징표였다. 고집 센 아기를 어찌할 수 없던 엘리제는 결국 출산 얼마 뒤 유모를 고용했고 유모는 9개월이 될 때까지 루돌프를 돌봤다.

이 유년기에 디젤 가족은 루돌프가 다른 자녀나 또래 남자아이들과 다른 모습이 몇 가지 있음을 알아차렸다. 이 아들은 술래잡기하거나 거리를 뛰어다니며 소란스럽게 놀기를 꺼렸고 집 한구석에 혼자 있으면서 아버지가 만든 장난감을 분해하고 연구하거나 기계장치를 스케치했다. 루돌프는 어릴 때부터 누나, 여동생과 어머니를 놀라게 할 정도로 오래 집중력을 발휘했는데 아버지는 아들의 이런 분석적 성품이 걱정이었다. 아버지 테오도르는 아들 루돌프가 끝없는 호기심으로 인해 자신의 전통적이고 보잘것없는 작업장에서 벗어나리라는 것을 알았다. 하지만 테오도르가 보기에는 그 작업장이 바로 아들 루돌프가 있어야 할 곳이었다.

테오도르의 사업장은 파리 제3구의 노트르담 드 나사렛가 38번지 1층에 있었다. 루돌프가 태어나고 처음 몇 년간, 작업장은 도제 두 명을 고용해야 할 정도로 바빴다. 가죽, 기름과 윤활유 냄새는 2층의 공동 침실과 엘리제가 아이들에게 외국어와 음악을 가르치는 3층까지 퍼져 올라갔다.

7살이 된 루돌프는 어느 날 아침 아버지가 일하는 동안 호기심에 푹 빠진 나머지 엉뚱한 일을 저질렀다. 집에서 만든 장난감으로 노는 데 질린 루돌프는 가족이 애지중지하는 뻐꾸기시계를 바닥에 내려놓았다. 작동 방법을 알아야겠다고 결심한 루돌프는 이 시계를 부품별로 분해했다.

아버지가 알아채기 전에 조립할 수 있을 것으로 자신했던 루돌프는 곧 이것이 자신의 능력 밖의 일임을 깨달았다. 그는 앉아서 아버지의 분노를 기다렸고 아버지는 진짜 분노했다. 그날 오후에 디젤 가족은 외출을 계획했었다. 루돌프는 큰소리로 야단을 맞고 가죽띠로 매를 맞았다. 나머지 가족은 예정대로 외출했다. 7살 루돌프는 무거운 소파에 묶인 채 온종일 혼자 집에 있었다.

———

루돌프 디젤이 어린 시절을 보낸 파리는 이미 라 빌 뤼미에르, 즉 빛의 도시라는 이름을 얻었다. 루이 14세는 1667년에 도시의 안전 증진을 위해 등불로 도시를 밝히라는 칙령을 내렸는데 그로 인해 파리는 가로등을 채택한 첫 도시 중 하나가 되었다. 루이 14세가 사망한 1715년 즈음은 계몽시대의 여명기로 파리는 지적, 철학적 운동의 중심이 되었고 빛의 도시라는 별명은 문자적, 비유적 의미를 동시에 가지게 되었다. 첫 가스 가로등은 1828년에 샹젤리제 거리에 등장했다. 1860년경, 가스등은 도시에서 흔한 풍경이 되었으며 1900년경에는 5만 개 이상의 가로등이 파리의 밤에 반짝거렸다.

이 혁신은 실외 생활에 즐거움을 더했고 조명이 없었더라면 존재하지 못했을 저녁 활동이 가능해졌다. 평범한 일요일 오후, 잘 차려입은 파리의 노동자계급 시민들은 야외 파티장에 모여 춤추고 마시고 먹었다. 파티는 눈부신 새로운 조명 아래 밤늦게까지 계속되었다. 르누아르의 〈물랭 드 라 갈레트의 무도회〉(1876년 작)는 센강 우안에 있는 제18구의 몽마르트르에서 실제 벌어진 축제의 스냅숏 같은 작품이다. 르누아르는 레스토랑과 카페가 모인 이 유명한 곳에서 조명 아래 벌어진 주말 풍경을 묘사했다. 몽마르트르는 디젤 가족의 집과 걸어서 겨우 15분 거리였다. 테오도르의 작업장이 아직 바쁘게 돌아가고 디젤 가족이 노동자와 중산층 사이를 아슬아슬하게 맴돌고 있던 1860년대 초, 테오도르와 음악에 관심과 재능이 있던 엘리제는 자주 몽마르트르를 산책하며 포도주와 음악을 즐겼다. 그 몇십 년 동안 파리는 부인할 수도, 모방할 수도 없는 매력을 가진 도시였으나 완벽한 도시는 아니었다. 50만의 인구를 가진 19세기 전형적 유럽 도시인 파리에는 말 10만 마리가 있었고 말 한 마리는 33파운드의 똥과 2갤런 이상의 오줌을 누었다. 설상가상으로 말똥에는 티푸스균을 가진 파리 떼가 꼬여서 티푸스로 해마다 수천 명이 죽었다.

　당시 프랑스 인구는 러시아 다음으로 많았으며 수도의 인구밀도는 높았다. 1861년의 국세조사에 따르면, 디젤 가족이 살던 제3구 하나만 보아도 주민 수는 놀랍게도 9만 9,000명에 달했다.✱

✱　　이는 2017년의 제3구 인구인 3만 4,000명의 거의 3배다. 1870년의 파리 전체 인구는 100만 명이 넘었고 외곽에 있는 구들이 성장하면서 시의 인구는 1921년에 290만 명으로 정점에 달했다. 파리시 인구는 제2차 세계대전 이후 점차 줄어드는 추세를 보여 현재의 220만 명이 되었다.

말이 끄는 마차와 버스가 거리를 가득 메웠고 교통체증이 아주 심한 일부 교차로는 세계적 경이로 여겨질 정도였다. 루돌프는 아버지가 직접 제작한 상품들을 배달하기 위해 이 번잡하고 아름다우며 쓸쓸하기까지 한 도시를 헤쳐 가며 노트르담대성당으로부터 겨우 1.6킬로미터 떨어진 가족 작업장에서 파리의 가장 부유한 귀족 저택까지 외바퀴 수레를 밀고 다녔다.

———

새롭게 취임한 국가수반이 루돌프가 걸어 다녔던 도시 대부분의 모습을 확 바꿨다. 나폴레옹 보나파르트의 조카인 나폴레옹 3세는 1848년에 프랑스 제2공화국의 첫 대통령으로 당선되었다. 프랑스 헌법에 따르면 대통령의 연임은 금지되었으므로 권력에 굶주린 오만한 대통령은 1851년에 정부를 뒤엎고 스스로 황제가 되었다.

정권 유지용으로 본인이 의도한 매력적 이미지가 수도에 반영되기를 원했던 나폴레옹 3세는 파리 미화 사업을 우선으로 추진했다. 새 황제는 넓은 직선대로와 광대한 공원, 장중한 기념물과 숨이 멎을 것 같이 압도적인 정부 건물의 건설을 명했다. 물과 가스 공급, 배수를 위한 수백만 개의 배관이라는 도시의 지하구조물도 지상의 건물만큼 걸작이었다. 토목기술자들은 노를 젓는 배가 다닐 정도로 넓은 하수도 시설을 지하에 구축했다. 도시 상공에는 버드나무 바구니에 부유한 관광객을 태운 열기구가 하늘을 떠다녔다. 이 항공 운송 수단은 사람들이 찬탄하는 볼거리였고 전시에는 적의 진지를 정찰하고 발화성 물질을 투하하는 무기가 되었다.

그런 파리에서 어린 디젤과 또래들은 사진, 보석과 고급 식사 도구 재료로 사용된 알루미늄, 날아오르는 비행선과 메탄이나 천연가스 같은 기체연료를 연소하는 동력기관에 친숙했다. 세상은 역사상 유례없는 빠른 혁신을 경험하고 있었다. 놀라운 기술적 성취 때문에 사람들의 여행, 통신, 일하는 방법이 계속 변하고 있었고 금속공학의 발달로 전에는 불가능했던 기계의 제작과 건물의 건축이 가능해졌다.

세계박람회로도 알려진 만국박람회는 인간의 지식과 성취 그리고 그 가속화를 둘러싼 흥분이 반영된 곳이었다. 첫 만국박람회는 1855년에 파리에서 열렸다. 사회가 이렇게 빠르게 변화할 수 있다는 생각 자체가 변화였고 축하할 만한 일이었다.

루돌프는 파리에서 개최된 두 번째 박람회인 1867년 파리 세계박람회를 참관했다. 4월 1일부터 11월 3일까지 열린 이 박람회에는 러시아 차르 알렉산드르 2세, 프로이센의 빌헬름 1세 왕과 오토 폰 비스마르크, 오스트리아의 프란츠 요제프 황제를 비롯한 관람객 1,500만 명이 몰렸다.

프랑스 정부는 빅토르 위고와 알렉산드르 뒤마에게 이 행사의 홍보 작품을 써 줄 것을 의뢰했다. 쥘 베른은 박람회에서 관람했던, 전기를 이용한 놀라운 전시품의 시연에서 영감을 얻어 소설《해저 2만 리》를 썼다.

9세가 된 루돌프 디젤은 놀라서 눈을 휘둥그레 뜬 채 예전에 연병장으로 사용되었던 119에이커* 크기의 박람회장 샹 드 마르스를 돌아다

---

*　　1에이커는 약 4,047제곱미터이다. - 옮긴이 주

넜다. 타원형 동심원을 따라 배치된 5만 명 이상의 출품자는 혁신 카테고리와 출신 지역 기준에 따라 자리를 배정받았다. 루돌프는 미국 전시품 중 전 세계적으로 피아노 대유행을 일으킨 스타인웨이 피아노가 내는 찬란한 음색을 듣기 위해 발걸음을 멈췄고 프로이센에서 온 크루프 주조소의 전시품 앞에서 발이 땅에 박힌 듯 한참을 서 있기도 했다. 최신 금속가공 기술로 제작된 어마어마한 크기의 50톤짜리 강철 대포를 꼼꼼히 살핀 루돌프는 나중에 스케치를 그렸다. 루돌프는 나폴레옹 3세의 초대로 세계박람회에 처음으로 참가한 독특한 일본 전시품 앞에 멈춰 서기도 했다. 일본이 박람회에 가져온 그림, 장식한 병풍, 칼, 도자기와 조각은 유럽인들의 호기심을 끌었다.

하지만 그해에는 다른 전시품이 가장 큰 관심을 끌었다. 그리고 그것은 분명 어린 디젤의 가장 큰 관심을 끌었던 것이기도 했다. 1867년 박람회의 그랑프리는 니콜라우스 오토가 설계한 석탄가스 엔진에 돌아갔다. 오토와 동업자 오이겐 랑엔은 전통적 증기기관보다 더 안전하고 더 작으며 더 효율적으로 연료를 소비하는 엔진을 개발한 공로로 상을 받았다. 제임스 와트가 실용적 증기기관을 발명하기 100년 전, 초기 산업시대 이래 석탄을 연료로 거의 모든 산업용 동력을 제공한 **외연**기관과 달리 오토의 신발명품은 기체연료를 연소하는 **내연**기관이었다.

전통적인 증기기관(외연기관)을 상상하려면 영화 〈타이타닉〉에서의 유명한 장면을 생각하면 된다. 이 장면에서 선장은 "자, 그럼 달려 볼까" 말하고 "전속 전진"을 명령한다. 그리고 카메라는 기관실로 들어간

다. 거대한 배의 안쪽 깊숙한 곳에 있는 기관실에는 화부들이 석탄 더미에서 삽으로 퍼낸 석탄을 오렌지색 화염이 거세게 타오르는 화로에 집어넣는다. 실제 타이태닉호에서는 화부 150명이 근무하면서 화로에 석탄을 24시간 투입하고 있었다. 이 화로에서 물이 가득한 보일러가 데워져 증기가 만들어지는데, 원리는 난로에 놓인 주전자하고 똑같다. 밀봉된 파이프에 갇힌 증기는 팽창하며 어마어마한 힘을 발휘하고 이 힘이 기관의 기어를 움직이고 기어는 배의 프로펠러를 돌린다. 화로에서 연소하는 석탄은 엔진과 전혀 접촉하지 않는다. 불은 엔진 밖에서 타오르며 보일러에 가득 찬 물을 데운다. 물은 연료와 기관을 잇는 매개체이다. 기관은 외부 연소로 만든 증기에서 생성된 압력으로 작동하며 작업을 수행하는 것이다.*

  화로와 이어진 연기 배출 장치는 석탄이 타면서 나오는 진한 검댕 연기를 모아 배의 갑판 위에 설치된 연돌로 배출했다. 증기기관을 움직이는 데는 두 가지 물질이 필요했다. 연료(대개 석탄이나 땔감) 그리고 물(증기를 만들기 위한)이다. 그중 증기만이 기관에 직접 닿았다. 원시적 형태의 증기기관은 고대부터 존재했다. 고대 이집트인은 증기 동력을 무거운 돌문을 움직이는 데 사용했다. 다만 이 기술은 1770년대 들어 제

---

*　　여기서 말하는 '작업'의 과학적 정의는 에너지를 힘으로 바꿔 움직임을 만들어 내는 전환을 가리킨다. 1700년대 중반의 초기 증기엔진은 연료의 0.5퍼센트를 작업으로 변환했다. 1700년대 후반에 들어와 제임스 와트는 혁신적 증기기관을 제작해 효율성을 2퍼센트까지 늘렸다. 이러한 초창기 증기기관들은 당대 야금 기술 수준의 제약을 받았는데 팽창하는 가스의 압력을 완벽하게 붙잡지 못하면서 상당한 에너지가 소실되었다. 당시 증기기관의 뼈대는 나무로, 금속제 부품들은 대장장이가 수작업으로 두드려 만들었다. 파이프는 밧줄로 감아 밀봉되었으며 밸브의 뚜껑은 가죽으로 덮였다. 압력 누설과 비효율성이 불가피했다.

임스 와트를 비롯한 여러 사람이 만들어 낸 기술적 진보 덕에 산업용으로 사용되었다.

오토의 **내연**기관에서는 설계가 바뀌어 연소는 기관 내부의 연소실에서 일어나 피스톤을 직접 움직이게 되었다. 오토는 증기를 만들기 위한 외부 화로와 물 보일러를 사용하지 않았다. 그는 중간 매개체(물)도 이들과 같이 없앴다.

내연기관에서는 실린더 안에서 직접 연료가 폭발한다. 증기압을 팽창시키는 것이 아니라 연소하는 연료의 팽창 압력 자체가 기관 부품(피스톤과 크랭크샤프트)을 움직여 작업을 수행한다.

내연기관의 기원은 12세기의 화포 발명으로 거슬러 올라간다. 말하자면 화약이 한 번 연소할 때마다 피스톤에 해당하는 포탄이 날아가며 1 행정stroke*을 수행하는 것이다. 17세기경, 과학자들은 포탄 대신 크랭크샤프트와 연결된 피스톤을 내장한 실린더를 실험했다. 오토는 이 개념을 이용해 실용적 엔진을 개발하는 데 성공했다.

초기 내연기관의 연료는 불안정했고 인화성이 높았다. 오토는 대개 프로판, 수소, 벤젠 혹은 석탄가스를 이용했고 등유 같은 액체연료도 실험했는데 이것도 매우 인화성이 높았다. 실린더 **내부** 연소가 피스톤을 앞뒤로 움직이면서 크랭크샤프트가 바퀴를 돌려 작업을 수행한다. 종합적으로 내연기관과 외연기관 둘 다 전체적으로는 '열기관'이라는 큰 범주 안에 들어간다. 이 기관은 열, 혹은 다른 열에너지를 작업을 위

＊　　'행정行程'은 내연기관의 피스톤이 실린더 내에서 상하로 움직이는 한 사이클이다. - 옮긴이 주

한 기계적 에너지로 변환한다.*

거대한 증기기관은 육상에서 고정적 용도로 사용될 경우, 광산에서 물을 퍼내고 바퀴를 돌려 밀이나 석재를 갈았다. 운송 분야에서는 여러 다른 설계로 제작된 증기기관이 사용되며 대형 선박과 기차의 동력원이 되었다. 하지만 거대한 괴물 같은 증기기관은 팀을 이룬 사람들이 엄청난 양의 연료를 삽으로 화로에 계속 퍼 넣으며 끝없이 주의를 기울여야 했다. 이 기술은 선박과 철도에서 사용하기에 특히 부담스러웠는데 거대한 기관 본체, 보일러, 연기 배출 장치 때문이기도 했고 다른 한편으로는 선박이나 기차가 기관과 더불어 실어 날라야 하는 연료 때문이기도 했다. 증기기관은 증기압을 전달하는 밸브와 튜브가 언젠가 파열될 수밖에 없어 정기적 정비가 필요했다. 19세기의 증기기관은 효율성이 많이 떨어졌고 연료의 에너지 중 6~7퍼센트만이 유효한 작업으로 전환되었다.

외부의 화로와 보일러를 없앤 오토의 새 기관은 증기기관보다 훨씬 작았다. 그러나 증기기관에 비해 크기만큼이나 출력도 적다는 것이 오토 기관의 단점이었다. 새로운 내연기관의 출력은 대개 몇 마력 정도였고 이는 배를 움직이는 데 필요한 몇백 마력에는 한참 못 미쳤다. 그러나 오토 기관은 정해진 양의 연료로부터 도출할 수 있는 작업량 면에서 증기기관보다 더 효율적이었다. 오토 기관은 이미 1867년에 약 12퍼센트의 연료 효율성을 달성한 바 있었고 이는 증기기관의 두 배에 달했

---

* 열역학은 여러 형태의 에너지(열, 기계, 전기, 화학 등) 사이의 관계를 연구하는 학문이다. '열기관'은 내연기관과 외연기관 모두를 포괄하는 더 넓은 범주다.

다. 파리 박람회의 심사위원들은 이 새로운 동력원이 빠르게 확장하고 있던 산업 시대에 들어 무궁무진한 분야에서 응용될 잠재력이 있음을 인정하고 발명자 오토와 랑엔에게 그랑프리를 수여했다.

오토는 박람회장에서 자신의 발명품에 경탄하고 있던 어린이보다 수십 년 앞서 출발했다. 그리고 그 어린이는 집으로 서둘러 들어와 새로운 종류의 엔진을 스케치했다.

———

그해 늦여름, 9살 된 루돌프와 아버지 테오도르는 주말에 파리 시내로 산책하러 나갔다. 이 산책에서 일어난 일은 그 후 디젤 가문에 몇 세대에 걸쳐 전해질 만했다.

아버지 테오도르는 새벽부터 일몰까지 주 6일을 작업장에서 일했지만, 일요일은 대개 가족과 함께 쉬는 것으로 정해 놓았다. 거리를 따라 걸으며 피어나는 꽃으로 가득한 튀일리궁과 뤽상부르 공원을 가로질러 센 강변을 산책하는 것은 당시의 가장 흔한 오락거리였다. 지하철이나 자동차는 전혀 없던 시절이었다. 파리 지하철은 1900년이 되어서야 영업을 시작했다.

아버지와 아들은 따뜻해지는 햇살을 받으며 걷기 시작했다. 그런데 앞에 있는 나무 주변에 모여 흥분해서 언짢은 목소리로 말하는 구경꾼들이 보였다. 가까이 가 보니 사람들의 관심을 끌었던 대상은 나뭇가지에 매달린 시체였다. 자살자가 분명했다.

잠시 시신을 살펴본 테오도르는 북적거리는 군중 사이를 비집고 앞으로 나와 작업장에서 가죽을 재단하는 데 쓰던 칼로 밧줄을 잘랐다.

시체는 아래로 털썩 떨어졌다. 그가 보기에 군중의 히스테리는 망자에 대한 예의가 아니었기에 상황을 정리해야 했다.

아들을 다시 불러온 테오도르는 말없이 산책을 계속했다. 몇 분 뒤, 연못이 내려다보이는 언덕 윗길에서 테오도르는 부드럽게 아들의 어깨에 손을 얹었다. 처음에는 완곡한 애정을 표현하는 듯하더니 테오도르는 다리를 옆으로 뻗어 아들을 넘어뜨리고 언덕 아래에 있는 연못 쪽으로 밀었다. 팔다리를 쫙 벌린 채 미끄러져 내려가 연못과 진흙에 처박히는 바람에 다친 루돌프는 충격에서 벗어나지 못한 채 일어났다. 오물로 온몸이 덮인 루돌프는 구경거리가 되었다. 9살이던 루돌프는 한편으로 놀라고 한편으로는 부끄러워하며 아버지에게 왜 그랬는지 물었다. 테오도르는 '앞으로 닥칠 인생의 고난에 대한 교훈'이라고만 답했다.

테오도르의 훈육법은 당시 기준으로도 무척 엄격하고 폭력적인 방식이었다. 이는 아들의 수줍음을 오히려 악화시켰다.

디젤 가족은 발명에 재능이 있었다. 테오도르는 창조적 재능을 보여주며 가죽 표지 포켓북에 벨벳을 덧붙였다. 아이들을 위한 독창적인 게임과 장난감을 만들기도 한 그의 발명품 가운데는 가스 불꽃에 덮개를 단 투광 장치light shedder가 있었다. 이는 나중에 조명 분야에서 표준이 된 유리로 된 원통형 조명보다 몇십 년을 앞선 발명품이었다.

테오도르가 만든 제품은 품질이 훌륭했으나 1860년대 후반에 들어 사업이 어려워졌다. 디젤 가족은 프랑스에 공격적 태도를 보이는 프로이센을 지지하지 않았지만, 프랑스 고객들은 다르게 느끼고 있었다. 반

독일 감정이 높아지기 시작하자 프랑스인 고객들은 대금 지급을 하지 않거나 사업관계를 끊어 버렸다. 테오도르는 어린 루돌프에게 자주 수금을 시켰다.

테오도르의 고객들은 저소득층부터 파리에서 가장 부유한 사람들까지 다양했다. 루돌프는 걸어서 도시 전체를 돌아다녔고, 일기에 자신은 파리의 거리를 "주머니 안처럼" 알게 되었다고 썼다. 이런 환경에서 자란 루돌프는 어릴 적부터 사회 계급의 전체 스펙트럼에 관해 배우게 되었다.

테오도르는 아들에게 고객 응대를 맡길 이유가 충분했다. 독일어 억양이 강한 테오도르와 달리 루돌프는 완벽한 프랑스어를 구사했고 내성적인 성격에도 불구하고 자연스러운 매력이 있었다. 잘생긴 정도를 넘어 아름답다는 소리까지 들었다. 디젤의 전기작가 찰스 윌슨Charles Wilson — 그는 나중에 루돌프를 미국에서 만났다 — 은 루돌프가 "아마도 파리에서 가장 잘생긴 젊은이 중 하나였을 것"이라고 주장했다.

루돌프는 나중에 파리에서 어릴 때 어려움을 겪는 아버지의 사업체 수금원으로 본의 아니게 일하게 된 덕에 금전과 가난에 대한 견해가 형성되었다고 썼다. 루돌프는 수금 업무를 두려워했고 자주 일을 회피했으며 나중에는 일을 하지 않고 일한 척 아버지에게 거짓말을 하기도 했다.

———

루돌프는 센강 우안에 있는 집이라는 제한된 공간에서 도망칠 방법을 찾았다. 집 현관문에서 나와 노트르담 드 나사렛 거리에서 바로 우회전해 생마르탱가 쪽으로 300미터만 가면 파리에서 가장 오래된 기술 박물관인 국립 예술품 및 공예품 박물관이 있다. 생마르탱데상수도원을 개조해 만든 이 어둡고 지저분한 박물관은 혁명기에 감옥으로 사용되다가 1802년에 박물관으로 재개장했다. 농기구, 선박 모형, 극초기의 증기기관 같이 이 박물관이 소장한 여러 희한한 전시물들이 디젤의 상상력에 불을 붙였다.

전시물 중 가장 눈에 띄는 것은 니콜라 조제프 퀴뇨가 1770년에 설계한 세계 최초의 자동차 파르디에 아 바프르(증기자동차)였다. 이것은 거대한 찻주전자 모양의 보일러를 앞쪽에 단 총중량 2.5톤의 삼륜차였다. 퀴뇨의 자동차는 시간당 3.2킬로미터만 움직일 수 있었고 심각할 정도로 연비가 나빴으나 당시로서는 경탄할 만한 기술적 성취였다.*

박물관 학예사들에게 친숙한 얼굴이 된 루돌프는 조용하고 곰팡내 나는 복도에 앉아 전시된 기계들의 미묘한 차이를 포착한 그림을 그리며 스케치북을 가득 채웠다. 집에서는 다락방으로 도피해 박물관에서 본 유화 작품들을 복제해 스케치하거나, 파리 거리의 풍경을 그리던지,

---

* 　　　퀴뇨의 증기기관은 거의 한 세기 뒤에 디젤이 발명한 기관의 운명을 예고하는 듯했다. 1770년대에 퀴뇨의 기관이 큰 주목을 받을 때 프랑스는 루이 16세가 통치하고 있었다. 프랑스 대혁명 전의 마지막 프랑스 군주인 루이 16세는 혁신적 기술을 민간 분야에 앞서 군사 분야에 적용하는 것을 우선시했다. 왕의 지시에 따라 프랑스 육군은 퀴뇨의 자동차를 도입해 대포 견인에 사용했다. 그런데 화물을 견인하게 되자 이 원시적인 자동차는 통제 불능이 되어 거대한 돌벽을 부숴 버렸다. 충돌로 심하게 파손된 퀴뇨의 자동차는 결국 루돌프 디젤이 어린 시절에 방문한 파리의 한 박물관 소장품이 되었다. 이렇게 기술이 군사 분야로 흡수된 사례는 역사 전반에 반복적으로 일어나는데, 디젤은 아마도 일찍부터 자신의 운명을 읽었을지 모른다.

아니면 공학적 대담성이라는 측면에서는 옛날에 수도원이던 이 박물관의 모든 소장품을 능가하는 독창적 기계장치의 도해를 그려 냈다. 성인이 되었을 때 그는 친구들에게 "그림 그리기는 공학자의 오른팔이다."라고 말했다.

―――――

1869년의 어느 여름날, 11세가 된 루돌프는 햇볕을 받아 따뜻해진 센 강둑의 평평한 바위에 앉아 있었다. 사람들이 활기차게 활동하는 강변에서 조용한 곳을 찾아 올라온 것이었다. 그 무렵 언론은 다가오는 프로이센의 위협에 대해 자주 보도했지만 11세 소년이 진짜 위기감을 느끼기는 아직 어려웠다. 그는 가죽 파우치에서 연필을 꺼내고 무릎에 스케치북을 폈다. 스케치북에는 앞을 지나간 배, 머리 위를 떠다니는 열기구, 말, 마차를 그렸다. 모두 이제 갓 10대인 소년치고는 엄청나게 정교한 그림이었다. 귀중한 빈 페이지 두 장은 남겨 두었다. 고급 의상을 입고 정성 들여 만든 모자를 쓴 아름다운 여성 두 명이 루돌프가 앉은 곳 위의 길을 지나갔다. 그리고 이 여성들은 자신도 모르는 사이, 제도사로서의 기술을 연마하기 위한 루돌프의 다음 그림 주제로 선택되었다.

그림을 그리는 동안에는 아래 강에서 한 무리의 피서객이 물을 튀기며 노는 모습이나 건너편 강둑에서 송어와 대서양 연어를 낚시하는 노인은 거의 눈에 들어오지 않았다. 이것이 그가 살아가며 소중히 간직한 어린 시절의 기억이었다.

그날 아침, 아버지는 수금하기 위해 방문할 주소 몇 개를 주었다. 루돌프는 그 일을 할 수 없었다. 어머니가 수선한 흔적이 역력한 낡아빠진 옷을 입고 고객을 방문하기가 부끄러웠다. 고객의 집에 도착하면 목소리에 힘이 빠지고 불안감 때문에 눈물이 고이는 게 느껴졌다. 가족에게 돈이 필요하다는 것을 뻔히 알았던 루돌프에게는 그런 요청이 더 굴욕적으로 다가왔다.

오늘 그는 아버지가 준 주소로 가지 않고 대신 몽당연필을 담은 주머니와 스케치북을 가지고 센강으로 간 것이다. 루돌프는 해가 뉘엿뉘엿 질 때 스케치를 끝냈다. 집에 갈 시간이었으나 돈은 없었다. 고집불통 몽상가처럼 그는 폭풍이 기다리고 있다는 것을 인정하지 않았다. 테오도르는 작업장에 돌아온 아들에게 돈을 받았느냐고 물었다. 루돌프는 노력해 보았으나 고객들이 나중에 돈을 주겠다고 약속했노라고 말했다. 그런데 루돌프는 거짓말에 소질이 전혀 없었다. 테오도르가 사실을 알아차리자 루돌프를 기다리고 있던 것은 엄한 옛날식 벌이었다. 아버지는 스케치북과 연필 주머니를 아들의 손에서 빼앗았다. 굳은살이 박여 돌처럼 된데다 늘 사용하는 기름에 물들어 어둡게 된 아버지의 손과 부드럽고 따뜻해 거의 여성 같은 아들의 손이 강렬하게 대조되는 순간이었다. 테오도르는 가죽끈을 찾아 나섰다.

심한 채찍질을 한 다음 테오도르는 아들에게 "나는 거짓말쟁이입니다Je suis un menteur"라고 적힌 큰 플래카드를 그리게 하고 다음 등교일 내내 그 플래카드를 목에 걸고 있게 했다.

파리에서 디젤 가족의 삶은 1860년대 내내 계속 나빠지기만 했다. 1870년경이 되자 테오도르는 프랑스인 고객에게는 거의 아무것도 팔 수 없게 되었다. 그는 제품 전부를 졸링겐의 켈러스라는 독일인 소유백화점에 납품했는데 이 전략도 직접 판매보다 별로 나은 게 없었다. 그리고 그해 7월에 전쟁이 일어났다.

바이에른이나 작센처럼 느슨한 독일연방 구성국 국민 다수는 평화를 선호했고 프랑스에 우호적이었다. 그러나 프로이센은 나폴레옹 1세에게 당한 것에 아직도 원한을 가지고 있었다. 프로이센인들은 복수심에 불타고 있었는데 나폴레옹 1세가 아닐지라도 여전히 불쾌한 복제품인 나폴레옹 3세라면 그 대상으로 충분했다. 결국 프로이센의 의지에 굴복한 바이에른은 프로이센과 동맹을 맺고 대프랑스 전쟁에 참전했다.

1870년 9월 4일, 스당 전투 소식이 파리에 전해졌다. 프랑스군은 이틀 전 벌어진 이 전투에서 파멸했다. 항복한 프랑스군과 더불어 프로이센은 체면을 잃은 나폴레옹 3세도 포로로 잡았다. 파리는 대혼란에 휩싸였다. 폭도들이 파리 전역에 걸쳐 이제는 존재감이 희미해진 황제의 초상과 기념물 다수를 파괴했다. 한때 황실 납품 표식을 자랑스럽게 내걸었던 가게들은 위협받고 약탈당했다.

파리는 특히 독일 혈통을 가진 사람들에게 안전하지 못한 장소였다. 프로이센군이 동쪽에서 파리로 진군하던 9월 5일, 디젤 가족은 서쪽 해안을 향하는 피란 열차에 올라탔다. 그곳에서 이들은 영불해협을 가로지르는 런던행 증기선에 탑승했다.

급히 떠날 수밖에 없는 상황이었기 때문에 디젤 가족은 집과 작업장뿐 아니라 소지품 대부분을 남겨 놓았다. 현금은 거의 없었고 가지고 간 것은 등에 지고 운반할 수 있는 것뿐이었다. 손자 오이겐이 나중에 전하기로는 할아버지가 영불해협을 건너는 동안 다섯 식구가 먹을 것으로 "빵 한 덩어리와 초콜릿 하나"만을 간신히 구했다고 한다.

영국으로 쏟아지는 이민자 무리에 섞인 디젤 가족은 직업과 숙소를 놓고 경쟁하며 불확실한 미래와 직면해야 했다.

––––––––––

디젤 가족이 떠난 다음에도 격전은 계속되었다. 프랑스는 군기가 잘 잡힌 프로이센군에게 치욕적일 정도로 허무하게 점령되었다. 그리고 파리는 곧 포위되어 바깥세상으로부터 고립되었다. 프로이센은 오토 폰 비스마르크 재상의 지도하에 덴마크와 오스트리아와의 전쟁에서 쾌 승을 거뒀다. 비스마르크의 정치 전략에서 다음 단계이자 마지막 군사 원정의 목표는 바로 프랑스에 대한 결정적 승리였다. 비스마르크는 프 로이센이 주도하는 강력한 단일 독일 국가로 독일 민족을 통합하고자 했고 그 관건은 프랑스의 신속한 패배였다.

1871년의 프랑스-프로이센 전쟁 종결은 오늘날 세계가 아는 독일 이라는 근대 국가가 성립했음을 알리는 사건이었다. 독일은 성립과 동 시에 유럽 주요 강대국들이 두려워하는 세계 최강의 육군을 보유한 경 쟁국이 되었다.

독일은 엄청난 배상금과 프랑스의 알짜배기 영토인 알자스-로렌의 할양을 비롯해 가혹한 조건으로 프랑스와 평화를 맺었다. 1871년의 알 자스-로렌 강탈로 인해 두 나라 사이에 생겨난 정치적 적대감은 오래 이어졌고 이는 루돌프 디젤의 인생에 깊은 영향을 미칠 사건이었다.

제2장

런던에서의 짧은 체류

A Brief Stay in London

프로이센군이 파리로 진군하는 동안 피란민 가족들은 사람으로 넘쳐나는 영국행 증기선에 몸을 실었다. 사방으로 흔들리는 증기선이 거친 영불해협을 건너는 동안, 디젤 가족 다섯 명은 뱃멀미로 고생하며 꼭 붙어 지냈다. 바람이 갑판 전체에 물보라를 뿌렸다. 테오도르는 절박한 처지의 주변 사람들로부터 최선을 다해 몇 안 되는 소지품을 지켰다. 배가 몹시 흔들렸던 탓에 아이들이 심한 멀미에 시달려서 가족은 난간 근처 갑판에 자리를 잡았다. 그때 루돌프는 새로운 환경과 더불어 찾아온 원초적 두려움을 마음에 새길 정도의 나이가 되었다.

소름 끼치는 7시간의 횡단 항해 끝에 디젤 가족은 영국 뉴헤이븐항에 도착했다. 이들은 런던앤패리스 호텔의 비좁은 싸구려 방에 옹기종기 모여 첫날 밤을 보냈다. 런던에 도착한 것은 이틀 뒤였다.

낯선 도시에서 새 삶을 꾸리는 힘든 과제를 시작하려던 테오도르와 엘리제는 아이들을 기차역 벤치에 남겨 두고 떠났다. 가장 먼저 필요한 것은 머리를 가릴 지붕이었다. 몇 시간 뒤 부부는 아무것도 찾지 못하고 빈손으로 돌아왔다.

다섯 식구는 소지품을 담은 상자를 질질 끌며 시내를 걸었다. 거의 기진맥진해졌을 무렵, 이들은 혹스턴지구의 허버트가 20번지에 있는 간소한 방 두 개짜리 아파트를 찾았다. 세 아이는 소파에서 잤고 부모는 침대에서 잤다. 이들이 짐으로 가져온 작은 상자는 의자, 탁자와 세면대로 쓰였다.

이스트런던의 일부인 혹스턴의 역사는 15세기까지 거슬러 올라간다. 산업혁명이 시작될 때부터 잠식해 오는 공장과 창고 때문에 이 지역 주민들은 점차 다른 곳으로 이주하고 있었다. 이곳이《올리버 트위스트》의 배경이 된 런던이다. 그리고 1870년에 올리버 트위스트와 동갑인 12세의 루돌프 디젤이 여기 도착했다. 혹스턴은 해크니 자치구에 있었는데 해크니는 하층계급의 말투를 가리키는 말인 '해크니Hackney', 혹은 '코크니Cockney'와 관련이 있는 지명이다. 갑자기 파리를 떠나 위험한 동네에 있는 집으로 이사한 사건은 그러잖아도 나쁜 가족의 형편을 더 나쁘게 만들었고 부모와 아이들 모두에게 트라우마가 되었다.

내성적인 루돌프는 약삭빠른 소매치기*로 전락하는 대신 남는 시간을 파리에서처럼 보내려 애썼고 영국박물관과 사우스켄싱턴박물관을

---

* artful dodger,《올리버 트위스트》에 나오는 소매치기 두목을 가리키는 데 쓴 말. - 옮긴이 주

방문했다. 그곳에서 루돌프는 시야에 들어온 동력기관 관련 전시물을 꼼꼼히 살피고 스케치했다. 런던과 파리는 세계 최고의 공학적 전통을 가진 도시였다. 두 도시에서 산다는 것이 행운임을 깨달은 루돌프는 이를 희망의 빛줄기로 삼았다. 그러나 그는 런던에서 노동자들의 열악한 주거, 어두침침하고 환기가 불량한 공장, 기계가 토해 낸 석탄 연기가 만든 스모그, 비참한 사람들처럼 평생 그를 괴롭힌 끔찍한 광경과 마주쳤다.

최악은 비도덕적인 어린이 강제 노동이었다. 루돌프는 겨우 12살이었고 또래나 더 어린 아이들은 학교 대신 공장으로 내몰렸다. 아이에 대한 채찍질은 일상이었고, 루돌프는 감옥에서 나온 것처럼 얼굴이 창백하고 상처에서 피를 흘리는 아이들을 목격했다. 자기가 본 것에 너무 상처 받은 루돌프는 나중에 자녀들에게 이 경험을 상세히 말했다. 루돌프의 아들 오이겐은 가문의 역사책을 출간하면서 아버지가 런던에 있을 때 겪은 일들을 집어넣었다.

상쾌한 어느 가을날 오후, 루돌프는 템스강에 놓인 런던브리지를 걸어서 건넜다. 그는 다리 중간쯤에 서서 풍경 곳곳에 흩어진 선박, 크레인 그리고 파일 드라이버pile driver*와 공장에서 솟아오르는 검은 연기 기둥으로 오염된 수평선을 지그시 바라보았다. 굴뚝에서 뿜은 연기와 증기가 수평선을 흐릿하게 물들이고 있었다. 런던에 온 지 겨우 한 달이었으나 이미 이 연기 뒤에 존재하는 비인간적 조건들은 충분히 본 터였다. 독일 출신 이민자 장인인 그의 아버지가 다른 피란민들과 부대끼며

---

*   건물의 기초 공사용 말뚝을 지면에 박는 기계장치. '항타기'라고도 한다. – 옮긴이 주

새로 온 도시에서 직업을 찾을 수 있었던 덕에 루돌프는 공장 생활과 채찍질을 면했을 뿐이었다.

난간에 기대선 날씬한 체구의 소년을 눈여겨본 행인은 거의 없었을 것이다. 어딘가 조금 특이하고 외로웠으며 몽상가인 이 소년은 공학에 재능이 있었으나 이를 훈련받지는 못했다. 그는 주로 어머니의 부드러운 관심 덕에 예술을 사랑했다. 루돌프가 런던에서 어떻게 먹고살았는지에 관한 확실한 자료는 없으나 그는 당시에 공장으로 내몰렸던 불운한 아이들보다 운이 좋았다. 순진하고 낙관적인 소년 루돌프는 박람회에서 보았거나 상상 속에서 존재하는 기계장치를 스케치하며 시간을 보냈다. 그 순간만큼은 그는 더 나은 기계를 만들겠다는 결의에 찼다. 루돌프는 다리에 서 있으면서 막연하지만 자신과 자신의 가족 같은 노동자 계층의 근로 환경을 바꿀 무엇인가를 만들어 내겠다는 야심을 품게 되었다.[*]

루돌프는 둥근 석조 다리의 난간을 팔로 밀며 평생 유지할 꼿꼿한 자세로 돌아왔다. 비쩍 마른 팔다리에 걸친 옷은 파리에서보다 더 남루하고 몸에 맞지 않았다. 아버지의 작업장에서 경험했던 파리의 하늘과 런던 하늘의 스모그는 대조적이었다. 영국에서 시작된 사회의 기계화는 유럽 대륙으로 진출했고 경제 규모는 작은 농촌 기업보다 도시에 기반한 대기업에 압도적으로 유리해졌다. 이렇게 규모가 커진 산업은 일

---

[*] 루돌프는 다리에서 맞은 이 순간을 잊을 수 없었고 이 이야기는 디젤 가문에 대대로 전해지게 되었다. 그는 자녀들에게 여러 번 이 순간에 대한 생생한 기억을 말했고 아들 오이겐은 1937년에 출간된 디젤 가문의 역사책에 이 이야기의 전모를 기록했다.

종의 노예제가 되었다. 기업은 순종적인 대규모의 노동자들과 창고를 채운 석탄을 연료로 하는 거대한 기계에 의존했다. 산업 시대를 움직일 재원은 루돌프가 파리에서 살 때의 기준이었던 소규모 기업과 완전히 상반되는 것이었다.

몇 해 동안 런던과 파리에서 루돌프가 관찰하고 경험한 것들은 발명의 자양분이 되었다. 그가 노트에 그린, 엄청난 식욕으로 석탄을 삼키는 기계들은 개별 장인의 능력으로는 제작할 수 없었고 전통적 주문 제작 기법과도 배치되는 물건이었다. 그러나 그는 언젠가 동력을 시골 공동체에 공평하게 나눌 수 있는 기관, 작업장 자체보다 더 거대한 장치가 아닌 작업장 구석에 들어갈 수 있는 기관을 설계할 수도 있으리라고 생각했다. 오토는 고작 3년 전, 이런 목적을 향한 작은 한걸음에 해당하는 기관의 설계를 공개했다.

루돌프는 다리 건너편에 도착했다. 아이디어가 머릿속에서 몰아치고 있었다. 목표가, 그리고 아버지 같은 장인들에게 중요해질 미래의 그림이 떠오른 것이다.

———

테오도르는 자기 소유의 작업장도 없었고 일자리를 찾을 것이라는 전망도 전혀 없이 런던으로 왔다. 장녀인 루이제 디젤은 작은 사립학교에서 음악과 언어를 가르치는 직업을 어찌어찌 구했다. 루이제의 수입 덕에 가족이 먹고살 수는 있었으나 간신히 생계를 유지하는 수준이었다. 가족의 생존을 위해 발버둥 치며 사이가 끈끈해진 세 남매는 언제나 우애가 깊었다. 빈곤했지만 가족은 깨지지 않았다.

테오도르의 형(그의 이름도 루돌프였다)은 몇년 전 파리를 떠나 독일로 돌아갔다. 테오도르는 아우크스부르크에 있던 형에게 편지를 써서 그곳에서의 전망을 물었다. 그러나 답장은 독일의 고용 사정도 나을 게 없다는 것이었다.

그러다 루돌프에게 구원의 밧줄이 내려왔다. 아우크스부르크에 살던 테오도르의 사촌 베티는 수학 교사 크리스토프 바르니켈과 결혼했는데 이 친척 부부가 루돌프에게 아우크스부르크로 오라고 제안했다. 그곳에서 왕립인 지역 직업학교에 다닐 수 있다는 것이었다. 바르니켈은 루돌프가 다른 학생들과 함께 자기 집에서 하숙을 해도 좋다고 했다.

그 뒤로 몇 년간 오간 편지가 증언하듯, 테오도르와 엘리제는 언제나 다정하지는 않았지만 아들을 사랑했다. 부부는 루돌프가 머리가 좋다는 것을 알았다. 아우크스부르크로 가서 바르니켈 가족과 사는 것은 루돌프에게 런던에서는 굳게 닫혔던 문을 열 기회가 될지도 몰랐다.

테오도르는 남의 호의에 의지해야 하는 신세가 된 것을 몹시 한탄했지만 그런 교육이야말로 12살 먹은 루돌프를 구원할 호구지책임을 알았다. 루돌프는 안정적인 가정생활과 교육 기회를 얻을 것이다. 테오도르는 루돌프가 교육을 마치고 돌아와 재건된 작업장에서 자신과 같이 일하게 될 것이라고 상상했다.*

루돌프가 런던에서 보낸 기간은 채 3개월이 되지 않았다. 그러나 이

＊　　테오도르는 바르니켈 부부에게 평균적인 하숙비인 연 1,000마르크(오늘날 6,000달러)를 내기로 약속했지만 지불하지 못했다. 이 금액은 몇 년 뒤, 루돌프가 돈을 벌기 시작하면서 치를 수 있었다.

체류는 그의 삶과 세계관에 큰 영향을 끼쳤다. 하늘은 납빛이고 살이 에도록 추운 1870년 11월 하순 어느 날, 루돌프 디젤은 갈아입을 옷 한 벌과 동전 몇 닢 그리고 어머니가 싸 준 며칠 동안 먹을 음식 바구니를 들고 혼자서 배를 탔다.

아우크스부르크까지는 8일이 걸렸다. 악천후 탓에 항해는 예정보다 시간이 더 걸렸다. 로테르담에 도착한 루돌프는 에머리히, 쾰른, 프랑크 푸르트와 뷔르츠부르크를 거치는 열차를 탔다. 가는 길에 그는 낯선 사람들과 싸구려 여인숙에 묵으며 얼마 안 되는 소지품마저 도둑맞을까봐 노심초사했다. 아주 추운 어느 날 밤, 그는 낯선 사람이 준 슈냅스 술 한 잔을 홀짝거렸다. 나중에 부모님께 쓴 편지에서 술 마실 때는 좋았는데 그 뒤로 가는 내내 목구멍과 이, 귀가 아파 고생했다고 썼다.

바르니켈 가족의 집에 도착한 디젤은 몹시 지치고 아팠던 데다 집을 그리워하고 있었다. 누이들이 무사한지 그리고 아버지가 직장을 구할 희망이 생겼는지 걱정이었다.

크리스토프 바르니켈은 소년 디젤을 보자마자 그가 "12세 아이라기보다 성인처럼 보였고" 이 젊은이를 "만나면 누구라도 아주 푹 빠질" 사람이라고 생각했다. 바르니켈은 루돌프에게 3일 동안 집에서 푹 쉬고 회복하라고 했다.

쉬는 동안에도 루돌프의 마음은 계속 어딘가로 움직이고 있었다. 첫 장거리 기차 여행의 경험을 아직 생생하게 간직한 그는 기차에 매혹되었다. 바르니켈은 머물던 3일 동안 루돌프가 "시가 상자로 조차장*까지

---

*　　여객차와 짐차를 조절하는 곳. 열차를 잇거나 떼어 내는 장소이다. - 옮긴이 주

갖춘 완벽한 철로를 만들었는데 나무로 된 레일을 시가 상자에 박고, 머리핀으로 만든 와이어로 신호 상자와 연결된 스위치는 실제로 작동하기까지 했다."라고 언급했다.

장래가 촉망되는 학생을 여럿 가르쳐 봤던 바르니켈은 즉시 깊은 인상을 받았다. 그리고 눈에 띄는 루돌프의 재능을 키워 보기로 했다. 바르니켈 가족과 친숙해진 루돌프는 인생 업적의 출발점이 될 정규 교육을 시작했다. 아우크스부르크에서 루돌프 디젤의 상상력이 자라나기 시작했다.

루돌프의 아들 오이겐은 나중에 유목민처럼 보낸 소년 시절에서 아버지 루돌프 디젤이 얻은 것을 공학적 관점으로 이렇게 요약했다. "아버지는 프랑스만의 뭔가 특별한 것에 감화받았고 파리는 기술과 과학에 대한 그의 열정에 불을 붙였다. 런던은 그에게 열기관 시대의 기원뿐 아니라 세계적 강대국이 어떤 규모로 움직이는지를 보여 주었다. (…) 독일에서 그는 독일적 장인정신을 가리키는 슈바벤* 지역의 학교를 통해 논리와 견고함을 접했다."

디젤은 평생 공학자 그리고 사회이론가로 살기 위해 노력했다. 전쟁과 추방은 그의 유년에 그림자를 드리웠으나 내면에 진정성 있는 국제적 감수성을 키웠다. 1870년에 그의 조상들이 살던 고향으로 돌아갔을 때 디젤은 이미 독일의 가장 큰 두 경쟁국의 수도에 살아 본 경험이 있

---

* 슈바벤Schwaben은 1803년에 바이에른 왕국의 일부가 된 중세 공국이다. 문화적 고정관념에 따르면 슈바벤 사람들은 검소하고 기업가 정신이 있으며 근면한 것으로 묘사된다. 이 고정관념은 지금까지 존재하는데 앙겔라 메르켈 수상의 "알뜰한 슈바벤 주부"를 칭찬하는 언급(《더 가디언The Guardian》, 2012. 9. 17.)이 그 증거다.

었으며 3개 국어를 했고 영국-프랑스 문화, 정치와 교육 시스템 속에서 12년을 보냈다.

한편 고통스러운 개인적 경험을 통해 배운 교훈도 있었다. 그것은 가정의 안전이 얼마나 취약한지를 이해한 것이었는데 이것은 그의 머릿속에서 지울 수 없는 교훈이 되었다. 바로 전쟁과 산업 혁신은 가족의 삶을 파괴하기도 한다는 것이다.

제3장

유럽의 새로운 제국

A New Empire in Europe

루돌프가 도착할 무렵, 아우크스부르크는 5만 명의 인구를 가진 중소 도시였다. (당시 베를린의 인구는 82만 명, 뮌헨은 18만 명이었다. 다만 이 도시들의 중심부는 빠르게 성장하고 있었다.) 계속 늘어나던 운하를 따라 몇 세기 동안 초기 산업의 동력원이 된 수차水車가 연달아 설치되었다. 유서 깊은 도시인 아우크스부르크는 고대 로마의 중요 무역 경로에 있었다. 이 도시가 창건되었을 때의 원래 이름은 아우구스타 빈델리코룸Augusta Vindelicorum이었는데 로마 황제 아우구스투스에게 바쳐진 이름이었다.

1800년대 들어 아우크스부르크는 직물을 비롯한 여러 공장 및 담배 가공장이 들어선 도시가 되었고 온갖 종류의 직업을 가진 사람들이 살았다. 1838년경 칼 부즈라는 철도기술자가 아우크스부르크와 뮌헨을 잇는 50마일 길이의 철도 건설을 감독했다. 철도에 힘입어 이 고대 도시에서 다시 한번 산업이 번창하게 되었다. 철도 공사를 끝낸 부즈는 아우크스부르크가 자신과 같은 젊은 기술자를 위한 완벽한 도시라고 생각했다. 그는 이곳에서 칼 아우구스트 라이헨바흐라는 재능 있고 발이 넓은 동업자를 만났다. 라이헨바흐의 삼촌은 1811년에 평판인쇄기를 발명했다.

1844년에 두 사람은 아우크스부르크에 있던 수공업 공장을 사들였고 부즈는 곧 마시넨파브리크 아우크스부르크Maschinenfabrik Augsburg(아우크스부르크 기계공장, 약칭 M.A.)라는 회사를 세웠다. 이 회사의 주력 분야는 증기기관, 증기 보일러, 수력 터빈 같은 중공업 설비 제작이었다.

1864년, 회사의 경영권은 칼 부즈의 아들 하인리히 부즈Heinrich Buz에게 승계되었다. 사업적 감각이 날카로운 하인리히의 경영하에 M.A.는 막 세계적 산업국가로 발돋움하던 독일에서 선도기업으로 자리 잡았다. 1870년 11월에 디젤이 아우크스부르크에 도착했을 무렵 하인리히 부즈는 '독일 산업계의 비스마르크'라는 별명을 얻었다. 아우크스부르크는 공학적 재능을 키우는 온상이었고 19세기 독일에서 개념을 현실로 만들고 싶은 공학도가 있으면 마시넨파브리크 아우크스부르크의 하인리히 부즈를 우선 만나야 했다.

이전 세기 공학 분야의 가장 위대한 진보는 프랑스와 영국에서 일어났으나 상황이 바뀌고 있었다. 독일은 경제적으로 빠르게 성장하고 있었고 루돌프는 이렇게 공학 분야에서 힘을 키우는 독일에서 제자리를 찾을 수 있었다.

전쟁과 산업은 언제나 공생관계다. 정권은 본질적으로 과학자의 작업 방향과 응용에 결정적 효과를 미친다. 그리고 과학자는 여기에서 자기 자리를 찾아야만 한다. 독일의 산업적 급부상은 프로이센 지도층이 거둔 정치적, 군사적 승리에 힘입은 바 컸다. 프로이센의 주도로 프랑스에 승리하자 아우크스부르크는 더는 바이에른의 일개 도시가 아니었다. 루돌프가 도착했을 때 이 도시는 독일제국의 도시가 되었다.

디젤이 살고 일했던 정치적, 사회적 기후를 이해하기 위해서는 독일제국이 어떻게 만들어졌는지 그리고 카이저 빌헬름 1세와 나중에 그의 손자 빌헬름 2세가 권력을 어떻게 행사했는지를 이해해야 한다. 루돌프가 도착했을 무렵 신생 독일제국은 아직 자기 정체성을 확립하고 있던 단계였다.

1871년에 프랑스-프러시아 전쟁에서 승리하자마자 빌헬름 1세는 초대 독일 황제가 되었다. 프로이센의 수상이던 오토 폰 비스마르크는 '독일제국 재상'이 됨과 동시에 '철의 재상'이라는 별명을 얻었다. 황제의 손자이자 루돌프 디젤과 동갑인 빌헬름 왕자는 독일의 군사적 승리에 환호했다.

비스마르크 재상은 정치 분야에서 독일을 호령하는 인물이 되었다. 키 183센티미터에 어깨가 넓고 모든 면에서 위압적인 인물인 그는 황제조차 자기 의지대로 움직일 수 있었다. 전 세계의 군주들과 장관들은 이제 유럽대륙에서 가장 강력한 군대를 좌지우지할 수 있는 비스마르크를 존경하고 두려워했다. 전쟁 후 몇십 년 동안 그는 국제 외교무대를 뒤에서 조종한 주인공으로 활동했다. 9세기의 샤를마뉴 대왕 이래 유럽대륙 전체에 자신의 비전을 이렇게 능숙하게 펼친 지도자는 없었다.

프랑스는 독일제국을 만들기 위한 비스마르크의 전략적 전쟁의 세 번째이자 마지막 상대였다. 그는 1864년에 덴마크와의 9개월 전쟁을 성공적으로 이끌었으며 1866년에는 오스트리아를 무찔렀다. 경쟁자이자 위협 세력인 프랑스를 몰아냄으로써 비스마르크는 독일 통일을 달성하기 위한 정치적 자본과 여론의 호의를 획득했고 1862년에 다음과 같이 선언했다. "(독일계 국가들은) 프로이센의 자유주의가 아닌, 국력을 바라보고 있다. (…) 오늘날의 가장 큰 과제는 연설과 다수결이 아닌 (…) 철과 피로 결정된다." 통일로 가는 여정에서 그는 두 황제를 물리치고 세 번째 황제를 만들었다.

비스마르크는 새로운 독일제국 헌법을 작성했다. 독일제국은 영국처럼 명목상 입헌군주국이었지만 비스마르크는 정부 권력의 분배에 있어 훨씬 더 보수적이었고 영국보다 황제 그리고 자신에게 더 많은 권한을 부여했다. 당시 세계적으로는 민주정이 대세로 떠오르고 있었고 전제정은 쇠퇴하고 있었다. 비스마르크는 구세계적 전제정 정부를 설계했다. 시대와 근본적으로 맞지 않는 독일제국의 정치체제는 수 세대에 걸쳐 영향을 끼칠 터였다.

———

비스마르크조차 예측하거나 통제할 수 없었던 것은 황위 계승에 일어난 돌발 사태였다. 빠르게 변하는 국제적 동맹의 시대에서 통치 계급

간의 결혼은 전략적 도구였다. 1858년, 빌헬름 1세의 아들 프리드리히 3세가 영국 빅토리아 여왕의 장녀 빅토리아(애칭은 비키)와 결혼했다. 이 부부의 아들 빌헬름 2세는 빅토리아 여왕의 장손이자 가장 아끼는 손자였다. 그리고 이 복잡한 왕가의 인척 관계상 빌헬름 2세는 나중에 전쟁을 벌일 영국의 조지 5세와 고종사촌이었다.

19세기의 평화로웠던 마지막 10년 동안 영국과 독일은 우호 관계를 유지했다. 크림전쟁(1853~1856)에서는 여러 독일계 국가들이 러시아에 대항해 참전했고 이들은 그 전의 나폴레옹 전쟁(1803~1815)에서는 대나폴레옹 동맹국의 일원이었다. 빅토리아 여왕 본인이 독일계였으며 독일인인 작센-코부르크의 앨버트공을 남편이자 부군으로 선택했다. 여왕은 가장 아끼는 딸 비키를 독일 황태자 프리드리히와 결혼시키는 데 흔쾌히 찬성했다.

비키와 프리드리히의 장남 프리드리히 빌헬름 빅토르 알베르트Friedrich Wilhelm Victor Albert는 프로이센 왕국의 수도 베를린에서 1859년 1월 27일에 태어났다. 그는 왕위 계승 서열 2위(아버지 프리드리히의 다음)였으며 루돌프 디젤보다 고작 10개월 어렸다.

빌헬름은 신체적 불구를 안고 태어났다. 그의 왼쪽 팔 길이는 오른쪽보다 15센티미터 짧았다. 압도적으로 남성 우월적 분위기였던 프로이센 문화에서 이 신체적 약점은 큰 수치였다. 어린 빌헬름에게는 슬픈 일이었지만 제대로 발육하지 못한 왼쪽 팔은 어머니에게도 부끄러움의 근원이었다. 어머니는 영국의 빅토리아 여왕에게 이렇게 썼다. "불행의 근원인 저 형편없는 팔만 아니었더라면 빌헬름은 매우 예쁜 아이였을 텐데요, 팔을 보면 볼수록 아이의 얼굴이 더 일그러진답니다. (…) 팔 때문에 움직일 때마다 행동거지, 걸음, 인물까지 다 어색해 보이고 (…) 혼자서는 아무것도 못 한답니다. (…) 저에게는 이루 말로 표현할 수 없는 슬픔이에요."

어린 시절 빌헬름은 어머니가 왕위 계승자로서 반드시 배워야 할 기술이라고 고집한 승마를 배울 때 가장 큰 고통을 겪었다. 빌헬름을 가르친 승마 교관은 나중에 이렇게 썼다. "우는 왕자는 박차 없이 억지로 말 위에 앉았고 말은 정해진 보법으로 걸었다. 그는 계속 낙마했고 눈물로 호소했지만, 다시 들어 올려져 말 위에 앉아야 했다."

빌헬름도 나중에 어린 시절을 회고하며 이런 사실을 확인했다. "(어머니는) 내가 승마를 할 수 없다는 생각을 용납할 수 없었다. 그러나 신체적 불구 때문에 나는 승마에 맞지 않는다고 느꼈다. 걱정스럽고 무서웠던 나는 근처에 아무도 없으면 흐느껴 울곤 했다."

비키는 자신을 탓했다. 빌헬름의 출산은 복잡한 둔부분만이었고 그 과정에서 팔이 으스러졌다. 아이는 장신에 잘생기고 건장한 아버지를 닮지 않았다. 아들의 장애에 대한 비키의 집착 때문에 문제는 더 나빠졌다. 비키는 1870년에 어머니 빅토리아 여왕에게 이렇게 썼다. "빌헬름은 모든 분야의 운동에서 더 작은 아이들보다 뒤처진다고 느끼기 시작했어요. 그는 균형을 잡을 수 없어서 빨리 달릴 수도, 말을 탈 수도, 어딘가에 올라갈 수도, 음식을 자를 수도 없어요."

빌헬름의 팔과 그 팔에 대한 어머니의 집착은 그가 평생 가지고 간 불안감의 원인이 되었다. 그는 평생 사진을 찍을 때마다 자기의 제대로 발육하지 못한 팔을 등 뒤에 숨기려 했다.

팔에 낙담하기는 했으나 아들의 전인적 성장에 헌신적이었던 어머니는 교육 전반을 맡았다. 아이를 가르친 방식은 전적으로 영국식이었다. 독일 문화와 독일 교육을 촌스럽게 보았던 탓에 비키는 독일 귀족층에서는 친구가 거의 없었다. 하지만 그녀는 자신이 경멸하는 사람들로부터 애정을 받지 못하는 데에 크게 개의치 않았다.

독일적인 것에 대한 비키의 경멸은 정치와 비스마르크의 전제정 형태의 정부까지 이어졌다. 비키는 이 정부가 근대적이지 않으며 심지어 중세적이라고까지 보았다. 빅토리아 여왕에게 쓴 편지에서 그녀는 이렇게 말했다. "비스마르크 공은 우리 운명을 좌지우지할, 유일하고 전지전능한 통치자예요. 여기서는 그의 의지가 법이랍니다."

이 시기 내내 비키는 아들을 지도하고 교육했다. 소년 빌헬름의 가장 행복한 기억은 버킹엄궁이나 와이트섬에 있는 외할머니의 여름 별궁인 오스본하우스를 찾아가 오래 머문 것이었다. 그때 본 영국 해군의 웅장함에서 받은 인상은 빌헬름에게 그 후로도 오랜 영향을 미쳤다. 빌헬름은 대영제국의 안전과 세계 곳곳에 있는 자산을 보호하는 주력함들의 위용과 장대함에 입을 딱 벌렸다.

비키는 영국을 자주 방문했을 뿐 아니라 생의 마지막까지 서신에서 영국을 "고국"으로 불렀다.* 철두철미하게 영국식 생활방식을 고집했던 비키는 빌헬름에게 의식적, 무의식적으로 영향을 주어 영국식 방법이

---

*   1901년, 임종 며칠 전에 비키는 두 가지 소원을 남겼다. 먼저 자신의 유해를 영국으로 돌려보내 매장해 줄 것과 두 번째로는 옷을 입히지 말고 유해를 영국 국기로 싸 달라는 것이었다. 그때쯤 어머니의 친영 감정에 아주 진절머리가 나 있던 빌헬름은 이것이 독일에 대한 모독이라고 느꼈으나 잠시 감상적으로 되어 두 번째 소원을 허락했다.

독일식보다 낫다는 개념을 심으려 노력했다. 남편인 프리드리히* 황태자는 조국에 충성을 바치는 독일인이었지만 동시에 아내에게 충실한 남편이기도 했다. 그는 아들을 자유주의적 방식으로 교육하는 것을 지지했고 비스마르크가 독일제국을 위해 만들어 낸 정부보다 덜 전제적인, 자유주의적 형태의 정부를 선호했다.

세월이 흘러 빌헬름 1세가 노쇠해짐에 따라 프리드리히와 비키는 황위에 더 가까이 다가가게 되었다. 프리드리히와 비키가 대변하는 자유주의적 위협을 인지한 비스마르크는 떠오르는 별인 황태자 부부에게 대항할 새로운 잠재적 연합군을 찾았다.

응석과 엄한 훈육을 번갈아 경험한 소년 빌헬름이 10대 초가 되자 비스마르크와 그의 장관들은 점점 황태손의 교육 방향에 더 큰 영향을 발휘하기 시작하며 비키의 손에서 통제력을 서서히 빼앗았다. 비스마르크의 목적은 빌헬름을 보수적 원칙에 완전히 길들이고 프로이센식의 엄한 기풍을 주입하는 것이었다. 비스마르크는 이미 독일 대중과 장관들을 지배하고 있었다. 프리드리히가 황위에 올랐을 때 벌어질 싸움에 대비한 보험으로 그는 어린 황태손을 확실한 자기편으로 만들기를 원했다.

공작의 달인인 비스마르크는 성공했다. 빌헬름의 세계관, 심지어 성격까지 바뀌기 시작했다. 아들은 더는 어머니의 고국 방문을 즐거운 마음으로 고대하지 않았고 정치적 믿음도 받아들이지 않게 되었다. 그는 어머니의 간청을 거절하고 독일인이라는 자신의 뿌리를 온전히 받아들

＊   1888년에 93일 동안 재위했다가 후두암으로 사망.

이는 한편 프로이센의 독일 통일이라는 공로를 숭상했다. 빌헬름은 부모를 제쳐 두고 할아버지를 우상처럼 숭배했다. 그는 빌헬름 1세를 "빌헬름 대제"라고 부르며 초대 독일 황제에 대한 숭배 분위기를 조성했다. 행동거지에서조차 그는 거칠고 무뚝뚝한 프로이센 군인 같은 태도를 보였다. 그리고 어머니와의 관계는 점점 더 소원해졌다.

불구의 원인을 돌아보던 빌헬름은 독일 의사들이 무능하다고 믿었던 비키가 영국인 의사들로만 아들을 돌보게 했다는 사실을 떠올렸다. 그는 독일인 의사에 대한 어머니의 무시를 모욕으로 받아들였다. 1889년에 빌헬름은 어릴 적에 참아왔던 분노를 터뜨린 때가 있었다고 기억한다. "영국 의사가 아버지를 죽였습니다. 그리고 영국 의사가 내 팔을 부러뜨렸어요. 모두 어머니의 잘못입니다."

성장하면서 겉으로는 단단해졌지만, 빌헬름의 내면에는 아직도 손자를 사랑하는 할머니 빅토리아 여왕의 발치에 앉아 놀면서 영국 해군의 위용에 매혹되었던 어린아이가 있었다. 빌헬름은 영국식 예의, 전통과 세련된 생활양식을 흠모했다. 전기작가 데이비드 프롬킨은 이렇게 말했다. "그는 반은 독일인, 반은 영국인이었고 이 두 얼굴은 계속 서로 싸우고 있었다. 그는 영국을 몹시 부러워하며 영국인이 되고 싶어 했고 영국인보다 더 영국인답기를 원했다. 반면 동시에 그는 영국인을 미워했고 원망했는데 왜냐하면 영국인은 그를 완전한 영국인으로 받아들이지 않았기 때문이다."

———

서로 다른 민족성과 문화가 섞인 정체성을 갖는 것이 강점이라고 보는 이들이 많지만, 빌헬름에게 있어 이 이중적 정체성은 혼란과 갈등의 원천이 되었다. 그리고 루돌프 디젤에게는 이 문화적 영향의 혼합이 일종의 성격적 균형으로 이어졌다. 그의 어머니는 런던에서 가정교사로 외국어와 예술을 가르쳤다. 그의 아버지는 옛 독일 시골의 군대 같은 엄한 규율이 몸에 밴 사람이었다. 루돌프 본인은 어린 시절을 프랑스와 독일에서 보냈으며 두 나라의 적대감이 유럽에서의 가장 큰 정치적 경쟁 관계의 원인이라는 데 무관심했다. 그는 자신을 받아들인 도시들의 문화뿐 아니라 바이에른에 있던 자기 뿌리를 이해했다. 그는 기꺼이 자기가 '세계시민'이라고 주장했다. 빌헬름은 이중적 뿌리와 평화롭게 지낼 수 없었다. 빌헬름의 경우 한때 어머니 그리고 외할머니 빅토리아 여왕과 나눴던 좋은 추억을 제치고 우선시된 것은 프로이센의 군사문화였다.

———

문화와 기술 분야에서 독일 최고의 작가 중 하나가 된 루돌프 디젤의 아들 오이겐은 나중에 제국에 끼친 비스마르크의 영향에 대해 이렇게 썼다. "독일의 길잡이별은 병사였다. 그리고 군국주의의 화신인 프로이센은 질서와 조직을 사랑하는 독일인에게는 이상적 존재가 되었다. 독일은 아주 잘 짜인 하나의 조직이 되었고 군사적으로는 모든 면이 강력했으나 방어해야 할 문화에서는 약했다. 독일은 칼로 흥했고 칼에 의지해 계속 살아갈 터였다. 독일인은 군대 같은 엄격함을 지켜야만 성공한다고 믿었다."

그러나 비스마르크의 지도력은 오이겐의 묘사와 미묘한 차이가 있었다. 그의 계획은 특정한 전략적 목표에 따라 바뀌었다. 독일 통일을 달성한 비스마르크는 일단 칼을 집어넣고 경제성장에 집중하는 한편 실용적 평화를 유지하는 방향을 선호했다. 정치적으로 그는 알자스-로렌을 점유하는 한 프랑스는 영원히 독일의 적으로 남을 것이며, 따라서 프랑스를 정치적으로 고립시켜야 한다는 것을 깨달았다. 그렇기 때문에 독일이 성공하려면 다른 강대국들과 언제나 우호 관계를 유지하는 것이 관건이 되었다.

비스마르크는 세계 최강의 육군을 가지고 있었으나 이렇다 할 해군 전력은 없었다. 반면 영국은 지상 전력에는 크게 신경을 쓰지 않았다. (당시 프랑스와 러시아는 영국과 현격한 격차가 있는 2위, 3위의 해군력을 가지고 있었다. 바다를 지배한 것은 영국이었다.) 영국 해군은 19세기 초 나폴레옹의 군대에 그랬던 것처럼 대륙 육군이 영국 해안에 상륙하지 못하게 막으면서 이들을 무력화했다.*

관심의 초점을 국내 문제에 맞춘 비스마르크는 평화를 보장하기 위한 동맹관계망을 능숙한 솜씨로 구축했다. 독일 산업은 전 세계를 놀라게 할 정도로 고속 성장했다. 1871년에 영국은 산업혁명의 중심 국가였고 1억 12만 톤의 석탄을 인도하는 세계 최대의 석탄 생산국이었다.

---

* 영국 육군보다 훨씬 강력한 대육군을 가졌던 나폴레옹은 영국 제도를 침공할 계획을 세웠다. 그러나 프랑스 해군은 강력한 영국 함대의 세력 때문에 프랑스군이 영불해협을 가로지르는 동안 안전 항해를 제공할 수 없었다. 결국 1805년 10월 21일 영국 해군은 프랑스-스페인 연합함대와 트라팔가르 해전에서 마주쳤다. 이 해전에서 기함 HMS 빅토리에 탑승한 호레이쇼 넬슨 중장이 이끄는 영국 해군이 승리를 거뒀다. 트라팔가르 해전은 해양 지배 세력으로서 영국의 위상을 결정적으로 확립한 사건이었다.

같은 해에 독일은 고작 3,400만 톤을 생산했을 뿐이었다. 그런데 영국이 견실한 성장세를 유지했음에도 1911년경이 되자 두 나라의 석탄 생산량은 같아졌다.

전쟁과 중공업에 필수적인 강철 생산에서 독일은 훨씬 놀라운 성장세를 보였다. 1871년에 독일의 강철 생산량은 영국에 비하면 무시해도 좋을 정도였다. 1890년 즈음 영국의 360만 톤에 비해 독일은 240만 톤을 생산하면서 영국을 상당히 따라잡았고 1896년경에는 영국을 추월했다. 1914년경 독일의 강철 생산량은 영국의 두 배 이상(영국 650만 톤, 독일 1,400만 톤)에 달했다. 역시 산업 발전과 전쟁에 필요한 인구 증가 속도에 있어 독일은 비슷한 비율로 다른 유럽 국가들을 능가했다.

———

비스마르크가 만들어 낸 독일은 테오도르 디젤이 1850년에 떠난 독일과는 매우 다른 나라였다. 아버지가 떠난 지 고작 20년 뒤 루돌프 디젤이 조상들의 땅으로 돌아왔을 무렵, 독일 전역은 비스마르크와 빌헬름 1세의 정치적 영향력 아래 통일되었다. 성공이 눈앞에 있었다. 도시 중심부는 성장하고 근대화되었으며 산업은 비스마르크의 관리하에 번창했다. 그러나 그 밑에는 민족주의와 군사력 우선이라는 조류가 흐르고 있었다. 알현실 옆 측실에서 때를 기다리던 12세의 왕자와 지적 능력으로 세상을 바꾸기로 결심한 12세 학생에게는 짜릿한 시대였다.

제4장
혼자 힘으로 성공한 사람이 진짜 있을까?

Is Anyone Truly Self-Made?

루돌프 디젤은 하인리히 부즈의 저택과 활기에 찬 그의 마시넨파브리크에서 고작 몇 블록 떨어진 곳에 있는 왕립 슈바벤직업학교 교실에서 학업에 몰두하고 있었다. 루돌프는 파리의 외국인 혐오, 차별과 전쟁으로부터 도망쳐 런던에서 극도의 빈곤과 산업적 노예제를 경험했다. 우연히 찾아온 행운과 가족관계에 힘입어 그는 이제 자유의 몸이 되었다. 이제 자기를 아끼는 친척들과 함께 안정적 가정에서 살게 된 루돌프는 이 뜻밖의 기회로 수학과 공학의 재능을 완벽히 키울 수 있게 되었다. 오이겐은 나중에 아버지가 "(마시넨파브리크의) 중역과 선임 기술자들의 이름을 듣고 젊은이다운 상상력으로 이 유명한 회사를 향한 열정을 불태웠다."라고 기록했다.

루돌프는 옛 수도원 건물의 2층에 있는 왕립 슈바벤직업학교의 3년 과정에 입학했다. 1층에는 작지만 인상적인 갤러리가 있었고 전시품 중에는 반 다이크와 다빈치의 작품이 있었다. 디젤은 학교 아래층에 있는 이 갤러리를 빙 둘러보곤 했다. 예술을 사랑하는 디젤은 어머니를 생각하면서 행복한 기분으로 작품을 감상했고 방으로 돌아가 자신이 본 것을 어머니에게 보내는 편지에 적었다.

　다른 유럽 국가들도 대부분 그랬지만 당시 독일에서의 교육은 능력별 제도를 따랐다. 교육자들은 아주 어릴 때부터 아이들의 능력을 평가해 상급학교에 진학시켰고 여기에서 이들의 미래가 엄격하게 정해졌다. 예를 들어 많은 아이들은 외국어나 고전어를 가르치지 않는 직업학교로 진학했고, 인문계 학교인 김나지움에 들어갈 자격을 얻은 아이들은 법조인이나 공무원 경력을 시작할 수 있었다. 공학에 소질이 있고 고모부가 아우크스부르크에서 수학 교사로 근무하고 있던 루돌프는 기술 위주의 레알김나지움에 입학할 자격을 얻었다. 이 학교에서는 고전 그리스어를 가르치지 않으나 기술 과정을 보완하기 위해 제한적으로 철학과 문학을 공부해야 했다.

　루돌프는 교육이 더 나은 삶으로 가는 티켓임을 알았다. 반 친구 대부분보다 더 고생을 해 본 경험이 있어서인지, 그는 다른 친구들이 즐기던 오락거리를 거부했다. 모든 수업에 출석했으며 온 힘을 다해 공부한 루돌프에게는 매일 1시간씩 하는 피아노 연습과 가끔 하는 장거리 산책, 혹은 갤러리 투어가 유일한 오락거리였다. 부모님에게 보낸 편지에서 그는 반에서 1등을 하는 것이 목표라고 밝혔다.

루돌프는 테오도르로부터 금전적 지원을 전혀 받지 못했으나 결국 여러 잡다한 일과 프랑스어, 영어 과외로 용돈을 벌 수 있었다. 나머지는 바르니켈 가족이 지원했다.

한편 런던에 있는 디젤 가족의 상황은 더 나빠지고 있었다. 디젤의 누나 루이제는 1871년 1월 자 일기에서 "먹을 것이 떨어져 간다."라고 상황을 적었다. 그리고 부모는 런던에 계속 남아야 할지 확신하지 못하고 있었다. 상대적으로 행복한 날이던 1월 14일에 루이제는 이렇게 썼다. "아버지와 함께 런던의 가장 중요한 거리들을 탐험했다. 리젠트 거리와 그 주변 거리인데 아름다움이라는 면에서 이들은 파리에 있는 거리의 절반도 안 된다. 런던과 파리는 차이가 참 크다. 런던의 거리는 너무 더럽고 언제나 안개가 끼어 있다. 파리가 훨씬 더 좋다. 파리는 너무 즐겁고 우아한 도시다."

다음 날 일기에 따르면 테오도르는 뼛속까지 지쳤고 어머니는 "몸이 안 좋은 데다 주기적 편두통으로 고생하고 있다."고 했다.

테오도르와 엘리제 부부 그리고 딸들은 프랑스-프로이센 전쟁이 끝나자 결국 파리로 돌아갔다. 1872년 9월 11일, 루돌프는 편지로 가족에게 학업 계획에 관해 썼다. "이제 저는 1년 정도 왕립 슈바벤직업학교(디젤은 마지막인 3학년에 재학 중이었다)를 더 다니면 됩니다. 그런 다음에는 아우크스부르크의 산업학교에서 2년을 공부해야 해요. 그런 다음에는 뮌헨에 있는 폴리테크니쿰(과학기술전문학교)에 다닐 겁니다."

루돌프와 루이제는 루돌프가 독일에 있는 동안 서로에게 계속 편지를 썼다. 명랑한 기분을 유지하기 위해 남매는 공통 화제인 음악과 예술에서 새로 흥미로운 것을 발견하면 서로 알렸고, 사랑하는 이들끼리만 할 수 있는 방법으로 어려운 환경이라는 짐을 나눠 지고 가끔 부모가 하는 별난 행동을 관찰하며 즐거워했다. 누나 루이제는 가족에게서 멀리 떨어진 외로운 루돌프가 감정을 털어 놓을 수 있는 대상이었고 그에게는 아주 중요했던 친밀한 감정의 원천이었다.

바르니켈 부부가 공장 노동에서 루돌프를 구원하고 큰 힘이 되어 주었는데도 테오도르는 학업을 계속하겠다는 아들의 계획에 반대했다. 아버지는 14세가 된 아들이 집으로 돌아오기를 원했고 루돌프에게 학교를 빨리 그만둘수록 그 시간 만큼 장인으로 일하며 돈을 벌 수 있다고 말했다. 테오도르는 아들에게 자기 손으로 노동하는 것은 영예로운 일이라고 설명했다.

루돌프는 가족의 마음을 바꾸기 위해 파리를 방문해야겠다고 생각했다. 그는 학업을 계속하는 것이 더 이롭다고 설득할 생각이었다. 학업을 포기하고 테오도르의 뒤를 따라 장인의 삶을 시작한다면, 그는 당시의 관습대로 3년간의 무급 도제 생활을 해야 한다. 학교를 선택하든 직업을 선택하든 3년간은 무급으로 살아야 한다. 그렇다면 학업 포기에 과연 무슨 의미가 있단 말인가?

루돌프는 최하 등급의 열차를 타고 40시간이 걸려 아우크스부르크에서 파리까지 갔다. 그때는 1874년이었고 가족의 얼굴을 보지 못한 지도 3년이 넘었다.

가족과 다시 만난 디젤은 달콤함과 쓸쓸함을 동시에 느꼈다. 부모와의 대화는 긴장과 불쾌함의 연속이었다. 디젤 가족은 파리 제11구의 볼테르가 127번지에 집과 작업장을 다시 세웠다. 이곳도 센강 우안이었다. 다만 강에서는 멀었고 전에 파리에서 살던 집보다 불편했다. 가족의 재정 상황은 런던에서보다 별로 나아지지 않았다. 음악적 재능이 있던 루돌프의 누나 루이제는 아직도 피아노 과외를 하며 얼마 안 되는 가족의 수입에 힘을 보태고 있었다. 테오도르와 엘리제는 루돌프가 파리로 돌아와 가족들을 돕기를 원했다.

이제 16세가 된 루돌프는 분노와 절망이 섞인 감정으로 집에 들어왔다. 대학 상아탑이 손에 닿는 곳에 있었다. 어릴 적 파리의 기술 박물관에서 보낸 현실도피자의 몽상이 아우크스부르크에서는 매일 경험하는 일상이 되었다. 그런데 아직도 아들의 비범한 재능을 알아보지 못한 부모는 아들에게 포기하라고 요구하는 것이 무엇인지를 이해하지 못하고 있었다. 흥분한 루돌프는 어머니에게 목소리를 높이며 언제나 수학과 과학에 반대했던 부모가 지금 당장의 돈 걱정 때문에 아들의 학업을 지원하지 않는 것은 말도 안 된다고 항의했다. 루돌프는 대학에 가면 장학금을 받을 것이고 대학에서 큰일을 할 것으로 확신한다고 부모에게 말했다.

테오도르는 천둥같이 고함치며 엘리제를 옹호했다. "네 어머니가 너 어릴 적에 놀이와 이야기로 네 관심을 불러일으키려 노력하지 않았더냐? 너는 너 혼자서 지금의 네가 되었다고 생각하느냐, 아니면 부모가 제공한 교육 덕이라고 생각하느냐?"

———

양쪽 모두 불같이 화를 냈으며 어느 쪽도 양보하려 하지 않았다. 그리고 비극이 닥쳤다. 루돌프가 집에 온 지 몇 주 되지 않아 아직 10대였던 누나 루이제가 갑자기 사망했다. 당시 가족 기록으로 미루어보아 루이제는 심장에 문제가 있었던 듯하다. 루돌프가 사랑하는 펜팔 친구이자 속을 털어 놓을 수 있었고 가장 끈끈하게 연결되어 있다고 느낀 사람이 이제 이 세상에서 사라졌다.

끔찍한 타격이었다. 루이제가 죽자 루돌프는 누나를 기리려 피아노 연주에 몰두했다. 테오도르의 슬픔은 이상한 쪽으로 방향을 틀었다. 처음에 깊이 낙담했다가 서서히 정신을 차린 그는 완전히 다른 사람이 되었다. 테오도르는 기독교 신앙을 버리고 일종의 심령주의를 받아들였다. 그는 자신을 신비주의자로 선언하고 내세에 있다는 딸과 연결하기 위해 교령회를 열었다.

테오도르는 결국 직업적 신비주의자가 되었다. 그는 자신을 "전문 자기치료사"로 불렀다. 몇 해 뒤인 1882년에 그는 《자기치료법: 동물적, 혹은 생명–자기Magnetotheraphie: Der animalische oder Lebens-Magnetismus》라는 책을 출간했다. 그는 자기는 인체의 신경 시스템에 있는 전기의 한 형태라고 설명하고 넘치는 자기를 가진 자신 같은 사람은 부족한 이들에게 자기를 옮길 수 있으며 이를 통해 질병을 치료할 수 있다고 주장했다. 루돌프는 아버지가 망상에 빠졌다고 적었다.

———

아우크스부르크에서 도착한 편지 두 통이 루돌프의 독일 귀환 논란을 정리하는 데 도움이 되었다. 첫 편지는 크리스토프 바르니켈이 보냈는데 그는 루돌프를 아우크스부르크로 불러 자기 집에서 하숙시키고 교육을 마칠 때까지 지원하겠다는 뜻을 밝혔다. 크리스토프는 디젤 부부에게 루돌프가 똑똑하다는 것을 상기시키고 더 교육받을 기회를 박탈하지 말아야 한다고 주장했다. 두 번째 편지는 아우크스부르크의 한 학교 교장이 보냈는데 그는 디젤 가족에게 루돌프가 아우크스부르크로 오는 여비와 입학금을 지원하겠다고 제안했다. 루돌프도 자기가 원하는 바를 분명히 밝혔다.

테오도르와 엘리제는 결국 뜻을 굽혔다. 바르니켈 부부가 이번에도 루돌프를 구했다. 그리고 10대 소년 루돌프는 아우크스부르크로 돌아갔다. 그는 줄 것이 전혀 없는 부모에게서 재정을 지원받을 수 없다는 것을 알았다.

제5장
석유, 게임의 판을 바꾸다

Petroleum Upends the Game

대서양 건너편에 있는 미국에서의 교육과 기회는 구세계의 엄격하고 봉건적인 전통과 아주 달랐다. 미국은 한창 번영하고 있었다. 유럽의 대도시들과 닮은 구석이라고는 조금도 없는 도시와 마을들이 흙먼지 속에서 피어나고 있었다. 수백만의 삶을 지탱하기 위해 지하 기반 시설까지 있던 파리와 대조적으로 미국의 허술한 마을들은 방금 평평하게 닦은 지대에 하룻밤 만에 갑자기 나타났다. 지은 지 몇십 년밖에 되지 않는 건물들이 역사적 기념물이 되고, 도시 중심부는 원시적 형태이거나 없는 것보다 조금 나은 수준의 기반 시설이 지탱하고 있었다. 사법과 교육체계도 후진적이었다. 신생국인 미국은 질보다 양을 강조하는 초고속 성장을 거치며 북미 대륙 전역으로 확장하고 있었다. 미국인은 국내에 초점을 집중했고 북미 대륙에서만 확장 기회를 활용하고 있었다. 청소년기의 디젤을 떠돌게 만든 민족적, 문화적 차이점은 미국에서는 관심 밖의 일이었다.

발명 과정은 본질적으로 당시의 사회 경제적 도전 과제와 결부되어 있다. 그리고 루돌프 디젤 같은 발명가의 작업은 자신들이 통제할 수 없는 힘에 대한 대응이었다. 엄청난 속도로 발전하는 미국에서는 결국 한 사람이 산업계에서 가장 큰 지배력을 발휘하게 된다. 디젤이 일했던 환경을 이해하기 위해서는 존 D. 록펠러를 이해해야 한다. 19세기 후반과 20세기 초에 걸쳐 전 세계의 화석연료 생산 대부분을 통제했던 록펠러는 사상 최고의 부를 축적한 인물이었다.

존 D. 록펠러는 파리에서 루돌프 디젤이 태어나기 19년 전인 1839년 7월에 뉴욕주 리치포드에서 태어났다. 그의 아버지 윌리엄 애브리 '빅 빌' 록펠러는 집에 있을 때가 드물었고 존은 어머니 엘리자 데이빗슨 록펠러, 누나 루시와 어린 동생 4명 윌리엄 주니어, 메리 그리고 쌍둥이 형제 프랭클린과 프란세스와 같이 살았다. 또한 아버지 빅 빌은 근처 마을에서 존보다 한 살 위인 배다른 누나와 한 살 아래인 배다른 여동생을 얻었다. 아버지가 혼외로 낳은 자식들을 존이 알았는지는 기록상 확실치 않다.

어린 루돌프를 일부러 언덕에서 밀었던 루돌프 디젤의 아버지와 비슷한 훈육 방법을 사용한 빌은 언젠가 이렇게 말했다. "나는 아들들을 영민하게 만들고 싶어서 기회 있을 때마다 아들들을 속입니다."

―――――

존은 아버지가 현금 1,000달러를 들고 다니기 좋아했으며 그 돈을 어떻게 썼는지를 안다고 나중에 말했다. 집에 돌아오면 그는 선물과 돈을 뿌려 아이들을 버릇없게 만들었다. 숭배를 갈망하는 나르시시스트나 할 법한 일이었다.

디젤의 가정이 불완전했다면 록펠러는 결손가정이었다. 빅 빌은 사기꾼이었다. 사기와 돌팔이 약장수로 생계를 유지했던 빅 빌은 먼 곳까지 가서 사기를 친 다음 현금을 두둑하게 챙겨 집으로 즐겁게 돌아오곤했다.

빅 빌이 또 다른 아내, 그리고 딸들과 별도로 살림을 차리고 있었던곳은 멀리 떨어진 캐나다 온타리오 근처의 한 마을이었다. 그는 온타리오의 가족과 같이 있을 때는 윌리엄 레빙스턴 박사라는 이름을 썼다.

어느 분야든지 박사는 절대 아니었지만 자기의 엉터리 약을 팔기 위해 두 가정에서 멀리 떨어진 새로운 마을로 가게 되면 그는 "윌리엄 A. 레빙스턴 박사. 단 1일만 체류 예정. 상태가 지나치지만 않으면 모든종류의 암을 치료. 상당한 호전 가능."이라고 적힌 광고판을 걸었다. 루돌프 디젤과 존 D. 록펠러의 아버지 두 사람 모두가 엉터리 치료법으로 생계를 유지하게 되었다는 것은 흥미롭다.

1843년, 록펠러 가족은 뉴욕주 모라비아로 이주했다. 빌은 주민이겨우 2,000명밖에 안 되는 이 마을에 주방에서 연결된 스토브 연통으로 난방을 하는 2층짜리 판자 널집을 지었다. 회를 바르지 않은 판자벽사이 틈으로 겨울바람이 휘몰아치며 들어왔다. 가족은 모래투성이인국경지대에서 고된 삶을 살았다. 특히 빌이 멀리 떠나 있을 때 삶은 더힘들었다. 하지만 아이들은 들판에서 놀고 호수에서 낚시했으며 작은땅뙈기에 농사를 지으며 간신히 살아갔다.

1850년에 가족은 온타리오 호수에 면한 항구도시이자 교역소인 뉴욕주 오스위고로 이사 갔는데 이 도시는 1829년에 이리 운하와 연결되었다. 존이 도착하기 10여 년 전에 재건된 온타리오 요새는 대부분 현지에서 벌채한 나무와 돌로 지은, 마을에서 몇 안 되는 석조건물 중 하나였다. 오스위고는 모라비아보다 더 분주하고 기회도 많은 곳이었다. 그러나 록펠러 가족은 이곳에 겨우 3년만 머물렀다. 뉴욕주는 빅 빌을 더 용납할 수 없었고 빅 빌 자신도 뉴욕주에 싫증이 났다. 채무와 친자확인소송 때문에 생겨난 법적 문제로 빌은 뉴욕주를 완전히 떠나기로 했다.

가족이 오하이오주 스트롱빌로 이주했던 1853년에 존은 14세였다. 아우크스부르크에 루돌프 디젤의 활동 개시를 위한 재료가 마련되었던 것처럼. 오하이오주의 대지에는 젊은 록펠러를 위한 문자 그대로의 '보물'이 묻혀 있었다.

가족이 오하이오주에 도착하자 빌의 존재감은 희미해졌다. 그는 아직도 존의 어머니와 혼인 관계를 유지한 상태로 두 번째 가정의 여성과 결혼했고, 첫 가정과 오하이오로 이주한 지 몇 년 뒤 두 번째 가정으로 돌아가 첫 부인과 공식적으로 별거할 것임을 밝혔다. 빌이 연락을 완전히 끊지는 않았으나 존은 자신과 가족이 빌에게 더는 아무것도 의지할 수 없음을 알게 되었다. 사실상 가장이 된 존은 가족 전체를 먹여 살려야 했다.

17세이던 1856년, 존 D. 록펠러는 곡물 위탁 판매사인 휴잇앤터틀에 경리로 취직했다. 계산이 빠르고 믿음직스러우며 절도 있고 정직했던 존은 사치스럽지 않으면서 적절한 가격의 전문가다운 복장으로 일했다.

타고난 사업가였던 록펠러는 얼마간 돈을 저축해 원자재 시장에서 자신의 이름으로 거래를 시작했고, 밀과 돼지고기 분야에서 성공을 거뒀다. 존은 클리블랜드를 중심으로 성장하던 상업지구에서 이름을 얻기 시작했다. 18세가 되었을 때 그는 모리스 클라크와 친구가 되었다. 클라크는 24세의 영국인으로 존의 사무실에서 조금 걸어가면 있는 식료품점 점원이었다. 클라크는 존 D. 록펠러가 이미 "평범한 능력과 신뢰도 이상의 것을 가진 젊은 경리라는 평판"이 있었다고 말했다.

휴잇앤터틀에서 3년 6개월을 일한 터틀이 퇴직하자 존은 터틀의 일을 맡아 능숙하게 처리했다. 터틀은 연봉 2,000달러를 받았는데 같은 일을 하는데도 휴잇은 젊은 록펠러에게 연봉 700달러 이상을 주지 않았다. 록펠러는 이미 자신의 가치를 알고 있었다. 능력에 비해 낮은 대우를 받고 저평가되었다고 느낀 젊은 록펠러는 회의감이 들었다. 여기에서 클라크와의 우정이 탈출구를 제공했다.

클라크는 록펠러에게 동업을 제안했다. 두 사람은 각각 2,000달러를 투자해 농산물 상사를 설립할 계획을 세웠다. 검소하고 근면한 존은 이미 800달러를 저금해 두었지만 이는 필요한 자본금에 못 미치는 액수였다.

그런데 아버지 빅 빌이 다시 존의 인생에 나타났다. 그의 행동은 뻔했다. 그는 존에게 자신은 언제나 자녀들의 스무 살 생일에 1,000달러를 줄 계획이었다고 말했고 존의 경우 이제 스무 번째 생일을 몇 달 앞두고 있었다. 그는 기꺼이 그 돈을 먼저 주겠노라고 말했다. 그리고 이런 말을 덧붙였다. "그런데 존, 이자는 10퍼센트란다."

10퍼센트 이자는 당시 시중금리의 두 배였다. 존은 아버지와 협상해 보았자 소용이 없다는 것을 알았다. 아버지의 계획에 존은 장단을 맞출 수도, 거절할 수도 있었다. 그는 빨리 빌릴 수 있는 돈이 나타났고 자신은 단기간에 돈을 불려 이 고리대를 갚을 수 있을 것이라 확신했다. 존은 그 돈을 받았다.

클라크와 록펠러는 재능과 추진력이 있었다. 하지만 이들은 자본금이 더 필요했다. 두 사람은 야심만만한 젊은이들에게 주목하는 잠재적 투자자들과 만났는데 그중에는 조지 W. 가드너George W. Gardner가 있었다.

가드너는 클리블랜드의 엘리트 집안 출신이었다. 그는 두 젊은이가 동업으로 만든 이 신생 회사에 돈, 은행, 법조계와의 인맥과 무게감을 선사했다. 두 사람은 가드너를 동업자로 받아들이기로 합의했다. 록펠러는 두 동업자들보다 거의 열 살이 어렸다. 나이는 중요하지 않다고 주장했으나 존의 지위는 세 번째가 되었을 뿐 아니라 회사 이름에서도 빠졌다. 회사는 클라크가드너앤컴퍼니로 이름이 바뀌었다. 자존심 강한 젊은 록펠러에게는 뼈아픈 타격이었다. 하지만 록펠러는 자존심을 세우는 데는 인정이나 다른 피상적 찬사보다 한 가지 더 중요한 것이 있다는 것을 입증했다. 중요한 것은 돈이었다.

록펠러는 클라크가드너앤컴퍼니에서 평생 반복한 한 가지 행동 유형을 갖기 시작했다. 그는 부를 축적하면 공들여 이를 감췄다. 남들이 보는 앞에서 현금다발을 흔들어 댄 아버지와는 정반대되는 본능이었다. 그는 자신과의 사업 관계로 부유해진 다른 사람들에게도 새롭게 얻은 부를 숨기라고 지시했다. 부를 과시한 부하는 징계를 받았다. 좋은 것들에 대한 반감이 있어서가 아니라 과시로 인해 주목받게 되면 돈을 더 버는 것이 어려워지기 때문이었다. 록펠러는 새 회사에서 겉보기에 하급자가 된 것이 사업적으로 이익이라는 것을 깨달았다. 클라크와 가드너는 은행가들이 알고 존중하는 이름이었다. 따라서 그는 사명 변경을 받아들였다.

그런데 록펠러는 점점 가드너의 호사스러운 생활방식을 참을 수 없게 되었다. 어느 날 오후, 록펠러가 부지런히 회사 장부를 정리하고 있을 때 불쑥 사무실에 들른 가드너가 2,000달러에 새 요트를 샀다고 자랑했다. 그는 친근한 농담조로 존에게 장부 정리를 잠시 중단하고 다른 사람들과 요트를 타고 놀러 나가자고 제안했다.

이때 록펠러의 반응은 그가 어떻게 부유해지고 어떻게 적을 만들었으며, 한편으로는 청교도적 절제를 통해 부의 축적을 사랑하는 소수의 친구를 가지게 되었는지를 단적으로 보여 준다. "조지 가드너 씨, 당신은 내가 아는 가장 사치스러운 사람입니다! 이제 삶을 시작하는 젊은 사람이 요트에 관심을 갖는다니요! 당신은 은행 신용을 깎아먹고 있어요, 당신의 신용과 내 신용 둘 다 말입니다. 나는 요트에 타지 않겠습니다. 보고 싶지도 않아요!" 부의 과시는 그를 화나게 만들었다. 사업에 해롭기 때문이었다.

다른 동업자도 록펠러에게는 골칫거리였다. 모리스 클라크는 존보다 존의 아버지 빅 빌과 더 공통점이 많은 사람이었다. 클라크는 술과 담배를 했고 입이 거칠었으며 종교가 없는데다 모국 영국에서 법적 처벌을 피해 도망쳐 온 신세였다. 반대로 가정적이고 종교적이며 차분한 성격의 존은 도망자와 낭비가와의 동업을 참을 수 없었다.

동업자들 간의 차이에도 불구하고 클라크가드너앤컴퍼니는 남북전쟁 기간 중 번창했다. 봉급으로 어머니와 형제들의 생계를 거의 책임지고 있었던 존은 병역에서 면제되었다. 그는 전쟁 수행에 직접 참여하는 대신 300달러를 정부에 내는 '300달러의 남자'가 되었다.

회사는 농산물에서 시작해 현지에서 풍부하게 나온 원유로 거래 품목을 확장했다. 그리고 원유 거래에서 번 수익을 정유소에 투자했다. 재정적으로 성공했지만 동업자들 사이의 충돌은 날로 심해졌다. 여기서 다시 록펠러는 자신의 가치를 알았다. 그리고 성공을 위해서 클라크와 가드너가 더는 필요하지 않다는 것도 알았다. 필요한 것은 더 많은 자본금뿐이었다. 결국 록펠러는 동업 관계를 완전히 청산하는 것이 앞으로 나아갈 유일한 길이라고 마음먹었다.

그는 사업가이자 회사 고객이었던 샘 앤드루스로부터 재정 지원을 받았다. 그리고 다음 번 동업자들과의 분쟁 때 록펠러는 떠나겠다고 엄포를 놓았다. 지금까지 동업 관계 청산은 야심 찬 파트너를 묶어 두려는 클라크와 가드너의 책략에 머물렀지만 이번에는 자본을 등에 업은 록펠러가 청산을 고집했다. 그는 동업자들의 등을 떠밀어 회사를 경매에 부쳤다. 승자가 모든 것을 가져가는 것이다.

승자는 물론 록펠러였다. 당시에 7만 2,500달러(2022년 가치로 130만 달러)라는 그의 최고 입찰가는 터무니없는 액수로 보였다. 1865년 2월에 그는 회사를 록펠러앤앤드루스로 개편했다. 여러 사업 분야에서 활동하던 이 회사는 이미 클리블랜드에서 비교적 큰 규모의 정유소를 보유했다. 이 정유소는 클리블랜드에 있는 많은 정유소 중 하나에 불과했지만 록펠러는 이제 자기 배의 선장이었다. 석유는 당시 회사의 부차적 분야였지만 점점 석유 시장의 잠재력이 록펠러의 눈에 들어오기 시작했다.

마크 트웨인은 남북전쟁 후 19세기가 끝날 때까지의 몇십 년을 도금시대라고 불렀다. 1882년에서 1885년 사이의 불황기를 제외하고 이 시기는 초고속 성장기였다. 산업, 기념비적 특허, 사업적 혁신이 협잡꾼, 수완가, 허풍선이들과 나란히 발전했다. 시장은 활발했고 가치는 서서히 오르고 있었다. 은행가 토머스 멜론의 말대로 1863년부터 1873년 사이의 10년은 "무엇이든 사서 기다렸다가 이윤을 받고 팔아야 하는" 기간이었다.

시장은 상당히 비효율적이었고 규제는 빠른 성장에 비해 느렸다. 산업 세분화는 아직 끝나지 않았다. 테오도르 디젤의 작업장처럼 업주와 도제로 이루어진 소상공업체 모델은 더 집중화된 산업 형태로 발전해 갔다. 수많은 소상공업체들은 직원 수천 명을 거느리고 시장에 영향력을 행사하는 더 큰 회사들에 자리를 내주었다. 이러한 기업 집단은 경쟁자에 비해 엄청난 이점을 누렸다. 노동 분야를 살펴도 이 새로운 경제 환경하에서 잘 조직된 기업 집단의 힘은 조직되지 않은 노동자와 비교할 수 없었다. 약삭빠른 사람들, 특히 석유, 철강, 담배, 설탕 산업을 운영하던 이들은 저렴한 노동력으로 이익을 늘리며 강도남작*의 시대

---

*   강도남작_{robber baron}은 19세기 미국에서 과점 또는 불공정한 사업 관행을 추구해 각각의 산업을 지배하여 막대한 재산을 축적한 사업가와 은행가를 가리키는 경멸적인 의미의 용어이다.

를 열었다.

———

1867년, 록펠러는 헨리 플래글러Henry Flagler라는 동업자를 만났다. 록펠러의 운은 플래글러를 만나 욱일승천할 것이다. 부와 인맥을 가진 플래글러는 석유를 둘러싼 게임에 참가하고 싶어 했다. 록펠러와 앤드루스는 클리블랜드에서 가장 큰 정유소를 가지고 있었고 사업 성장을 위해 더 많은 자본금이 필요했다. 그래서 이들은 플래글러와 팀을 이루어 회사 이름을 '록펠러, 앤드루스 앤 플래글러'로 바꿨다.

플래글러는 자제력이 강한 엄격한 사람이었고 교회에 다녔으며 충실한 남편이었을 뿐 아니라 술을 마시지 않았다. 그리고 그 무엇보다 사업을 우선시했다. 플래글러는 사업이라는 냉혹한 존재가 사람의 모습으로 나타난 것이나 마찬가지였다.

플래글러와 록펠러는 사무실에서 혁신을 발휘하기 위해 가정이 안정적이어야 한다는 철학을 공유했다.* 그리고 이 팀은 사무실에서 누구도 이길 수 없는 강력한 힘을 발휘했다. 플래글러는 앞으로 록펠러가 평생 가장 신뢰하는 동료가 될 것이다.

———

플래글러는 법률 훈련을 전혀 받지 않았으나 결국 이 집단에서 변호

---

*   소설가 귀스타브 플로베르는 이렇게 충고했다. "규칙적으로, 질서를 지키며 생활하라. 그러면 직장에서는 과감하고 독창적일 수 있다."

사가 될 운명이었다. 루돌프 디젤이 파리에서 도망쳐 런던으로 갔다가 아우크스부르크로 간 1870년, 플래글러는 스탠더드오일이라는 법인 창설을 위한 정관을 썼다. 놀라울 정도로 간결한, 200개도 되지 않는 단어로 작성된 이 문서는 설립자들의 사업권을 선언한 것이 전부였다. 이 창설 문서는 역사상 가장 강력한 회사가 될 스탠더드오일이 갈 길을 정했다. 스탠더드오일은 국제시장을 통제하고 관련 혁신을 촉진하거나 압살할 수도 있고 세계대전에 영향을 끼칠 정도로 힘이 커질 것이다.

———

록펠러는 나중에 펜실베이니아주 피트홀에 관한 이야기를 알게 된 다음 석유산업에 모든 것을 걸기로 했다고 말했다.

1865년 1월, 토머스 브라운이라는 중년 농부는 서리가 내린 어느 오후에 피트홀천을 따라 산책하고 있었다. 걸어가던 브라운은 석유가 있는 곳을 찾기 위해 수맥 탐사용 막대기로 쓰는 나뭇가지를 들고 있었다. 나뭇가지가 땅 쪽으로 고개를 숙이자 그는 그 지점을 파기 시작했다. 소 뒷걸음질치다 쥐 잡은 모양으로 그는 며칠 뒤에 지하에 매장된 석유를 발견했고 배출량은 하루 200배럴에 달했다.

브라운의 우연한 유전 발견 소식은 들불처럼 퍼졌고 일확천금을 꿈꾸는 이들이 몰려들었다. 5월경, 석유 채굴용 목제 데릭*이 피트홀천을 따라 곳곳에 세워졌다. 6월쯤에는 두 곳의 거리를 따라 가게, 술집, 사무실, 댄스홀이 늘어선 마을이 생겼다. 12월경이 되자 마을에는 50개

———

*   derrick, 동력을 사용해 짐을 매달아 올리는 기계장치. - 옮긴이 주

의 호텔, 학교와 교회, 도박장과 은행 여러 개가 들어섰다. 인구는 1만 5,000명까지 폭증했다.

남북전쟁에서 싸웠던 군대가 해산되면서 전역한 군인들이 이런 종류의 석유 마을로 이주했다. 피트홀 마을에는 중위, 대위, 심지어 대령까지 여러 명 살았다. 마을은 법과 질서가 관리할 수 없을 정도로 빠르게 성장했다. 1년도 되지 않아 야생동물들이 제멋대로 살던 황량한 지역이 갑자기 24시간마다 6,000배럴 이상의 원유를 생산하는, 거의 무법천지인 광란의 국경 마을이 되었다.

원유에서 정제된 등유를 연료로 하는 램프는 전 세계적으로 가장 널리 사용되는 조명기구가 되었다. 그리고 록펠러는 석유 사업에 전력을 쏟아야 한다고 확신하게 되었다.*

———

지배력 확보, 특히 원자재 산업에서 지배력 확보의 관건은 유리한 분배다. 록펠러는 자신이 생산한 석유를 가지고 신규 시장에 진입하기를 원했다. 그러기 위해서는 경쟁자들보다 가격을 낮출 필요가 있었다.

록펠러는 다수의 유정油井을 소유한 한편 석유산업의 정제 단계를 지배하게 되었다. 이것이 그가 경쟁자들을 압도한 첫걸음이었다. 클리블랜드 최대 정유소를 소유했으므로 철도회사들과 등유 수송을 위한

———

* 피트홀 유전은 4년 만에 고갈되었다. 석유 채굴에 쓰인 구조물 대부분은 고철로 팔려 근처 마을의 가정집과 사무실을 만드는 데 쓰였다. 2010년대 말, 피트홀의 공식 인구는 6명이다.

운임을 교섭할 때 록펠러에게는 규모의 이점이 있었다. 그는 스탠더드오일의 영업비용을 낮출 수 있다면 제품 가격을 일시적으로라도 경쟁자들이 이익을 낼 수 없는 수준까지 인하할 수 있다는 것을 알았다. 록펠러는 철도회사 사장들과 운임 인하를 비밀리에 협상할 목적으로 플래글러를 파견했다. 철도회사와 유리한 거래를 맺는다면 그는 경쟁자들을 업계에서 몰아낼 수 있을 터였다. 가차 없는 가격 책정 계획은 '리베이트'라는 형태로 현실화되었다.

정유소와 철도는 같은 문제를 겪고 있었다. 둘 다 원자재 관련 산업이었다. 클리블랜드산 원유 1배럴은 다른 곳에서 생산된 원유와 차이가 없었고 원유 1배럴을 펜실베이니아 유전에서 뉴욕까지 실어 나르는 데는 철도회사와 상관없이 똑같은 철도가 사용되었다. 즉 품질의 차이는 존재하지 않았는데 이것은 원자재의 정의에 부합한다.* 유일한 차별화 방법은 가격이었다. 록펠러와 철도업계 거물들은 서로에게 이익이 되는 방법으로 이 문제를 해결할 수 있음을 깨달았다. 정유소와 철도 시스템은 공급과잉과 자멸적 가격경쟁으로 고통받고 있었다. 이 문제를 해결할 방법은 담합이었다.

1872년 펜실베이니아철도의 톰 스코트는 경쟁사 뉴욕센트럴과 이리철도의 대표들을 불러 모아 스탠더드오일과의 독점계약에 합의했다. 그리고 이 합의를 철저히 비밀에 부쳤다. 이 4개 회사는 남북전쟁 직후 연방정부가 재건 진흥을 위해 만든 일종의 빈껍데기 조직인 남방개발

---

* 나중에 멕시코와 러시아에서 생산된 원유는 품질이 더 낮았지만 미국에서 생산되는 원유는 일반적으로 같은 품질이었다.

회사의 지분을 각각 나눠 가졌다. 지분 보유사들은 특정한 양의 석유를 3개 철도회사가 정해진 비율로 분배해 수송하기로 사전에 합의했다. 그 덕에 철도회사 간의 가격경쟁이 멈췄다.

이 계획에 참가한 유일한 정유사인 스탠더드오일은 대량의 석유를 보내기로 약속했다. 물량을 확보한 철도회사들은 여러 종류의 화차 대신 유조화차만 달린 기차를 보내 운영을 단순화할 수 있었다. 이는 철도회사의 최종 이익 개선에도 도움이 되었다.

여기에 대한 대가로 스탠더드오일은 철도회사들로부터 엄청난 금액의 리베이트를 받았다. 따라서 스탠더드오일이 지불하는 물류비는 다른 모든 정유사들이 내는 물류비의 절반이 되었다. 가격으로 경쟁하는 원자재 산업에서 스탠더드오일은 막대한 비용절감을 통해 경쟁자들을 제거할 수 있었다.

그리고 스탠더드오일은 철도로 운반되는 **모든** 석유의 독점운송권을 보유하고 있었으므로 록펠러는 제값을 받고 다른 정유사에 여분의 수송권을 팔 수 있었다. 스탠더드오일은 자사에서 정유하지 않은 석유에 대해서도 리베이트를 받았다.

훌륭한 교섭으로 탄생했으나 윤리적으로는 의문스럽고 무자비한 계획이었다. 록펠러의 전기작가와 언론은 이렇게 상황이 스탠더드오일에 유리해지며 생긴 결과를 "클리블랜드 대학살"이라고 불렀다. 스탠더드오일은 클리블랜드의 다른 정유소들을 흡수하거나 퇴출시켰다. 록펠러에 비판적인 전기작가로 몇 년 뒤에 스탠더드오일을 다룬 기사를 써서 상을 받은 아이다 타벨은 남방개발회사를 록펠러와 스탠더드오일의 "원죄"라고 불렀다.

록펠러는 클리블랜드의 모든 경쟁 정유소에 최후통첩을 보내 우리에게 협조하든지 아니면 사라지라고 했다. 그는 심지어 클리블랜드에서 작은 정유소를 소유한 동생 프랭크 록펠러에게도 똑같이 말했다. "우리는 철도회사들과 파트너십을 맺었다. 우리는 클리블랜드의 모든 정유소를 사들일 것이다. 우리는 모두에게 함께할 기회를 줄 것이다. 우리는 네게 기회를 줄 것이다. 거부하면 파멸할 것이다."

록펠러는 자기의 사업 관행을 옹호하면서 철저하게 무자비한 전술을 사용해야 한다는 일종의 의무감까지 내보인다. "예술, 음악, 문학에 대한 본능, 의사의 재능, 간호사의 재능처럼 나는 돈을 버는 능력이 신의 선물이라고 믿는다." 그는 자신이 석유산업을 구했으며 다른 이들보다 자신이 더 석유산업을 건설하는 데 적합한 인물이었다고 믿었거나 다른 이들이 그렇게 믿도록 만들었다.

———

1870년대부터 80년대까지 스탠더드오일은 유정을 정유소와 연결하는 파이프라인을 건설하는 데 투자했다. 막대한 이익을 거둔 스탠더드오일은 경쟁자들보다 한 걸음 앞서 투자할 자본이 생겼다. 28명으로 된 작업반이 직경 15센티미터짜리 파이프를 하루 3분의 2마일의 속도로 도랑에 매설했다. 이 방법으로 스탠더드오일은 필라델피아, 볼티모어, 버펄로, 피츠버그와 클리블랜드를 펜실베이니아의 유전과 잇는 파이프라인망을 구축했다. 이들은 심지어 허드슨강 밑에 파이프를 깔아 맨해튼 센트럴파크의 남단을 가로질러 이스트강 밑을 지나 뉴저지주 베이온과 롱아일랜드의 정유소를 연결하기까지 했다. 누구든 유정에서 원유를 수송하기 원한다면 스탠더드오일을 거쳐야 했다.

록펠러는 1880년대에 소매시장으로 진출했다. 말이 끄는 스탠더드오일 마차가 시골 국도와 도시의 거리를 이동하며 집집마다 직접 요리와 등화에 필요한 등유를 배달했다.

———

1880년대 초 스탠더드오일은 미국 시장 독점이라는 목표를 완벽하게 달성했다. 록펠러는 돈을 버는 능력은 신이 준 선물이라고 주장하면서도, 이것을 자랑하지 않으려 조심했다. 비밀 유지는 매우 중요했다. 언젠가 록펠러가 클리블랜드로 돌아가는 열차에 탔을 때 같이 탄 승객이 기차에서 보이는 언덕 위의 아름다운 호화 저택에 대해 말했다. 그 집의 소유자는 스탠더드오일의 중역이었다.

클리블랜드 본사에 도착하자마자 봉급 대장을 살펴본 록펠러는 이 중역이 너무 많은 돈을 받는다고 결정하고 봉급을 삭감했다. 록펠러는 큰 부가 경쟁심, 부정적 기사 그리고 연방정부의 달갑잖은 관심을 불러온다는 것을 알았다.

록펠러는 전 세계에 막대한 양의 석유를 안정적으로 확실히 공급하기 위한 기반 시설 구축에 어마어마한 자본을 투자했다. 그가 의지하면서도 통제할 수 없었던 것은 제품에 대한 전 세계적인 안정적 수요 증가였다.

———

존 D. 록펠러의 초기 생애는 루돌프 디젤과 아주 대조적이었다. 대서양을 사이에 두고 19년 차이로 태어났으나 두 사람은 불안정한 가정을 견뎠고 더 나은 삶을 위해 애쓰며 이곳저곳으로 이주했다. 두 사람은 지독한 가난을 목격했고 가난 때문에 고생했다. 그러나 10대 때 이들은 매우 다른 환경에 처했고 이로 인해 완전히 다른 인생 경로를 밟게 된다.

루돌프의 가정에는 아버지 테오도르가 가장으로 있었다. 비록 테오도르는 간신히 가장 역할을 수행했으나 아들을 사랑했고 교육의 가치를 높이 평가했다. 아들에게 더 나은 삶을 위한 기회가 생기자 그렇게 하면 아들의 도움을 받을 수 없게 되는데도 그 기회를 잡았다. 루돌프는 힘든 어린 시절을 보냈다. 그러나 바르니켈 가족이 그를 받아들인 다음부터는 가난의 구렁텅이에 빠지거나 공장에서 아동노동을 할 위험은 없게 되었다. 그는 세상을 철학적, 학문적 렌즈로 들여다볼 수 있었다. 이는 록펠러가 가질 수 없던 사치였다.

록펠러는 학업을 추구하지 않았다. 고등교육으로 가는 길을 알려 줄 사람은 그의 주변에 아무도 없었다. 가정의 유일한 수입원이 된 그에게는 먹여 살려야 할 가족이 있었고 일할 의무가 있었다. 공교육 대신 그는 사업적 성공을 추구했고 일하면서 배웠다. 산업적 성장을 도덕적 렌즈를 통해 들여다보고 노동조건을 개선하는 데 힘쓰는 대신 그는 산업 성장에 힘을 보탰고 돈을 버는 것을 신의 섭리로 합리화했다.

록펠러와 디젤이 보낸 어린 시절의 결정적인 차이는 두 사람의 생애에 지속적으로 영향을 끼쳤다. 오하이오에 도착했을 때부터 록펠러는 부를 추구했고 정치와 경제 시스템의 작동 방법을 깨달은 다음부터는 자신에게 이익이 되도록 시스템을 이용했다. 이와 반대로 디젤은 고등

교육이 장기적으로 자신에게 안정적인 위치를 확보해 줄 것이며 본인은 여기에서부터 공학적, 사회적 해법을 추구해 경제와 사회 시스템의 문제를 해결할 수 있다고 믿었다.

그러나 록펠러는 디젤만큼이나 뛰어난 혁신가였다. 기업가로 활동하는 내내 그는 석유의 공급과 세계적 수요에 대한 자신의 통제를 위험에 빠뜨릴 대체기술이 등장하면 주저없이 이를 위협할 터였다. 역사는 그의 수단을 무자비하다고 판단했고 종종 범죄라고까지 본다. 록펠러는 한 시대를 창조할 정도의 성공을 거두었지만 목적을 위해 수단과 방법을 가리지 않았던 탓에 루돌프 디젤과 경쟁하게 되었고 그로 인해 결국 디젤의 살해 용의선상에 오르게 된다.

────────

1870년의 세계는 다양한 연료와 그 연료를 연소할 기계로 넘쳐나고 있었다. 당시에 연료를 사용하는 목적은 크게 세 가지로 조명, 난방 그리고 작업이었다.

창립부터 20세기 초까지, 스탠더드오일은 조명용 등유를 판매해 부를 축적해 왔다. 원유를 정제해 귀중한 등유를 만드는 과정에서 휘발유가 부산물로 만들어졌다. 당시 휘발유는 무가치한 것으로 여겨 버려졌다. 현대에 들어 대부분의 사람들은 록펠러를 석유와 휘발유, 내연기관과 연관지어 생각하지만 휘발유 시장은 훨씬 나중에 생겼다.

19세기 이전의 조명용 연료는 대개 물고기, 고래, 올리브, 견과와 같은 동물 혹은 식물에서 채취한 기름이었다. 1800년대에 더 선진적인 지역은 더 깨끗하고 얻기가 쉬웠던 수소, 메탄, 프로판, 부탄과 천연가스 같은 가스성 연료를 사용하기 시작했다. (중국 일부 지역에서 1,000년 전에 천연가스를 사용했고 대나무 파이프를 이용해 이를 조명용으로 썼다는 증거가 있다.) 1800년대 후반에는 석유에서 파생된 액체 상태의 등유가 다른 조명용 연료를 대체하기 시작했고 다음으로 20세기에는 전기가 등유를 서서히 대체했다.

다음으로 중요한 시장은 당시 장작과 석탄을 주요 천연자원으로 쓰던 난방이었다. 1882년에 루드빅 노벨이 처음으로 석유를 연료로 하는 난로를 유럽에 출시했다.* 석유는 더 안전하고 안정적으로 연소했으며 석탄과 땔감을 때는 나무보다 주거지역을 오염시키는 연기를 덜 냈다. 몇 년 뒤에는 비슷한 모델의 난로가 미국에서 인기를 끌었다. 이 신기술은 결국 석탄 난로를 대체했고 전 세계적으로 석유에 대한 제2차 수요 폭증을 낳았다.

세 번째 주요 시장인 작업은 처음에는 가장 작은 규모로 시작했으나 결국 가장 큰 규모가 될 것이다. 가장 초창기 형태의 작업은 기계를 전혀 사용하지 않고 동물을 이용했다. 여기에서 영감을 받은 제임스 와트는 1700년대 후반에 짐수레를 끄는 말의 힘과 증기 엔진의 출력을 비교할 수 있는 힘의 단위를 고안해 마케팅 기법으로 활용했다. 그 뒤 세계는 이 정의를 채택했고 '마력'이라는 용어를 기관의 힘을 재는 단위

---

* 19세기 말과 20세기 초, 세계 석유 시장은 3대 기업이 지배했다. 록펠러, 카스피해 연안을 따라 남부 러시아에서 석유를 생산하던 로스차일드 가문 그리고 상트페테르부르크에 본사를 둔 노벨 가문이다.

로 사용해 왔다.*

작업을 하기 위해 와트가 발명한 증기기관 같은 초기 기관들은 석탄이나 나무를 때는 **외연**기관이었다. 1867년에 박람회에서 수상한 오토의 기관 같은 첫 **내연**기관은 대개 석탄가스였던 조명용 연료처럼 가스연료를 연소했다. 그런데 1870년경, 공학자들은 등유, 나중에는 휘발유 같은 액체연료로 가동되는 내연기관을 실험하기 시작했다. 액체연료를 연소하는 내연기관은 '석유기관'으로 널리 일컬어졌다.

상업적으로 출시된 첫 석유기관(오토의 설계에 기반을 두었다)은 1880년대 중-후반기에 모습을 드러냈다. 칼 벤츠의 자동차에 사용된 내연기관이 그중 하나다. 결국 휘발유라는 액체연료는 가장 선호되는 연료가 되었다. 휘발유는 가스연료보다 안전했지만 인화성이 높았고 밀폐공간에서는 잠재적 치명성이 있는 위험한 유증기를 방출했고 저장과 운송이 위험했다. 휘발유를 동력으로 하는 기관은 19세기 말에 접어들며 더 흔해졌지만 조명용 등유 시장에 비해 상대적으로 작은 시장이었고 사실 1916년까지 등유 생산량은 휘발유보다 많았다.

가벼운 액체연료인 휘발유와 등유에 대조적으로 견과류, 채소, 석탄, 심지어 다른 석유 파생물에서 만든 점도가 높은 무거운 연료는 저장하기에 안전했으며 아주 높은 온도로 가열하지만 않으면 인화성이 낮았

---

*　　와트는 말 1마리가 180파운드(약 81킬로그램)의 무게를 끌 수 있다고 계산했다. 직경 12피트(3.66미터)의 방아 바퀴에 이 힘을 적용할 경우, 말은 분당 이 바퀴를 2.4회 돌릴 수 있다. 힘을 계산하기 위해 와트는 이 원, 혹은 바퀴의 전체 둘레($2\pi r$)를 고려할 필요가 있었다. 따라서 전체 방정식은 다음과 같다. 1마력 = 180파운드 × 2.4 × 2π × 12피트 = 33,000 풋파운드/분 (와트는 반올림을 했다.)

다. 그러나 이 안전하고 훨씬 값싼 기름은 오토가 설계한 초기 내연기관의 연료로 쓰기에는 비실용적이었다. 오토의 설계는 쉽게 연소하는 가벼운 연료만 연소할 수 있었다.

———

박물관과 교실에서 디젤이 찬탄한 기관의 발명가들은 엔진 제작에 필요한 금속의 조달 가능성뿐 아니라 동력으로 삼을 연료 같은 현실 세계에서의 제약 조건도 고려해 넣어야 했다. 증기자동차를 만들었던 1770년에 정밀 금속 부품을 입수할 수 없었던 퀴뇨는 밸브를 밀봉하기 위해 밧줄과 가죽을 사용해야 했다. 그리고 공학자는 특정 종류의 연료를 선호할 수는 있을지라도 기관을 제작할 때의 기술적 결정은 특정 연료의 안정적 공급여부에 기반해 내려야 했다.

예를 들어 1870년경의 영국에서는 석탄이 풍부했으며 따라서 영국의 철도 시스템은 거의 모두 석탄을 태우는 기관차로 운행되었다. 이와 대조적으로 1870년대의 미국에서는 미개간 숲이 풍부했으므로 과잉 벌채가 문제될 때까지 나무를 때는 기관차가 주로 운용되었다.

19세기 초반에 미국이(곧 다른 나라들도) 풍부하게 매장된 석유 채굴을 시작하고 정제 기술을 완성해 등유와 휘발유를 생산했다. 그러자 석탄보다 운송하기 쉬운 이 연료가 갑자기 놀라울 정도로 풍부해진 사실은 경제와 지정학뿐 아니라 공학적 설계에도 영향을 주게 되었다. 미래의 기관을 만들고 있던 사람은 어떤 연료를 조달할 수 있는지를 고려해야 했다.

석유 공급을 위해 경쟁하던 회사들은 기업 이익과 사익에 따라 행동했으나 부정한 짓도 자주 벌였다. 록펠러는 세계가 조명용 연료로 등유에 중독되기를 바랐다. 수 세기 동안 견과와 채소 기름을 조명용으로 사용하던 중국 시장에 침투했을 때, 록펠러는 값싼 등유를 덤핑으로 판매해 견과와 채소 기름의 가격을 내리고 심지어 등유 전용 램프를 공짜로 공급하기까지 했다. 등유를 사용하는 조명기구에 적응한 소비자들이 바늘에 낚이자 록펠러는 마음껏 등유 가격을 올릴 수 있었다. 공급이 수요의 형태를 결정한다는 명백한 사례였다. 록펠러는 공급 통제로 영향력을 발휘하고 사람들이 이용할 기계의 종류를 결정할 수 있었다. 중국에서 그가 거둔 성공은 등유를 쓰는 램프 생산자들에게는 행운이었고 견과 기름을 쓰는 램프 생산자들에게는 불운이었다. 두 램프를 설계하고 생산한 공학자들의 기술은 성패와 무관했다.

아우크스부르크에서 소년 루돌프 디젤이 시작한 공학 분야는 발명가와 고객 사이의 일대일 관계처럼 단순하지 않았다. 더 작고 효율적이며 깨끗한 기관을 발명하고자 하는 이상을 달성했다고 해도 승자가 된다는 보장은 없었다. 고객, 경쟁자, 연료 공급자 같은 다른 이해당사자들은 특정 기술의 시장 수용 여부에 큰 영향을 행사할 것이다. 교육을 마치고 현실 세계로 들어갈 준비를 하는 동안 디젤은 자신이 고객과의 일대일 게임이 아닌 각자의 이해관계가 있는 기업가, 독점기업, 정부, 경쟁 관계에 있는 공학자들을 상대로 포커 게임을 한다는 것을 깨닫게 될 것이다.

제6장
이상의 추구

Pursuit of the Ideal

루돌프 디젤의 노트는 가족이나 기관에 대한 메모, 앞으로 시도하고 싶은 과학 실험 계획으로 빼곡했다. 그는 일기에 "실용적 삶을 위한 토머스 제퍼슨의 열 가지 원칙"이라는 제목의 두 페이지짜리 글을 썼다. 그 첫 원칙은 "오늘 할 일을 내일로 미루지 마라."였다. 디젤은 제퍼슨의 충고대로 쉴 새 없이 공부했다.

1875년에 그는 학교 역사상 최고 점수로 졸업했다. 루돌프에게 이는 단순한 자존심의 문제가 아니었다. 그는 학업이 막다른 길에 부딪힌다면 지금 가족이 견디는 것 같은 생활이 기다리고 있다는 것을 알았다. 학교에서 최고 성적을 거둬 장학금을 받게 되면 끔찍한 가난의 구렁텅이로 되돌아가는 것을 피할 수 있었다.

그는 입학금만 내는 조건으로 명문 뮌헨기술대학교(1868년 이전에는 직업고등학교로 불림)의 입학을 보장받았다. 뛰어난 학업 성취를 거둔 학생이 있다는 말을 들은 칼 폰 바우에른파인트 교수는 당시 17세인 그를 직접 평가하러 뮌헨에서 오기까지 했다. 소문의 학생을 만난 교수는 깊은 감명을 받은 나머지 그가 대학에서 공부할 수 있도록 한 해 500굴덴(1,000마르크, 혹은 오늘날의 6,000달러)의 장학금을 주기로 했고 학생은 이를 받아들였다.

뮌헨에서 루돌프는 독일 최고의 공학도들과 친구가 되어 같이 공부했다. 특히 한 초빙 강사가 루돌프에게 강한 영향을 주었다. 칼 폰 린데Carl von Linde는 냉장 기술의 선구자이자 성공한 사업가 그리고 당대 최고의 발명가 중 한 사람이었다. 그는 루돌프가 수강한 열역학 과목 강사였으며 나중에는 그의 멘토가 되었다.

1872년에 린데는 기계식 냉장 장치의 개념을 만들었다. 이 장치는 앞으로 얼어붙은 연못이나 호수에서 얼음을 가져올 필요를 없앨 것이다. 하인리히 부즈의 날카로운 눈은 린데의 업적을 놓치지 않았다. 부즈는 린데를 M.A.에 초빙해 1873년부터 1877년까지 연구를 후원했다. 1877년에 린데는 압축 암모니아를 냉매로 사용하는 신뢰성 있는 냉장고를 발표했다. 부즈와 린데는 냉장 관련 발명을 촉진하고 이 기술의 국제적 제조허가권 판매 준비를 위해 1879년에 주식회사 린데를 설립했다. 이것은 당시의 기술자들이 많이 따랐던 비즈니스 모델이었다.

린데는 만나자마자 루돌프의 장래성을 알아보고 그의 총명함과 직업윤리 그리고 겸손함을 높이 평가했다. 대학의 실험실, 제작소에서 주로 시간을 보냈던 루돌프는 수업과 강의에 바이에른 노동자계급의 전통적 복장인 파란 작업복을 입고 출석했다. 소유했던 단 한 벌의 정장은 일요일에 입기 위해 아껴 두었기 때문이었다.

어린 시절의 루돌프 디젤은 아버지와 아주 다른 사람처럼 보였지만 테오도르의 철저한 근로 윤리, 말아 올린 소매, 굳은살이 박이고 검게 물든 손은 루돌프에게로 이어졌다. 젊은 연구자 디젤은 좋은 옷을 살 돈이 있고 말쑥한 차림을 선호한 동료들에 비해 이채로운 존재였다.

대학에 다니던 1877년 1월, 18세의 루돌프 디젤은 독일 시민이 되었다. 군 당국은 3년의 병역의무가 있는 디젤에게 '학생 병역면제'를 허가했다.*

루돌프는 남는 시간에 동료 학생들에게 프랑스어와 수학을 가르쳤고 기분 전환을 위해 연주할 피아노를 빌릴 수 있을 정도의 돈을 벌었다. 그러나 그는 시간 대부분을 공부에 바쳤다. 교과 학습에서 루돌프는 열역학 과목에 끌렸고 열과 기계적 에너지의 관계 연구에 특별한 관심을 기울였다. 프랑스 공학자이자 열역학의 선구자인 니콜라 카르노(1796~1832)의 이론이 그의 탐구 대상이었다.

카르노는 고온고압의 가스를 밀폐하려면 증기기관에는 파르디에 아바프르(1770년의 증기자동차)에 장착된 3톤 무게의 찻주전자 같은 거대하고 무거운 금속 용기를 설치해야 한다는 것을 인정했다. 1824년의

---

* 독일 시민권자가 되면 교육받을 기회와 장학금에 접근하기 쉬워지므로 루돌프는 시민권을 가지게 되어 기뻐했다. 파리에서 태어난 루돌프는 독일(12세 이전에는 한 발도 들여놓지 않은)에서 시민권 취득을 위한 출생등록을 하지 않았으므로 이전에는 무국적 상태였다. 테오도르는 프랑스 시민권 취득을 여러 번 고려했는데 루돌프는 반대했다. 왜냐하면 아버지의 시민권은 자식들에게 이어지기 때문이었다. 프랑스 시민권은 독일에서 루돌프의 교육에 걸림돌이 되었을 것이고 당시 프랑스의 군대 의무복무 기간은 9년이었다.

논문에서 카르노는 이렇게 썼다. "우리는 석탄 연소를 통해 매우 강한 열을 확보했지만, 그 열량의 극히 일부만 사용할 수밖에 없다."

일단 카르노는 증기기관이 아주 비효율적 기관임을 인정했다. 증기기관의 에너지 대부분은 유용한 작업이 아닌 열과 압력으로 크고 거추장스러운 기관 부품들을 움직이는 데 사용되거나 누출되어 버린다. 카르노는 증기기관이 이론적으로 더 큰 효율성을 달성할 수 있음을 입증했으나 실제 증기기관이 달성한 효율은 그 발끝에도 미치지 못했다. 디젤은 이 차이를 몹시 궁금하게 여겼고 이를 제거하는 데 혼신의 힘을 기울이게 된다.

1878년 7월 11일, 디젤은 투우장 관중처럼 동료 학생 40명과 스타디움 모양의 강의실 책상 열에 맞춰 앉았다. 밑에서 린데 교수의 목소리가 강의실을 통해 울렸다. 교수는 이상적 카르노 사이클을 설명하기 위해 칠판에 쓴 계산식을 검토했다. 이 계산은 기계설계 이론에 관한 그의 강의에서 가장 중요한 부분이었다.

린데 교수의 계산에 따르면 최고의 증기기관도 카르노가 이론적으로 제기한 에너지의 6~10퍼센트만 작업으로 전환할 수 있었다. 순간적으로 루돌프의 머릿속에 런던브리지에서 보았던 희미한 개념이 또렷하게 떠올랐다. 그는 앉았던 의자에서 튀어 나가다시피 하며 교수의 말 한마디 한마디를 놓치지 않으려 했다. 몹시 흥분한 루돌프는 노트 여백에 이렇게 적었다. 이 기록은 지금 마시넨파브리크*의 문서보관소에 있다. "완벽한 행정과정을 복잡하지 않게 구현할 증기기관을 누군가가 만들 수 있다면?"

디젤은 기관의 효율성에 집착하게 되었다. 노트 여백에 휘갈겨 쓴 질문에 대한 답을 찾는 것은 그가 평생 해낼 작업의 원동력이 되었다. 1913년에 그는 린데의 1878년 강의의 효과에 대해 이렇게 썼다. "이상적 카르노 과정을 구현하겠다는 희망이 그때부터 나의 존재를 지배했다 (…) 그 생각은 쉴 새 없이 나를 따라다녔다."

몇 달 뒤에 노트에 적은 논평에서 디젤은 증기를 생성하지 않고 유용한 작업을 할 수 있으며, 새로 나온 오토 기관보다 더 효율적 방법으로 더 큰 동력을 전달할 기관을 만드는 것이 과제라고 언급했다. "그런데 이것이 현실적으로 어떻게 실현될 수 있을까? 바로 이것을 발견해야 한다!"

동력 전달의 매개로 물과 증기를 버리기로 한 결정이 내연기관의 시작이다. 그리고 오토가 이 변화를 모색했지만, 산업계에는 증기 외에 신뢰할 만한 기관이 아직 없었다. 하지만 질문은 그대로 남았다. 디젤은 오토보다 더 나은 기관을 만들 수 있을까? 오토의 기관(가스연료를 사용한)에는 물과 증기를 쓰는 보일러도, 화로나 연기 배출 장치도 필요 없었다는 점을 고려하면 증기기관보다 더 작았다. 그러나 이 기관은 대개 몇 마력 이하의 작은 동력이 필요한 작업으로만 용도가 제한되었다. 그리고 오토 기관의 연료 효율성은 증기기관의 두 배였지만 아직도 12~14퍼센트라는 보잘것없는 수준이었다.

＊   현재의 MAN이다. M.A.는 1898년에 뉘른베르크기계제작소Maschinenbau-AG Nürnberg 와 합병해 1908년에 M.A.N.Maschinenfabrik Augsburg-Nürnberg으로 개명했다. M.A.N.은 1921년에 루르의 오버하우젠에 본사를 둔 GHHGutehoffnungshütte에 인수되었으나 인수 후에도 이름을 유지했다. 1986년에 GHH그룹은 회사 이름을 아예 MAN그룹으로 바꾼다. MAN은 지금도 디젤기관, 특히 선박용 디젤기관을 비롯한 선박 추진 기관 분야에서 세계 최고의 기술력을 자랑한다. ─ 옮긴이 주

디젤은 석유 시대의 여명기에 석유가 귀한 지역에서 개발을 시작했다. 아우크스부르크는 공학자에게는 비옥한 토양이었으나 서유럽 대부분 지역이 그랬던 것처럼 석유가 나지 않았다. 이 자연적 불리함 때문에 기관의 효율성과 개발 가능한 대체 연료의 중요성이 높아졌다. 유럽 기업가들은 공급을 통제당할 수 있는 외국의 대형 석유업체에 의존하는 것을 피했다. 디젤은 나중에 다른 돌파구를 뚫겠지만 처음부터 그가 주목표로 삼은 기관 효율성 달성은 부분적으로는 유럽에서 석유가 귀하다는 것이 원인이었다.

———

사고가 일어나지 않았더라면 디젤은 1879년 7월에 졸업할 예정이었다. 그러나 그해 여름에 장티푸스가 뮌헨을 휩쓸었다. 루돌프도 이 병에 걸려 심하게 앓았고 열병과 싸우며 몇 달을 보내다가 겨우 걸을 정도로 회복했다. 졸업시험을 칠 기회는 지나갔고 다음 일정이 잡힐 때까지 기다려야 했다.

린데 교수가 도움의 손길을 내밀었다. 그는 술처 형제의 기계회사에 임시직으로 루돌프를 추천했다. 술처는 스위스의 빈터투어에 공장을 짓고 린데가 설계한 제품들과 증기기관, 보일러를 생산하고 있었다. 빈터투어에서 보낸 3개월은 공장 일을 배우고 나중에 도움이 될 업계 인사들과의 친분을 맺는 기회였다.*

---

*   술처 형제는 디젤과 평생 친구로 지냈으며 32년 뒤에 디젤의 아들 오이겐에게 비슷한 인턴십을 제공했다.

그는 마지막 시험 준비를 위해 뮌헨으로 돌아왔다. 시험은 100퍼센트 구술고사였으며 교수들과의 토론과 질의응답으로 이루어졌다. 1880년 1월 15일, 디젤은 힘든 시험을 마쳤다. 마치 전통이라도 된 것처럼, 그는 이번에도 이 학교 역사상 최고 학점을 받았다.

루돌프는 더는 해진 옷을 입고 국경을 건너온 무일푼의 깡마른 무국적 소년이 아니었다. 1880년경 그는 엘리트적 독일 대학 제도의 정점에 선 인물이 되었다. 젊은 난민은 이제 역사에 자신의 흔적을 남길 준비가 되었다.

제7장
월급보다 더한 의미

Meant for More Than a Salary

타고난 천재적 재능의 소유자 디젤은 이제 대학에서 훈련을 마치고 인생에서 처음으로 돈을 벌 수 있게 되었다. 린데 교수는 그가 졸업시험을 통과하자마자 일자리를 제안했다.

술처가 스위스에서 생산하던 얼음제조기는 독일과 스위스에서 잘 팔렸다. 린데가 보기에는 파리가 고향인 디젤이 프랑스에서의 판매와 서비스를 담당할 파리 새 공장의 적임자였다. 린데의 프랑스 특허를 사들인 모리츠 폰 히르쉬 남작은 에펠탑이 세워질 장소 근처인 데 그레넬 가에 공장을 세웠다. 디젤은 1880년 3월 20일에 수습사원으로 입사했다. 연봉은 1,200프랑이었는데 높지는 않아도 생활에 문제가 없는 급여였다.

12월쯤 린데는 디젤을 파리 공장의 과장으로 승진시키고 봉급을 두 배로 늘렸다. 1881년 8월에 린데는 다시 연봉을 두 배인 4,800프랑으로 증액했다.

술처는 부품을 생산해 디젤에게 보냈고 디젤은 이 공장의 설계와 생산, 설치 담당이었다. 23세의 젊은이에게는 엄청난 책임이 따르는 자리였으나 그의 능력에 걸맞은 일이기도 했다.

———

린데의 고객은 양조 탱크를 냉각하거나 고기 등 상하기 쉬운 것들을 냉장하는 산업적 목적으로 얼음을 사용했다. 물의 순도를 유지하는 과정에서 추가된 것이 없었으므로 이렇게 만들어진 얼음은 먹을 수 있었다. 디젤은 레스토랑과 가정에서 음료에 넣어도 좋은 순수한 얼음인 테이블 얼음의 수요가 있으리라는 것을 깨달았다.

파리에 온 지 1년이 채 되지 않아 디젤은 첫 특허를 취득했다. 1881년 9월 24일, 프랑스 정부는 '카르나페 프라페 트랑스파란테carafes frappes transparentes(병에 든 투명 얼음)'의 특허를 승인했다. 한 달 뒤에 그는 블록 형태로 된 식용 얼음의 프랑스 특허를 받았다. 어울리지 않아 보이지만 미래의 디젤기관 발명자는 아이스 큐브의 발명자이기도 했다. 직장에서 유능한 직원이었던 디젤은 다른 한편으로 혁신을 향한 갈망을 채우려 노력하며 대학 시절부터 그를 매혹한 효율적 기관의 수수께끼에 대해 계속 고민했다.

———

약간의 돈이 생긴 디젤은 멋을 부리기 시작했다. 그는 당시 미국에서 인기 있던 스테트슨 실크햇(카우보이모자가 아닌 중절모에 가까운 모자)을 쓰고 깔끔한 맞춤 정장을 입었다. 루돌프는 언제나 먼 발치에서 부유한 계급의 사람들을 봤었다. 동료 학생 상당수는 부유한 가정 출신이며 스승 린데 교수는 이미 엄청난 부자였다. 그리고 그는 어린 시절에 파리에서 보았던 아버지 가게에 온 부자 고객들의 행색에도 늘 관심이 있었다. 어린 시절 내내 어머니가 수선한 해진 옷을 입고 보낸 루돌프는 수입이 생기자마자 그동안 참아 왔던 좋은 물건들에 대한 욕구를 채우기 시작했다.

스테트슨 모자는 아마 첫 연애 때문에 샀을지도 모른다. 그의 마음을 사로잡은 사람은 파리에 사는 풀러튼 부인이라는 이혼한 미국인 예술가였다. 두 사람은 1880년에 루돌프의 여동생 엠마의 소개로 만났다.

1880년 5월, 풀러튼은 엠마에게 루돌프에 관해 편지를 썼다. "엠마 씨 오빠는 좋은 사람이고 겸손하고 세련된 젊은 분이에요! 그는 예술가적 기질, 시인 같은 기질이 있고 일반적 젊은 남자들보다 훨씬 나은 심성을 가진 분이에요. 저는 그분을 꽤 잘 이해할 것 같아요."

몇 달 뒤에 풀러튼 부인은 미국으로 돌아가기로 했다. 디젤은 부인을 따라가려다가 하마터면 직장을 포기할 뻔했다. 그는 여동생에게 "북극이 나침반의 바늘을 끌어당기듯" 풀러튼 부인에게 매혹되었다고 썼다. 하지만 결국 부인은 미국으로 혼자 돌아갔고 디젤은 파리에 남았다.

목요일 저녁이 되면 디젤은 사업에 성공한 독일인 친구 에르네스트 브란데스의 집을 자주 방문했다. 풀러튼이 떠난 지 얼마 안 된 어느 목요일, 디젤은 브란데스의 집에서 마르타 플라셰_{Martha Flasche}라는 아름다운 여성을 만났다. 마르타는 브란데스 자녀들의 가정교사로 고용되어 이제 막 독일에서 온 참이었다. 금발에 파란 눈의 인상적 미인이면서 재치 있고 매력적이기까지 했던 마르타는 피아노 연주를 좋아했고 영어, 프랑스어, 독일어로 아름답게 노래를 불렀다. 영국에서 출판된 최신 소설과 프랑스 철학책을 읽고 수준 높은 예술을 감상할 능력이 있었던 마르타는 주인집 자녀들의 교육을 감독했다. 결혼 전 가정교사였던 디젤의 어머니처럼 마르타는 세련되고 좋은 교육을 받은 여성이었다.

그 뒤로 몇 주 동안 디젤은 한 번도 빼먹지 않고 목요일마다 브란데스의 집을 방문했다. 그리고 여기에 더해 주중에도 며칠씩 찾아와 열정적으로 마르타와 같이 노래하고 피아노도 같이 쳤다. 루돌프는 마르타와 자신이 "예술에 대해 폭넓고 열렬한 관심"을 가졌다고 기록했다.

루돌프와 마르타는 사랑에 빠졌다. 그러나 디젤의 친구들이 모두 두 사람의 결합을 열렬히 지지하지는 않았다. 디젤은 파리 토박이로 여겨질 정도로 외국어 악센트 없이 완벽한 프랑스어를 구사했고 사실 그는 파리 토박이가 맞았다. 그러나 루돌프의 파리 친구는 마르타를 보자마자 독일인임을 알아차릴 수 있었다. 독일어 억양이 강한 프랑스어를 쓰는 마르타는 프랑스에 동화될 리 만무했다. 프랑스에서 경력을 쌓으려면 마르타와의 결혼은 불리한 일이었다. 그러나 루돌프는 직업에서든 사랑에서든 조건을 따지지 않았다. 그는 마르타와 결혼할 결심이었다.

1883년 5월이 되어 루돌프가 업무로 바빠지는 초여름이 시작되자 마르타는 독일로 장기 휴가를 떠났다. 마르타는 가족과의 재회를 갈망했고 뮌헨으로 이사를 온 루돌프의 부모에게도 인사하고 싶어 했다.

떨어져 있는 몇 달 동안 상사병에 걸린 루돌프는 마르타에게 계속 편지를 보냈는데 이 편지는 과학자라기보다 시인의 작품 같다. 5월

16일, 그는 마르타에게 목소리를 듣고 싶다는 백일몽을 이렇게 전했다.

내 몸이 아주 가볍게 되어 땅에서 떠오를 수 있는 것처럼 느껴져. 달
콤한 목소리, 달콤한 천사의 목소리로 "루돌프, 당신을 사랑해."라는
말을 듣는다면.

몇 주일 뒤, 루돌프는 시인 같은 편지를 또 보냈다. 그는 마르타가 없
었더라면 삶이 힘들기만 했겠지만 마르타가 삶에 빛과 행복을 불어넣
어 일종의 균형이 잡혔다고 설명한다.

나의 작은 별이 되어 어둠을 밝혀 주오. 내 마음의 깊은 어둠을. 나의
마음은 검은 자작나무와 바위로 둘러싸인, 너무나 어두워서 밤에는
보이지 않는 깜깜한 호수 같다오.
하지만 작은 별이 황금빛 광채를 발하며 오면, 그 빛은 수면에서 수천
번 반사되어 더는 어둡지 않은 대신 그 호수는 별빛을 받아 반짝이며
생기가 돌게 된다오.

루돌프는 이렇게 덧붙였다. "두 통, 아니, 세 통만 더 쓰면 나는 쓰기
만 하다가 그대에게 날아갈 거요. 당신의 품 안에. 그리고 나는 평생 거
기에서 벗어나지 않을거요.", "당신만큼 내가 사랑한 여자는 없소. 그 누
구도. 그리고 나보다 그대로부터 더 큰 기쁨을 기대한 남자도 없지. 당
신은 내게 사랑을 주고 싶다고 말했지, 당신의 마음을, 당신의 삶을."
루돌프 디젤은 루이제 '마르타' 플라세Louise 'Martha' Flashe와 뮌헨에서

1883년 11월 24일에 결혼했다. 테오도르와 엘리제는 아들의 작은 결혼식에 참석했고 크리스토프 바르니켈도 갓 결혼한 새 부인 엠마와 함께 그 자리에 왔다. 엠마는 다름 아닌 루돌프의 여동생인데 남편보다 27세 연하였다. 바르니켈의 첫 부인인 테오도르의 사촌 여동생 베티는 장티푸스(당시는 장티푸스 유행이 흔했다)로 2년 전 사망했다.

재혼으로 인해 루돌프와 바르니켈의 관계는 사촌 고모부와 조카에서 처남과 매부 관계로 바뀌었다. 이 결혼 덕에 루돌프는 엠마 그리고 바르니켈과 더 가까워졌다. 엠마는 언니 루이제가 남긴 공백을 일부분 채웠다. 루돌프와 엠마는 특히 점점 더 이상해지는 부모의 행동을 주제로 서로에게 편지했다. 부부는 아들에게 생계를 의존하고 있었고 체념한 아들은 이런 상황을 받아들였다. 테오도르는 돈을 요구하는 편지를 자주 썼다. 루돌프는 부모님의 안락한 삶에 도움이 되도록 돈을 보낼 생각이었으나 그 돈으로 아버지가 계속 신비주의 활동을 한다는 데 좌절했다. 그와 엠마는 편지에서 아버지에 대한 언짢은 감정을 나눴다. 루돌프는 마르타에게도 아버지에 대한 불편한 감정을 편지로 전했다. "편향적 심령론 연구는 사람을 바보로 만든다는 것을 나는 경험으로 압니다."

1883년에 마르타에게 보낸 편지에서 그는 자유로우며 신조에 얽매이지 않은 생각의 중요성에 대해 추가로 언급했다. "진정한 인류애를 가슴으로 느끼고 그것을 실천하려 최선을 다하려면 심령론자도, 개신교도도, 가톨릭교도도, 혹은 유대교도도 될 필요가 없소. 특정 견해에 덜 집착할수록 사람의 견해는 더 개방적이고 더 자유롭게 되어 동료 인간들에게 관용과 사랑을 더욱 베풀게 된다오."

그러나 당시 파리 시민들 사이에서 독일인에 대한 사랑이나 관용은 없었다. 디젤은 사회적, 직업적으로 만나는 사람들로부터 긴장을 느끼기 시작했다. 예술 분야에서 그가 사귄 프랑스인 친구들이 그를 떠나기 시작했는데 대부분 독일인 신부를 맞은 데 대한 반응이었다. 프랑스는 높아지는 민족주의적 감정에 휩쓸리고 있었다. 1880년대 중반의 선거 후보들은 프랑스-프로이센 전쟁의 종전 조건인 알자스-로렌 할양과 50억 프랑의 배상금에 대한 민중의 타오르는 비통함에 기름을 부었고 그렇게 독일에 대한 분노를 발판 삼아 선거에서 이겼다. 1871년 나폴레옹 3세 퇴위 직후 독일계에 대한 부정적 태도가 잠시 누그러졌던 파리는 독일인들에게 다시 적대적으로 변했다.

　하지만 이것은 쉽게 해결할 수 있는 작은 문제였다. 디젤은 원하기만 하면 언제든 부모와 이야기해 파리를 떠날 수 있었다. 그에게는 더 큰 문제가 있었다. 아우크스부르크에서 결심했던 더 효율적인 열기관을 설계하겠다던 야심이 아직도 온통 그의 머릿속을 지배하고 있었던 것이다.

　디젤은 린데 교수를 위해 제빙기를 팔고 애프터서비스 하는 것은 자신이 원했던 미래가 아님을 알았다. 린데와 계속 일하는 것은 좋은 수입과 공학자로서 어느 정도의 위신을 보장할 것이다. 이 수입으로 그는 아내와 미래의 자녀들을 먹여살리며 여윳돈으로 부모님까지 도울 수 있었다. 그러나 디젤은 자신이 월급보다 더 큰 의미가 있는 사람이라고 믿었다.

　그의 야심은 기관 효율성의 과학적 달성을 넘어섰다. 이러한 기관의 응용 방법을 생각하던 디젤은 어릴 적 런던브리지에 서 있던 때의 기억으로 돌아갔다. 그는 자신이 설계한 더 경제적인 소형 기관은 시골의 소상공인들에게 저렴한 동력원이 될 것이라고 믿었다. 이러한 기관은 이미 수많은 노동자가 불결한 환경에서 사는 도시에 대형 공장이 집중되는 현상과 농촌 경제의 전반적 쇠퇴를 막을 수 있을 것이다. 루돌프는 그의 공학적 목표에 걸맞은 사회적 목표를 구상했다. 성공하면 개인적으로는 불결한 공동주택으로 돌아가지 않아도 될 뿐 아니라 공동주택이라는 틀 자체를 한번에 깰 수 있을 터였다.

1883년 6월, 마르타에게 보낸 편지에서 디젤은 이렇게 썼다. "우리의 목표는 편협함과 겉모습을 통해 인간의 **미래** 행복을 증진하는 것이 아니어야 하오. 우리는 **이** 지구의 우리 형제들을 돕고 인류의 상황을 개선하며 최선을 다해 빈곤을 해소해야 해요. 내게는 이것이 미지의 미래를 위해 지금 현실을 무시하는 종교보다 종교를 더 잘 이해하는 방법 같소. 예수님은 개신교 교리도, 가톨릭 교리도, 교회 출석도, 설교도 가르치지 않으셨어요. 그분이 가르친 것은 인류애라오."

회사 바깥의 야망을 품은 사람이 회사에 오래 다닐 수는 없었다. 더 효율적인 기관과 이 기관이 가질 대기업과 중소기업 사이의 세력 균형에 대한 이론적 개념을 연구하느라 그는 린데 공장에서의 업무에 조금 소홀해졌다.

───────

디젤을 헐뜯는 사람들은 이런 희생을 비웃었다. 어찌 냉장 기술을 전공한 사람이 열기관을 만들 수 있단 말인가? 디젤은 그다운 대답을 했다. 절대영도인 섭씨 −273도 이상의 온도면 다 '열'이라는 것이다.

냉장과 연관된 디젤의 경험, 특히 고압가스를 다룬 경험은 열기관 개발에 비정통적 방법으로 접근할 길을 닦았고 그 결과 혁명적인 기관이 태어났다. 1913년에 과거를 회상하며 디젤은 이렇게 썼다. "아이디어는 어떻게 창조되는가? 가끔 번개처럼 갑자기 떠오를 때도 있지만 대개 수없이 많은 실수를 저지르며 치열하게 연구한 결과 서서히 만들어지는 것이 아이디어다."

린데 공장을 관리하며 파리에 살던 1883년에서 1889년 사이에 디젤은 회사 일과는 별도의 프로젝트로 압축 암모니아 가스를 이용한 기관을 개발하고 있었다. 외연기관의 설계를 바탕으로 작업하던 그의 목표는 기관 효율성 증대였다. 처음에는 냉장 기술 개발에 사용했던 경험이 있어 친숙한데다 끓는점이 물보다 낮아 증기 생성에 에너지가 덜 필요했던 암모니아가 그의 관심을 끌었다. 물을 암모니아로 대체한다면 증기압 생성에 필요한 열량도 줄어드므로 에너지를 절약할 수 있을 것이다.

그러나 암모니아는 불안정하고 위험했다. 게다가 암모니아 기관의 설계 개념에는 증기 발생용 외부 열원이 필요했다. 디젤은 암모니아 기관으로 실험하면서 기관 설계에 관해 전반적으로 사고하는 귀중한 경험을 얻었다. 그리고 아직 산업용으로 사용될 수 있을 정도의 출력을 내는 **내연**기관이 없었던 상황에서 증기기관 개량은 여전히 유용했으므로 암모니아 기관의 개발은 충분한 가치가 있었다. (1886년, 칼 벤츠는 3분의 2 마력을 내는 기관을 장착한 3륜 자동차를 공개했는데 이런 기관은 공장에서는 거의 쓸모가 없었다.) 하지만 루돌프의 궁극적 목표는 개선된 외연 증기기관이 아닌 실용적 **내연**기관을 만드는 것이었다. 디젤이 대학 시절부터 가졌던 어렴풋한 개념은 그가 올바른 길로 가고 있지 않다며 잔소리하고 있었다.

열정을 불태우던 개인 프로젝트와 생계를 위한 직장 사이에서의 갈등은 스트레스를 안겼다. 1884년 7월 28일에 마르타에게 보낸 편지에서 디젤은 이렇게 썼다. "기계 수리에는 신물이 난다오. 그러지 말아야 하는데도 화를 낼 때가 있소."

봉급도 줄어들기 시작했다. 1884~1885년 겨울은 극단적으로 추웠다. 추운 날씨 때문에 자연적으로 얼음이 풍부해졌고 이는 린데 제빙기의 판매 부진으로 이어졌다. 그리고 민족주의가 고조되던 프랑스에서 독일인이 만든 독일 제품 판매 환경은 나빠지고 있었다. 디젤은 더욱더 돈에 쪼들리면서도 암모니아를 연료로 하는 열기관 실험을 꾸준히 계속했다.

아직도 두 주인 사이에서 힘들게 일하던 1886년 11월 27일, 디젤은 마르타에게(마르타는 디젤이 파리에서 일하는 동안 독일에 있는 가족을 자주 방문했다) 편지를 썼다. "심한 불면증 때문에 몹시 괴롭소, 불면증 때문에 꿈속에서 사는 것처럼 느껴진다오."

하지만 디젤의 꿈은 점점 모습을 갖추기 시작했다. 새로운 열기관 설계 개념은 대강 정해진 상태였는데 이 기관의 사업적, 산업적 응용에 관한 계획도 차근차근 구체화되었다. 1887년 5월, 그는 자신의 효율적(이론적으로라도) 소형 기관을 사용하는 장인과 소상공인을 위한 상업적 응용 방안의 목록을 4페이지에 걸쳐 작성했다. 이 목록에는 "치과, 보석 세공, 직조, 목공, 인쇄, 가사, 식당, 소형선박, 물 펌프, 병원"이 있었다. 아버지처럼 소규모 작업장에서 일하는 장인들에게 현재 대기업만

누리는 동력원을 주는 것이 그의 목표였다. 미래에 대한 전망은 나왔지만, 현실화는 아직 절망스러울 정도로 멀었다.

그해 7월, 그는 마르타에게 암모니아 기관 개발 작업에 관해 썼다. 여기에서는 성공하기 위해 악전고투하던 천재 발명가들에게 공통으로 보이는 고민이 비친다. "온종일 밖에 있으면서 점심도 밖에서 먹고 저녁 늦게 들어온다오. 저녁을 먹은 다음에는 오늘 느낀 것들을 적지. 잠은 잘 못 잔다오. 절반은 깬 상태로 누워 있으며 속으로 이것저것 곱씹어 봅니다. 성공은 아마도 9년간의 수감 끝에 찾아온 구원처럼 보이겠지. 지금 나는 절박한 불안감 속에서 살고 있다오."

1887년 12월 25일, 그는 마르타에게 다시 편지를 보냈다. "린데 교수님과의 관계가 급격히 종말을 향하고 있으며 앞으로 뭔가 새로운 것을 해야 한다는 느낌이 든다오 — 그런데 무엇을 해야 하지?"

물론 그가 하기를 원한 "무엇"은 열기관이었다. 그러나 그는 그 당시에는 이 프로젝트에 전적으로 매진할 용기가 없었다.

아끼는 제자이자 부하 직원이 돌이킬 수 없는 길을 놓고 고민한다는 것을 알아차린 린데는 해법을 제시했다. 그는 아무리 높은 봉급을 준다 해도 루돌프는 누군가의 밑에서 직원으로 일할 수 없다는 것을 알았고, 루돌프에게 독립 사업체를 운영해 보라고 제안했다. 루돌프는 프랑스에서 독점적으로 린데의 제품을 판매하고 애프터서비스를 함으로써 사실상 독립 사업체를 운영하고 여기에서 수입을 올리겠지만 린데의 공장을 관리하는 책임에서는 벗어날 것이다. 이 변화는 두 사람 사이의 첫 균열이었지만 두 사람의 관계를 더 돈독하게 만들기도 했다.

독립 사업체를 경영하게 된 디젤은 새 기관의 설계에 쓸 시간이 더 많아졌다. 낙관과 절망이 번갈아 고개를 불쑥 내밀었다. 낙관적일 때 그는 1889년에 열릴 파리 국제박람회에 암모니아 연료 열기관을 전시할 자리를 예약했다. 그동안 루돌프는 뮌헨에 있는 부모에게 가끔 에펠탑 공사 현장에서 휴식을 취하러 나온 귀스타브 에펠을 본다고 썼다.

그런데 박람회 자리 예약을 한 지 겨우 몇 주일 뒤, 그는 예약을 취소했다. 그는 노트에 이렇게 적었다. "지연은 포기가 아니다. 나는 도약을 위해 후퇴한다."

에펠탑을 내세운 1889년의 국제박람회에 디젤은 원래 의도는 아니었지만 전시물을 선보였다. 2,800만 명의 관람객이 모인 이 박람회에서 디젤이 전시한 것은 린데의 제빙기였다. 디젤은 대학을 졸업하고 거의 10년이 지났는데 아직도 누군가의 발명품을 판매하는 신세라는 데 깊은 굴욕을 느꼈다. 설상가상으로 이 박람회의 다른 두 전시자는 엄청난 파장을 일으켰다. 칼 벤츠는 벤츠 특허-자동차를 공개했고 고틀리프 다임러는 4행정 내연기관을 선보였다. 둘 다 정제된 휘발유를 연료로 썼다. (벤츠와 다임러가 이전에 서로를 알았다거나 서로의 작업에 대해 알았다는 증거는 없다.) 기관 기술 분야에서 획기적 돌파구를 연 이들의 혁신적 발명품은 하필 자괴감에 괴로워하던 디젤의 린데 제빙기 부스 근처에 전시되었다.

박람회 기간에 디젤의 사업실적은 더 나빠졌다. 어린 시절인 1870년에 파리에서 도망친 사건을 회상하며 디젤은 뮌헨에 살던 부모에게 이런 내용의 편지를 썼다. "여기 사정이 너무 불안해서 언제라도 이민 갈

준비가 되었다고 말씀드려야겠어요." 이 편지에서 그는 비스마르크가 전쟁 공포를 불러온 장본인이라고 원망했다. 1889년의 비스마르크는 한때 동맹자가 되기를 희망한 젊은 카이저 빌헬름 2세와 누가 독일의 진정한 통치자가 될 것인지를 놓고 치열한 투쟁을 벌이고 있었다.

린데는 파리의 사업 전망이 어둡다는 데 동의했다. 비록 린데는 디젤의 새로운 아이디어에 열광하지는 않았지만, 언제나 디젤의 친구이자 지지자였기에 베를린에 있는 공장의 일자리를 제안했다.

1890년 2월 21일, 루돌프와 마르타는 독일제국의 수도로 이주했다. 이제 이 가족에는 아이 세 명이 태어났다. 장남 루돌프 2세(1884년생), 딸 헤드비히 혹은 헤디Hedwig/Hedy(1885년생) 그리고 막내 오이겐Eugen(1889년생)이다.

신도시인 베를린은 건축적으로 아름답지는 않으나 이미 유럽 제3의 도시로 우뚝 섰다. 건물, 거리와 광장 대부분은 1870년 이후에 건축되거나 재건축되었다. 가로수가 두 줄로 늘어선 1.6킬로미터 길이의 운터덴린덴가 끝에는 브란덴부르크문으로 알려진 개선문이 있었다. 운터덴린덴의 건설 목표는 유럽에서 가장 크고 인상적인 거리가 되는 것이었다.

지멘스사는 조명용 전력선을 지하에 매설하기 시작했다. 정확한 시간표에 맞춰 움직이는 기관차들이 베를린에서 전국에 있는 목적지로 출발했다. 말이 끄는 마차까지 철로를 따라 달렸다. 베를린은 디젤이 보았던 그 어떤 도시와도 달랐다. 거리는 깨끗했고 활기에 차 북적거리며 첨단 산업체로 가득한 이 도시에는 군 고위층과 그들의 아내들이 지배하는 계급제 사회가 있었다. 그리고 치세 20개월에 접어든 젊은 카이저가 사랑해 마지않는 육·해군의 화려하고 장엄한 행사가 벌어지는 곳이기도 했다.

이제 사회의 완벽한 일원이 되었다고 느낀 마르타는 여기에서 훨씬 행복했다. 파리에서는 절대 불가능한 일이었다. 루돌프는 그 반대로 느꼈다. 그는 베를린의 딱딱한 격식보다 파리의 예술과 문화를 선호했다. 그러나 부르켄가 15번지의 실험실에 있던 디젤은 자신이 사는 도시에 신경을 쓰기에는 너무 바빴다. 린데의 의견대로 그는 암모니아 기관이 아주 특별하지는 않다는 것을 알았다. 이 기관은 아직도 외부 열원이 필요했고 제대로 작동한다 해도 증기기관의 변형에 불과했다. 비록 디젤은 기관 효율성을 달성하는 핵심 수단으로서 암모니아를 결국 포기했지만, 그 기간은 나중에 회상했듯 분명 "치열한 모색"의 중요한 일부였다.

디젤은 뮌헨 학창 시절의 근본적 물음으로 돌아갔다. 석탄 1킬로그램에는 7,500칼로리의 열량이 있다. 그러나 증기기관은 그 열량의 고작 10퍼센트만 포착해 작업으로 전환할 수 있었다. 나머지 열량은 주변에 헛되이 방출되는데, 석탄을 연소해 직접 작업하는 대신 물을 가열해 증기를 만들고 이 증기로 작업하기 때문이었다. 공대생이던 1878년에 디젤은 노트에 이렇게 썼다. "결론적으로 매개체 없이 이 7,500칼로리를 직접 작업으로 전환해야 한다. 그러나 과연 가능할까?"

그는 어머니에게 보낸 11월 15일 자 편지에서 암모니아에서 손을 떼고 자신 있게 새 길을 택할 수 있다고 말했다. "저는 다음 단계로 갈 준비가 되었다고 느껴요. (…) 실수는 인간적이며 저도 자신을 속일 수 있지요. 하지만 저는 이 대의에 자신감을 느낍니다. 저는 12년 동안 꽃을 가꾸기 위해 자신을 희생해 왔어요. 이제 그 꽃을 따서 향기를 즐길 때가 되었습니다."

디젤은 1890년대 초 베를린에 있는 동안 꽃을 수확하며 힘든 작업 일정에 박차를 가했다. 그가 있던 곳은 민족주의 운동이 한창이던 독일 제국의 수도였다. 카이저 빌헬름 2세는 세계 무대에서 독일이 차지할 위치에 관해 그리고 거기에 도달하는 방법에 관해 확실한 자기 견해를 가지고 있었다. 지난 20년간 국내 문제에 초점을 맞추고 산업 성장을 강조한 비스마르크 체제는 곧 바뀔 터였다. 이 변화는 모든 독일인, 특히 과학자에게 영향을 줄 것이다.

제8장
빌헬름 2세가 해군을 부러워하다

Wilhelm II Envies a Navy

카이저 빌헬름 1세와 그의 아들 프리드리히 3세는 모두 루돌프 디젤이 베를린에 도착하기 직전인 1888년에 서거했다. 젊은 빌헬름 황자는 먼저 할아버지를 잃고 겨우 39일 뒤에 아버지를 잃었다. 1888년 초에 황위 계승 서열 2위였던 고집 센 29세의 왕자는 그해 6월에 독일 황제 겸 프로이센 왕 빌헬름 2세가 되었다.

그의 아버지 프리드리히 3세는 인후암을 앓았다. 독일 의사들은 초기에 프리드리히의 병을 암으로 진단하고 수술을 권유했으나 비키는 이들의 진단을 거부하고 다시 인후 질환의 세계적 권위자로 인정받던 영국 의사 모렐 매켄지 박사의 소견을 구했다. 매켄지는 프리드리히의 병이 인후암이 아니므로 수술은 심각한 실수가 될 것이며 온화한 기후에서 휴양하면 치유될 것이라고 주장했다. 황태자 부부는 와이트섬에 있는 빅토리아 여왕의 영지로 여행을 떠나 3개월을 보냈다. 그러나 프리드리히의 병세는 나빠졌다. 91회 생일을 얼마 앞두고 빌헬름 1세가 타계하고 프리드리히가 새 황제가 되었지만 56세의 이 잘생긴 새 카이저는 말을 할 수 없어서 필담으로 의사소통을 해야 했다. 매켄지(그동안 비키의 요청으로 사랑하는 사위의 목숨을 "구한" 공로로 빅토리아 여왕으로부터 기사 작위를 받았다)도 도착해 독일 의사들의 암 진단에 동의했다. 그러나 너무 늦었다. 즉위한 빌헬름 2세는 어머니와 영국 의사들이 책임져야 한다고 비난하며 분개했다.

프리드리히의 유해가 그에게 경의를 표하기 위해 프리드리히스크론으로 명명된 궁전에 안치되는 동안 이제 전권을 행사하게 된 편집증적 성향의 빌헬름은 황실근위대에 모후의 방과 옷장을 수색하라고 명령했다. 그는 어머니가 아버지의 개인 문서를 런던으로 빼돌리려 한다고 의심했다. 아무것도 발견되지 않았다. 며칠 뒤 그는 궁전의 이름을 노이에스 팔라이스('새 궁전'이라는 뜻)로 바꿨다. 부모를 무시하는 처사이자 의도적 일탈이었다. 화가 머리끝까지 난 비키는 남편의 장례식 참석을 거부하고 독자적 의식을 거행했다. 빌헬름과 외할머니 빅토리아 여왕 사이에 한파가 닥쳤다.*

---

* 　　어머니와 외할머니 모두와 충돌한 빌헬름은 예전에도 다른 영국 여성에게 무시 당한 적이 있었다. 그는 10대 시절에 이종사촌이자 역시 빅토리아 여왕의 외손녀인 헤세-다름슈타트의 엘리자베트 공주에게 반했다. 그러나 빌헬름이 거만하다고 생각한 엘리자베트는 그가 연달아 보낸 사랑의 시를 거부했다. 공주는 나중에 러시아의 세르게이 알렉산드로비치 대공과 결혼했다. 빌헬름은 슐레스비히-홀슈타인의 아우구스타 빅토리아와 1881년 2월 27일에 결혼했다. 이들은 아우구스타가 1921년에 사망할 때까지 40년간 결혼 생활을 유지했으며 일곱 자녀를 두었다.

프리드리히의 죽음으로 인해 빌헬름은 모두의 예상을 훨씬 뛰어넘어 일찍 황위에 올랐다. 말도 안 되는 일 같지만, 이렇게 갑작스러운 군주 교체에 가장 준비가 안 되었던 사람은 비스마르크였다. 빌헬름은 비스마르크가 손수 가르쳤던 대로 전제주의적 통치와 왕권의 신성함이라는 정치적 이상을 받아들였다. 새 카이저는 절대 권력(유럽에는 위험한)을 추구함과 동시에 과장되고 충동적이며 불안한 성향의 소유자였다.

어린 빌헬름에게는 친구이자 멘토였던 외삼촌 버티, 즉 영국 왕세자(1901년에 빅토리아 여왕이 서거한 다음부터는 에드워드 7세)*에게 빌헬름은 거만하고 우월감을 과시하는 태도를 보였다. 버티가 연장자였지만 빌헬름이 먼저 군주가 되었고 따라서 버티(그리고 빅토리아 여왕)는 첫 공식 만남에서 빌헬름으로부터 예의를 표하라는 요구를 받고 깜짝 놀랐다.

빌헬름은 독일의 미래에 대한 야심만만한 계획이 있었다. 그가 태어난 이래 독일의 경제적, 정치적 힘은 놀라운 기세로 성장했다. 빌헬름이 보기에 독일은 작은 섬을 훨씬 넘어 확장한 영국처럼 국경을 넘어 성장해야 했다. 영국이 교역과 원자재 접근에서 식민지 시스템의 이익을 보았듯, 빌헬름은 독일 산업에 필요한 원자재에 유리하게 접근할 수

---

*   빅토리와 여왕과 남편 앨버트 공은 다음 세대의 후손들도 빅토리아와 앨버트라는 이름을 다시 사용하라고 지시했다. 이 부부의 장녀와 장남은 빅토리아(프로이센의 프리드리히 3세와 결혼한 비키)와 앨버트(나중에 에드워드 7세가 된 왕세자)였다. 왕실에서 별명을 재사용하는 습관이 있다는 것이 혼란스러운 상황을 더 복잡하게 만들었다. 에드워드 7세와 그의 손자 조지 6세(배우 콜린 퍼스가 영화 〈킹스 스피치〉에서 연기한)의 어린 시절 별명은 모두 '버티'였다.

있는 식민지를 원했다. 빌헬름은 영국 해군이 적대 세력이나 해적으로부터 독일 상선단을 보호한다는, 호의적 가족관계에 기반한 양해 상황에 의지하기를 원치 않았다. 빌헬름은 강력한 해군을 원했다.

———

루돌프 디젤이 파리에서 베를린으로 이사 왔을 때, 독일의 두 지도자는 대결 준비를 하고 있었다. 비스마르크는 빌헬름의 포부에 공감하지 않았고 두 사람은 빌헬름의 치세 초기부터 의견이 맞지 않았다. 이들은 황실 정원을 오랫동안 산책하며 대외정책을 주제로 토론했는데 구경꾼들은 크고 위압적인, 나이 든 정치가가 키가 작고 잘생겼지만 장애가 있는 젊은 황제 옆에서 걷고 있는 광경을 재미있게 지켜보았다. 비스마르크는 제국과 그 대외정책을 관리하기 위해 재상에게 광범위한 권한을 부여하는 법을 만들었다. 단 한 가지만 빼고 모든 핵심 결정은 그의 몫이었다. 이것은 법률상 피할 수 없는 맹점이었는데 비스마르크 헌법은 황제에게 재상을 임명할 권한을 부여했다. 즉 빌헬름은 비스마르크를 면직할 수 있었다.

빌헬름 1세는 감히 비스마르크를 면직할 엄두를 내지 못했다. 그와 반대로 비스마르크는 사임 위협만으로 군주를 굴복시킬 수 있었다. 철의 재상은 장관들을 지배했고 독일 민중의 사랑을 받았다. 그런데 젊은 빌헬름도 반영 정서가 성장하면서 점점 인기를 얻고 있었다. 다수의 독일인이 빌헬름의 뜻에 공감했다. 즉 독일의 성장과 강력한 제국이 될 운명 앞에 영국은 걸림돌이라는 것이다. 그리고 더 자유주의적이었던 아버지와 달리 빌헬름은 확실한 보수였으므로 비스마르크의 권력 기반인

보수적 장관들로부터도 지지받고 있었다. 장관들의 충성을 얻으려 노력하는 동안 빌헬름은 비스마르크에게도 적이 있다는 것을 알게 되었다.

3월에 빌헬름은 20년 동안 유럽 최강이었던 인물을 넘어뜨리는 대담한 조처를 했다. 75세였던 비스마르크는 어쩔 수 없이 빌헬름에게 사표를 제출했다.

영불해협 저쪽에서 영국 총리이자 당대의 보수 정치 리더인 솔즈베리 경은 셸리의 《프랑켄슈타인》에 빗대 이렇게 언급했다. "비스마르크에게는 복수의 여신이 이상한 방법으로 찾아왔다. 프리드리히가 제위에 올랐을 때 자신의 입지를 강화하기 위해 황제(빌헬름 2세)에 불어넣은 자질이 그의 실각 원인이 되었으니 말이다."

빌헬름은 비스마르크가 교통정리를 한 유럽 각국이라는 꼭두각시 인형에 달린 조종 끈을 손에 넣었다. 지난 20년 동안 비스마르크는 서로 목적이 달라 보이기까지 한 복잡미묘한 거래를 통해 취약한 평화를 간신히 지켰다. 그는 유럽에 5개 강대국이 있다는 것을 인정했다. 영국, 프랑스, 오스트리아-헝가리, 러시아 그리고 독일이다. (이탈리아는 한참 격차가 있는 6위이고 오토만 제국은 이미 무너지고 있었다. 미국은 당시에는 강대국이 아니었다.) 부족한 자원을 얻기 위해 이웃 영토를 침공하는 것이 아직도 관행이던 위험한 시기에 비스마르크는 국가 안보를 유지하려면 이 5대 강국 중 3개국과 동맹을 맺어야 한다고 믿었다. 그가 언제나 추구했던 목표는 프랑스를 고립시키고 다른 두 세력과 동맹을 맺는 것이었다. 오스트리아-헝가리는 당연 그중 하나였고 영국과 러시아 중 어느 쪽을 선택할지가 남았다.

영국은 평시에는 어떤 국가와도 조약 체결을 거부했다. 솔즈베리의 관점에서 그 누구도 최강의 해군력을 보유한 영국 해안에 상륙할 수는 없었다. 그래서 영국 정부는 고립주의적 대외정책에 만족하며 이 정책을 '영광된 고립'이라고 불렀다. 비스마르크가 동맹을 제안하자 솔즈베리는 정중하게 이를 거부하면서 미래의 의회들도 지금의 조약을 받아들이지 않을 것이라고 설명했다. 영국은 평시에는 어떤 조약도 맺지 않기 때문이다. 그러자 비스마르크는 동맹국 오스트리아 몰래(오스트리아는 전통적으로 러시아의 적국이었다) 러시아와 비밀리에 동맹 체결을 논의했다. 이 교섭은 1887년에 재보장조약으로 불리는 러시아와의 방어조약으로 이어졌는데 두 나라를 제외한 유럽 나머지는 이를 몰랐다.

여러 조약이 서로 맞물려 작동하는 이 복잡한 구조물은 비스마르크의 작품이었고 이것이 유럽의 평화와 독일의 안보를 유지했다. 당시 한 독일 장관의 말을 빌리자면, 빌헬름은 비스마르크가 관리하던 "큰 기차역 조차장의 복잡하게 얽힌 철로처럼 서로 교차하는 약속들"을 관리할 준비가 전혀 되어 있지 않았다.

전권을 손에 넣은 빌헬름은 이 복잡한 실타래를 금방 엉클어 놓았다. 튜턴족의 독일과 슬라브족의 러시아는 전통적으로 대립 관계였으며 차르 알렉산드르 3세는 빌헬름을 별로 좋아하지 않았다. 언젠가 사석에서 알렉산드르가 젊은 빌헬름을 조롱한 적이 있는데 여기에 대한 소문이 전해지자 아직 기반이 없던 젊은 빌헬름은 매우 분개했다. 두 사람은 서로를 적대시하게 되었다.

비스마르크가 사라진 1890년, 빌헬름은 러시아와의 재보장조약 갱신을 거부했다. 자신만만한 빌헬름이 내비치는 바는 명백했다. 베를린의 외교정책은 변할 것이다. 독일의 침략을 공통으로 두려워하던 러시아와 프랑스는 금방 동맹을 맺었다. 1891년에 시작된 두 나라 사이의 우호적 대화는 곧 프랑스-러시아 동맹으로 알려질 비밀 군사 정치 조약으로 발전했다. 이 조약은 1894년에 체결되었다.

빌헬름은 정책 통제권을 쥐고 있었다. 그는 유럽 각국을 방문하며 통치자들과 개인적으로 만나 일반적인 군주보다 더 외교적인 임무를 수행했다. 빌헬름은 외삼촌 버티에게 이렇게 선언했다. "나는 독일의 정책을 결정할 유일한 주인이며 나의 나라는 내가 어디를 가든 나를 따라와야 합니다." 빅토리아 여왕은 비키에게 쓴 편지에서 빌헬름이 "가장 오래된 형태의 정부로의 회귀에 경도된" 것 같다며 걱정했다. 버티는 조롱을 섞어 한마디 거들었다. "빌헬름 대제는 자신이 중세가 아닌 19세기 후반에 살고 있다는 것을 알아야 합니다." 이 발언을 들은 빌헬름은 외삼촌을 "공작새", "사탄"으로 부르는 것으로 응수했다.

황실 요트 호엔촐레른호에 탑승한 빌헬름이 국빈 방문을 하는 동안 함대가 그 뒤를 따랐다. 그가 배에서 내리면 그의 뒤에는 시종 3명과 미용사 1명 그리고 알맞은 시간에 나타나 왁스로 끝을 꼬아 위로 올린 독특한 수염을 만드는 보조미용사가 따라왔다.

점점 더 강박적이 된 빌헬름은 치세 첫해인 1889년에 정보국을 창설했다. 이때 만들어진 육군 정보국인 3b부는 육상의 적국인 러시아와 프랑스에 집중했으나 영국은 무시했다. 역시 빌헬름이 만든 독일 해군 정보 조직인 해군정보처는 거의 모든 활동을 영국에 집중했다.* 몇 년

---

*　　　　1882년, 영국은 대외정보위원회Foreign Intelligence Committee, FIC를 창설했고 같은 해에 미국은 해군정보국Office of Naval Intelligence, ONI을 만들었다. 오스트리아-헝가리는 1848년에 유럽 최초의 상설 국가정보조직을 만들었다.

안에 빌헬름은 제1차 세계대전 이전의 유럽에서 첩보 활동을 가장 대규모로, 가장 활발하게 벌인 정보조직을 만들었다. 이들은 정보 수집뿐 아니라 태업 사주 활동도 자주 벌였다.*

절대군주라는 이미지에 걸맞게 빌헬름은 직접 군사 문제에 개입했는데 결과는 창피할 때가 많았다. 1890년, 젊은 빌헬름은 슐레지엔에서 벌어진 기동훈련에 참가한 부대의 지휘를 맡았는데, 비스마르크의 후임으로 재상이 된 예비역 장군 레오 폰 카프리비는 개인적으로 이런 소회를 밝혔다. "참모본부가 파 놓은 수많은 함정에 폐하께서는 기꺼이 빠져 주셨다."

총참모장 알프레트 폰 발더제 백작은 최대한 요령 있게 이 훈련을 비판하면서도 빌헬름이 저지른 수많은 실수를 대중 앞에서 지적했다. 카프리비는 나중에 빌헬름이 "변명하려 노력했고 설명할 때는 매우 약해졌다."라고 지적했다. 3일 뒤에 발더제는 해임되었다. 장관들은 나중에 빌헬름이 발더제를 "반역자"라 불렀다고 전했다.

빌헬름은 영국 해군력을 능가하겠다는 야심을 통제할 수 없었다. 비스마르크는 이런 일을 하기에는 너무 실용적인 사람이었다. 비스마르크는 해군은 약해도 육군이 강하다면 독일은 유럽대륙에서 계속 강대

---

* 제1차 세계대전이 벌어지자 태업 사주 활동 상당수의 목표는 미국이었다. 미국은 선전포고를 하지는 않았으나 독일과 동맹국들에 대항한 연합군을 도와 전쟁물자 지원을 위해 식량, 보급품과 일일 최대 1,000필의 말을 보냈다. 미국 영토에서 태업 선동을 한 독일 첩보 요원들은 탄약창이나 수송선에 폭약을 설치했다. 역사가들은 이 활동을 미국에서의 첫 국내적 테러 세포조직이라고 설명한다. 그 결과 대중의 분노에 불이 붙었고 미국의 참전이 앞당겨졌다.

국이겠지만 영국에게 제해권은 삶과 죽음이 달린 문제라는 것을 알았다. 영국은 경쟁 관계에 있는 해군의 손에 고립된다면 말라 죽는다는 공포를 가진 채 살고 있었다.

비스마르크는 강력한 독일 함대는 영국을 불필요하게 도발할 뿐이라고 보았다. 그는 독일 상선단이 영국 해군의 보호를 받는다는 데 만족했다. 사실 1880년대 내내 영국 해군은 소규모 독일 함대의 훈련을 돕기까지 했다. 왕실 간 혈연관계로 이어진 영국과 독일은 자연스러운 동맹국이었으며 영국은 프랑스와 러시아에 적대적이었다. 중세 이래 영국과 프랑스는 끊임없이 싸웠다. 영국과 러시아 역시 전통적인 적이었으며 당시에는 극동의 식민지를 두고 크게 대립하고 있었다. 그러나 영국이 가장 중요하게 여긴 것은 영국 해군과 경쟁할 수 있는 해군력이었다. 특히 그곳이 북해의 본토 수역이라면 더 그랬다. 영국은 강력한 해군을 가진 적을 존재에 대한 유일한 위협으로 보았다. 그런데도 빌헬름은 영국 함대와 경쟁하고 이를 능가하는 해군을 건설하며, 독일 산업의 젖줄이 될 식민지를 외국의 해안에 건설하겠다는 결의를 선포했다. 그는 이 야망을 독일의 '신항로'라고 불렀다. 이 공격적인 정책 덕에 얼어붙었던 영국, 프랑스, 러시아 관계가 풀리는 믿기 어려운 일이 일어났다. 프랑스의 고립은 끝났고 비스마르크의 3국 동맹은 깨졌다.

만약 유럽대륙의 강국이 영국 해군과 경쟁하는 해군을 건설하기로 했다면 영국은 다른 강대국과의 대외정책에서 더는 수동적으로 있을 수 없었다. 빅토리아 여왕은 언제나 그렇듯, 자신을 삼인칭으로 호칭하며 솔즈베리 수상에게 이렇게 썼다. "현재의 문제는 과거와는 아주 달라서 여왕은 우리의 **고립**이 위험하다고 느낄 수밖에 없소." 독일의 은 거지에 있던 비스마르크는 빌헬름 2세가 독일을 파멸로 이끌 것이라고 예견했다.

그러나 해군과 제국을 건설하겠다는 빌헬름의 포부로 만들어진 이 정치적 긴장 속에서 해상 교역로를 지배할 해군을 만드는 데 필요한 기술은 변하고 있었다. 루돌프 디젤이 국가 간 권력 투쟁에서 중요한 역할을 하게 될 무대가 이미 마련되었다.

제9장
디젤동력의 탄생

The Birth of Diesel Power

아무리 복잡한 아이디어라도 그 핵심은 간단한 형태로 이해되는 경우가 많다. 암모니아 기관을 포기한 디젤은 초점을 좁혀 외연기관에서 매개물을 없애기로 했다. 그는 뮌헨의 학창 시절 강의실에서 낡은 시거 라이터를 시연했을 때를 떠올렸다. 불씨를 만들어 내는 데 쓰인 이 단순한 기술은 새로운 내연기관에 대한 아이디어의 싹이 되었다. 몇 년 뒤, 그는 모교에 똑같은 라이터, 더 기술적 용어로 말하면 '공기압축식 부싯깃 점화기'를 보내달라고 요청했다. 그는 강의실에서 보았던 그 라이터를 자녀들 앞에서 시연할 수 있었다.

오이겐 디젤은 디젤 전기에서 이 사건을 묘사했다. 루돌프는 거실에 앉은 세 자녀 앞에서 부싯깃 라이터를 들고 있었다. 이 라이터는 지금의 자전거 타이어 펌프와 크기와 모양이 비슷하고 유리 실린더가 있어

속이 투명하게 보였다.

공기를 고압으로 압축하면 열이 발생한다. 자전거 타이어 펌프도 타이어 몇 개에 바람을 넣으면 따뜻해진다. 공기압축식 점화기는 피스톤을 공기가 든 실린더 안으로 밀면 급격히 압축된 공기가 연소실 안에 있는 부싯깃에 불을 붙인다는 간단한 원리로 작동했다.

루돌프는 진지하게 자신을 보는 자녀들 옆 의자에 앉아 라이터를 들고 온 힘을 다해 피스톤을 밀었다. 그런데 아무 일도 일어나지 않았다. 두 번째로 아주 힘차게 밀었는데도 불은 붙지 않았다. 세 번째로 밀고서야 압축공기 속에서 부싯깃이 빨갛게 빛나기 시작했다. 오이겐은 이렇게 썼다. "불꽃이라고는 전혀 없이 부싯깃이 빛나더니 연기를 내기 시작하는 것은 아이들에게 마법과도 같은 광경이었다."

루돌프는 아이들에게 이렇게 말했다. "자, 여기에 부싯깃 대신 휘발유나 석유, 아니면 석탄 가루가 있다고 상상해 보자꾸나. 여기에 불이 붙으면 연소로 늘어난 가스압 — 열은 공기를 팽창시키기 때문이지 — 은 당연히 피스톤을 밖으로 밀어낼 거란다. 기관은 여기 있는 공기압 라이터와 달리 공기가 압축된 다음 연료가 실린더 안으로 들어간다는 차이가 있지. 그런 다음에 연료가 점화되면 작업이 수행된단다."

이것이 디젤기관을 만들어 낸 가장 기본적 혁신 요소다. 디젤기관에서는 공기밸브가 열리면 피스톤이 처음에는 아래로 쑥 내려간다. 피스톤이 아래로 내려가면 공기가 실린더 안에 들어찬다. 자전거 펌프처럼 피스톤이 위로 올라가면 실린더 헤드와 피스톤 사이의 공기가 34대기압(혹은 1제곱인치당 500파운드)으로 압축되고 이 고압으로 인해 실린더 안의 공기는 화씨 1,000도(섭씨 537.8도)까지 가열된다. 정확히 이 순간

연료가 실린더 안으로 분사된다. 가열된 연료는 점화된다. 폭발은 피스톤을 다시 아래로 내리며 동력행정power stroke을 달성한다. 이 기관에는 스파크 점화가 필요 없었다.* 당시 금속공학의 한계 때문에 이런 고압을 견디는 설계는 와트의 시대에는 불가능했고 디젤의 시대에도 불가능에 가까웠다. 이 설계를 구현하려면 뛰어난 솜씨로 사양에 정확히 맞춰 만들어진 고급 금속 소재가 필요했다. 그러나 디젤의 계산이 정확하다면 압축은 안전과 효율성의 핵심 요소였다. 그는 안정적이고 상온에서 유증기를 내지 않는 연료를 사용할 수 있으며 스파크플러그 점화 없이 콜드스타트에서 연료를 고압 압축공기와 접촉시켜 내부에서 연소하게 해 연료의 에너지 이용량을 다른 기관보다 약 4배 늘린 기관을 제작할 수 있다고 믿었다. 디젤이 일정 단위 연료에서 도출될 것으로 계산한 힘의 양이 정확하다면, 그리고 그의 설계를 철저히 반영한 기관 부품들을 제작할 수 있다면 동력자원이 내는 힘을 사실상 4배로 늘릴 수 있을 것이다.

———

디젤은 시판 중이던 오토 기관보다 100배 큰 실린더 압력으로 작동하는 기관을 구상했다. 그는 이 정도의 압축은 연료를 작업으로 전환하기에 충분한 고온(섭씨 약 800도)을 낼 것으로 보았다. 디젤은 고온 상태에서 계속 연료를 연소할 경우에 최대 에너지를 낼 수 있다고 계산했다. 증기기관의 연료 효율 6퍼센트, 혹은 다른 기관의 12~20퍼센트 정

---

*   디젤엔진의 도해를 보려면 부록의 '설명 1'을 참조하라.

도의 연료 효율 대신 디젤은 자기가 구상한 기관은 이론적으로 73퍼센트의 연료 효율을 낼 것으로 예측했다.*

디젤은 1890년대의 전문가 대부분이 말도 안 된다고 치부할 정도로 놀라운 목표를 세웠다. 스코틀랜드의 공학자이자 기관 분야 전문가인 더걸드 클라크는 압축을 늘리면 더 무겁고 거추장스러운 부품이 필요할 것이라고 주장했다. 이 주장에 따르면, 기관 무게 증가로 늘어난 마찰은 획득한 효율성보다 더 많은 에너지를 잃는 원인이 된다. 디젤이 구상한 기관의 제작에는 최고 품질의 강철 및 기타 재료가 필요했다. 그렇다면 디젤기관은 오토 기관 같은 경쟁 내연기관에 비해 더 무겁고 더 비쌀 것이다.

그런데 클라크는 한 가지 여지를 남겨 두었다. "물론 가스**기관에 비해 공학자들은 석유기관에 별로 경험이 없다는 점과 미래에 상세한 부분까지 개발이 이루어진다면 석유기관의 열효율은 상당히 증가할 것이라는 점을 기억해야 한다."

———

디젤은 자신의 계산이 정확하다고 느꼈다. 1891년 내내 그는 자기

---

* 1892년에 출원한 원래 특허에서 디젤은 **등온** 기관을 고려했으나 개발 단계 (1893~1897년) 동안 출원한 후속 특허에서 접근 방향을 **등압** 기관으로 바꿔 결국 개발에 성공했다. 디젤에 비판적인 이들은 오랫동안 후속 특허가 원래 특허와 다르다는 점에 비판의 화살을 집중하려 노력했다.

** 여기에서 '가스'는 벤젠, 석탄가스, 천연가스 같은 가스 연료를 말하며 가솔린(휘발유)을 가리키는 것은 아니다.

아이디어를 〈증기기관 및 동시대 내연기관을 대체하는 합리적 열기관의 이론과 제작〉이라는 제목의 64페이지짜리 원고를 통해 세부까지 구체화하고 있었다. 대학 강의 노트 여백에 개발의 실마리가 된 견해를 적은 지도 14년이 흘렀다.

디젤은 이 논문을 편집해 1년 뒤에 출간했다. 특허출원을 위한 기초를 쌓고, 개념으로만 존재하던 기관을 실제로 제작하기 위한 재정적 지원을 얻어 내려는 목적이었다. 1892년 2월 11일, 디젤은 회의적이던 멘토 린데에게 원고를 보냈다. 그는 편지에서 이렇게 밝혔다. "오늘날 최고의 증기기관이 사용하는 연료의 10퍼센트만 사용하는 기관의 이론적 기초를 발견했다는 것을 기쁜 마음으로 알려드립니다."

린데는 적절한 선을 지키며 제자를 격려했다. 린데는 "자네의 방향은 날카롭고 정확하네."라며 디젤의 전반적 접근법을 높이 평가했으나 편지 뒤에서는 "내 의견으로는 이상적 상황에서도 자네가 이론적으로 계산한 효율성의 3분의 1 정도만 기대할 수 있다는 말을 덧붙이고 싶네. (…) 그렇지만 거의 모든 연료의 열량 값 25퍼센트를 기계적 에너지로 전환할 가능성은 존재한다네. 이는 비싼 특수 연료로 달성할 수 있는 것 이상이야."라고 했다.

린데는 편지에서 총애하는 젊은 제자의 진정한 소명은 제빙기가 아닌 합리적 열기관이라는 것을 인정했다. 린데는 디젤의 대담한 주장에는 여전히 회의적이었으나 자신의 젊은 벗이 뭔가 잠재적으로 중요한 것의 실마리를 잡았고 이를 놓치지 않을 것임을 알았다.

편지는 이렇게 마무리된다. "자네의 연구 준비는 정말 훌륭하고 당연히 그럴 가치가 있는 목표라는 점에는 의문의 여지가 없어. 그래서 자네가 이 명분에 헌신하는 것을 내가 막을 수는 없겠지. (…) 만약 자네가 그 아이디어를 따르기로 한다면 나는 퇴사밖에는 방법이 없다고 본다네."

디젤은 공식적으로 린데의 회사에서 퇴사하고 1892년 2월 27일에 독일 국내 특허를 출원했다. 1897년 2월 23일, 독일 특허청은 특허번호 67207번 '연료의 연소에서 동력을 생산하는 과정'이라는 이름으로 루돌프 디젤에게 특허를 내줬다.

가장 어려운 작업이 시작되었다.

———

다른 기관과 비교할 때 디젤기관은 더 복잡하고 만드는 데 비용이 많이 드는 데다 그 복잡한 설계를 구현할 전문성을 갖춘 기술자가 별로 없었다. 그러나 만들 수만 있다면 디젤기관은 마법을 부릴 것이다. 이 기관은 단기적으로는 설계가 어렵고 제작 비용이 비싸지만, 장기적으로는 효율적인 고성능 기관이 될 것이다. 석유가 귀한 유럽에서 이것은 해 볼 만한 가치교환이었다.

시험과 개발 초기비용은 매우 높을 것이다. 그리고 디젤은 특허를 실현하기 위해 돈이 필요했다. 투자 유치 수단으로 기대하고 발표한 개념에는 칭찬과 조롱이 동시에 빗발치듯 쏟아졌다. 디젤이 제안한 기관은 실제 작동하기에는 지나치게 비현실적이라는 비판이 잇따랐다. 이 비판과 양립할 수 없던 것은 디젤의 아이디어가 독창적이지 않으며 이미 지금 사용되고 있다는 다른 비평가들의 주장이었다. 디젤기관과 경쟁할 개념을 실험하고 있던 기술자와 발명가들은 디젤의 작업을 사정

없이 비판했다.

증기기관이나 오토 기관의 생산에 전념하던 대규모 제조사들은 디젤의 작업이 중요하지 않다며 무시했지만 다른 전문가들은 특허에서 디젤이 강조한 개념을 칭찬했다. 디젤이 이론화한 가능성은 당시 널리 쓰인 동력 생산수단과 이를 설계한 공학자들에게는 심각한 위협이었다.

당시 디젤의 아이디어는 유럽의 공학계에서만 토론되고 있었다. 독일에서 디젤이 특허를 받았다는 소식은 스탠더드오일에서는 짧게라도 보고조차 되지 않았으며 빌헬름의 군인들도 특별히 신경 쓰지는 않았다. 그러나 학계와 열공학자 사이에서는 격렬한 논쟁이 벌어졌다. 특허를 둘러싼 소란이 커지는 와중에 디젤은 옛 친구의 도움으로 기관 제작 재정지원을 받았다.

몇 년 뒤, 디젤은 이렇게 회고했다. "개념을 다룬 소책자를 출간하자 엄청난 비평이 쏟아졌다. 아주 적대적이지는 않더라도 대개는 매우 비우호적이었다. (…) 세 사람만 나를 지지했다. 그러나 이들은 분야의 유명 인사였다. 이름을 들자면 린데, 슈뢰터, 초이너다. 이들은 마시넨파브리크 아우크스부르크와 에센의 프리드리히 크루프가 새 아이디어를 실제로 테스트하기로 결정하는 데 상당한 영향력을 행사했다."(이 세 명 외에도 많은 사람이 디젤을 지지했다. 아들 오이겐이 아버지의 전기에 특기했듯, 루돌프는 이 시절을 약간 과장을 섞어 회상했다.)

구스타프 초이너는 열역학의 창시자로 여겨지는 독일 물리학자였고 모리츠 슈뢰터는 뮌헨에서 보낸 디젤의 대학 시절 은사 중 한 명이었다.

린데, 슈뢰터와 초이너의 공개 지지는 도움이 되었으나 하인리히 부즈의 지지를 얻어 낸 것은 디젤 자신의 끈질긴 노력이었다. 디젤은

1892년 3월 7일에 M.A.에 개발 후원을 요청하는 편지를 썼다. 부즈는 4월 2일에 간결하면서 실망스러운 답장을 보냈다. "이 문제를 모든 측면에서 신중히 검토해 본 결과, 저희는 귀하의 프로젝트 구현은 본질적으로 너무나 어려운 관계로 착수하기 힘들다는 결론을 내렸습니다."

그러나 셔츠 한 장만 입고 혼자 파리에서 아우크스부르크까지 갔던 예전의 난민 소년은 이제 산업 시대의 동력에 대한 최고의 아이디어가 있다고 자부하는, 탄탄한 입지를 가진 34세 공학자가 되었다. 그는 독일에서 가장 뛰어난 공학자들과 작업했으며 10년 이상 이 아이디어에 몰두해 있었다. 디젤은 거절당했다고 포기할 사람이 아니었다. 디젤은 공학계가 그를 받아들일지, 위협으로 여길지 고심하고 있다는 것과 부즈가 명확한 선택을 하도록 유도하는 법을 알았다. 어떤 면에서 부즈에게 보낸 메시지는 록펠러가 경쟁 정유소들에 보낸 메시지와 비슷했다. **"나와 함께하지 않으면 파멸할 것이다."**

증기기관은 마시넨파브리크의 당시 주요 생산 품목 중 하나였다. 4월 9일에 디젤은 부즈에게 개념의 정확성이 입증된다면 이 기관은 시장에서 증기기관을 완전히 대체할 것이라 말하고, 앉아서 당하는 대신 먼저 시장을 선도하자고 제안했다.

디젤은 록펠러처럼 갑의 처지에 있지는 않았다. 베를린의 임시 실험실에서 하던 독립 연구 때문에 그와 그의 가족은 파산 지경에 이르렀고 재정 지원을 받지 못하면 프로젝트는 완전히 멈출 판이었다. 답장을 기다리지도 않고 디젤은 부즈에게 계속 편지하며 전도유망한 기회가 왔음을 강조했다.

4월 20일, M.A.의 사장실은 베를린의 디젤에게 원했던 답을 보냈다.

"사장이 출타 중이었던 관계로 귀한 시간을 내어 보내 주신 (4월) 6일, 9일, 13일 자 (서한) 3통에 오늘에야 답신을 드립니다. 귀하의 새로운 제안에 관해 말씀드리자면, 저희는 특정 조건을 걸고 실험용 기계의 제작에 기꺼이 착수할 의향이 있습니다. 단, 여기에서 언급된 기계의 설계는 개발 시 문제가 없어야 합니다."

'독일 산업계의 비스마르크'인 부즈가 이제 디젤의 후원자가 되었다. 가족을 베를린에 둔 채 디젤은 아우크스부르크로 이사했다. 부즈는 디젤의 개발팀에 마시넨파브리크 아우크스부르크 공장의 고립된 한 구역을 배정했다. 또 다른 독일 기업가 프리드리히 크루프도 후원자로 참가해 디젤에게 연봉 3만 마르크를 주는 데 동의했다. 그 대가로 크루프는 디젤이 성공적 모델을 만들었을 때(성공한다면) 생산과 판매권을 가지기로 했다.

———

9개월 뒤인 1894년 1월, 디젤은 첫 시험용 기관 제작을 끝냈다. 디젤과 선임 조수 루시엔 포겔Lucien Vogel 그리고 제작팀은 디젤의 설계에 따라 특별히 주조된 금속제 부품을 조립했다. 이제 시험 가동 준비가 끝났다.

디젤은 공기밸브를 열어 시험용 기관의 작동을 개시했다. 그의 계산에 따르면 실린더 안의 압력은 645psi(제곱인치당 파운드)까지 올라갈 것이다. 이 첫 시험을 위해 디젤은 정상적 조건에서도 인화성이 높은 휘발유를 사용했다. 실린더에서 처음으로 휘발유가 폭발하자 대기압은 예상보다 훨씬 높은 1,175psi까지 치솟았다. 그리고 기관은 위험한 폭탄으로 변해 엄청난 폭발을 일으켰다. 폭발로 깨진 유리와 금속 부품이 사방으로 날아갔고 디젤과 포겔도 하마터면 죽을 뻔했다. 가까이서 기관의 작동을 관찰하던 두 사람은 귀를 먹먹하게 하는 폭발음을 듣자마자 바닥에 납작 엎드렸고 일시적으로 귓가에 맴도는 윙윙 소리 말고는 심하게 다치지 않았다.

기관은 작동하지 않았으나 디젤은 특허와 제안에 담긴 핵심 원칙의 타당성을 입증했다. 폭발은 기본 개념을 실용화할 수 있다는 증거였다. 점화에는 스파크나 불꽃이 전혀 사용되지 않았고 기관은 오로지 압축만을 이용해 점화했다. 그는 오래된 자전거 펌프 모양을 한 시거 라이터에서 힌트를 얻어 라이터의 간단한 설계를 기관의 실린더와 피스톤으로 바꿔 놓았다. 이것이 디젤기관의 핵심이다. 이제 그는 성과를 확대해 실제 작동하는 기관을 만들어야 했다. 가장 시급한 과제는 점화할 때의 엄청난 폭발을 제어하는 것이었다. 여기에 대한 대책으로 디젤은 연료를 점도가 높은 (중유나 콜타르 같은) 더 무거운 기름으로 바꿨다. 이런 연료는 훨씬 저렴했고 더 안정적이었다.

디젤은 성공이라고 본 이 사고에 대해 이렇게 적었다. "기관은 완전히 작동에 실패했고 한 번도 회전하지 못했다. 왜냐하면 연료가 처음으로 분사되었을 때 (…) 끔찍한 폭발이 일어났기 때문이었다. (…) 하마터면 나도 이 폭발로 죽을 뻔했다. 하지만 나는 알고 싶었던 것을 알았다. (…) 고압으로 압축된 순수한 공기에 분사된 연료가 점화될 수 있음을 입증한 것이다." 디젤과 포겔은 1894년 1월부터 4월까지 첫 시험용 기관을 계속 시험 가동했다.

4월경, 기관을 둘러싼 벽은 날아온 부품과 다른 파편에 맞아 파인

흠집투성이가 되었다. 하인리히 부즈는 흡족해하며 이 광경을 지켜보았다. "이 불완전한 기계를 통해 (압축 연소) 과정의 실제 응용이 가능함이 입증되었다."

개념 입증에서 시작해 상업용 기관을 완성하기까지는 길고 험한 길을 가야 했다. 디젤은 자신이 뛰어오르기 위해 몇 걸음 뒤로 물러섰음을 인정했다. 그러나 이제 올바른 길에 들어선 것만은 확신할 수 있었다.

디젤은 첫 시험용 기관에서 마주친 문제를 해결하기 위해 열심히 노력했고 1894년 봄여름 내내 점화 시스템 실험을 연이어 수행했다. 성공할 때도, 실패할 때도 있었다. 그는 로베르트 보쉬*와 자주 편지로 의견을 교환했다. 발명가 보쉬는 내연기관의 전기점화 시스템을 개발한 선구자로 1886년에 성공적인 기계회사를 설립한 존경받는 인물이었다. 두 사람은 아이디어를 주고받으며 토론했으나 돌파구는 열리지 않았다.

작업에 매진하던 이 몇 달 동안 디젤은 다시 한번 아우크스부르크의 크리스토프 바르니켈과 그의 부인 엠마의 집에 초대받아 살았다. 그는 가족 사이에서 편안함을 느꼈으나 이는 자기 가정이 아니었다. 베를린에서 마르타는 디젤에게 이렇게 썼다. "당신의 작업과 어렵고 어려운 앞길만 보이는 시간을 생각하면 가슴이 조마조마하답니다. (…) 나는

---

* 　보쉬는 나중에 영국 첩보부의 정보자산이 되어 제2차 세계대전 중 독일의 위협을 주로 정탐한 영국 정보기관인 'Z기관' 소속 공군대령 맬컴 크리스티에게 정보를 제공했다.

초조히 당신 소식을 기다리고 있어요. 당신도 알겠지만 나와 같이 있을 시간이 생길 때까지는 참을게요."

디젤은 바로 답장을 썼다. "사랑하는 여보, 당신이 계속 진정으로 도와주고 포기하지 않기를 바라오. 당신이 나와 내 기계를 믿는다면 나는 일할 힘이 나겠지요, 그렇지 않다면…."

루돌프 디젤은 감정적 지지를 받기 위해 마르타가 필요했겠지만, 돈을 받으려면 크루프와 부즈가 필요했다. 1894년 여름 동안 크루프는 사업 철수를 논의했다. 디젤은 크루프와 부즈가 지원을 중단한다면 프로젝트 전체가 끝장이라는 것을 알았다. 1894년 9월 18일, 디젤은 두 후원자의 의지를 다지려 고심에 찬 편지를 썼다. "용기를 내어 조금만 더 기다려 주시면 다 해결되리라고 믿습니다."

1894년 10월 3일, 디젤은 두 번째 시험용 기관을 위해 설계하던 전기점화 시스템 설계를 폐기했다. 나중에 그는 이렇게 썼다. "개발 기간 전체를 통틀어 최악의 시간이었다. 그리고 언제 어디서든, 완전히 포기해 버리는 사태가 일어나는 것을 막기 위해 참가자 모두는 과학적 진실에 가진 신뢰의 마지막 한 방울까지 써야만 했다."

개발 기간에 있었던 보쉬와의 일시적 접촉이 낳은 아이러니는 점화 장치가 아예 필요 없다는 것을 알게 된 점이다. 고압 압축공기는 연료에 스파크를 튀길 필요를 없애 버렸다. 오로지 첫 폭발의 통제 방법을 찾아야 했다. 디젤은 10월에 쓴 편지에서 이렇게 말했다. "불행히도 나는 이번에도 목표를 달성하지 못했습니다. 하지만 나는 여기에 의지가 꺾이지 않았습니다. 오히려 그 반대입니다. 나는 그 어느 때보다 목표에 가까이 있다는 것을 느낍니다. '나는 해낸다.'라는 원칙을 충실히 지키며, 나는 느리지만 확실하게 전진합니다."

부즈는 변함없이 계속 디젤을 지지했고 이들은 함께 크루프의 이탈을 막았다.

———

1894년 11월, 디젤은 후원자들에게 선보일 새 시험용 기관의 설계를 마쳤다. 외부 점화장치 없이 시동이 걸릴 때의 폭발을 제어할 방법을 마침내 찾아낸 것이다. 디젤, 부즈, 크루프는 8시간의 회의 끝에 일반 실험을 중단하고 새 설계에 기반한 두 번째 시험용 기관을 제작하기로 했다. 제작은 1895년 3월에 끝났고 초도 실험은 4월부터 7월까지 수행되었다. 부즈와 디젤은 결과에 몹시 만족했다.

1895년 7월 3일, 디젤은 개발 작업에 전념하는 동안에도 자녀 3명과 베를린에 있던 마르타에게 편지를 보냈다. "나의 기관 개발 작업은 큰 진척을 보이고 있어요. 지금 나는 기관 설계라는 기술 분야에서 1등이고 최고일 뿐 아니라 세계 최초 그 이상의 것을 달성할 것 같아요."

시험 기간 내내 디젤과 그의 조수들은 계속 개량 작업을 했고 작은 부분이라도 개량될 때마다 기관의 성능은 조금씩 향상되었다. 일부는 계속 고장났고 부품이 위험스럽게 날아다닐 때도 있었다. 그러나 이런 문제는 대부분 품질 기준에 미달한 주조 부품이 원인이었다. 부품 조달은 극복해야 할 또 다른 문제였다. 그러나 디젤과 그의 아우크스부르크 팀은 빠르게 숙련도를 높여 갔다.

디젤은 성공과 부가 코앞에 있다는 것을 알았다. 그는 부즈에게 개인적 부탁을 했다. 디젤은 가족이 자신이 있는 아우크스부르크 실험실과 가까운 곳에 살기를 원했다. 아우크스부르크는 너무 작은 도시라 마르타와 그가 즐겼던 대도시의 즐거움은 없지만, 베를린은 너무 멀었다. 그는 근처 뮌헨이 마르타와 아이들이 살기에 완벽한 장소라고 결정했다. 아우크스부르크에서 뮌헨까지는 기차로 금방 갈 수 있었다. 부즈는 디젤 가족이 뮌헨의 편안한 집에 이사하는 비용을 모두 내는 데 동의했다.

루돌프는 1895년 11월 2일에 마르타에게 이렇게 썼다. "뮌헨은 아름답고 다가가기 쉬운 자연환경에 둘러싸인데다 국제적 분위기, 박물관, 멋진 예술 전시회와 극장이 있소. 예술과 과학이 번창하는 이 대도시에는 사람을 들뜨게 하는 지적 분위기가 있다오. 거기서는 누구든 지적으로 중요한 사람들과 교류할 가능성이 있지. 아우크스부르크에는 ─ 아무것도, 아무것도, 아무것도 없다오."

마르타와 아이들을 베를린에 둔 채 수년 동안 기관 개발에 몰두하다 보니 디젤은 가족으로부터 점점 멀어졌다. 마르타는 농담으로 기관이 남편의 "애첩"이 되었다고까지 말했다.

디젤 가족은 휴가철에 딱 맞춰서 1895년 말에 뮌헨의 집으로 이사를 왔다. 그리고 새집에 온 디젤은 가족과 오래 머물렀다. 루돌프는 그때 34세이던 마르타가 처음 만났던 날보다 더 아름다워 보인다고 말했다. 그때 여섯 살이던 오이겐은 처음으로 책을 보고 있었고 나이에 비해 키가 큰 열 살 헤디는 방 하나를 독차지할 정도로 에너지가 넘쳤다. 헤디보다 한 살 위인 루돌프 2세는 토끼를 키우기로 했다. 뮌헨에 도착한 디젤은 장남을 위해 죽 늘어선 토끼장을 지어 주었고 곧 가족은 수가 폭발적으로 늘어난 아이의 애완동물을 함께 돌봐야 했다.

그러고 나서 디젤은 아이들에게 알맞은 크기로 손수 만들고 색칠한 가구 한 세트를 갖춘 놀이방을 설계했다. 곁방에는 가족을 위한 중국식 그림자극을 할 수 있는 극장이 만들어졌고 그림자판은 자신이 손수 만들었다.

디젤이 가족을 찾았을 때 마르타는 남편의 "애첩"에게 적절한 이름을 지어 주었다. 디젤은 여러 가능성을 생각해 보고 있었다. 1895년 전에 이 기관은 공식 이름이 없었다. 계약에서 디젤은 이 기관을 "디젤의 특허에 기반한 합리적 열기관"으로 불렀다. 한때는 수학에서 변화량을 나타내는 기호인 델타를 써서 '델타기관'으로 부르는 것이 고려되었다. 나중에 그는 '엑셀시오르 기관'이라는 이름도 생각했다. 엑셀시오르는 고품질을 상징하는 호텔과 신문 이름으로 널리 쓰이던 단어였다. 그다음에 디젤은 늘 하던 대로 로맨틱한 감각을 발휘해 잠시 '엑스칼리버'라는 이름으로 결정할 뻔하기도 했다. 그는 병폐를 몰아내고 자애로운 지도자가 사용해 인명을 구한, 마법과도 같은 도구라는 아이디어를 사랑했다. 거의 신화적 활용도를 가진 기관이라면 이런 이름을 붙일 만했다.

결국 1895년 말에 마르타는 이렇게 말했다. "그냥 '디젤기관'이라고 불러요." 디젤이 답했다. "그래요, 당신이 옳은 것 같소."

가족과 얼마간 시간을 보내고 기관에 붙일 이름까지 받은 디젤은 1896년 1월에 아우크스부르크로 돌아왔다. 가족과의 관계도 회복되고 에너지를 재충전한 그는 이제 결승점까지의 직선주로를 달릴 준비가 되었다.

─────

하인리히 부즈는 디젤을 믿었지만, 세계는 석탄을 때는 보일러 없이 놀라운 효율과 출력을 보장하는 새 소형 기관이 과연 실현될 수 있을지 의심했다. 아우크스부르크 공장에서 전통적이며 안정적으로 판매되는 제품군을 개발·제작하는 다른 기술진조차 디젤을 믿지 않았다.

디젤은 개발에 필요한 재능 있는 공학도를 고용하려고 노력했다. 1895년 연말에 기술 조수를 찾던 그는 외부에서 후보자를 찾기로 했다. 그가 찾은 사람은 이마누엘 라우스터Imanuel Lauster라는 젊은 공학자였다.

라우스터는 디젤이 외부에서 조수를 찾아야 했던 이유를 나중에 설명했다. "조금씩 나는 이 공장의 모든 집단이 디젤 씨의 연구를 불신한다는 것을 깨달았다. 그 때문에 M.A. 내부에서는 디젤 씨의 조수라는 새 자리에 아무도 관심을 가지지 않았다. 디젤 씨의 불확실한 개발 작업과 비교해 안정적인 지위를 기꺼이 포기하고자 한 이는 아무도 없었다."

1896년 1월, 디젤은 재충전되었음을 느끼며 돌아왔다. 세 번째이자 마지막 시험용 기관의 설계는 이미 완성되었다. 그는 이 기관이 상업적 성공을 거두리라 확신했다. 고용 당시 겨우 23세이던 라우스터는 기관 제작에 있어 디젤의 오른팔이 되었다. 두 번째 시험용 기관이 성공하고 세 번째 기관을 위해 여러 개량을 계획한 디젤은 아우크스부르크 공장에 외부 전문가들을 불러 진척 상황을 보여 줘도 좋다고 할 정도로 자신하게 되었다. 최신 설계의 장점을 근거로, 디젤과 부즈는 크루프에게 보낸 1월 23일 자 편지에 이제 기관을 외부에 선보일 때가 왔다고 썼다.

(디젤기관이) 다른 석유기관에 비해 우월하다는 것은 확인되었습니다.
(…) 우리는 이미 비슷한 기관을 제작한 훌륭한 기업에 생산권을 제
공할 것을 제안합니다. (…) 이런 기업들은 아무 조건 없이 초청되어
기관을 살펴볼 수 있어야 할 것입니다. (…) 이들이 디젤기관의 장점
을 인지하면 계약 협상은 어렵지 않을 것입니다.

아우크스부르크에서 부즈와 같이 작업하던 디젤은 1894년 1월에 첫
시험용 기관을, 1895년 3월에 두 번째 기관을 인도했다. 1896년 1월,
부즈와 크루프는 세 번째 시험용 기관 제작을 승인했다. 그리고 라우스
터의 안정적인 손끝에서 1896년 10월에 이 기관의 제작이 끝났다.

10월부터 연말까지 디젤과 라우스터는 기관을 매일 낮에 가동했다
가 저녁에 멈추고 다음 날 아침에 다시 가동했다. 두 사람은 피스톤, 실
린더, 연료분사 밸브, 공기흡입구, 배기관을 매시간 조정하며 공장과 수
력 발전용 기관을 시험했다. 몇 달간에 걸친 가혹한 시험이 제 궤도에
들어서자 실험실 벽에 더는 상처가 생기지 않게 되었다.

1896년 12월 31일, 디젤과 라우스터는 디젤의 설계에 맞춰 모든 부
품을 수정하고 최적화한 상태로 기관을 가동했다. 기관은 부드럽고 매
끄럽게 작동했다. 성공을 확신한 디젤은 공식 공개 시험 준비가 되었다
고 느꼈다.

1897년 2월 17일, 디젤의 기관이 우르릉하는 소리와 함께 깨어났다.
디젤의 후원자 하인리히 부즈는 4년간 이 순간을 기다려 왔다. 거듭

제9장 디젤동력의 탄생 **139**

해 일어난 차질 때문에 시장 수용 시험이 지연되었으나 이제 때가 왔다. 루돌프 디젤이 해냈다.

모리츠 슈뢰터 교수가 성능시험을 진행했다. 엔진 자체는 A 프레임 형태였으며 고정 위치 사용을 위해 수직형으로 설계되었고 높이는 거의 3미터에 달했다.

미소 지으며 기관 옆에 선 슈뢰터는 고개를 돌려 옛날에 가르쳤던 학생인 루돌프 디젤을 바라보았다. 39번째 생일을 한 달 앞두고 있던 그는 이제 동력 시대의 역사적 인물이 될 터였다. 자신감 있게 침착한 태도를 유지하던 디젤 옆에는 젊은 조수 라우스터가 나란히 서 있었다. 그 역시 자신만만했으나 디젤만큼 침착하지는 못했다.

실험실에 이렇게 많은 사람이 들어온 적은 없었다. 아우크스부르크 공장의 다른 사업부 기술 분야 책임자들이 참관하러 왔다. 이웃에 있는 회사인 도이츠와 스코틀랜드의 유명 기계회사 미를리스에서 온 기술자들도 설계자들 사이에 오랫동안 소문만 무성했던 기관을 미리 보기를 원했다. 평소에는 휑하니 비었던 공간이 구경꾼들로 가득 찼다. 1894년처럼 시험용 기관이 뜻하지 않게 폭발했더라면 여기 모인 사람의 절반은 죽었을 것이다. 그러나 최신 기관은 그런 걱정을 하지 않아도 되었다.

모든 사람의 눈이 공기압 밸브를 틀어 시동을 거는 슈뢰터 교수를 향했다. 즉시 깨어난 기관은 윙윙거리는 낮은 소리를 내며 안정적으로 조용히 움직였다. 연기는 거의 보이지 않았고 냄새도 나지 않았다. 소음과 매연의 부재는 놀라운 효과를 가져왔다. 슈뢰터는 기관이 돌아가도록 내버려 둔 채 소모된 연료량과 작업 결과를 검사했다. 구경꾼들은 마치 돌아가는 룰렛에 돈을 걸기라도 한 것처럼 지정된 양의 연료가 모두 소진될 때까지 침묵을 지켰다. 모든 사람이 슈뢰터의 계산을 기다렸다.

슈뢰터 교수는 숫자를 확인하더니 다시 활짝 웃으며 위를 쳐다보았다. 확인된 열효율은 26.2퍼센트였다. 디젤기관의 연료 효율은 모든 동력 생산수단을 능가했다. 디젤기관의 탄생과 산업의 새 시대가 시작되었음을 알리는 순간이었다.

———

디젤의 우선 목표는 언제나 효율성이었다. 실린더에서 지속적 고압 축을 이용해 연료를 효율적으로 연소한다는 그의 접근법은 다른 이점을 가져왔다. 스파크 없는 점화, 대량의 물을 끓여 증기압을 올리는 데 시간을 들일 필요 없이 즉시 작동할 수 있는 점, 그리고 안정적이고 저렴한 대체 연료를 연소할 수 있는 능력이다. 처음에 이러한 부차적 이점은 효율성만을 추구하던 디젤에게는 우연한 행운에 불과했다. 그러나 막상 상업적 시험 운전에 들어가 보니 그 덕에 디젤기관은 이전의 다른 엔진에 비해 상당한 장점을 가지게 되었다.

여기에 더해 무거운 부품들과 고압을 견디도록 발전한 금속공학에 힘입어 디젤기관은 오토 사이클을 이용하는 내연기관보다 더 큰 출력, 혹은 토크(속도와는 다르다)를 낼 수 있었다. 토크는 좌석에 앉은 승객에게 뒤로 당겨지는 것 같은 가속감을 주며 무거운 짐을 끄는 능력이다.

비유적으로 헬스장 자전거를 타는 두 사람이 있다고 하자. 한 사람은 마르고 몸놀림이 빠르다. (이것이 오토의 휘발유 기관이다. 벤츠의 삼륜차에 달린 1마력 기관이 아마 여기에 해당할 것이다.) 다른 사람은 몸무게

130킬로그램의 풋볼 선수로 세쿼이아 나무같이 굵은 다리를 가졌다. (이것이 디젤엔진이다.) 마른 사람은 저항이 없을 때는 매우 빠르게 페달을 돌려 (기관에서는 피스톤 사이클이다.) 빠른 속도를 낼 수 있다. 그러나 저항 강도가 늘어남에 따라 더는 페달을 돌릴 수 없게 되고 결국 멈춘다. 나무처럼 다리가 굵은 사람(디젤기관)은 같은 조건에서 편안하게 페달을 밟을 수 있다.

1897년에 가벼운 부품으로 만들어진 오토의 소형 내연기관이 선박이나 기차를 움직이거나 대형 공장의 동력원이 되는 것은 상상조차 할수 없었다. 이러한 일은 언제나 증기기관의 영역이었다. 그러나 디젤기관은 내연기관의 소형 설계와 선박과 대규모 산업에서 필요한 대출력을 하나의 기관에 합칠 가능성을 보여 주었다. 디젤기관은 증기 동력만해결할 수 있는 대규모 작업을 감당할 잠재력을 가지고 내연기관의 소형 설계와 날렵한 형태의 이점을 유지할 수 있었다. 증기기관도, 오토기관도 제공할 수 없는 스파크 없는 점화, 안정적이고 저렴한 액체연료 사용 그리고 거의 보이지 않는 연기 같은 추가 이점은 언급할 필요조차 없다.

4개월 뒤인 1897년 6월 16일, 디젤과 슈뢰터는 독일 카셀에 모인 공학자협회 회원들 앞에서 2월의 시험 결과를 발표했다. 발표장에서는 긍정과 부정적 반응이 섞인 일대 파란이 일었다.

부정적 반응을 보이는 사람들에게 디젤은 상당한 공을 들여 공개 비판에 (성공적으로) 대답하고 특허에 제기된 법적 문제들을 방어했다. 분위기는 압도적으로 긍정적이었다.

오이겐은 이렇게 썼다. "이 사람들은 아버지가 성공을 거두지 못하고 실험실에서 이런저런 작업을 하고 있을 때 그를 비웃고 조롱했다. 그런데 성공을 거두자 그 사람들은 숨었던 데서 살금살금 기어 나와 아버지가 당연히 받아야 할 영예와 경제적 보상을 가져가려 했다."

자금이 풍부한 대기업들은 이 놀라운 동력원의 응용 분야에 대해 나름의 생각이 있었다. 디젤은 다르게 생각했다. 10년 전 파리에서 살고 있을 때 직접 작성한 관련 목록은 아직도 그의 개인 파일에 있었다. 이 목록에서 그는 자신이 의도한 기관의 용도를 구분해 적어 두었다. 디젤의 포부는 언제나 자신이 발명한 기관을 아버지 — 가죽 가공, 직조, 목공, 인쇄, 아니면 다른 소규모 작업장에서 일하는 장인 — 의 작업장과 닮은 장소에 설치하는 것이었다.

카셀에서 디젤기관의 시험 결과를 발표한 지 몇 달 만에 이 목록은 옛이야기가 되었다. 디젤의 공학적 포부와 사회적 포부 사이에 균열이 생긴 순간이었다. 이미 면허 생산 계약에 서명했을 때 디젤은 그의 기계의 사용 방법에 대한 통제권을 잃었다.

디젤과 동업자 부즈, 크루프 사이에는 벤처기업가와 벤처 투자자가 으레 그렇듯, 언제나 어느 정도의 긴장이 있었다. 이들의 관계는 대개 괜찮았지만 완벽하지는 않았다. 디젤은 과학자이자 사회이론가였던 반면 부즈와 크루프는 투자가였다. 1897년이 되자 이제 투자가들이 돈을 벌 때가 왔고 새 기술에 쓸 돈을 훨씬 많이 가진 쪽은 당연히 대규모 산업체였다. 큰돈을 내고 디젤의 기관에 대한 권리를 사들이겠다고 나선 대기업들은 그가 의도했던, 손으로 쓴 용도에는 별 관심이 없었다.

디젤은 당대 최고의 기술적 진보를 성취했으나 이것은 실험실에서만 한정된 것이었다. 실험실에서 한번 성공한 기관을 성숙시켜 복잡한 현실 세계에서 다시 성공하는 것은 차원이 다른 난제였다. 해결에 성공한다면 디젤의 기관은 세계 최고의 부자와 권력자의 관심을 끌게 될 것이다. 바로 존 D. 록펠러와 카이저 빌헬름 2세 같은 사람들 말이다.

제2부

디젤기관의 확산

DIESEL
PROLIFERATION
1897-1910

제10장

캘빈 경이 먼저 움직이다

Lord Kelvin Goes First

아우크스부르크의 실험실에서 디젤은 자신의 이론이 정확했음을 입증하고 공학 분야에서 이전의 가능성과 효율성을 능가한 기관을 발명했다. 디젤의 기술은 뜨거운 상업적 관심을 받았다. 디젤이 구매자를 찾아 나설 필요는 없었다. 그 대신 유수의 대기업들이 그를 찾아왔다.

디젤과 부즈는 이미 당시의 일반적 라이선스 관행에 익숙했다. 디젤은 린데의 제빙기 회사에 다니며 이것을 배웠다. 한 국가당 하나의 회사가 계약에서 정해진 영역 안에서 디젤의 특허를 이용해 만든 기관의 생산과 판매권을 가지는 것이 라이선스였다.[*]

마시넨파브리크 아우크스부르크와 크루프는 아직 디젤기관이 시험 단계에 있던 초기 생산기인 1890년대 중반에 독일과 오스트리아 독점 라이선스를 얻었다. 첫 국외 라이선스는 스코틀랜드의 기계회사인 미를리스, 왓슨앤야르얀에 팔렸다. 계속 관련 보고를 받던 창업자 레니 왓슨 경은 디젤의 작업을 눈여겨보고 있었고 일반 공개보다 경이로운 신기관을 먼저 보고 싶어 했다. 빈틈없는 부즈는 왓슨 경을 시험에 초청했다. 왓슨과 동료 여러 명은 아우크스부르크의 실험실에서 1897년 2월에 슈뢰터가 수행한 시험을 참관했으며 시험 결과는 그 후 카셀에서 발표되었다.

디젤은 미를리스의 평판이 좋다는 것을 알고 이 회사를 협력사로 삼게 되어 기뻐했다. 성능실험을 참관한 레니는 디젤기관이 미래에 중요한 역할을 하리라고 확신하게 되었고 디젤을 런던으로 초대해 영국에서의 독점 제작 판매 라이선스를 협상했다.

런던에 며칠간 틀어박혀 라이선스 조건을 놓고 힘겨루기를 하던 디젤은 레니와의 협상에 짜증이 났다. 1897년 3월 16일 자 편지에서 그는 마르타에게 이렇게 썼다. "합의가 거의 이루어지면 완벽한 문구로 옮기기 위해 변호사가 온다오. (…) 결국 그 사람들은 특허가 과연 그런 가치가 있을지 우려했고 크루프하고 그랬던 것처럼 다시 한번 싸워야 하는 치명적 결과가 나왔소. 저녁에 시체처럼 침대에 쓰러지면 나는 과연 내일 아침에 협상을 다시 시작하기에 충분한 힘이 있을지 의심스럽다오."

이 교착상태를 끝내기 위해 디젤과 미를리스사 대표들은 글래스고

＊　　　이 라이선스 시스템은 특허의 유효기간 동안 한 국가의 영역에서 단 하나의 생산자만 생산하는 것을 보장했다. 그런데 고객은 어디서 제품을 사들이든 자유였다. 예를 들어 덴마크 고객은 독일, 러시아, 이탈리아 생산자로부터 제품을 사들일 수 있었고 덴마크 생산자가 적절한 기관을 생산한다면 자기 나라 회사로부터도 기관을 사들일 수 있었다.

로 가서 윌리엄 톰슨에게 특허 검토와 설계 평가를 의뢰하는 데 동의했다. 톰슨은 1892년에 과학적 업적으로 귀족이 된 첫 영국 과학자였고 그 뒤로 켈빈 경, '제1대 켈빈 남작'으로 알려졌다. 그는 절대영도를 섭씨 −273.15도로 정의한 업적을 남겼고 그를 기리기 위해 절대온도는 켈빈 단위(K)로 계측된다.

1897년에 명성의 정점에 이른 켈빈 경은 세계 최고의 열역학 권위자로 여겨졌다. 그는 3월 17일에 디젤과 만나 기관의 세부 사항을 두고 논의했다. 거의 2주 뒤, 켈빈 경은 미를리스에 보고서를 보냈다. 명석한 켈빈 경은 보고서에서 디젤의 아이디어를 강력히 지지했을 뿐 아니라 이 기관에는 군사적 이용을 가능케 할 차별적 핵심 요소가 있음을 알아차렸다. 다른 이들도 곧 알아차릴 이 측면은 바로 '콜드스타트'*였다.**

켈빈 경은 보고서에 이렇게 썼다.

> 단지 압축만을 이용해 연료의 점화점보다 높은 온도까지 공기를 가
> 열하는 디젤 씨의 과정은 (…) 불꽃이나 고온의 연소실 사용을 배제
> 하고 심지어 기관이 완전히 식어 있는 상태에서 피스톤이 처음 움직
> 일 때 (…) 차가운 상태에서 즉시 시동할 수 있는 기능은 (…) 매우 가

---

*   예열 없이 차가운 상태에서 기관에 즉시 시동을 거는 기능. - 옮긴이 주
**   디젤기관의 콜드스타트 기능은 신속 전개가 필요한 수상 함정과 잠수함에 엄청난 군사적 이점을 가져왔다. 다른 동력원을 가진 선박은 출격해 교전하기 전에 기관을 예열하거나 '증기압을 높여야' 했는데 이는 오랜 시간이 걸리며 전략적으로 큰 대가를 치러야 하는 과정이었다.

치 있는, 현재 제작되는 가스나 석유, 혹은 다른 내연기관보다 우월한
기능이다.

이것은 정확히 미를리스가 듣기 원했던 말이었다.

디젤은 미를리스사와 1897년 3월 26일에 라이선스 계약에 합의
했다. 영국제도에서 디젤기관을 독점적으로 생산할 권리에 대한 대가
로 미를리스사는 디젤에게 8만 마르크를 즉시 지불하고 2만 마르크를
3년에 나눠 내기로 했다. (총액은 오늘날 미국 달러로 87만 5,000달러다.)*

———

이것은 시작일 뿐이었다.

그때 특히 두 나라가 중서유럽의 전통적 강국으로부터 질시를 받으
며 빠르게 성장하고 있었다. 광대한 국토와 계속 증가하는 많은 인구 그
리고 풍부한 자연 자원을 가진 미국과 러시아는 전 세계의 부러움을 받
고 있었다. 이 두 나라야말로 디젤기관의 수혜자가 되기에 적격이었다.

디젤의 특허를 사들인 기업가들은 대담함과 야심, 기업가정신을 갖
춘 자수성가한 인물이 대부분이었고 이들은 디젤과 평생 친교를 맺을

---

*   디젤은 다음 해인 1898년 7월에 미를리스 공장을 처음으로 방문했다. 디젤은 스
코틀랜드 공장에 있던 그의 기관에 대해 약간 실망스럽다는 어조로 이렇게 썼다. "내 기관이
우울하고 더러운 한쪽 구석에서 먼지를 뒤집어쓴 채 신데렐라처럼 무시되는 모습이라니." 하
지만 그는 기관이 정상적으로 작동하고 있다고 적었다. 일부 사람으로부터 오만하다는 평을
듣게 된 성격의 한 측면을 보이며 그는 스코틀랜드 기술자들이 열정적이고 "좋은 사람들이지
만 (⋯) 기관 제작에 어울리지는 않으며" 이들 때문에 영국에서 디젤기관의 출시가 늦어질까
걱정했다.

것이다. 맥주왕 아돌푸스 부시는 19세기 말 미국 최고의 부자였다. 양조업은 남북전쟁 이후 크게 번창했는데 부시의 공장은 양조용 물을 긷고 맥주를 냉장하기 위해 엄청난 양의 동력이 필요했다.

독일 헤센에서 22형제의 21번째로 태어난 부시는 18세이던 1857년에 미국으로 이민 왔다. 그와 다른 형제 세 명은 이미 독일계 이민자들이 많이 거주해 맥주 수요가 높았던 미주리주 세인트루이스로 갔다. 세인트루이스는 미시시피강에서 공급받는 풍부한 물이 있고, 린데의 냉장기가 개발되기 전에 맥주를 저장할 수 있는 동굴이 주변에 많아 맥주 양조에 최적인 도시였다.

1859년에 아돌푸스의 아버지가 타계했다. 그는 아돌푸스와 다른 형제 한 명이 양조 자재 공급업을 시작할 수 있을 정도의 돈을 남겼다. 고객 중에는 마침 사랑스러운 딸 두 명을 가진 에버하르트 안호이저라는 지역 양조업자가 있었다. 부시 형제는 안호이저의 딸들과 결혼했다.

1861년에 북군에서 6개월 복무한 다음 아돌푸스는 세인트루이스로 돌아와 장인의 양조사업을 도왔다. 1879년에 이 회사는 안호이저-부시로 이름을 바꿨고 아돌푸스는 이 회사의 버드와이저 맥주를 이미 인기를 끌던 독일계 이민자 사회를 넘어 미국을 대표하는 유명 맥주로 만들겠다는 꿈에 한 발짝 더 다가섰다.

타고난 사업가인 부시는 자신의 제국을 다방면으로 확장했고 기민한 기술혁신 수용으로 경쟁 양조업자들을 압도했다. 1878년에 그는 저온살균법을 도입, 맥주를 더 신선하게 보관해 전국에 유통했다. 유통망 확장을 위해 업계 처음으로 냉장 화차를 대거 도입한 사람도 부시였다. 양조제국을 지탱하기 위해 부시는 병입 공장, 얼음 공장, 석탄 광산과 냉장 회사라는 신사업 분야의 기업들을 사들이기도 했다. 그때 산업용 동력이 필요했던 부시는 그 방면의 대담한 혁신가이자 디젤과 잘 어울리는 파트너였다.

———

부시는 독일에 있는 자신의 뿌리와 연을 이어 갔다. 사람을 휘어잡는 매력이 있는 이 백만장자는 매년 고국을 방문해 장기 체류하며 친구와 친척을 방문했다. 이렇게 고국을 방문하던 부시는 아우크스부르크에 있는 유명한 하인리히 부즈의 공장에서 놀라운 새 동력원이 제작되었다는 소식을 들었다. 설계자는 루돌프 디젤이라는 젊은 공학자였다.

역시 독일계였고 남북전쟁 참전자이자 특히 공학 문제에서 아돌푸스 부시의 오른팔 역할을 한 E. D. 마이어 대령*이라는 사람이 있었다. 부시는 1897년 9월에 마이어를 아우크스부르크로 보냈다. 그는 아우크스부르크에 몇 주 머물며 철저하게 디젤기관을 시험하고 특허를 검토했을 뿐 아니라 수많은 기술자, 전문가와 면담했다. 그중에는 부즈와 디젤도 있었다.

10월 4일, 마이어는 기관의 상세 기술 분석을 담은 백과사전적 보고서를 부시에게 보냈다. 보고서의 몇 페이지는 디젤이라는 인물에 대한 평가를 담았다.

그의 평가는 찬양에 가까웠다.

———

* 저명한 철도기술자였던 마이어는 1911년에 미국 기계공학학회 회장으로 선출되었다.

1897년 6월 16일의 강의 출간 이후 디젤 씨는 유럽 최고의 전문가들로부터 압도적인 찬사와 축하를 받았다. 이 모든 칭찬과 찬사에도 불구하고 태도가 조금도 변하지 않았다는 사실보다 그의 건전한 상식과 진정한 위대함을 헤아릴 방법은 없을 것이다. 그는 지금도 위대한 발명 이전에 그랬던 것처럼 소박하고 진지하며 성실하다. (…) 그는 지금의 성공을 보상이자 앞으로의 작업과 진보를 위한 디딤돌로 여길 뿐이다.

마이어는 이렇게 강조하기도 했다. "공학자로서 그는 실용적이라기보다 이론적이다. 그러나 이제 그는 실용 분야에서 독일 최고의 인재들을 거느리고 있다."

마이어는 보고서에서 디젤기관은 "동적 공학의 가장 위대한 성취"이며 증기동력을 완전히 몰아내고 "(디젤기관은) 궁극적으로 함선의 동력계를 대체할 것"이라고 썼다.

마이어는 이렇게 결론 내렸다. "본인은 미국 시장용 디젤 특허 구매가 다른 어떤 특허에 못지않은 장래성 있는 투자라고 믿음."

———

루돌프는 휴양지 바덴바덴에 머무르던 세인트루이스 맥주왕으로부터 진심 어린 초대를 받았다. 부시는 거의 50명이나 되는 친구, 친척과 사업 관계자들을 위해 이 마을에서 가장 좋은 호텔의 한 층 전체를 예약해 두었다.

부시보다는 조금 신중한 성격의 소유자 디젤이 바덴바덴에 도착했다. 도착한 그를 흐뭇하게 한 것은 호텔 직원들이 쾌활한 부시의 비위를 신나게 맞추는 광경이었다. 부시는 상의 주머니에 미화 5달러, 10달러짜리 금화를 두둑하게 채우고 호텔 곳곳을 돌아다니며 문을 붙들고 있거나 아이스버킷을 채우고 음료를 가져와 '자인트 루이Zaint Louee'*에서 온 사교적인 부자 양반에게 아주 조금의 봉사라도 하려고 열심인 호텔 직원들에게 금화를 뿌리고 있었다.

아마도 이런 부의 과시 때문에 루돌프도 대담한 생각이 들었던 모양이다. 사업 논의를 할 시간이 오자 아돌푸스는 미국에서의 '예상 라이선스비'를 물었다. 루돌프는 대담하게도 100만 마르크(현재 거의 900만 달러)를 불렀다.

망설이지도, 놀라지도 않고 부시는 고개를 끄덕이며 동의하더니 수표를 써 주고, 사인할 계약서를 작성시켰다. 마이어의 보고서를 읽은 부시는 디젤이 미래의 기관을 만들었음을 알았다. 그리고 그는 양조장에서 쓸 물을 퍼 올리는 것과 냉장 동력으로 쓰는 것을 훨씬 넘은 사용처를 예견하고 있었다.

1897년 10월 9일, 아돌푸스 부시와 루돌프 디젤은 부시에게 미국과 캐나다에서 독점적으로 디젤기관을 생산하고 판매할 권리를 인정하는 계약에 서명했다.

엄청난 재정적 성공 소식을 들은 마르타는 디젤에게 이렇게 썼다. "모든 게 뭔가 신기루 같네요. 부자가 된다는 생각에 익숙해지는 게 어려워요."

---

*   '세인트 루이스'를 바이에른 사투리로 부른 이름. – 옮긴이 주

지구의 반대편에는 디젤동력이 필요한 또 다른 후보가 있었다. 노벨 가문이다. 다이너마이트, 총과 석유는 오늘날 노벨이라는 이름과 결부되지 않지만, 이것들은 알프레드 노벨Alfred Nobel이 유언장을 통해 노벨상을 만들라고 남긴 돈의 원천이었다. 알프레드는 브라노벨사를 소유한 3형제 중 막내였다. 카스피해 근처 바쿠에 있는 유전을 소유한 브라노벨은 20세기로 접어들 무렵에 스탠더드오일과 로스차일드 가문의 카스피-흑해 석유산업 및 교역회사와 더불어 세계 3대 석유 생산업체였다. 알프레드 노벨의 이름은 노벨상이라는 유산을 통해 지금까지 살아 있지만, 그는 3형제 가운데 가장 부자도, 가장 성공한 사람도 아니었다.

광대한 노벨 제국은 디젤의 이상적 파트너가 되기 위한 모든 특징을 갖췄다. 뛰어난 공학적 전문성, 대담한 사업가 정신, 막대한 재원 그리고 좋은 평판, 특히 러시아 국내시장에서의 좋은 평판이었다.

부시의 양조 제국과 마찬가지로 노벨 제국도 보잘것없는 뿌리에서 시작했다. 쇠락한 노벨 가문을 일으킨 임마누엘 노벨은 독학으로 지식을 쌓은 공학자로 1837년 스웨덴에서 러시아로 이민해 상트페테르부르크에 탄약 공장을 세우고 기뢰(물속에 설치하는 폭탄)를 제작해 크림전쟁 동안 니콜라이 1세의 해군에 대량으로 팔았다. 기뢰는 성공적이었고 임마누엘 노벨은 약간의 재산과 명성을 얻었다.

1856년에 크림전쟁에서 패한 러시아는 새로운 차르 알렉산드르 2세의 통치를 받게 되었다. 새 군주는 임마누엘 노벨에게 진 채무를 인정하지도, 새 계약을 맺지도 않았다. 회사는 곤경에 처했고 그는 거의 빈털터리가 되어 스웨덴으로 돌아왔으나 어찌어찌해서 자신이 받지 못했던 공적 교육을 세 아들에게는 받게 했다. 이 노벨 3형제가 바로 장남 로베르트(1829년생), 차남 루드빅(1831년생) 그리고 막내 알프레드(1833년생)다. 알프레드는 노벨이라는 이름을 세계적으로 유명하게 만들었다.

알프레드는 부모와 함께 스웨덴으로 돌아왔다. 스웨덴에서 폭약 연구에 몰두한 알프레드는 가루로 된 안정제와 불안정한 폭약 니트로글리세린의 혼합물을 연구해 다이너마이트를 만들었다. 그는 1867년에 다이너마이트의 특허를 받았고 전 세계는 즉시 막대기 모양으로 포장된 이 안정적이고 유용한 화약을 광산, 공사 현장과 전쟁에 사용했다.*

형인 로베르트와 루드빅은 러시아에 머물렀다. 러시아에서 루드빅은 아버지의 탄약 공장을 맡아 상트페테르부르크에 마시넨파브리크루드빅노벨을 세웠다. 이곳에서 그는 탄약뿐 아니라 선박용 증기기관을 제조했다. 루드빅의 뛰어난 공학적 재능과 근면함 덕에 회사는 꽤 큰 규모로 성장했다. 그런데 진정 엄청난 성장은 우연히 찾아왔다.

루드빅은 차르로부터 후장식 소총 10만 정의 주문을 받았다. 개머리

---

* 루드빅 노벨이 1888년 4월에 죽자 프랑스 신문들은 멀쩡하게 잘 살고 있던 알프레드 노벨이 죽었다는 오보를 냈다. 알프레드는 자신의 부고 기사를 신문에서 읽었다. 기사는 그의 삶과 업적을 신랄하게 비꼬는 내용이었다. 부고 기사는 알프레드에 "죽음의 상인"이라는 이름을 붙였으며 그의 발명품인 다이너마이트는 "그 무엇보다 사람을 더 많이, 빠르게 죽였다."라고 주장했다. 알프레드는 자신이 진짜 죽은 다음에 이런 명성을 얻게 될 것이라는 생각에 괴로워하다가 마지막 유언장을 바꿔 전 재산을 각 분야에 상을 수여할 새로 만든 재단에 기부하기로 했다. 상을 받을 사람은 "그 전해에 인류에게 가장 큰 공헌을 베푼 이"였다.

판을 만들기 위해 목재가 더 필요해진 루드빅은 모험을 좋아하는 형 로베르트를 남러시아의 캅카스 삼림지대로 보냈다. 이곳은 25미터 이상의 높이로 자라는 호두나무가 유명했다.

로베르트는 캅카스로 가면서 바쿠를 통과했다. 보글거리며 올라와 지면에 웅덩이를 이룬 석유와 새어 나오는 천연가스가 계속 불타고 있던 고대도시 바쿠는 청동기시대부터 '불의 땅'으로 불렸다. 등유 조명의 시대에 이런 자연현상은 전에는 골칫거리이거나 더 옛날에는 이교 신앙, 혹은 신전 건설에 영감을 주었지만, 현대에 들어와서는 경제적 목적을 가지게 되었다. 로베르트의 관심은 나무에서 석유로 옮겨 갔다.

그는 즉시 동생에게 편지해 바쿠 지역에 땅을 사자고 설득했다. 이렇게 1873년에 노벨 석유 제국이 시작되었다. 1876년경 노벨 형제는 러시아 최고의 정유사를 운영하게 되었다.*

루드빅이 1888년에 사망하자 브라노벨의 사장직은 장남 에마누엘 노벨에게 승계되었다. 프랑스에서 고문 역할을 활발히 수행하면서 회사의 지분도 보유한 작은아버지 알프레드는 에마누엘의 사장 취임을

---

*   1878년에 루드빅은 세계 최초의 유조선 조로아스터호를 진수시켰다. 이 배는 그가 직접 설계하고 그의 주조 공장에서 건조되었다. 노벨은 정유소에서 항구에 정박한 배까지 이어지는 파이프라인을 설치했다. 강철 탱크를 선체에 체계적으로 설치한 길이 55미터의 이 배는 카스피해 건너편과 볼가강 연안의 시장으로 석유 240영국톤(1영국톤은 1.016톤이며 240영국톤은 243.8톤에 해당한다. - 옮긴이 주)을 실어 나를 수 있었다. 반면에 경쟁자들은 질질 새는 나무통에 실은 석유를 말이 끄는 마차로 날라 배의 갑판에 실었다. 노벨 형제는 곧 유조 선단을 건조했을 뿐 아니라 철로로 석유를 수송하기 위한 강철제 탱크를 가장 먼저 도입했다. 록펠러는 노벨의 진보적 유통에 꼼짝 못 한 채 당했고 20세기에 들어설 무렵 노벨사의 석유 생산량은 스탠더드오일을 추월했다.

전적으로 지지했다.

에마누엘은 대담한 기술 혁신가이자 능숙한 사업가라는 점에서 아버지를 쏙 빼닮았다. 그는 유럽 최고의 부자 중 하나였다. 디젤이 놀라운 기관을 발명했다는 소식을 들은 그는 이 신기술이 그의 유전, 기관 생산 공장과 선단에 끼칠 영향을 재빨리 이해했다.

───────

루돌프 디젤은 1898년 2월 14일에 베를린의 브리스틀 호텔에서 에마누엘 노벨과 만났다. 다음날 에마누엘은 디젤과의 계약조건에 동의했고 2월 16일에 독일 뉘른베르크에 본사를 둔 러시아 디젤기관 회사 법인을 세웠다. 디젤은 20만 마르크로 평가된 이 회사 주식(회사의 20퍼센트)과 현금 80만 마르크를 받았다. 계약과 연계해 에마누엘은 4월 9일에 상트페테르부르크의 노벨 공장이 러시아 시장용 디젤기관의 독점적 생산권을 보유했음을 확인했다.

에마누엘은 1899년에 러시아에서의 첫 디젤기관 제작을 감독했다. 다음 해에는 바쿠에서 석유 채굴용으로 100마력짜리 기관 3대가 제작되었다. 그다음 해에는 150마력짜리 32대가 제작되었는데 빠르게 성장하던 바쿠 지역 유전에서 시작되는 파이프라인의 동력 공급용이었다. 러시아는 디젤기관을 가장 빨리 사용하기 시작한 나라였는데 디젤에게는 놀라운 일이었다.*

───────────

*   1910년경, 러시아는 독일을 제외하고 세계에서 가장 많은 디젤기관을 보유했다.

공학계 인사 다수는 디젤기관이 현대적 동력을 근본적으로 바꿀 잠재력이 있음을 인정했다. 모든 선진국 회사들이 디젤과 라이선스 계약을 맺으려 적극적으로 나섰다. 디젤은 린데와 똑같은 유통모델을 따르며 디젤 기술을 빠르게 전파했다. 1년 남짓한 기간에 디젤은 유럽과 북아메리카를 망라하는 20개 이상의 라이선스 계약을 맺었다.

　잇따른 라이선스 계약 체결은 디젤기관의 진로가 변했음을 뜻했는데 디젤 본인은 이를 약간 미묘한 변화로 느꼈을 것이다. 대기업만이 비싼 라이선스비를 낼 수 있었으므로 그는 이제 대기업들과 거래하고 있었다. 이러한 대기업들은 치과의, 보석세공사, 테오도르 디젤과 같은 장인을 위한 작은 기관을 생산할 방법을 찾기 원한 사상가도, 몽상가도 아니었다. 이 회사들은 이미 기관 제작 사업에 대거 진출해 있었다. 이들이 제작한 거대한 기관은 근대 산업기의 중앙집중적 경제체제에 사용되고 있었으며 과잉민족주의의 시대를 맞아 군사 목적으로도 사용되고 있었다.

　디젤은 19세기의 마지막 몇 해 동안 일어난 이 전환을 명확히 파악하지 못했다. 디젤기관은 크기를 키운다면 더 큰 출력을 낼 잠재력이 있었으나 아직 그럴 단계는 아니었고 증기기관에 비하면 미미한 출력만 낼 수 있었을 뿐이었다. 디젤 기술에는 아직 연구할 게 더 많았고 기관의 능력 향상을 위해 온 힘을 바치던 디젤은 이 성공의 결과가 무엇을 의미할지를 심사숙고할 겨를이 없었다.

　실험실 환경에서 시험을 마친 단 한 대의 기관은 이제 대량으로 생산되어야 했으며 물을 퍼내거나 밀을 갈고 전기를 생산하는 정태적 용도에서 선박과 기차 같은 운송 수단을 움직이는 동태적 용도에 이르기까지, 다양한 산업 목적에 응용되어야 했다.

이러한 장애물에도 불구하고 전 세계 대기업들은 디젤동력이 세상을 바꿀 것임을 알아보았다. 코펜하겐에 본사가 있는 덴마크의 유명 조선사이자 증기기관 제작사인 부르마이스터&바인은 디젤기관의 덴마크 라이선스를 획득했고 1897년 12월 20일에 디젤에게 6만 마르크를 내고 판매분 10퍼센트의 로열티를 약정했다.

프랑스에서는 디젤의 오랜 친구이자 신뢰하는 인물인 프레드릭 디코프가 루돌프 디젤의 특허를 사들이기 위해 1897년 4월 15일에 프랑스 R. 디젤기관회사라는 지주회사를 세웠다. 디젤은 바르르뒤크에서 열린 서명식에 참석하고 120만 프랑 상당의 회사 주식을 받았다.

프랑스에서는 운하용 보트 추진 기관으로 사용하기 위해 디젤의 설계를 응용해 처음으로 수평(정태적 용도를 위한 수직형 설계와 대조적으로)으로 된 디젤기관을 만들었다. 프랑스 공학자들은 가장 초기의 역회전 기관 설계를 시도하기도 했다.

디젤의 계약 체결은 동력을 얻어 유럽 전체로 퍼져 나갔다. 디젤기관의 라이선스 구매는 방치해서는 안 되는 국가적 이익이 걸린 문제가 되었다. 스웨덴에서는 스톡홀름의 엔스킬다은행 은행장 마르쿠스 발렌베리와 기계공업 분야 거물 오스카 람이 디젤기관유한회사를 세워 라이선스를 사들였고 1989년 1월 25일, 디젤은 5만 크로네를 주식으로, 5만 크로네를 현금으로 받았으며 앞으로 로열티 10퍼센트를 받기로 했다.

이탈리아에서는 피아트사가 라이선스를 취득했다. 이미 자동차로 유명한 피아트는 20세기 초에 호평받은 잠수함용 기관을 제작했다. 일본도 20세기 초에 이 신기술을 받아들였다.* 그리고 마침내 남아메리카는 전 세계에서 가장 고도로 '디젤화된' 지역이 되었다.

———

19세기가 끝날 무렵, 라이선스 계약을 체결할 때마다 디젤은 계약자에게 이 기관의 개선 사항과 새 특허를 공유할 것을 요구했다. 그는 중앙집중적 공유 지식에 기반한 공학자들의 국제적 협력 네트워크를 꿈꿨다.

디젤기관이 새 용도로 응용될 때마다 설계에는 새로운 분기점이 생겼고 장기적 이익을 위해서는 선도적 노력이 필요해졌다. 디젤은 사용자 집단 전체의 이익을 가속할 수 있도록 협력사들이 성과를 공유하기를 원했다.

맥주 재벌 부시의 기술전문가 E. D. 마이어는 라이선스 협력사들이 공유 지식 기반에 이바지하게 하자는 디젤의 요구를 칭송했다. "모든 라이선스사가 경험과 혁신을 교환하자는 디젤 씨의 주창으로 시작된 이 관대하고 자유스러운 방침은 지금 증기기관이 지배하는 모든 분야에서 빠른 발전을 보장할 것이다."

디젤이 요구한 협력을 이익으로 보았던 계약자들은 처음에는 라이

———

*　　일본에서는 이시카와지마 조선소(현재 IHI중공업)가 처음으로 디젤기관을 생산했다. - 옮긴이 주

선스 네트워크를 통해 디젤의 의도를 받아들일 것처럼 보였다. 그러나 전 세계가 이 기관의 중요성, 특히 군사 분야에서의 중요성을 깨닫기 시작하자 민족주의가 신개발의 공유를 막았다. 20세기의 여명이 밝아올 무렵, 이 민족주의는 유럽에서 최고조에 달하고 있었다.

디젤이 꿈꾼, 과학자들의 포용적인 국제적 네트워크는 곧 각국이 디젤 기술의 소유권을 편집광적으로 주장하며 군사적으로 응용하면서 자취를 감췄다.

제11장
우여곡절 끝에 받은 그랑프리

A Hiccup Before the Grand Prize

"아마도 나, 혹은 누군가는 그 어떤 정부도 해내지 못한 일을 할 겁니다. 바로 록펠러를 몰아내는 것인데 아주 재미있을 거요!" 디젤은 마르타에게 보낸 1898년 2월 15일 편지에서 이렇게 말했다. 이것은 비석유 연료를 쓰는 고성능 디젤기관이 라이선스 판매에서 대성공을 거둔지 약 1년 뒤에 쓴 편지다. 디젤 기술은 공학계의 화젯거리였고 세계에서 가장 영향력이 막강한 기업 수십 개가 디젤기관 출시에 상당한 자원을 투자하고 있었다. 경쟁 관계인 증기기관이나 오토 기관을 제작하던 기업들도 디젤기관을 주시하고 있었고 그 연료인 석탄, 천연가스와 석유 생산자들도 경계하고 있었다. 하지만 디젤은 실험실에서 거둔 성공을 아직 바깥세상에서 반복하지 못했다.

디젤의 새 협력사들의 굳게 닫힌 문 뒤에서는 새로 편성된 기술진이 디젤의 발자국을 따라가느라 고생하고 있었다. 아돌푸스 부시에게 보낸 보고서에서 디젤이 "실용적"이라기보다 "이론적"이라는 E. D. 마이어의 신중한 평가가 맞는 듯했다. 디젤의 카셀 발표회는 전 세계에 디젤 기술의 가능성만을 보여 주었을 뿐이지 꼭 실용화될 것이라는 뜻은 아니었다.

디젤기관은 이제 발명자의 손을 떠나 여러 회사가 라이선스를 갖게 되었으나 완전 실용화까지는 거리가 있었다. 아우크스부르크의 디젤이 더 시간을 들여 연구한다면 좋겠지만 사업은 사업이었다. 그리고 후원자들, 특히 크루프 같이 성급한 이들은 이익 회수를 요구하고 있었다. 첫 라이선스 계약에서 디젤은 큰돈을 벌었다. 이제 라이선스를 받은 외국 업체들이 제작한 디젤기관 4기가 큰 기대를 받는 1898년 뮌헨 동력작업기계박람회에 전시될 예정이었다. 하지만 디젤과 협력사들은 박람회 전시용 기관이 아직 준비되지 않았다는 것을 알았다.

디젤에게는 명성 이상의 것이 걸렸다. 전시를 못 하면 공개적 위신 손상일 뿐 아니라 자기에게 명성과 돈을 맡긴 영향력 있는 기업가들의 조롱과 분노에 직면해야 할 것이다. 디젤은 미래의 기관을 인도하겠다는 조건으로 그들로부터 큰돈을 받았다. 만약 이 협력사들이 굴욕을 당한다면 그 결과는 처음부터 다시 시작한다는 것 이상이 될 터였다. 이 분야에서 다시는 기회가 없을지도 몰랐다. 공학자로서 미래가 걸린 문제였다.

공황에 빠진 디젤은 협력사들이 제작해 뮌헨으로 실어 온 기관이 아우크스부르크의 실험용 기관처럼 튼튼하지 않다는 것을 알았다. 하지만 언론은 연일 보도를 쏟아 내며 디젤과 협력사들에 큰 기대를 하고 있었다. 큰돈을 들여 특허를 사들인 협력사들은 박람회 전시가 성공하면 즉각 판매와 마케팅 활동에 나설 준비를 마친 상황이었다. 상황은 이미 결정된 대로 움직였고 디젤은 대중 앞에서 위태로운 줄타기를 할 준비를 했다.

———

언론은 1898년 6월에 개막한 이 박람회를 올해 최고의 기술 이벤트라고 불렀다. 디젤은 아내와 세 자녀를 데리고 참석했다. 그에게는 오랜 시간 디젤기관을 제작하고 판매하며 보낸 끝에 영광의 순간을 맞아 가족과 재결합하는 셈이었다.

당시 13세였던 헤디는 아버지를 닮은 예쁜 아가씨로 성장했다. 14세와 9세인 루돌프 2세와 오이겐은 키가 186센티미터인 아버지를 닮아 호리호리한 큰 키의 남자로 자라고 있었으나 이목구비는 어머니를 더 닮았다. 헤디는 행복하고 사회성이 탁월한 10대 소녀였다. 루돌프 2세는 무뚝뚝하고 내성적이었는데 형제들은 그가 평생 그랬다고 말한다. 오이겐은 아버지를 숭배했고 어린 시절부터 아버지의 뒤를 따라 공학자가 되겠다고 마음먹었다.

자녀들에게 이 박람회에서 가장 짜릿한 전시물은 이자르강으로 떨어지는 거대한 미끄럼틀이었다. 야회복처럼 전신을 감싼 수영복 차림의 탑승객들은 동력 윈치로 끌어 올려져 미끄럼틀 꼭대기까지 올라가는 바퀴 달린 카트에 탑승했다. 줄이 풀리면 카트는 숨이 멎을 듯한 속력으로 램프를 따라 쏜살같이 미끄러지며 강물에 첨벙 소리와 함께 떨어졌고 탑승객 전원은 물보라를 뒤집어썼다.

사진은 미디어의 열정적 팬인 디젤이 이 박람회에서 특별하게 즐긴 흥미진진한 전시물이었다. 어떤 부스에는 '자동 사진 판매기'가 전시되었다. 동전을 넣고 마술상자 앞에 앉은 관람객에게 플래시가 밝게 터지면 몇 분 뒤 사진이 인화된 작은 금속판이 상자 밑의 우묵한 받침에 떨어진다.

전시품 중에는 다임러와 벤츠의 자동차가 있었다. 털털거리는 소리와 함께 박람회장을 돌아다니며 매연을 뿜던 자동차에 즐거워하는 사람도, 눈살을 찌푸리는 사람도 있었다. 하지만 말들이 많이 놀랐다는 것만큼은 분명했다.

공학에 관심이 많은 사람들에게 디젤은 박람회장의 스타였다. 디젤로부터 라이선스를 얻은 4개 협력사는 거액을 들여 '디젤관'이라는 대형 전시장을 세웠다. 이 거대한 갈색 목제 전시관의 지붕을 뚫고 배기 파이프가 솟아 있었다. 파이프를 세운 목적은 디젤기관이 내는 연기가 얼마나 보기 어려운지를 강조하기 위해서였다. 디젤은 경이의 기관을 가동할 때 나오는 연기와 근처에서 전시 중인 증기기관이 내뿜는 짙은 검은색 검댕 연기를 대조해 본 관객들이 감탄해 마지않았다고 자랑스럽게 적었다.

그러나 처음부터 문제가 생겼다. 4개 생산 협력사는 박람회 시간에 맞추느라 서둘러 기관을 제작해 전시했다. 크루프가 가져온 35마력 기관은 크루프 공장에서 생산된 두 번째 기관일 뿐이었는데 개막일 첫 몇 시간 동안 가동하다가 일부가 타버리는 통에 거의 온종일 작동하지 않았다.

마시넨파브리크 아우크스부르크도 35마력 기관을 가져왔다. 그러나 당시 디젤의 조수였던 파울 마이어는 이렇게 말했다. "시동을 걸고 약 10분 뒤, 가동 온도에 도달하기도 전에 무서운 폭발음이 들리는 바람에 아무도 그 근처에 머물지 않았다. 기관은 방문객을 놀라게 하지 않으려 이른 아침에 가동을 시작했다." 디젤은 나중에 작은 부분 하나만 고치는 것으로 이 문제를 해결했다. 이런 종류의 문제는 실험실에서 포착하고 해결하기 쉬웠다.

도이츠와 뉘른베르크 공장이 가져온 20마력짜리 기관에도 각각 문제가 있었다. 루돌프는 실크햇과 맞춤 양복을 벗어 던지고 박람회가 끝날 때까지 학생일 때 연구실에서 입었던 푸른 작업복 차림으로 돌아갔다. 며칠 동안 자지 않고 협력사 기술진과 함께 땀흘리며 고생한 끝에 디젤은 전시용 기관을 응급 수리하는 데 성공했다. 제발 낮에라도 무사히 가동시키자는 필사적 희망을 안고 위험을 감수한 임시 수리였다. 스트레스와 수면 부족에는 대가가 따랐고 그는 심한 두통으로 고생했다.

이론상의 개념은 완벽했으나 디젤기관은 얼마 전 태어난 복잡한 기술인지라 기술자가 설계도만 보고 해결할 수 없는 부분이 많았다. 어쨌건 무대 뒤에서 밤새 정신없이 노력한 덕에 디젤은 곤경에서 벗어났고 최소한 발등의 불은 껐다. 언론이 본 박람회는 대성공이었다. 영국의 〈디 엔지니어〉라는 잡지는 1898년 11월 4일 자 기사로 이렇게 보도했다. "뮌헨 박람회에서 전시된 디젤기관 4기는 거의 소음과 악취를 내지 않고 매우 조용하게 가동했다. 관람객들은 소리 없이 배출되는 연기에 대해서도 언급했다."

디젤은 자신의 이론을 대중에게 공개해 명성을 얻었으나 사실 디젤기관은 아직 출시 준비가 되지 않았다. 다른 복잡한 발명품들처럼 고도로 훈련받지 못한 사람들도 이 기관을 다룰 수 있게 되려면 발명가가 실험실에서 더 오래 개량해야 했다. 그러나 디젤기관은 이미 아우크스부르크를 벗어난 상황이었고 디젤은 실험실과 상업적 성공 가능성의 격차를 빨리 줄이든지, 아니면 공개 행사마다 파멸적 결과가 생길 것임을 각오해야 할 것이다.

디젤은 협력자 중 한 사람인 루트비히 노에에게 자신은 박람회 기간 중 두통, 불면증과 신경쇠약으로 고생했다고 털어놓았다. 노에는 디젤이 "기관 개발은 디젤 씨에게 큰 걱정거리였다. 적은 많았고 그는 건강 때문에 자신을 지키기도 어려웠다. 설상가상으로 아직 출시 준비가 되지 않았던 기관이 누가 다뤄도 완벽하게 작동하려면 여러 부품을 근본적으로 변경해야 했다. (…) 기차역으로 가는 길에 디젤 씨는 신경쇠약이 심각해서 바로 산에 들어가야겠다고 여러 번 말했다."

디젤에게 큰돈을 내고 라이선스를 사들인 협력사들은 아직 준비가 부족하다는 것을 차츰 깨닫기 시작했다. 디젤을 가장 굳게 믿은 동맹자 E. D. 마이어조차 낙담한 어조로 이렇게 디젤에게 편지를 썼다.

위대한 발명은 상업적 매력도 갖춰야 크게 성공한다는 데는 의문의 여지가 없습니다. 사업관리자 입장에서는 너무 사업을 일찍 시작한다는 것이 불공평한 처사겠지요. (…) 라이선스 구매에 든 거액의 돈은 실제 기관 개발로 이어져 사업적으로 성공해야만 정당한 지출로 볼 수 있을 것입니다. 저희가 사들인 기관은 기계적 성공에 불과했을 뿐입니다.

디젤은 이미 기술 전파를 위해 전 세계를 돌아다니며 애쓰느라 몹시 지친 상태였다. 이제 그는 다양한 협력 업체들로 구성된 네트워크와 협업해 진작 해결했어야 하는 문제를 해결해야 했다. 아우크스부르크 공장의 중앙 실험실에 있던 디젤에게는 한계를 넘은 과중한 부담이었다. 디젤기관 기술은 멀리, 널리 전파되었으나 오직 디젤만이 제대로 된 기관을 제작할 수 있었다는 사실은 변하지 않았다.

마이어가 지적했듯, 디젤의 이론은 견실했다. 다만 다른 사람이 실제로 달성하기가 어려웠을 뿐이다. 당시의 한 디젤기관 고객은 이렇게 말했다. "아우크스부르크에서 온 기술자와 공대 교수가 늘 옆에 있으면 모든 것이 잘 되었다." 이 말은 1898년부터 1900년까지는 전적으로 사실이었고 그 뒤로도 10년간 선박과 기관차 분야에서는 그랬다. 제1차 세계대전이 발발한 다음에도 디젤기관은 재능 있는 기술자가 다룰 때만 최고의 성능을 발휘했다. 그 기술자는 디젤에게서 훈련받아야 했고 디젤이 계속 관여해야 했다.

디젤은 촉망되는 공학도 몇 명을 가르친 다음 디젤기관의 관리와 수리를 맡겨 점점 커지는 협력사의 불평에서 생기는 부담을 덜려 했다. 그는 이렇게 훈련하고 고용한 사람들을 '1차 조력자'라고 부르고 이들을 각국에 주재시켰다. 칼 디트리히는 프랑스를 담당했고 루트비히 노에는 스웨덴, 덴마크와 헝가리를, 한스 에르네이는 영국과 벨기에를, 그리고 안톤 보트허는 스위스와 미국을 맡았다.

———

디젤은 사업이 아니라 과학에 다시 전념하기를 원했다. 1898년 7월

16일, 그는 하인리히 부즈에게 기관의 사업적 측면은 제쳐 두고 "인생의 진짜 목적인 디젤기관의 기술적 완성"에 몰두하고 싶다는 내용의 편지를 썼다.

같은 달, 그는 친구이자 동업자인 베르톨트 빙에게 기관과 관련된 사업적 부담을 벗어 버리고 그 부담을 자신이 대주주로 소유권을 가진 회사에 맡기는 계획에 관해 편지를 썼다.

1898년 9월 17일, 디젤은 아우크스부르크에 디젤기관일반회사Allge-meine Gesellschaft für Dieselmotoren를 설립하고 이 회사에 자신의 해외 사업 활동을 통합했다. 신생 회사는 디젤이 보유한 다른 회사 주식과 로열티, 특허권과 현재와 미래의 라이선스 전부를 인수했다. 디젤은 현금으로 350만 마르크(현재 약 3,000만 달러)를 받고 새 회사의 대주주가 되었다. 부즈, 크루프, 노벨, 발렌베리와 빙이 소수 주주로 참가했다.

이 전환 덕에 디젤의 문제는 상당히 간단해졌고 그는 기관의 상업적 출시 준비에 집중할 뿐 아니라 선박, 철도, 자동차용 수평형 기관의 응용설계를 추진할 수 있게 되었다.

그런데 회사를 세웠을 무렵에 디젤의 신경쇠약은 심각했고 지금처럼 일을 계속하기에는 건강도 좋지 않았다. 의사들은 일정 기간 절대 휴식을 처방했다. 1898년 가을, 디젤은 알프스 근처의 산악지대인 티롤에 있는 휴양지 메라노로 여행을 떠났다.＊

＊   언제나 사교적인 아돌푸스 부시는 이 기회를 빌려 1899년 초에 디젤의 신생 회사 이사회에 친구이자 파트너인 디젤을 놀리는 편지를 보냈다. 여기에서 그는 디젤의 병이 과로 때문인지, 아니면 돈이 너무 많아서인지 잘 모르겠다며 만약 후자라면 자신이 미국 내 라이선스의 대가로 낸 돈 100만 마르크 중 일부를 회수하겠다고 농담으로 말했다.

디젤기관은 전 세계적 채택을 목전에 두고 있었다. 그러나 역풍이 불면 이 기관은 다시 잊힐 수도 있었고 퀴뇨의 자동차 그리고 실패한 다른 기술적 걸작들과 나란히 박물관 전시품 신세가 될 수도 있었다.

———

20세기의 여명을 맞은 유럽은 축제 분위기였다. 이 특별한 순간을 포착하려는 열망은 1900년 파리 박람회에 아마도 가장 잘 반영되었을 것이다. 프랑스 정부는 이 박람회를 역대 최고의 박람회로 만들기 위해 모든 것을 아낌없이 투입했다.

이 박람회는 1855년의 파리 세계박람회 이후 다섯 번째 박람회였다. 디젤은 어린아이이던 1867년의 박람회에 가서 오토 기관의 승리를 목격했다. 그리고 1889년 박람회에서는 에펠탑을 목격하고 린데의 제빙기를 전시했다.* 이번 1900년 박람회에 디젤은 승리를 거두려고 돌아왔다.

개막일은 1900년 4월 14일이었다. 11월 2일에 폐막하기까지 5,000만 명이라는 엄청난 수의 관중이 몰려들었다. 당시로서는 상당히 널리 홍보되었던 1855년의 1회 박람회 관중의 10배가 넘는 숫자였다.

이번 박람회에는 이제 발돋움하기 시작한 미국의 존재가 아주 두드러졌다. 신세계의 산업생산량은 1900년경이 되자 산업혁명이 시작된 이래 전 세계를 선도했던 영국의 생산량을 능가했다. 미국은 파리 박람

———

*   파리에서는 1878년에도 박람회가 열렸는데 이때는 디젤이 독일에서 공부하고 있었다.

회 전시물 중 6,564건을 차지했는데(1867년에는 고작 703건이었다) 이는 전체의 10퍼센트였고 주최국인 프랑스 다음으로 많았다.

18개월 전에 열렸던 뮌헨 박람회가 끝난 지 얼마 되지 않았지만, 디젤은 협력사와 겪은 일련의 신뢰성 문제를 해결했다. 1900년 박람회를 대비해 디젤기관을 '바보라도 다룰 수 있게' 개량할 시간은 충분했다. 이번에 그는 프랑스 협력사와 직접 협업해 행사 시연용 기관을 제작했다.

디젤은 앵발리드와 알렉상드르 3세 다리 사이의 빈터에 자리 잡은 '산업의 궁전'에 전시장을 차렸다. 전시장의 디젤 바로 옆에는 페르디난트 포르셰라는 젊은 오스트리아인이 자신의 첫 전기차인 로너-포르셰 믹스테 하이브리드 630을 전시했다. 그러나 모든 전시회에서 최고의 영예인 그랑프리는 디젤기관에 돌아갔다. 관객들과 심판들은 바르-레-뒤의 프레드릭 디코프가 제작한 80마력 디젤기관에 푹 빠졌다.

이 박람회는 디젤기관이 국제 무대에서 큰 주목을 받을 기념비적 기회였다. 그리고 기관은 두 가지 요소에서 아주 뛰어난 성능을 발휘했다. 첫 번째는 관객들에게도 잘 보였다. 소형인데다 연료 효율이 좋은 디젤기관은 전시된 다른 어떤 기관보다 더 보기 좋았고 좋은 소리를 냈다. 관객들은 디젤기관이 내는 미미한 소음과 연기가 놀랍다는 반응을 보이며 고개를 끄덕였다.

두 번째 요소는 입장권을 들고 디젤 부스를 서성거리는 사람들에게는 보이지 않았다. 왜냐하면 이 놀라운 특징은 탱크 안에 있으면서 작동하는 동안 자동으로 기관에 들어가기 때문이었다. 이 독창적 특징은 바로 기관이 사용하는 연료였다. 일반 관객들은 알지 못했으나 심사위원들은 분명 알았다. 바로 이 기적의 기관은 땅콩기름만을 이용해 인상적으로 작동하고 있었다.*

점도가 높으며 상온에서는 안전하고 해가 없지만, 기관 연소와는 무관해 보이는 땅콩기름이 고압과 여기에서 발생하는 고온으로 인해 실린더에서 효율적으로 연소되었다. 쉽게 조달되는 연료로 작동하는 첨단 내연기관이 가져올 결과는 분명 주목받았겠지만, 당시에 이는 오늘날 시각에서처럼 지정학적으로 놀라운 사건이 아니었다. 1900년대 대다수의 머릿속에 휘발유와 기관은 존재하지 않았다. 원유는 정제되어 조명용 등유가 되었고 내연기관용 휘발유로 만들어지지는 않았다. 당시 도로를 달리는 차량은 거의 없었고 자동차용 도로도 없었다. 그리고 휘발유 생산량이 등유 생산량을 추월한 것은 16년 뒤의 일이었다. 주동력원은 아직도 석탄을 연료로 하는 증기기관이었고, 동력 기관과 연관되어 원유를 둘러싼 지정학도 곧 출현하겠지만 1900년대에 이것을 이해할 사람은 거의 없었다.

그러나 파리 박람회가 끝난 지 얼마 되지 않아 국산 화석연료가 없는 국가들의 기관 전문가들, 산업계 선도자들, 국가 지도자들은 디젤과 이 신기술의 잠재적 응용 가능성에 주목할 것이다. 반대로 내연기관을 성장 시장으로 보던 석유 트러스트들은 디젤 기술을 새 위협으로 인식

＊   땅콩은 땅콩속으로 불리는 광의의 견과류 분류에 속하며 열대지역에서 널리 재배하는 작물로 생산지는 주로 프랑스, 영국, 독일 식민지였다. 따라서 디젤기관은 이 귀중한 땅을 잠재력 있는 연료 생산지로 만들었다. 루돌프 디젤은 기록과 연설에서 자신이 연료로 사용한 견과류를 지칭할 때 "땅콩속arachide"이라는 단어를 자주 썼다. 디젤과 직접 협업한 디코프의 설계자들은 선박용 디젤기관 사용에서 안정적 연료와 뛰어난 연료 효율이 중요하다는 점을 가장 먼저 알아챘다. 선박과 잠수함용 기관의 개발에만 초점을 맞춘 디코프는 박람회 직후 성공적 선박용 디젤기관 모델을 출시했다.

하기 시작했다.

1900년*은 디젤기관에는 변곡점이 되는 해였다. 카셀에서 디젤기관이 처음 공개되기 전인 1895년에 독일에는 1만 8,070개의 내연기관이 있었다. 이들은 대부분 가스연료를 연소하는 소형 오토 기관이었고 평균 4마력을 냈다. 같은 해에 독일에는 평균 46마력을 내는 5만 8,500개의 증기기관이 있었다. 이것은 카셀 공개 행사 2년 뒤인 1899년에도 디젤기관은 77개라는 미미한 수량이 있었던 것과 크게 대조된다. 18개월이 지나 1901년 6월이 되어도 독일에 있는 디젤기관은 겨우 138개였다. 모두 고정 위치에서 사용되었고 평균 출력은 35마력이었다.

그러나 이미 전환은 시작되었다. 이 디젤기관들은 협력사들의 높은 기대에 부응하고 있었다. 디젤은 휴가에서 돌아왔고 몇몇 기술자들은 발명자의 수준에 근접할 수 있을 정도의 전문성을 갖추게 되었다. 22개월이 지난 1902년 6월경, 독일의 디젤기관 보유 대수는 거의 3배로 늘었다. 디젤은 약속을 지키고 있었다.

---

* 파리 박람회 기간인 1900년 7월 2일, 디젤은 친구 페르디난트 그라프 폰 체펠린 백작으로부터 북부 알프스 근처의 콘스탄츠 호수에서 열릴 첫 경식 비행선 루프트시프 체펠린 1호의 시험비행에 참가해 달라는 요청을 받았다. 승무원 다섯 명을 태우고 경량 오토사이클 다임러 기관으로 프로펠러를 돌린 길이 128미터의 이 비행선은 이륙해 절반은 지상 통제 하에 원을 그리며 5마일을 돌았다. 체펠린 백작은 디젤에게 비행선용 디젤기관을 제작할 수 있는지 물었다. 당시 운용 중인 가장 가벼운 디젤기관의 무게는 272킬로그램이었다. 디젤은 이것이 가능하다고 생각했다. 35년 뒤 1,190마력을 내는 다임러-벤츠 기관으로 초도 비행한 비행선 힌덴부르크호(이 비행선 역시 LZ-129호로 알려졌다. 이것은 비행선의 번호를 추적하는 데 쓰인 식별 부호다.)는 시속 135킬로미터의 속력을 냈다. 힌덴부르크호는 디젤기관을 사용했다. (따라서 화재 사건과는 연관이 없다.) 그때까지 살아 있었더라면 디젤은 힌덴부르크호가 첫 비행에 나섰을 때 75세였을 것이다.

제12장
성공을 붙들다

The Trappings of Success

디젤기관이 출시되고 첫 1년 동안 어마어마한 돈이 쏟아져 들어왔다. 이제 디젤은 어른거리는 파산의 그림자 아래 실험실에 매여 과로하며 부유한 동업자들을 계속 달래는 불안하고 소박한 젊은 과학자가 아니었다. 그는 부자가 되었다.

새로운 멋진 가능성이 열렸다. 가족을 먼 곳에 두고 압축기관이라는 도전에 집중하며 몇 년을 보낸 그는 사랑하는 아내 마르타와 아이들과 함께 안정적으로 새집에서 살기를 갈망했다. 그리고 그런 바람을 부즈의 관대함에 의존할 필요도 없었다.

라이선스 계약으로 수백만 마르크를 모은 루돌프와 마르타는 뮌헨 주변에서 새집을 지을 만한 땅을 물색하기 시작했다. 부부는 이자르강으로 완만하게 내려가며 풀과 나무가 무성한 공원이 내려다보이는 마리아-테레지아가에서 적당한 땅을 찾았다. 이 거리에는 이미 뮌헨의 상류층 저택이 즐비했다. 디젤 부부는 1898년에 이 공터를 약 5만 마르크(지금의 40만 달러)에 사들였다.

디젤은 가까운 친구인 체펠린 백작에게 자신은 "적당한 부지에 소박한 집을 지을 생각이었다."라고 털어 놓았다. 그런데 실제 지은 집은 매우 화려했다.

디젤 부부는 몇 년 동안 큰돈과 시간이 들어가는 건물 공사와 내장 공사를 시작했다. 디젤은 얼마 전 뮌헨의 호프브로이하우스를 완성한 유명한 건축가 막스 리트만에게 건축을 맡겼다. 설계의 주요 측면에는 디젤이 관여했다. 그 결과 뮌헨에서 가장 아름답고 호화로운 저택이 탄생했다.

떡갈나무로 벽을 댄 2층 높이의 거대한 현관홀에는 커다란 떡갈나무 한 그루를 통째로 깎아 만든 난간이 설치된 나선계단이 있었다. 저택에는 루이 14세 스타일의 '살롱'과 이어진 궁전 같은 거실과 거대한 주방, 여러 개의 욕실이 있었으며 중요한 방마다 대리석 선반을 갖춘 벽난로가 있었다. 저택에 깔린 양탄자는 아시아에서 수입되었다. 현관홀의 아치형 천장은 손으로 조각되고 채색되었다. 대부분 마르타가 감독하여 설치된 내부 장식품들은 프랑스제 수제가구와 상아로 외판을 댄 벽, 유화*, 조각품 및 기타 장식품들이 있었다.

거대한 집이 들어설 기반 공사를 하느라 파낸 흙은 집 주변 정원을

---

*　　전시된 미술품 중에는 당시 벨기에 예술가 프란츠 코르텐스Franz Courtens가 그린 셸트강 어귀의 저녁 풍경 그림이 있었다. 이 장소가 바로 디젤이 실종된 곳이다.

평탄하게 다지는 데 사용되었다. 기초와 지하실을 위해 파 놓은 공간이 어찌나 거대했던지, 공사가 시작되기 전에 루돌프 2세와 오이겐이 이곳에서 자전거를 타고 놀 정도였다.

2년이 꼬박 걸린 공사가 끝난 1901년, 가족은 새 저택에 입주했다. 대지, 공사, 내장에 90만 마르크 이상이 들었고 여기에 더해 저택에서 일하는 대규모 관리인 운용에도 계속 비용이 들어갔다. 지역신문은 '빌라 디젤'이라고 불린 새 디젤 저택을 뮌헨에서 가장 빼어난 저택이라고 칭송했다.

———

어린 시절의 집이 작업장을 겸했다는 사실에 영감을 받았던지, 디젤은 2층에 가족 곁에서 일할 수 있게 작업실과 서재로 쓸 방 여러 개를 설계했다. 그리하여 노트르담 데 나사렛가 38번지 같은 작업장이 마련되었으나 그 대신 집안 일부에 윤활유 냄새가 배어 버렸다. 작업실 벽에는 기관차, 자동차, 선박과 잠수함 스케치와 여기 해당하는 기관의 설계도가 빼곡하게 붙어 있었다.

디젤은 이제 대저택에서 일하며 가족도 열심히 돌볼 수 있게 되었다. 딸 헤디는 미출간 회고록에서, 이 저택에서 보낸 행복한 시절에 관해 썼다. 아이들은 가정교사로부터 음악, 무용, 미술 수업을 들었다. 디젤 가족은 대규모 파티와 무도회를 열었고 오페라와 극장의 연간 회원권을 사들였다. 디젤 저택을 찾아온 손님 중에는 야콥 숟처와 아돌푸스 부시 같은 외국 저명인사뿐 아니라 칼 폰 린데, 오스카 폰 밀러*, 귀족인 체펠린 백작, 배우 에른스트 폰 포사르트 같은 상류층 인사도 있었다.

헤디는 1901년부터 1902년까지 스위스의 고급 신부학교에 다녔고 뮌헨 사교계에 데뷔하고 나서 잠시 미래의 나치당 지도자였던 헤르만 괴링의 사촌과 약혼했다. 그녀는 오빠 루돌프 2세를 "침울한" 사람이라고 했지만, 아버지의 저택에서 살았던 시절은 오직 즐겁기만 했을 뿐이었다고 회고했다.

막내 오이겐은 어느 저녁 루이 14세풍 살롱의 그랜드 피아노 앞에 앉은 아버지가 오페라 〈탄호이저〉에 나오는 '엘리자베트의 기도'를 연주하던 순간을 기억했다. "우리는 아버지의 연주를 들으려고 모두 모였다. 연주를 들은 우리 모두의 눈에 눈물이 고였다."

———

루돌프 디젤의 전기작가들은 호화로운 뮌헨 저택이 비합리적이며 "디젤답지 않다"라고 주장한다. 그런데 다른 렌즈를 통해 보면 새 저택도 디젤과 그가 중시한 가치와 전적으로 일치한다. 디젤에게 예술과 아름다움은 장식 이상의 것이며 그 자체로 목적이 있었다. 그는 고대 그리스인들이 믿었던 대로 예술은 인간의 포부를 고양할 수 있다고 믿었다. 디젤은 어린 시절 예술과 음악적 걸작에 매혹되고 여기에서 영감을 받았다. 성인이 된 그의 목표는 잠재력을 완전히 달성할 수 있는 자극

---

*   Oskar von Miller(1855~1934), 독일의 공학자. 뮌헨에 독일박물관_{Deutsches Museum} 이라는 과학 박물관을 설립했다. - 옮긴이 주

을 줄 환경을 만드는 것이었다.

이보다 더 중요한 이유가 있었다. 바로 빌라 디젤은 가족과 더 가까운 곳에서 작업하기 위해 설계되었다는 점이다. 1895년 크리스마스 휴가철에 디젤 가족은 하인리히 부즈의 도움으로 직장과 더 가까운 곳으로 이사 왔다. 디젤은 아이들을 위해 손수 제작한 가구가 있는 중국식 그림자 인형 극장과 인형의 집을 만들었다. 이제 그는 자녀들을 위해 진정한 집을 지을 수 있었다. 이 집 덕에 자녀들의 미래와 루돌프 디젤의 불안정한 어린 시절 경험 사이에는 하늘과 땅만큼의 차이가 있을 것이다.

그는 아내와 자녀 근처에서 열심히 일할 수 있었다. 가족은 가끔 그가 일하는 동안 불쑥 찾아오기도 했다. 이 저택은 저명한 발명가의 아내가 되어 상승한 사회적 지위를 즐기던 마르타를 위한 선물이기도 했다. 마르타는 뮌헨 사교계에서 더 활발하게 활동하며 유명한 손님을 접대하기도 하고 초대를 받기도 했다.

이 호화로운 저택은 디젤 같지 않다기보다 아마도 아직 이루지 못한 야망을 위한 발판인 동시에 10년이나 모든 것을 일에만 바친 헌신적 남편이자 가정적인 디젤이 가족에게 바친 조금 과도한 보상이었을 것이다.

———

몇 년 동안 오로지 기관에만 끈질기게 집중했던 디젤은 내면을 살찌우는 것 외에도 만회할 일이 많았다. 그는 발명가가 발명품뿐 아니라 그 사회적 응용에도 책임져야 한다고 언제나 느꼈다. 20세기 초에 이런 책임 의식은 그렇게 눈에 띄게 특이한 일은 아니었다.

산업 시대의 힘을 원동력으로 경제가 도시로 집중화된 탓에 농촌 경제는 피폐해졌다. 그러나 일자리와 기회를 찾아 도시로 이주한 이들은 시골에서 겪었던 배고픔과 절망만큼 잔혹한 상황과 마주쳤다. 사실상 하나의 공포를 다른 공포와 맞바꾼 꼴이었다. 디젤을 비롯한 당시 사람들은 일자리를 찾아 집단으로 고향을 버리고 다른 곳으로 이주한 현상을 사회문제로 보았다.

디젤은 디젤기관이 농촌 경제의 부흥에 도움이 되기를 염원했다. 1902년부터 1903년까지 디젤은 현대의 문제를 해결하고 어릴 적 잠시 머물렀던 런던 시절부터 그를 괴롭힌 19세기의 끔찍한 노동조건을 타파할 사회구조에 대한 논문을 쓰기 시작했다.

파리 박람회에서 어느 정도 성공을 거두고 초기 시장 진입 과정에서 겪은 곤경이 해결되자 디젤은 더 폭넓은 곳을 향한 사회적 포부에 에너지를 쏟을 자유를 얻었다. 20세기에 들어서 디젤은 유명해지고 부자가 되었다. 그는 환영받았을 뿐 아니라 상류 인사들이 찾는 사람이었다. 디젤은 이제 국가적인 지적 보물로 여겨졌다. 그러나 그는 평생 자신이 장인 계급이며 공장에서 힘들게 일하는 다수에 속한다고 여겼지, 장인과 노동자를 소유하고 이익을 취하는 소수에 속한다고 생각하지는 않았다.

디젤은 최하층부터 최상류층까지의 여러 사회계층에 속해 본 경험이 있었다. 그러나 이것이 일시적일 것이라고 마음을 놓았던 적은 없었고 오히려 영원히 현재에 갇혀 있을까 봐 노심초사했다. 각 계층에서 살아 본 경험으로 인해 그는 사회계층의 사다리에 대해 생각하게 되었고, 당시 빈터투르에서 공장 수습 직원으로 일할 준비를 하고 있던 아들 오이겐에게 자기 생각을 털어 놓았다.

너는 이런 것에 대해서는 아무 생각도 없고 모든 노동자를 도둑으로 여기는 우리 계층에서보다 공장에서 삶과 사회적 관계의 진실을 더 많이 배울 거다. (…) 젊은이라면 모든 사회계층을 잠깐이라도 맛보고 하위계층이 상위계층보다 낫다는 것을 깨닫는 기회를 얻는 것은 행운이란다.

디젤에게 감명을 주고 아주 친밀한 사이가 된 사람들은 경박한 부유층이 아닌 노벨, 체펠린, 술처, 린데, 슈뢰터, 자수성가한 아돌푸스 부시, 조르주 카렐, 이바르 크누드센 그리고 나중에 친해진 증기터빈의 발명자 영국의 찰스 파슨스Charles Parsons 같은 자기 분야에 열심인 산업계와 과학계 인사였다.*

시간이 흐르며 디젤은 성공의 사다리를 타고 차근차근 위로 올라갔다. 그는 공학자다운 논리적 사고로 더 효율적이고 생산적이며 인간적인 사회를 조직하기 위한 청사진을 그리기 시작했다. 실험실에서 기관

＊　1884년에 찰스 파슨스가 발명한 증기터빈은 거대한 전함을 비롯해 당시 대형 선박의 동력원이 되었다. 증기터빈은 보일러가 필요한 **외연**기관이었으나 피스톤과 크랭크샤프트로 동력행정을 만들어 플라이휠을 돌리는 설계(왕복기관으로 불린다)가 포함되지 않았다. 그보다 증기터빈에는 선풍기의 날개와 비슷하지만 더 복잡하게 설계된 터빈 날개가 있었다. 이 날개는 증기압을 직접 받아 선회했다. 모든 외연기관의 공통된 특징으로 연료는 절대 터빈 날개(왕복기관의 경우 피스톤)를 건드리지 않았고 연료로 데워 만들어진 증기만 직접 터빈 날개와 접촉했다.

으로 그랬던 것처럼 그는 직원들을 대상으로 실험을 수행했다. 디젤은 저택 관리인들과 아우크스부르크의 공장 노동자들에게 '인간 영예 시스템'이라는 것을 시행했다. 그는 노동자를 공정하게 대우하고 더 친화적이고 덜 엄격한 근무 환경을 만들기 위해 노력했고, 더 많은 자유와 행복이 더 높은 생산성을 낳을 것이라 기대하며 임무를 수행하는 직원들에게 많은 자율성을 부여했다.

이 노력은 생각만큼 인상적 성과를 거두지 못했다. 기본 생각은 옳았지만, 실무적으로 디젤은 유능한 관리자가 아니었다. 쉽게 포기하는 사람이 아니었던 그는 '공동소유'라는 사회적 실험을 했는데, 이것은 당시 산업계 지도자들의 고용 관행과는 흥미로운 대조를 이룬다. 가정과 직장에서 그는 테이블 위에 큰 메이슨 자*를 가져다 놓고 집에서 일하는 사람들과 공장 직원들에게 하루에 1페니씩 넣으라고 독려했다. 본인도 "지금 여기 일하는 사람들에 소유권 일부가 생길 때를 대비하기 위해" 기금을 만드는 것이라고 말하며 동참했다.

디젤은 미래지향적인 계몽적 기업 소유권을 만들기 위해 노력했으나 동료 상당수는 이 혜안을 받아들일 준비가 되지 않았다. 그의 동업자들과 투자자들은 곧 다음과 같은 사실을 알게 되었다. "공장 반장들은 디젤이 지나치게 관대하게 노동자를 대한다고 비판한다. (디젤은) 이러한 비판을 극구 부인하지만 기술보조원을 포함한 노동자들이 기강해이를 악용한다는 비판이 늘어난다는 것을 느끼기 시작했다."

디젤은 공장 관리에서 한 발짝 물러났다. 그는 엄격하고 철두철미한

---

*   대형 유리병의 일종. - 옮긴이 주

사람이었지만 다른 이들의 기강을 잡는 것은 반장들에게 맡기고 자신이 가장 잘하는 핵심 분야에 집중했다. 그러나 직장 내 조직 위계질서를 개선하기 위한 노력은 디젤의 친절한 본성을 보여 주는 사례다.

———

디젤은 오랫동안 깊이 생각한 끝에 현대적 균형을 갖춘 신념을 가지게 되었다. 그는 '인류가 평화롭게 살 수 있다'고 굳게 믿었으나 군국주의를 '전쟁에 대한 보험'으로 받아들였다. 그는 사회 진보를 위한 최상의 방법으로 자신이 '국제 자본주의 시스템'이라고 부른 것을 선호했다. 이런 형태의 경쟁을 높이 평가했지만 그는 1870년대부터 등장해 20세기 초에 접어들 무렵에 인기를 끌었던 사회적 다원주의는 배척했다. 사회적 다원주의자들은 자연선택이라는 생물학적 개념을 사회와 국가에 그대로 적용해 강한 국가는 더 강해져 약한 국가를 정복해야 한다고 믿었다. 그리고 이들에게 우월한 인종이 전 세계적으로 영향력을 확대하는 것은 자연스러울 뿐 아니라 의무이며 따라서 전쟁은 숭고한 사업이었다. 디젤은 이 견해에 반대했고 '타고난 존엄'과 '인류의 동일성'을 존중했으며 '한 국가나 인종은 근본적으로 다른 국가와 인종과 다르다'는 생각을 일축했다.

———

1902년에 들어 사업 문제가 제자리를 찾자 디젤은 산업 시대를 위한 사회적 해결책에 대한 논문을 쓰기 시작했다. 언제나 낭만적이었던 그는 저서 《연대Solidarmus》의 출간일로 결혼 20주년 기념일인 1903년

11월 24일을 택했다.[*] 그는 "연대주의는 개인의 안녕이 공동체의 안녕과 같음을 이해하는 것이다. 만약 공동체가 개인을 도우려 개입해야 한다면 개인은 자신이 공동체를 위해 일하고 희생해야 함을 이해해야 한다."라고 설명했다.

표지에는 육각형 별 모양 가운데 그려진 커다란 S 자가 있었다. 디젤은 별에서 나오는 여섯 줄기의 빛은 연대주의의 6대 원칙을 대변한다고 설명했다. 진실성, 정의, 형제애, 평화, 자애 그리고 가장 중요한 원칙인 사랑이다.

그가 제시한 해법은 정확히 공학자가 제시할 법한 것이었다. 이 책에 대해 디젤은 이렇게 썼다. "이렇게 연대주의에는 신조, 이론, 독단, 혹은 자기기만이 없다는 것을 보셨습니다. 모든 것은 실생활과 사실에서 전적으로 논리적이고 수학적인 방법으로 개발되고 계산되었습니다. 모든 것은 (…) 실제로 달성할 수 있습니다."

이상의 말은 그가 디젤기관에 건 기대와 관련해 린데에게 1892년 2월 11일에 보낸 편지와 묘하게 닮았다. "결과는 상상이나 희망이 아니라 달성할 수 있다는 것에 의문의 여지가 없을 정도로 수학적으로 증명할 수 있습니다." 디젤은 과학과 증거에 기반해 기관과 사회 이론을 설계했다.

사회 이론 연구는 디젤의 동료 사이에서 드문 일이 아니었다. 동시대의 많은 공학자와 과학자는 사회이론가도 겸하고 있었다 고도의 사

---

[*]　디젤은 의도적으로 집단적 유대를 가리키는 독일어 단어 solidariat(연대)를 쓰지 않았고 대신 solidarmus를 썼다. 이 단어는 조직화되고 의식화된 인간애를 가리킨다.

고 훈련을 받은 이들은 과학적 업적이 산업에 응용되었을 때, 그 업적과 결과적으로 발생할 효과의 관계에 당연히 큰 관심을 가지게 되었다.* 디젤과 그의 동료들은 자기들이 더 생산적이고 공정한 세상을 가능케 한 기술을 만들었을 뿐 아니라 진보하는 세상에 맞도록 사회구조를 논리적으로 개발하는 사람들이라고 믿었다.

발명가들은 지금도 온 힘을 다해 과학에서 사회로 관점의 폭을 계속 넓히고자 한다. 빌 게이츠나 워런 버핏처럼 업계에서 엄청난 부를 쌓은 혁신가들과 기업가들은 이렇게 얻은 힘을 질병 퇴치, 대기에서의 탄소 제거를 통한 환경보호, 인류를 우주로 보내기 같은 사회적 편익에 쓰고 있다. 그러나 이런 야심은 문명의 여명 이래 인류를 당혹스럽게 했던 '사회적 문제'를 해결하겠다는 디젤의 엄청난 야심 앞에서는 두더지 굴에 불과하다.

디젤은 마르타에게 자신의 논문에 관해 썼다. "공학자들은 새로운 시대에 들어서고 있소. 이 시대에는 공학자가 법률가로부터 국가에 미치는 결정적인 영향력을 점점 빼앗아 올 거요."

《연대》는 1903년에 초판 1만 부를 인쇄했다. 디젤은 이 논문이 디젤 기관보다 더 세상을 이롭게 할 것이라 믿으며 자신의 새로운 성취에 짜

---

* 디젤은 자연종교의 개념을 믿었다. 그는 인간 내면의 종교적 충동은 불변의 자연법칙에 대한 두려움에서 비롯되었다고 느꼈다. 그는 이러한 자연법칙이 개인화된 모습이 신이며 기독교는 모든 자연적 힘을 여러 개인화된 신 대신 하나의 신에 부여한 것이라고 주장했다. 디젤은 연대주의는 "기독교의 개인적 도덕을 사회, 경제적 영역으로 전환한 것"으로 볼 수 있다고 믿었다. 디젤은 사회에 대한 그의 여러 생각은 내세의 행복에 대한 강조에서 현세의 행복으로 옮겨 갔다고 느꼈다.

릿함을 느꼈다.

파블로 피카소는 수백 편의 시를 썼다. 맹목적 팬들은 그의 시에 높은 찬사를 보낸다. 만년에 피카소는 화가로서 성공했지만, 세상은 그를 위대한 시인으로 먼저 기억할 것이라고 예언했다. 디젤도 비슷한 망상에 시달렸다.

책의 출간 이후 디젤은 이렇게 말했다. "나의 디젤기관 발명은 그 자체로 좋은 일이다. 그러나 내 가장 위대한 성취는 사회문제 해결이다." 디젤은 곧 자신이 얼마나 순진했는지를 깨달을 것이다.

《연대》의 판매량은 아주 저조해서 겨우 몇백 부만 팔렸을 뿐이다. 디젤은 크게 실망했다. 이 책에 대한 대중의 관심은 금방 사라졌다. 한 논평가에 따르면 《연대》는 "그전에도 많았던 책으로만 존재하는 유토피아였고 아름다운 꿈이었다."

제13장

잠자는 거인의 연구

A Study of the Sleeping Giant

1904년 여름, 루돌프 디젤은 번쩍이는 독일 여객선 카이저 빌헬름 2세호에 탑승했다. 길이 213미터에 배수량 1만 9,000톤의 이 대서양 횡단 고속 여객선은 운용하는 사람들에게는 아주 금욕적인 환경을, 대조적으로 일등실 승객들에게는 최고 수준의 호화로움을 제공했다. 디젤을 포함한 모든 승객은 따라올 상대가 없는 이 여객선의 속도를 즐겼다. 1904년에 카이저 빌헬름 2세호는 동쪽에서 서쪽으로 대서양을 가장 빨리 횡단한 배에 수여되는 블루리본상을 받았다.

디젤은 저서《연대》가 받은 차가운 대접에 생긴 실망감을 삼키며 뉴욕을 향했다. 그는 동업자 부시와의 만남을 고대하면서 점점 더 강해지는 이 신생국을 직접 보고 자기의 의견을 만들고 싶었다.

언제나 배우는 사람이고 과학자였던 디젤은 일기를 썼다. 이 일기는 평범한 사람의 일상이나 인상 기록이 아니었다. 디젤은 거의 200페이지에 걸쳐 미국에 관한 생각을 꼼꼼하게 기록하며 예술, 교육, 경제, 사람, 도시, 철도, 선박, 호텔, 세인트루이스 박람회를 비롯한 여러 관찰 범주에 따른 찾아보기까지 달았다.

통찰력 있고 종종 유머러스한 관찰은 항해할 때부터 시작됐다. 디젤은 항해 내내 위도, 경도에 따른 배의 좌표를 적은 상세한 도표를 작성했고(대서양을 동쪽에서 서쪽으로 그리고 반대로 횡단할 때 모두) 하루 석탄 소비량을 모니터했으며 승무원 규모와 화부에게 요구된 인시人時*를 기록하고 배의 속력을 계산했다.**

동시에 그는 동료 승객들을 보며 즐거워하기도 했다. 당시에는 바다 여행이 더 쉬워졌기 때문에 미국에서는 취직하거나 유학하고 휴가를 즐기거나 배우자를 찾으러 구세계로 가는 것이 유행이었다. 디젤은 미국인 승객들의 행동을 흥미롭게 지켜보며 이렇게 적었다. "독일 대학에서 의학, 병리학, 외국어를 공부한 미혼 여성들과 학식이 높다고 자부하는 남자들이 누가 잘났는지를 두고 논쟁한다. 귀퉁이마다 남녀가 시시덕거리고 있고 갑판에서는 게임을 많이 한다."

많은 승객이 폭풍과 거친 바다 때문에 고생했고 특히 아이들이 그랬다. "중갑판에서는 가족 단위로 많이들 움직였는데 특히 멀미할 때 그

---

* 한 사람이 1시간 동안 일하였을 때 일의 양을 나타내는 단위. - 옮긴이 주
** 독일로 돌아갈 때 탄 더 작은 여객선 프라에토리아호의 속도 중간값은 11.89노트(1노트는 1시간에 1해리를 달리는 속도를 말한다. 시속 1.852킬로미터에 해당한다. - 옮긴이 주)였고 11일이 걸려 목적지에 도착했지만, 카이저 빌헬름 2세호의 평균속력은 23.5노트였고 목적지에 도착하는 데 걸린 시간은 그 절반이었다.

랬다. 가족 전체가 베개 하나를 가운데 놓고 모였다. 마치 아이들이 개미 언덕 위에 모여드는 것처럼 남자, 여자 그리고 아이들 모두 갑판에 누웠다. 이들은 선실로 기어서 들어가는 것보다 (폭풍에) 흠뻑 젖는 편을 더 선호했다." 그러나 폭풍이 지나가고 바다가 조용해지면 여행은 활기를 띠었다. "행복한 게임이 벌어지고 감상적인 민요가 들린다. 날씨가 좋아지면 특히 밤에는 (…) 날치, 고래가 보였고 구름의 형태와 색은 산악지대에서보다 더 아름다웠다."

차가운 기계적 관찰과 따뜻한 인간적인 기분은 일기 앞뒤 페이지에 연달아 기록되었다. 대조적 내용을 나란히 기록한 것은 디젤이 과학과 예술 사이를 오갈 때 편안함을 느꼈다는 뜻이며 두 분야는 연결되었다는 그의 믿음을 보여 준 것이다. 디젤은 '어떻게?'라는 질문뿐 아니라 '왜?'도 꼼꼼히 살피는, 실용가와 몽상가의 자질을 함께 갖춘 드문 사람이었다.

———

뉴욕항에 도착한 디젤은 수많은 이민자와 저렴한 노동력을 구하기 위해 구름처럼 모여든 현지인들을 비집고 독을 떠났다. 그는 무엇보다 뉴욕시의 아름다운 다리들에 큰 감명을 받았다. 공학적 걸작으로 칭송받은 브루클린 다리는 디젤이 도착하기 21년 전인 1883년에 개통되었다. 이 다리는 디젤이 도착하기 몇 달 전인 1903년 12월 하순에 역시 뉴욕에 있는 윌리엄스버그 다리가 개통되어 그 자리를 뺏길 때까지 세계에서 가장 긴 현수교였다.

디젤은 뉴욕에서 출발해 토론토, 필라델피아와 피츠버그, 워싱턴

D.C.를 방문하고 시카고와 세인트루이스를 들렀다가 서쪽 샌프란시스코까지 도착했다. 그가 빈틈없고 철저하게 기록한 일기는 20세기 초 미국 생활에 대한 거의 모든 것을 다루며, 여행하는 동안 마주친 사물과 사람들에 기뻐하고 놀라고 속상해하고 찬탄하는 디젤의 여러 모습이 기록되어 있다.

디젤은 미국인들 사이에서 자신이 '실용 원칙'이라고 부른 자질을 관찰하고 "미국인은 불필요한 것은 절대 용납하지 않는다."라고 지적했다. 효율성에 초점을 맞춘 공학자라면 그렇듯, 디젤은 미국인의 이런 경향을 존경했다. 그러나 미국인이 예술, 여행, 레저에까지 실용성을 우선하는 것을 본 디젤은 실용 원칙이 그렇게까지 존경할 만한 것은 아니라고 생각하게 되었다. 그는 산업적 강박감이 균형을 잃을 정도로 모든 것을 집어삼킨다고 느꼈다. 디젤은 예술과 과학 사이에 다리를 놓으려는 시도를 인생의 업적으로 삼은 사람이었다. 호황을 맞은 1904년의 미국이 이 둘의 관계에 지나치게 무관심하지 않은가 생각하며 디젤은 이렇게 썼다. "(미국인에 대해) 말하자면, 주요 관심사는 시간과 돈의 절약이고 다른 것은 고려하지 않는다. 우리가 (유럽에서) 박물관과 갤러리를 방문하는 것처럼 미국에서는 공장과 산업 시설을 방문한다."

그는 방문했던 많은 공장에 "노동자들을 방해하지 않도록 만들어진 방문객 전용의 긴 발코니"가 있다는 사실을 지적했다. 사람들은 공장을 가까이에서 보고 싶어 했다. 신세계에서는 산업이 갤러리이고 살아 움직이는 박물관이었다. 디젤은 자기가 긍정적으로 보았던 것을 이렇게 적었다. "잘 차려진 식탁(여성에게 점심은 무료였고 남성에게는 10센트)이 있는 노동자용 대형 식당과 노동자들에게는 무료인 대형 극장, 강의실이 있었는데 학교와 클럽도 사용할 정도였다." 디젤은 미국의 위생 상태, 심지어 노동계급의 위생에도 감명하고 유럽에서는 없는 특혜를 기록했다. "훌륭한 목욕탕과 샤워 시설 그리고 근로시간 중 1주일에 1시간 목욕을 허락하는 경영진."

　모든 곳이 구세계와 뚜렷하게 대조되었다. 역사가 짧은 미국의 도시와 마을에 폭우가 내리자 그는 처음으로 기분 나쁜 것을 접하고 놀랐다. 비가 오자 미국의 도시계획에서 빗물 배출과 하수에 대한 대비가 불충분했다는 것이 드러났다. 뉴욕과 샌프란시스코에 머무는 동안 디젤은 "도시 전체가 며칠 동안 물에 잠겼다."라고 관찰했다. "고인 물을 가르며 통과하기란 불가능했다." 그리고 그의 표현대로 "똥바다"를 가로질러 갈 사람은 아무도 없었다.

　기차를 타고 서부로 가는 길에 방문한 도시에 대해 그는 이렇게 적었다. "한 도시에서 다른 도시로 갈 때마다 본 상업 중심지의 환경은 믿을 수 없을 정도로 야만적이다. 도로 포석은 한심하고 제대로 보수되지 않았으며 수레를 타고 지나가기란 거의 불가능하다. (…) 서로 엉킨 전화선과 다른 선들이 조잡하게 제작된 굽은 전봇대에 매달려 있는데 아주 볼썽사나운 광경이다. 거리는 거의 청소되지 않았다. (…) 이 거리는 주민들에게는 작업장이자 창고다. 어디에나 흙먼지와 종이가 있다."

　돌과 벽돌집만 있는 파리, 런던, 베를린을 떠난 디젤은 미국에서는 풍부한 삼림에서 벌채한 목재가 가장 많이 쓰이는 자재라고 적었다. 유럽인의 관점에서 어디서나 목재를 사용하는 것은 매우 놀라운 일이었다. 이렇게 사회간접자본에 목재를 사용하는 손쉬운 방법을 택했으므로 디젤은 "화재를 극도로 경계하는 것이 미국인의 국민성"이라고 관찰했다. 호텔 전면, 심지어 가장 아름다운 저택 앞에까지 철제 화재 대피 통로가 설치되었다.

미국 도시를 관찰하며 그는 "어디서나 집 밖에는 철제 계단이 설치되었고, 사다리, 소화주관, 경보기, 거리 소화전이 있지만 보는 데마다 늘 화재가 일어난다. 시카고에서는 우리가 머무는 동안 극장 하나가 전소되었고 토론토에서는 4월에 동네 하나가 통째로 불타 버렸다. 철도로 여행하면 어디서나 불탄 집이 보인다. 나무와 판자로 집을 지었으니 그럴 만도 하다."

단시간에 건설된 20세기 초의 미국 서부 도시들에 관해 그는 이렇게 썼다. "샌프란시스코(그리고 많은 다른 도시들도)에는 고전기 양식을 베낀 끔찍한 목조건물, 코린트와 도리아식 기둥을 조잡하게 짜맞춘 건물, 카탈로그에서 주문한 목재와 편백을 외부에서 못으로 박아 만든 다양한 양식의 건물이 있는데 가장 부유한 사람의 집과 사업용, 공공건물을 제외한 거의 모든 집들이 나무 상자나 마찬가지다."

디젤은 쉽고 빠르게 시작하려는 미국인의 사고방식이 디젤기관의 장애물임을 발견할 것이다. 디젤기관은 성능이 더 뛰어났으나 제작에 더 많은 시간과 비용 그리고 고품질 재료가 필요했다. 더 저급 기술로 만들어진 오토 사이클 기관은 저렴하게 금방 제작할 수 있었으나 정비가 자주 필요했고 연기를 많이 냈으며 위험한 화재 사고를 일으켰다.

오염은 런던 시절부터 디젤의 걱정거리였다. 그리고 그는 마천루에서 이것을 보았다. "거의 모든 집에 엄청나게 큰 굴뚝과 두꺼운 증기 파이프가 있다. 검은 연기와 흰 증기의 혼합물은 미국 도시에서 흔하게 보는 광경이며 도시는 한 치 앞을 내다볼 수 없는 정도의 연기와 안개에 덮여 있다."

디젤은 시카고의 오디토리엄 호텔에 설치되어 "발전기와 펌프"에 직결된 5,000마력의 수직형 증기기관들이 조명, 엘리베이터, 세탁기, 전기다리미와 "아주 강력한 소방용 스프링클러" 그리고 위층의 객실에 수돗물을 대는 장치를 작동시키는 것을 보고 만족했다.

급속히, 가끔은 멋대로 발전하는 사회간접자본을 지켜보던 디젤은 미국에 독특한 잠재력이 있음을 알아차렸다. 꼼꼼한 공학자인 그는 미개간지, 비상식적일 정도로 풍부한 자원 그리고 거의 없다시피 한 규제가 합쳐져 생긴 기회를 잡으려고 서두르던 미국인들이 거의 계획을 무시하다시피 한 것에 대한 실망을 일기 곳곳에 남겼다. 그는 또한 이런 무질서는 거대한 사업 첫 단계에서 단속적으로 일어나는 현상임을 경험으로 알았다. 미국에서는 유럽 어디에서보다 더 큰 기회가 있었다.

―――――

도시 주민들에 대한 디젤의 관찰은 이국적 동물원을 방문한 손님의 재치 있는 농담처럼 들린다. 그는 방문한 도시마다 있던 호텔과 술집이 "사나워 보이는 손님들로 가득했다."라고 적었다.

다음 돈벌이를 위해 서두르는 미국인의 기질을 관찰하던 그는 미국과 유럽 사이의 또 다른 점을 지적했다. "호텔 로비는 증권거래소의 복도 같다. 광장에서처럼 신문, 시가, 기념품 등을 파는 부스가 많은데 이발소, 바, 구두닦이, 청량음료 가게와 약국도 있다."

미국에서는 겉보기에 전혀 그렇지 않을 것 같은 사람도 어느 정도 거친 면이 있었다. 은행에 들어선 디젤의 눈에 오른쪽 벽에 붙은 흉악

해 보이는 두 남자를 그린 포스터가 들어왔다. 이들은 강도와 살인 현 상수배범이었다. 세련되고 말쑥한 차림을 한 독일에서 온 손님은 은행 안으로 들어갔다. 카운터 뒤에는 나긋나긋해 보이는 나이 든 여자 행원 이 앉아 있었다. 이 점잖은 여성의 탁자 옆에는 손이 닿을 수 있는 곳에 총알이 든 리볼버 권총 두 자루가 있었다. 전통적 예의범절에 익숙한 디젤은 고국에서라면 남성용 안장을 얹은 말을 탄 여성만 보았어도 놀 라서 뒤로 물러났을 것이다. 권총을 든 할머니는 미국 서부에서는 흔한 광경이었겠지만 디젤에게는 정말 이국적 경험이었을 것이다.

디젤은 은행에서 나와 거리로 갔다. 거리에는 보도가 없었고, 깊은 진흙 웅덩이 위로 깔린 나무판이 아니었더라면 통행할 수 없었을 것이 다. 그는 기차로 갔다. 당시 미국의 관습대로 차장은 완전무장 하고 있 었다. 기차가 도시에서 나와 오리건과 워싱턴의 황야를 향하자 활활 타 오르는 "엄청난 규모의" 산불이 수백 마일 떨어진 하늘까지 뿌옇게 물 들인 광경이 보였다. 매캐한 연기 냄새가 콧구멍을 채웠다. 디젤은 "낭 비"와 삼림의 "끔찍한 파괴"에 절망했다.

하지만 디젤이 보기에도 미국의 철도는 훌륭했다. 객차는 유럽보다 더 조용했고 "궤도는 유럽보다 더 단단히 결합되었다. 그리고 침목은 유럽보다 두 배 더 촘촘하게 깔렸다."

그러나 여기에서도 디젤은 형식보다 기능을 우선한 미국식 사고를 보았다. 유럽 철도 시스템에는 철도로 휴가를 즐길 만한 낭만이 있었 다. 미국 철도는 그렇지 않았다. "객차에는 완충장치가 없다. 남자, 여자 그리고 아이들이 많게는 한 침대에 3명씩 한 객차에서 같이 잔다. 지나 치게 많은 짐 때문에 화장실도 비좁으며 많은 여행용 가방들이 좁은 곳에 욱여넣어져 있다. 석유난로가 설치되어 있고 한 사람이 운용하는 풀먼 뷔페 카트*에서는 유럽의 산장에서처럼 통조림 식품만 판매한다." 그리고 디젤의 가장 큰 불만은 "술을 팔지 않는다!"는 것이었다.

기차역은 승객의 편안함을 위해 설계되지 않았고 오로지 정차하는 기차를 위한 가장 기본적인 기능만 갖춘 장소였다. "미국의 기차역은 끔찍하다. 손가락 두께로 거칠게 자른 판자와 녹슨 철로 지은 역에는 출발신호도, 역 안내 방송도 없다. 보도도, 지하통로도 없어서 이용객들은 아무 데서나 철길을 건너지만 아무도 신경 쓰지 않는다. 다들 아무 곳에나 소변을 본다. 승객, 역무원, 짐꾼 등등 모든 것이 다 그렇다. 미국 기차역은 그렇게 혼란스럽다."

기차역에서 도시로 이동하면서 그는 이렇게 관찰했다. "거리로 나가면 사람들이 팔꿈치로 옆구리를 찌른다. 어디서나 사람들은 침을 뱉고 어마어마한 양의 담배를 피우거나 씹는다. 호텔 로비는 더러운 술집 같다. 남자들은 출입구에 아무렇게나 늘어져 있다. 여성이 있는데도 테이블에 발을 올려 놓기도 한다."

———

20세기 유럽에 퍼진 미국에 대한 유쾌한 불신을 담아 디젤은 미국인들의 식사 모습을 지켜보았다. "음식: 원하는 수의 코스로 나오는데 양까지 많다. 따라서 미국인은 인위적 조합으로 많은 양의 음식을 소비

———

* 럭셔리 열차 서비스로 유명한 미국의 풀먼 컴퍼니Pullman Company가 만든 식당차. ─옮긴이 주

하는 경향이 있다. 아이스크림은 어느 식사에서나 제공되며 식사 중간에 간식으로도 나온다. 가끔은 식사 중간과 식후에 아이스크림이 두 번 나오는 일도 있다."

더 걱정스러운 어조로 디젤은 건강에 해로운 통조림 식품이 미국인 대다수의 일상식이 되었으며 이것은 대량생산과 독점 문화의 폐단이라고 주장했다. 그는 영향력이 큰 자본가들이 산업을 수직 통합해 시장을 통제함으로써 미국의 소비자들에게 제한된 제품 선택을 강요한다고 느꼈다. 자기도 독점 세력의 의지에 복종한다고 느낀 디젤은 이렇게 썼다. "옐로스톤의 끔찍한 호텔들, 며칠 동안 통조림으로만 한 식사, 이 호텔 조합을 세운 식품생산업자들의 가차 없는 착취. 모건J.P. Morgan의 자두는 모든 옐로스톤 호텔로 왔다. (호텔의 주주이던) 모건이 자두 적하량 전체를 사들였기 때문이다. 1년 전에 팔리지 않은 통조림이 이제 호텔로 배달되고 있다."* 모건의 사업 관행은 그 자체로도 의문이지만, 맛과 건강 문제도 그만큼 문제가 되었다. "미국인 절반이 통조림으로 끼니를 때우고 있다!"라고 디젤은 적으며 "독점 기업가들은 대중에게 독을 먹이고 있다. (…) 프렌치프라이조차 상자에 담긴 완제품으로 판매되고 있다."라는 말을 덧붙였다.

미국 마을에는 꼭 "구색을 잘 갖췄건 아니건 철물점"이 있었다. 그리고 디젤은 이 철물점 주인이 나중에 이 마을의 "백만장자"가 되리라 예

---

* 디젤은 미국의 예술 박물관은 유럽에 비하면 빈약하며 미국에 있는 최상급 예술품은 개인 컬렉션에 있다고 지적했다. 그러나 그는 미국 도서관들이 받는 후원과 소장 도서에 대해서는 매우 감탄하며 "보스턴 도서관은 모든 언어로 된 350종의 신문, 1,500종의 잡지를 소장하고 있으며 150만 권의 도서를 대출할 수 있다."라고 강조했다.

상했다. 그는 이런 작은 마을들에 있는 "원시적 가게"들이 "거의 모든 상품을 조금씩 입고되는 대로 판매한다."라고 관찰했다. 그는 미국인들이 구세계 제품을 선호한다는 데 흐뭇해하며 이 원시적 가게 일부는 "다른 나라, 특히 독일에서는 오래 악성 재고로 남은 물건들을 말도 안 되는 가격에 판다."라고 지적했다.

그는 형식보다 기능을 앞장세우는 데는 장단점이 있다는 것을 깨달았다. 미국은 상어처럼 눈앞의 목표에만 초점을 맞추고 있었고 디젤은 이것을 성공의 비결로 보았다. 그러나 이것은 유럽에서 즐기는 일상적 사치와 단순한 즐거움을 대가로 삼아야 했다. 정량적, 정성적 표현에 모두 능했던 디젤은 이 상충 관계를 이해했다.

———

디젤이 보기에 1904년의 미국 도시계획은 조잡했고 도시 주민들은 분명 동물원의 동물 같았으나 이 나라의 경제는 전혀 다른 문제였다. 디젤은 유럽이 모방해야 할 요소와 그러지 말아야 할 것들을 구분했다.

"대중이 받는 높은 임금은 미국이 거둔 경제적 성공의 원인을 가장 잘 설명해 준다."라고 그는 호의적으로 기록했다. 그는 유럽이 미국을 본떠 고임금을 지급한다면 이익이 될 것이라고 느꼈다. 그리고 얼핏 보기에 일관성 없는 주장 같지만, 그는 미국 경제에 발생하는 비효율의 가장 큰 원인은 노동조합이라고 보았다.

디젤은 고임금 지급은 선하고 합리적인 처사이기 때문에 기업들이 그렇게 하기를 바랐다. 그러나 그는 특히 추가적, 비합리적 조건을 강요하는 노동조합이 아닌 고용주의 상식에 따라 높은 임금이 지급되기를 원했다. 이렇게 모순되는 철학을 통합해 설파한 디젤은 유토피아적 자본가였다고밖에 볼 수 없다.

미국의 번영을 목격한 디젤은 "유럽 노동자는 삶을 위한 최소한의 돈만 받으며 저축은 할 수 없거나 아주 적게 한다. 미국 노동자는 최소액보다 더 많은 임금을 받으며 많은 액수를 저축할 수 있어서 대부분이 그렇게 한다."라고 한탄했다.

디젤은 노동조합에 가장 크게 분노했다. 생산 분야의 비효율을 극복하려 분투한 사업가이자 공학자인 디젤은 노동조합이 제시한 일부 비합리적 조건에 구속된 미국 기업가들을 동정했다. 특히 그는 친구 아돌푸스 부시가 직면한 난제를 지적했다. "세인트루이스의 양조장 노동자는 전원 노조에 가입했다. 예를 들자면 부시는 자신이 원하는 노동자를 선택할 수 없고 노조가 보내는 사람을 계속 채용해야 한다. 해고 건을 일일이 조사하는 노조가 해고가 정당하지 않다고 판단하면 부시는 그 사람을 다시 고용해야 한다. 그러지 않으면 그는 다른 사람을 채용할 수 없다."

발명가의 관점에서 이보다 더 나빴던 것은 "노동조합이 더 나은 신형 기계 도입을 거부한다는 것이다. 신발 생산의 시간을 절감할 특정한 기계들은 공장에 설치될 수 없다. 부시는 압축공기로 녹인 유리를 불어 병을 만들 수 없었고 수작업으로 불어 **만들어야 한다.** 워싱턴의 국립인쇄소는 훌륭한 지폐인쇄기를 보유하고 있지만 지폐는 수작업으로 **인쇄해야 하며** 기계는 놀려 두고 있다."

모든 전환점마다 크든 작든 효율성 증가를 추구한 디젤 같은 사람에게 신기술 수용 불가는 신성모독이나 마찬가지였다.

하지만 디젤은 효율성에만 맹목적으로 헌신적이지는 않았다. 그는 질적인 측면에도 헌신적이었다. 기계화된 생산은 같거나 더 나은 품질의 결과를 낳을 때만 수제 생산을 대체해야 한다. 미국 경제의 급격한 성장에 대해 언급하며 디젤은 약간의 유머를 섞어 기계생산의 불운한 응용 사례 세 가지를 들었다. 그는 미국에는 "제분소를 갖춘 뛰어난 빵집이 있는데 먹을 수 있는 빵은 없다. 멋진 파이 회사들이 있으나 이들의 파이는 구역질 나는 물건이다. 멋진 가구 회사들이 있지만 이들이 생산하는 가구는 참혹한 품질이다."

그는 거의 모든 소매점 안내판마다 붙어 있던 마케팅 술수를 보고 웃었다.

거의 모든 가게, 심지어 좋은 가게에서도 아래와 같이 두 가지 가격이 존재한다.
정가: 5달러
할인가: 3달러
그리고 대중은 이 속임수에 넘어간다.

그 무엇보다 디젤은 아직 개발되지 않은 미국의 엄청난 잠재력을 보았다. 그는 도로와 철도로 막대한 자원과 활력 넘치는 사람들을 한데 묶으면 나타날 무한한 가능성을 사랑하게 되었다. 미국은 비효율성을 없애고 불리함을 유리함으로 전환하며 사회구조를 "아름다운 꿈"에 맞게 바꾸려는 포부를 가지고 정열적으로 일하는 디젤 같은 사람에게 맞는 나라였다. 그 뒤로 미국은 평생 그의 생각을 지배하게 될 것이다.

제14장
'디 올드 하우스'가 목숨을 걸고 싸우다

"The Old House" Fights for Its Life

디젤이 뉴욕에서 샌프란시스코까지 미국 도시를 순회하는 동안 미국 최대의 회사는 존폐가 걸린 위기를 맞아 필사적으로 싸우며 제품군과 시장에 대한 접근을 크게 바꿔야 하는 처지에 놓였다.

록펠러는 석탄 광산도 여러 개 소유했지만 19세기 말에 들어서자 주 수입원은 원유를 정제해 조명용 등유를 만드는 정유사업이 되었다. 대체 조명 연료로써 사용되던 고래기름과 식물성 기름이 시장에서 퇴출당한 다음에는 석유를 정제한 록펠러의 제품이 시장을 지배하게 되었고 이제 창립 30년을 넘긴 그의 회사는 '디 올드 하우스'라는 존경 섞인 별명을 얻게 되었다.

록펠러의 독점 달성 수법은 비용통제와 수직통합*을 통해 외부 업체 의존을 없애는 것이었다. 광산과 유정뿐 아니라 그는 정유사도 소유했으며 직접 석유통을 만들었고 자체 파이프라인을 건설했으며 철도까지 사들였다. 소매영업 분야에서 스탠더드오일은 자사 상표가 적힌 마차로 시골 동네까지 등유를 배달했다. 그는 지하에 있는 원료부터 전 세계의 고객에게 제품을 배달하는 소매업까지, 전 사업 분야를 소유했다.

큰 비용이 들면서도 가장 조작하기 어렵게 된 것은 노동조합의 대두에 따라 '노동'이었다. 노동조합과 싸우기 위해 록펠러는 다른 주요 트러스트(설탕, 담배, 철강)**들이 했던 일을 했다. 핑커튼전국탐정회사는 록펠러와 고용계약을 맺었다. 훌륭한 장비를 갖추고 잘 훈련된 탐정들을 보유한 이 회사의 로고는 언제나 감시하는 위협적인 '눈꺼풀 없는 눈'이었다. 핑커튼은 고용주를 위해 염탐, 태업 선동뿐 아니라 더 악질적 임무까지 수행했다.

핑커튼은 잔인한 방법으로 노조 탄압에 결정적인 역할을 했다. 앤드루 카네기와 헨리 프릭은 1892년 7월에 펜실베이니아주 홈스테드에 있는 카네기철강회사 제철연합노조의 파업을 분쇄하기 위해 핑커튼을 고용했다. 노조와 단체협약을 맺는 데 실패한 프릭은 노동자들을 공장 밖으로 쫓아내고 공장 문을 잠근 다음 가시철조망, 저격탑과 탐조등을 설치했다. 프릭은 윈체스터 소총으로 무장한 핑커튼 소속 개인 보안 탐

---

*   원료 생산에서 최종 제품의 판매까지 모든 경영활동 단계 관련사를 체계적으로 사들이는 조치. - 옮긴이 주
**   같은 업종의 기업이 경쟁을 피하고 보다 많은 이익을 얻을 목적으로 자본에 의해 결합한 독점 형태.

정 300명을 고용해 피켓 시위를 하는 파업 노조원들을 뚫고 대체 노동자들을 공장까지 호위하도록 했다. 그 결과 유혈 사태가 발생해 양측에서 사상자가 나왔고 카네기철강회사의 단기사업 전망까지 논란의 대상이 되었다. 19세기 말에서 20세기 초까지 핑커튼은 이런 유형의 사업을 더 수행했다. 이 몇십 년 동안 핑커튼의 주 수입원은 전통적인 탐정업이 아닌 노조 분쇄였다.

핑커튼과 함께 록펠러는 첩보활동과 보상으로 구성된 정교한 시스템을 설계했다. 탐정들은 철도사 직원뿐 아니라 경쟁 정유사의 회계담당자들에게도 뇌물을 주었다. 일부 탐정들은 광부 행세를 하며 록펠러의 석탄 광산에 취직해 영향력을 행사하고 정보를 캐기 위해 노조원들과 같이 일했다. 이 탐정들은 이름 대신 숫자로만 알려졌다. (제임스 본드의 007이 나타나기 몇십 년 전의 이야기다.) 예를 들어 1903년, 핑커튼 관리자들 사이에 5번 요원으로만 알려진 A.H. 크레인은 콜로라도시의 제철제련노조에 침투해 파업위원회 지도자로 임명되었다. 임명 뒤에도 그는 핑커튼에게 노조 활동을 매일 보고했다. 이런 활동은 결국 그를 따르던 동료 노동자들의 의심을 샀고 분명한 배신의 증거를 발견한 이들은 크레인을 초주검이 되게 구타했다.

록펠러는 위력을 써서라도 스탠더드오일에 대한 어떤 위협과도 대적할 생각이었다. 직원 공동소유를 위한 동전을 넣는 디젤의 메이슨 자와 스탠더드오일의 저격탑, 뇌물과 염탐 활동은 우스울 정도로 균형이 맞지 않는다. 디젤이 1904년의 미국 여행 일지에 분명히 기록했듯, 그는 노동조합을 지지하지 않았으나 마찬가지로 독점도 혐오했다. 특히 불법적 관행으로 성립된 것이라면 더 그랬다. 디젤은 노동이 정당한 임금을 받는 자연적 경제질서를 믿었다. 그는 독점과 노조를 모두 싫어했는데 둘 다 자연 질서에 인공적 압력을 행사하는 것이고 이들이 서로 대응한다면 시스템은 혼돈에 빠질 것이기 때문이었다.

그런데 록펠러는 만물의 자연 질서를 이론화하는 유토피아적 몽상가가 아니었다. 비용통제와 재정 손실을 감수하고 생산원가 이하로 일정 기간 판매할 수 있는 자산과 거대한 규모라는 이점을 갖춘 스탠더드오일은 약탈적 가격책정 정책에 착수했다. 조명 분야에서 식물성 기름을 퇴출하기 위해 중국 시장에서 등유를 덤핑했던 방법으로 록펠러는 일시적으로 가격을 낮춰 경쟁자를 말살할 수 있는 고립 경쟁시장을 선택했다.

식물성 기름은 조명뿐 아니라 디젤의 새 기관에 사용할 연료가 될 수 있었으나 생산에 필요한 농업 발전 및 정제 관련 사회간접자원 비용이 엄청났다. 록펠러는 석유 기반 연료를 매력적 가격으로 공급한다는 전략으로 식물성 기름을 대규모로 개발할 유인을 없애려 했다.

저널리스트 아이다 타벨은 〈맥클루어스 매거진〉에 1902년부터 1904년에 걸쳐 19부로 된 연재 기사를 실었다. 이 기사에서 타벨은 약탈적 가격정책으로 경쟁자가 제거되면 "(록펠러의) 석유 제품 가격은 가격 인하를 시작할 때의 수준, 혹은 더 높은 수준으로 급격하게 인상되었다."고 주장했다.

약탈적 가격정책의 하나로 록펠러는 유레카, 이글, 딕시오일웍스 같은 유령회사를 통해 스탠더드오일 상표가 없는 저가 석유제품을 자주 판매했다. 유행이 천연가스 조명으로 변했어도 천연가스 생산 유정과 광산을 소유했던 록펠러는 계속 시장을 지배할 수 있었다.

그런데 19세기 말에 들어 조명 시장에 신제품이 나타났다. 1879년, 토머스 에디슨은 백열전구 특허를 출원했다. 그해에 그는 100시간 동안 불을 밝힌 전구를 만들었고 그때까지 조명 시장에는 등유, 천연가스, 혹은 양초(조명이라는 게 있었다면 ─ 일몰 후 대부분의 농촌과 도시지역은 어둡고 조용했다)가 주로 공급되었으나 이제 대변화의 시기가 찾아왔다. 에디슨은 록펠러의 등유 조명과 전구를 비교하며 "부드럽게 발광하는" 전구는 "뛰어나게 강력하며 심지어 (…) 완벽하게 안정적이기까지 하다."라고 광고했다. 전구는 곧 보스턴의 보행자 도로에, 필라델피아의 워너메이커백화점에 그리고 1882년 9월 4일, J. P. 모건의 뉴욕 사무실에 설치된 것으로 유명해졌다. 록펠러는 전형적 록펠러식 방법으로 반격했다. 당시 그가 한 불법행위로는 대리인 G. A. 셸비에게 현금 1만 5,000달러, 가스회사 주식으로 1만 달러를 주고 시의 미래 조명을 결정할 디트로이트의 정치인들을 매수하도록 사주한 사건이 있었다.

1885년경, 미국에서 사용 중인 전구는 아직 25만 개에 불과했다. 그러나 등유 같은 열등재를 가지고서는 록펠러조차 전기 조명이라는 시대적 조류를 거스를 수 없었다. 1902년이 되자 사용되는 전구의 수는 1,800만 개로 늘어났다. 스탠더드오일이 패했다.

록펠러는 조명용 등유 시장이 붕괴하고 때마침 생명줄이 내려오지 않았더라면 파산했을 것이다. 이 생명줄은 바로 내연기관, 더 구체적으로 말하면 자동차였다. 정유 과정의 부산물로 한때는 거의 가치가 없다고 여겨진 휘발유는 세계 최대 산업 트러스트의 구원자가 될 수 있었다.

자동차는 처음에는 유해하고 시끄러우며 너무나 느려서 구경꾼들은

"말을 가져와!"*라고 소리칠 정도였다. 그러나 20세기에 접어들며 성능이 개선된 자동차는 마차를 과거의 유행으로 만들어 버렸다. 마지막 희망을 걸고 록펠러는 자동차 시장의 성장을 기다렸다. 그러나 문제는 그렇게 간단하지 않았다.

1904년에 디젤이 뉴욕시를 지나가는 동안, 뉴욕시에서는 택시 1,000대가 시민의 발이 되고 있었다. 그러나 이 자동차 중 휘발유를 연료로 하는 것은 단 한 대도 없었다. 식물성 기름이 대체 조명 연료로 사용되었듯, 휘발유차의 대안인 전기차가 스탠더드오일의 생명줄을 끊어 버리겠다며 위협적으로 다가오고 있었다.

그런데 한곳에 고정되어 사용되는 전등과 달리 윌리엄 휘트니**의 전기차량회사가 사들인, 당시 일렉트로배츠라고 불린 뉴욕 택시는 움직였기 때문에 배터리가 필요했다. 납-산 방식인 초기형 배터리는 3마력을 내는 전동기에 80킬로미터를 갈 수 있는 전류를 공급했다. 휘트니는 자신의 택시 차고지와 맨해튼 중심부 브로드웨이를 비롯한 뉴욕시 주변의 전략적 위치에 충전소를 설치했다. 이때 미국 시골에는 도로 시스템이 아직 구축되기 전이었으므로 도심 전용 자동차로서 80킬로미터라는 주행거리(연료탱크의 크기에 따라 다르지만 휘발유 기관의 몇 분의일이었다)는 크게 부족하지 않았다.

---

*   1899년 5월, 뉴욕 택시 기사인 제이콥 저먼은 13킬로미터 속도제한 구역에서 19킬로미터로 과속했다는 이유로 미국에서 처음으로 속도위반 처분을 받았다. 그를 세운 경찰관은 자전거를 타고 있었다. 이것은 1904년에 속도위반 딱지가 등장하기 전의 일이었고 제이콥 저먼은 하룻밤을 유치장에서 보내야 했다.

**   자선활동과 경마 그리고 예술품 수집으로 유명한 바로 그 사람이다.

그런데 도입과 거의 동시에 당시 배터리 기술에 문제가 있다는 것이 확인되었다. 납-산 배터리와 토머스 에디슨이 이를 개량한 니켈-철 배터리는 정비가 몹시 까다로웠고 재충전하는 데 몇 시간이 걸렸다. 그리고 사용한 지 얼마 안 되어 배터리에서 새어 나온 부식성 산이 자동차를 심하게 망가뜨리곤 했다.

디트로이트의 에디슨조명회사에서 근무했던 헨리 포드Henry Ford는 이제 배터리 문제를 해결하려 애쓰던 옛 상사를 자동차 시장에서 상대하게 되었다. 조명 시장에서처럼 자동차 시장에서도 에디슨은 현재 록펠러의 석유가 차지한 주인공 위치를 뺏으려 했다. 이때 에디슨과 포드는 잠시 손을 잡았는데 이는 하마터면 휘발유 자동차에 치명타가 될 뻔했다. 두 사람은 에디슨-포드Edison-Ford라고 불린 전기자동차의 시제품을 제작하기 위해 협력했다. 그러나 이 자동차는 상업적 타당성 단계까지 도달하지 못했다. 가장 큰 원인은 뉴저지주 웨스트오렌지에 있는 에디슨의 실험실에서 발생한 원인불명의 화재 때문이었다. 에니슨 공장과 실험실의 화재는 전국적으로 신문 1면에 실렸고 사건 배후에 석유 트러스트가 있다는 의심으로 이어졌다.

방화로 추정된 현대식 콘크리트 공장 건물 11동을 집어삼킨 대화재는 에디슨에게 엄청난 경제적 타격이었다. 〈앤더슨 인텔리전스〉라는 신문은 "피해 면적은 거의 2.6제곱킬로미터에 달하며 700만 달러(2022년 가치로 환산할 때 2,600만 달러)의 재산 피해가 발생했다. 보험금 300만 달러를 제외한 나머지 피해 금액은 에디슨 씨가 부담해야 할 것

이다."라고 보도했다. 방화 여부는 증명되지 못했다. 다만 핑커튼(그리고 볼드윈-펠츠 같은 비슷한 탐정 회사)은 대기업들의 준군사조직으로 활동하고 있었고 미국 석유 트러스트의 얼굴인 록펠러는 대중에게는 악당이나 마찬가지여서 여론 재판정은 누가 범인인지 단죄할 준비가 되었다.

그러나 이 사건에서 대중의 동정은 에디슨이나 포드에게 별 도움이 되지 못했다. 포드는 화재 사고 얼마 뒤 전기차 연구를 포기했으며 결국 안정성을 갖춘 휘발유 자동차를 500달러에 출시해 시장을 완전히 뒤집어 버렸다. 어디에 가도 가격이 1,500달러에서 4,000달러였던 전기자동차의 몇 분의 일도 안 되는 가격이었다. 휘발유 자동차용 전기 시동장치가 등장해 수동 크랭크의 필요성이 사라지자 전기차는 경쟁에서 탈락했다. 록펠러는 파멸의 구렁텅이에서 한 발짝 뒤로 물러설 수 있었다.

이것은 루돌프 디젤이 완전히 새로운 내연기관을 공개할 때까지의 이야기다. 디젤기관은 다양한 종류의 연료를 연소할 수 있어서 새로운 위협이 되었고 록펠러는 핑커튼의 눈꺼풀 없는 눈을 다시 찾아야 할 것이다.

제15장
카이저가 '위험 이론'을 받아들이다

The Kaiser Adopts "Risk Theory"

1897년 6월, 서로 관련 없는 두 사건이 일어났다. 카이저 빌헬름 2세는 외할머니 빅토리아 여왕의 즉위 60주년 행사에 참석했고 루돌프 디젤은 카셀에서 디젤기관을 공개했다. 그 후 10년이 지나면 빌헬름 2세는 독일을 세계 제국으로 만들겠다는 야망에서 디젤이 불가결한 요소임을 알게 될 것이다. 그와 동시에 다른 어떤 나라도 디젤의 천재성에 접근해서는 안 되었다.

두 사람의 행로는 1897년 6월 26일에 수렴하기 시작했다. 외할머니의 즉위 60주년 행사를 위해 영국을 방문한 빌헬름은 관함식에 참석했다. 그날 독일 해군의 약점이 만천하에 드러났다. 빌헬름의 외삼촌 버티뿐 아니라 러시아, 프랑스, 이탈리아의 군주들도 구식이 된 독일 함대를 비웃으며 한마디씩 했다. 이와 대조적으로 무시무시한 영국 해군은 15척의 1급 전함(그리고 행사에 등장하지 않은 14척이 더 있었다)을 관함식에 선보였다. 최신 기술로 건조되어 강철제 선체와 무장을 갖춘 이 전함들은 장갑으로 둘러싸인 선회식 포탑에 전시대 전함보다 더 거대한 12인치 포를 탑재했다.

독일은 소심하게 13척의 '구식 철갑함'을 관함식에 보냈다. 이들은 돛대 3개와 목제 선체 위에 덮인 철제 장갑판, 구식 대포와 제한된 기동력을 갖춘 대형 범선 프리깃을 닮은 함정이었다. 독일은 1급 전함을 겨우 4척 보유했던 반면 러시아, 프랑스, 이탈리아는 10척을 가졌다. 심지어 미국조차도 6척을 가지고 있었다. 이들에 비하면 독일 함대는 손쉽게 격침할 수 있는 하찮은 존재로 비쳤다. 빌헬름은 무슨 대가를 치르더라도 해군력을 즉시 대거 증강하겠다고 맹세했다. 여기에는 대의를 실행으로 옮길 투사가 필요했다. 알프레트 폰 티르피츠Alfred von Tirpitz는 이런 빌헬름의 마음에 드는 동맹자이자 독일 해군의 새 수장이었다.

티르피츠는 독일 통일 전인 1865년에 16세의 나이로 프로이센 해군에 입대했다. 그때 프로이센 해군은 이렇다 할 전력이 없었고 따라서 프랑스-프로이센 전쟁 중에는 프랑스 해군에 압도당해 대부분 항구에 묶여 있었다. 티르피츠는 초급장교 시절에 어뢰 전술 기술개발에 전념했다. 티르피츠는 퉁명스러웠지만 명민한데다 힘 있는 친척까지 있어서 고속으로 승진해 동료 사이에 전설과도 같은 평판을 얻었다. 이 중에는 북해의 파도로 거품을 낸 맥주가 그가 가장 좋아한 음료라는 전언도 있었다.

빌헬름처럼 티르피츠도 알프레드 세이어 마한과 그의 책《해양력이 역사에 미치는 영향The Influence of Sea Power upon History》의 추종자였다. 이 책은 고대부터 문명의 성공에는 압도적 해군력이 필요하다는 것을 증명했다. 티르피츠와 빌헬름 모두 독일은 성장동력으로 삼을 식민지가 필요한데 이런 식민지 획득에 장애물인 영국이 가장 큰 적이라고 믿었다. 티르피츠는 항속거리가 짧을지라도 주력함*을 건조하는 것이 최고의 전략이라고 주장했다. 그는 해군 전력을 독일과 영국 사이의 북해에 집중적으로 배치하기를 원했다. 또한 그는 멀리 떨어진 식민지가 있는 곳까지 갈 항속거리를 갖춘 더 작은 순양함을 건조하는 것은 잘못된 전략이라고 주장했는데 제국의 세력 확장을 막는 진짜 장애물은 잠재적 식민지의 저항이 아니기 때문이었다. 진정한 장애물은 독일의 세계 제국 구상에 필요한 항로를 지배하고 있는 강력한 영국 함대였다.

빌헬름 2세의 지지를 업은 티르피츠는 정책 수단으로 함대법의 의회 통과를 위해 활동했다. 이 법에 따르면 정부는 복수 연도에 걸쳐 신형 함선 건조 예산을 지출할 수 있는데 이렇게 되면 매년 예산을 둘러싸고 의회와 실랑이를 벌일 필요가 없어질 것이다. 함대법이 독일 의회를 통과하기만 하면 독일은 티르피츠의 계획을 실행에 옮길 수 있게 될 터였다.

티르피츠는 영국이 독일의 해군 확장 결정을 위협으로 받아들일 것임을 알았다. 그는 '위험 이론Risikotheorie'을 도입해 영국 해군에 도전하는 데 필요한 전력을 달성하기 전에 영국이 성장하는 독일 함대를 사전

---

*   주력함은 대개 모든 해군의 자랑인 전함과 순양전함이다. 순양전함은 크기와 설계 면에서 전함과 매우 비슷하다. 그러나 전함보다 조금 얇은 장갑과 구경이 작은 함포와 더 큰 기관을 갖춘 순양전함은 더 빠른 속력을 낼 수 있었다.

예방 차원에서 공격해 격파할 가능성을 분석했다. 그는 이 취약 기간을 '위험구역Gefahrenzone'이라고 불렀다. 그는 함대법에 따라 함대를 건설하면 1905년에는 위험구역에서 벗어나 영국 해군에 도전하기에 충분한 전력을 보유하게 될 것이라고 결론 내렸다. 독일 함대는 영국 해군보다 강력하지는 못하겠지만 영국이 정면 대결을 피할 정도의 전력은 보유하게 될 것이다.

티르피츠는 위험구역에서 완전히 벗어나면 실제로 전투가 벌어질 가능성은 적다고 믿었다. 그의 새로운 함대는 실전에서 단 한 발도 발포할 필요가 없는 최고의 외교적 카드가 될 것이다. 그래도 영국 해군은 세계 최강이겠으나 북해의 독일 전함함대는 영국 해군을 불구로 만들 수 있는 위협적 존재가 될 것이다. 즉 독일 해군과 전투를 벌이면 영국 해군은 제3국과 대적할 수 없을 정도로 약해질 수 있다는 것이다. 이 가능성 때문에 영국의 외교정책은 독일의 제국주의에 더 유화적으로 변할 것이다.

티르피츠와 빌헬름은 독일 의회에 대한 작업에 착수해 함대법에 따른 예산지출 찬성표를 모으려 노력했다. 지지를 얻기 위해 이들은 적대적 영국이라는 유령을 소환해야만 했다. 아이러니하게도 이들은 하필 영국이 독일과의 더 긴밀한 관계 수립을 위해 문호를 열기 시작했을 때 이런 노력을 시작했다.

─────

영국은 독일 정부가 제안한 함대법을 잘 알았다. 군비 지출 감축을 희망하던 의회 내 자유당에는 반갑지 않은 소식이었다. 자유당조차 경쟁국 해군보다 우월한 전력 격차를 유지하는 것이 영국에게는 생사가 달린 문제임을 알았다. 독일이 함선에 금화 한 닢을 지출한다면 영국은 두 닢을 지출할 것이다. (나중에 벌어진 일이지만 영국은 경쟁국에 대해 1.6배 우월한 비율을 유지할 계획이었다.)*

독일의 위협에서 오는 스트레스에 더해 다른 두 문제가 상황을 더 복잡하게 만들었다. 러시아는 중국에서의 이권을 확대하면서 영국의 극동 식민지와 마찰을 빚고 있었다. 그리고 프랑스는 이집트에서 영국과 이권을 놓고 경쟁하고 있었다. 더 경각심을 불러일으킨 것은 전통적으로 영국의 적대국인 프랑스와 러시아 사이의 '이중 동맹'이었다.

영국 내 친독 정치가인 식민장관 조지프 체임벌린은 대담한 행보에 나서서 독일에 접근해 동맹 체결을 제안하려 했다. 그러나 빌헬름의 관점에서 영국은 이 올리브 가지**를 잘못된 시간에 내밀었다. 빌헬름과 티르피츠는 예산 통과를 위해 영국을 독일에 위협적인 존재로 그리려 했다. 체임벌린과의 조약을 논의한다면 빌헬름이 애지중지하는 함대는 건조되기도 전에 격침될 것이다.

빌헬름은 체임벌린의 제안을 거절했으나 영국이 먼저 손을 내밀었다는 데 내심 기뻐했다. 카이저는 지금 거절하면 더 큰 이익이 생기리

---

* 　　영국은 1889년에 제정된 해군방위법에서 법률화된 '2세력 기준Two-Power Standard'을 고수할 것이다. 이 기준에 따르면 영국은 영국 다음으로 강력한 2대 해군력을 합친 것과 동등한 해군 전력을 유지해야 한다. 19세기 내내 영국은 이 2대 해군력을 프랑스와 러시아로 판단했다. 나중에 빌헬름이 해군력에 관심을 기울이자 이 계산은 변했다.

** 　　서구권에서 '올리브 가지olive branch'는 평화와 화해의 상징으로 널리 쓰이는 표현이다. 성경 속 노아와 방주 이야기에서 비롯되었다. – 옮긴이 주

라 생각했다. 대화를 연기할수록(독일 의회에서 함대법을 통과시킬 정도의 기간만) 독일은 영국을 더욱 압박해 조약 논의에서 주도권을 차지할 수 있을 터였다. 대화를 의도적으로 지연하면서 빌헬름은 아직도 외할머니가 다스리는 영국은 자신이 공개석상에서 얼마나 부정적 언급을 하든 간에 결국 공식 동맹국이 될 것이라고 생각했다.

체임벌린은 독일 대사에게 만약 독일과 합의하지 못한다면 프랑스나 러시아와의 조약협상을 고려할 수밖에 없다고 말했다. 빌헬름은 영국이 얼마나 절박하게 안전보장을 원하게 되었는지를 과소평가했다. 다른 세력과 동맹을 맺을 수도 있다는 체임벌린의 위협을 주영대사로부터 보고받은 빌헬름은 보고서 여백에 이렇게 썼다. "불가능!"

———

20세기 초에 접어든 세계의 정세는 영국에 더 불리해졌다. 6,000마일 떨어진 남아프리카에서 영국을 부끄럽게 만든 사태가 발생했다. 위트워터즈랜드에서 발견된 대량의 금맥 때문에 영국은 오랫동안 방치했던 남아프리카에 대한 정책을 바꿨다. 더 큰 통제권을 원했던 영국은 남아프리카공화국의 트란스발과 오렌지 자유국Orange Free State이라는 네덜란드계 정착지 두 곳과 전쟁을 벌이게 되었다. 남아프리카의 네덜란드인들은 통칭 보어인The Boers으로 불렸다.

영국은 얼마 지나지 않아 보어인에게 수치스러운 패배를 당했다. 보어인은 광산업에 힘입어 독일로부터 최신 소총 기술을 도입하고 병사 1명당 말 1필을 지급할 정도의 부를 쌓았다. 소총을 다루는 기술이 뛰어난 이 명사수들은 영국군이 예상하지 못한 거리에서 뛰어난 사격술을 발휘하며 변변하게 훈련받지 못한 영국 징집병들을 압도했다.

의회는 대규모 증원을 승인했고 남아프리카 주둔 영국 해외파견군의 규모는 40만 명으로 늘어났다. 여기에 대항하는 보어군 유격대와 보조부대는 6만 명이었다. 이 전쟁은 양과 질의 싸움이었다. 영국은 게릴라를 말려 죽이기 위한 강제수용소 설치와 같은 야만적인 전술을 사용하며 결국 보어인에 압승했다. 국제사회의 여론은 강력한 반영 입장으로 선회했다. 네덜란드계 보어인에게 동정적이었던 독일인들 역시 분개했고 재정적 이익을 위해 식민지를 착취하는 영국의 행태를 규탄했다.

1900년 6월 20일, 독일 국민이 새로운 반영 열기를 느끼는 와중에 빌헬름 2세는 2차 함대법을 통과시켰다. 이 법은 특별히 영국을 목표로 설계된 함선 건조에 드는 비용지출을 대폭 늘렸다. 독일은 프랑스와 러시아를 뛰어넘어 영국 해군의 주적이 되었다.

1901년 11월 15일, 영국 제1해군경*인 셀본 경은 솔즈베리 수상과 내각에 독일 해군 정책의 목표는 식민지 획득이며 영국이 만약 프랑스나 러시아와 전쟁한다면 독일은 "우월한 위치"에 있게 될 것이라고 알렸다.

몇 달 뒤, 셀본 경은 한 걸음 더 나아가 이렇게 썼다. "새로운 독일 함대의 구성을 연구하면 연구할수록 이 함대가 장차 일어날 영국과의 분쟁에 맞춰 설계되었다는 것이 분명해진다."

영국은 행동해야 했다. '영광된 고립'은 1902년 1월 30일에 공식적으로 끝났다. 그런데 그 상대는 동맹국으로 가장 가능성이 낮았던 나라였다. 영국은 일본과 5년 기한의 방위조약에 서명했다. 두 나라는 러시

---

*　　다른 나라의 해군 참모총장에 해당한다. - 옮긴이 주

아의 극동 팽창을 막기 위해 동맹을 맺었다. 영국이 이중 동맹국인 프랑스나 러시아 중 한 나라와 분쟁을 벌인다면 일본은 배후에서 적의 주의를 분산할 수 있었다.

군사력에 점점 자신감이 커지던 빌헬름은 영국과의 외교적 대화를 계속 질질 끌었다. 실제로는 적이 되지 않으면서 '위협적 영국'이라는 허깨비를 계속 적의 위치로 두는 것은 법안 통과에 도움이 되었다. 빌헬름은 함대를 건조해 티르피츠 이론의 위험구역을 벗어나기를 원했다. 독일 함대가 놀라운 속도로 성장하면서 빌헬름은 영국이 받아들이기에 너무 멀리 나가 버렸다. 1903년, 영국은 수 세기 동안의 숙적 프랑스와 외교적 대화를 개시했다.

영국과 프랑스의 식민지는 여러 곳에서 서로 이웃하고 있어서 마찰의 원인이 되는 경우가 있었다. 그러나 이 마찰은 대개 사소한 문제였다. 예를 들어 프랑스 어부들은 뉴펀들랜드의 영국이 관할하는 한 섬에서 생선을 말릴 권리가 있었다. 프랑스가 통조림 가공용 바닷가재 어획을 시작하자 뉴펀들랜드 주민들은 바닷가재가 기술적으로 물고기가 아니라는 이유로 여기에 반대했고 폭력 사태가 발생했다. 좌절한 솔즈베리 수상은 탄식했다. "기괴한 바닷가재 난제를 맞아 나는 큰 좌절감을 느낀다."

프랑스와 영국은 이러한 작은 마찰을 잠시 제쳐 두고 협상할 준비가 되었다. 두 나라를 움직인 동기는 할아버지 빌헬름 1세가 1871년에 39개 독일계 국가들을 석권한 것처럼 빌헬름이 유럽을 석권할 것이라는 두려움이었다. 영국과 프랑스는 각각 이집트와 모로코에 이해관계가 있었다. 독일의 위협에 직면한 프랑스는 이집트에 대한 권리주장을 포기했고 영국은 프랑스가 모로코를 식민지화할 길을 터 주었다. 분쟁

은 해결되었다. 1904년 4월 8일, 영국과 프랑스는 영불협약Entente Cordiale
을 맺었다. 프랑스가 고립에서 탈피했지만, 독일은 점점 더 고립되고
있었다. 이 협약은 단번에 프랑스를 고립시킨다는 비스마르크의 핵심
외교 원칙을 제거해 버렸다.

———

빌헬름은 영국이 주적이라고 독일 의회와 대중을 설득하는 데 대성
공을 거뒀다. 그리고 당연히 영국 의회와 국민도 독일이 영국의 적이라
고 확신하게 되었다. 나폴레옹 훨씬 이전에도 영국인들은 프랑스의 침
공을 두려워했으나 이제 빌헬름이 영국의 전통적 적의 위치를 대체했
다. 당시 인기를 끌던 대중소설은 이 변화의 분명한 반영이었다.

1800년대 말 내내 영국 첩보 소설들은 대개 프랑스를 적으로 삼았
다. 1882년에 영국과 프랑스를 잇는 영불해협 해저터널이 처음으로 제
안되자《해협 터널의 전투Battle of the Channel Tunnel》나《해협 터널의 기습Sur-
prise of the Channel Tunnel》, 혹은 더 직설적인《영국이 위험에 처하다England in
Danger》같은 소설이 서점에 대거 등장했다. 이 소설들은 같은 줄거리의
변주였다. 짐에 소총을 숨긴 일단의 프랑스 요원이 런던에 침투하고,
프랑스군 부대가 새로 개통된 터널을 통해 기차를 타고 뒤를 따른다는
내용이다. 히스테리에 사로잡힌 런던 시민들은 영불해협 터널 회사 사
무실 밖에서 공사를 중단하라는 과격한 시위를 벌이기도 했다.*

———

＊　　터널 굴착은 그로부터 100여 년이 지난 1987년에 시작되었다. 영불해협 터널은
1994년 5월 6일에 공식 개통되었다.

그런데 20세기 초에 들어 빌헬름이 반영적 언동을 하면서 영국 대중은 새로운 공포의 대상을 찾았다. 윌리엄 르 큐의 《1910년의 침략The Invasion of 1910》(1906년 작), 어스킨 칠더스의 《모래의 수수께끼The Riddle of the Sand》(1903년 작)는 북해를 건너온 독일의 침략 위협에 더 관심을 쏟았다.

칠더스와 르 큐 모두 한때 정보계에 종사했으며 영국 내 정보 커뮤니티 고위층과 접촉을 유지했다. 르 큐는 자신의 기밀정보에 대한 접근을 활용해 "진실을 소설의 형태로 제시하는 것"은 국가적 의무라고 언급했다. 1909년에 르 큐는 《카이저의 스파이Spies of the Kaiser》를 출간했다. 이 애국적 소설에서 르 큐는 영국 내에 독일 간첩 5,000명이 비밀리에 활동하고 있으며 이들의 주요 관심사는 양국의 건함 경쟁이라고 주장했다. 소설은 즉시 베스트셀러가 되었다. 실제 독일 간첩의 수는 이보다 훨씬 적었다. 그러나 전쟁 전에 독일은 영국 내에서 활동 중인 견실한 첩보망을 보유했다. 맨스필드 스미스 커밍Mansfield Smith Cumming('C'라고 알려짐)이 이끄는 영국 해군정보부는 독일보다 출발이 늦었어도 더 고도의 조직으로 발전해 가고 있었는데 부분적으로는 이 소설들이 만들어 낸 히스테리가 동기였다.

———

영국 대중은 독일의 침공에 대한 소설을 읽으며 공포로 전율을 느꼈을지도 모른다. 그러나 사실 북해와 그 너머에 있는 중요한 항로를 통제하고 있던 것은 영국이었다. 주력함 건조 분야에서 전 세계를 선도하던 영국은 바다의 지배자였다. 영국 조선소들은 더 고속으로 항해하며 더 큰 대포를 장비하고 더 큰 함선을 단시간에 완공하는 데 있어 타의 추종을 불허하는 전문지식과 기술을 가졌다. 그러나 경쟁자 독일 함대가 성장하고, 독일 상선단이 노후화되는 영국 상선보다 더 빠른 속력을 내는 배를 인수하기 시작하면서 영국 의회는 새로운 긴급사태가 닥쳤음을 느꼈다. 1904년, 해군성은 전력 격차를 비약적으로 늘릴 새로운 전함 설계를 시작했다.

HMS 드레드노트함을 불침전함으로 만든 것은 장갑이 아니었다. 더 거대한 함포와 가장 빠른 선체를 하나로 합친 기술적 성취인 드레드노트함은 당시 가장 큰 두려움의 대상이 된 전함이었다. 드레드노트함의 주 무장은 386킬로그램 무게의 포탄을 9킬로미터 거리로 정확히 발사할 수 있는 25.4센티미터 포 12문이었다. 주포의 최대 사정거리는 18킬로미터였다. 주포 10문을 일제히 발사하면 4톤 이상의 강철과 고폭탄이 적에게 쏟아졌다.

대포의 구경이 3센티미터만 커져도 위력은 몇 배로 늘어난다. 전前드레드노트급 전함이 주로 탑재한 23.4센티미터 포의 유효사거리는 3.6킬로미터 이하이며 발사하는 포탄의 크기도 더 작았다. 이 구식 함포는 드레드노트함의 함포에 비하면 새총이나 마찬가지였고 이는 드레드노트함은 적함의 사정거리 훨씬 밖에 있으면서 적함을 자기 사정거리 안에 둘 수 있다는 뜻이었다.

더 작은 23.4센티미터 포를 갖춘 적 전함이 살아남으려면 드레드노트함의 사정거리 안쪽으로 어떻게든 깊숙이 들어가야 했다. 그러나 해군성은 이런 일은 불가능하다고 확언했다. 거대한 증기터빈을 갖춘 드레드노트함은 최고 속력 21노트를 낼 수 있었고 당대의 어떤 배보다 빨라서 전투가 벌어지는 거리를 결정할 수 있었다. 이 배는 우월한 속력을 이용해 적의 포화에 노출되지 않고 적함을 격침할 수 있었다. 불공평한 싸움인 것이다.

드레드노트함이 이전 전함 모두를 구식으로 만들었다는 것은 영국에게 이득이었다. 그런데 묵시적 귀결로 이는 영국에게도 함정이 되었다. 모든 나라가 이제 드레드노트형 전함이 필요했다. 그리고 영국 해군과 다른 나라 해군의 전력 격차는 단 1척으로 줄었다. 각국은 새로운 열정을 불태우며 군비경쟁을 재개했다.

자국 해안선이 좁다는 독일의 약점과 드레드노트함의 엄청난 크기로 인해 영국 해군성은 시간이라는 추가적 이점을 얻었다. 1906년 12월에 취역한 이 중무장 고속 전함은 길이 160미터에 배수량은 2만 톤 이상이었다. 새롭게 바다에 뜬 이 배의 흘수(필요한 물의 깊이)는 거의 10미터였다. 티르피츠도 알았듯, 북해와 발트해 사이를 오가기 위해 독일 함대가 쓰던 킬 운하는 드레드노트 같은 전함이 통과하기에 너무 얕았다.

독일은 건함 사업의 마비를 초래할 수도 있는 결정에 직면했다. 독일 제독 대다수는 대형 전함이 현존 건함 계획을 변경할 정도의 가치가 있다고 평가하지 않았다. 그러나 티르피츠는 대형 전함이 앞으로 할 중요한 역할과 영국의 신예 괴수와 대적할 함선의 획득 필요성을 이해했다. 그는 독일 조선소의 작업을 중단시켰다. 그리고 수백만 마르크와 1년 이상의 시간을 들여 킬 운하를 독일제 드레드노트형 전함에 맞게 파냈다.

독일의 예산과 정책 결정에서는 건함 기술 발전이 역할을 했지만 빌헬름의 행동도 한몫했다. 1906년부터 공격적이고 예측 불가한 성격의 빌헬름은 자신의 성격이 반영된 개인적, 외교적 사고를 연달아 쳤고 그 탓에 독일 정부에서조차 위상이 낮아졌다. 영향력이 약해진 빌헬름은 영국과의 드레드노트 경쟁에서 뒤처지지 않기 위한 의회의 지원을 계속 얻어낼 수 없었다. 이러한 독일 함대의 전략적 방향 전환과 동시에, 절망에 빠진 빌헬름에게 루돌프 디젤을 없어서는 안 될 사람으로 만든 기회가 왔다.

1906년 5월, 빌헬름이 연루된 개인 스캔들이 끓어오르기 시작했다. 베를린에서는 위험한 소문이 돌았다. 1907년 10월경, 황실 내부의 위기는 절정에 달했다. 당시 독일에서 동성애는 범죄였다. 단지 동성애에 연루되었다는 고발만으로도 직업적, 사회적 위상에 치명상을 입을 수 있었다.

장신의 미남자 필립 폰 오일렌부르크 백작은 큰 눈과 잘 다듬은 수염의 소유자였다. 군인 대신 직업 외교관을 택한 백작은 39세의 외교관일 때 당시 27세이던 미래의 카이저 빌헬름 2세를 만났고 두 사람은 금방 친구가 되었다. 빌헬름이 "필리"라고 부른 백작은 피아노를 치고 발라드를 불렀으며 같이 있으면 재미있는 이야기꾼이었다. 빌헬름은 "(필리는) 지루한 일상을 채우는 햇살 같은 사람이었다."라고 언급했다.

당시 독일 외무성 정무국장*이던 프리디리히 폰 홀슈타인은 최근 모로코에서 실패한 외교정책**에 대한 비판 대부분을 뒤집어쓴 희생양이 되었다. 상처를 입은 홀슈타인은 오일렌부르크가 황제에게 자신을 중상모략한다고 의심했다. 여기에 대한 대응으로 그는 비밀경찰이 1880년대부터 작성을 시작한 동성애 의심자 명단을 공개했다. 이 명단에는 오일렌부르크 백작이 있었다. 홀슈타인은 공식 조사를 요청했고 의심은 빌헬름의 측근 집단까지 미쳤다. 이들 모두 동성애 의심을 받았다.

1907년 10월, 빌헬름은 처음으로 신경쇠약에 걸렸다. (전쟁 전에 세 번 겪을 신경쇠약의 첫 번째였다.) 12월에 그는 한 친구에게 이렇게 썼다. "걱정이 끝없이 생긴 아주 힘든 한 해였네. 갑자기 (…) 오만, 모함, 거짓말 때문에 내가 믿던 친구들과의 우정이 깨졌어. 친구들의 이름이 온 유럽의 하수구에 질질 끌려다니는 꼴을 보면서도 도울 수 없거나 도울 자격이 안 된다는 것은 끔찍하네."***

＊　　원문에서는 외무성 수장head of the Foreign office이지만 실제 홀슈타인의 직책은 외무성 정무국political office of Foreign ministry/politischen Abteilung des Auswärtigen Amts 국장이었다. – 옮긴이 주
＊＊　　아가디르 사건The Agadir incident 혹은 '2차 모로코 위기'를 가리킨다. 프랑스가 모로코 내 반란 진압을 명목으로 파병하자 독일은 이에 대한 대응으로 군함을 모로코의 아가디르에 파견, 자국의 권리를 주장했다. 독일과 프랑스는 전쟁 직전까지 갔으나 독일이 모로코에서의 요구를 철회하는 대신, 프랑스가 콩고 지역에서 일부 영토를 양도하는 데 동의함으로써 타협이 이루어졌다. 독일 국내에서는 이에 대한 여론이 극히 나빴다. – 옮긴이 주
＊＊＊　　오일렌부르크 재판은 몇 년을 질질 끌다가 재판부가 오일렌부르크가 재판 받기에 건강하지 않다고 판단하면서 취소되었다. 그는 은둔해서 살다가 1921년에 사망했다.

그동안 빌헬름의 해군에 대한 맹목적 집착은 유럽 외교를 처음부터 재설정하고 있었다. 비스마르크의 시대부터 독일은 오스트리아, 이탈리아와의 삼국동맹으로 재미를 보면서 다른 나라들은 서로 적대하게 했다. 프랑스는 고립되었고 영국과 러시아는 서로를 경멸했다. 빅토리아 여왕이 개인적으로 러시아인을 싫어했기 때문에 이 증오심은 더 강해졌다.

러시아와 프랑스가 이중 동맹을 맺었는데도 독일은 이것이 자국의 군사력에 심각한 위협이 될 것으로 보지 않았다. 20세기 초에, 영국이 영광된 고립을 포기하고 독일에 접근하기 시작하면서 아직 자신만만했던 빌헬름에게는 대륙에서의 우세를 보장할 동맹을 맺을 기회가 왔다. 그러나 그는 체임벌린의 제안에 퇴짜를 놓았고 이에 따라 영국은 일본과 프랑스와 공식 외교 합의를 맺었다.

빌헬름이 "불가능!"이라고 했던 일이 일어나고야 말았다. 1907년 8월 31일, 런던과 상트페테르부르크에서 온 양국 장관들이 영러협약에 서명했다. 영국과 러시아의 적대 관계는 비스마르크의 전략에 놓인 주춧돌이었다. 빌헬름의 영국 해군에 대한 무모한 속도 경쟁이 독일의 동쪽과 서쪽에 각각 위치한 이 두 세력을 하나로 묶었다. 독일의 확실한 동맹국은 결국 오스트리아만 남았다.

영러협약이 맺어지고 얼마 뒤인 1908년 10월, 빌헬름 2세는 영국 일간지 〈데일리 텔레그래프〉와 인터뷰했다. 그의 언급에 거의 모든 유럽과 아시아 정부가 격앙했다. 인터뷰의 주제는 영-독 관계였다.

빌헬름에게 동정적이던 신문사 고위층과 빌헬름의 고문들 그리고 빌헬름 본인조차 빌헬름이 얼마나 영국을 흠모하고 있는지를 영국 대중이 안다면 두 대국 사이의 관계는 개선될 것이라고 믿었다. 그런데 인터뷰가 길어지면서 빌헬름의 영국에 대한 복잡하고 뒤틀린 감정이 전면에 등장했고 여러 가지 잘못된 사실 진술을 하면서 상황은 더 나빠졌다. 이 진술은 영국, 러시아, 프랑스 그리고 특히 일본의 심기를 건드렸다.

영국에 대해 그는 독일의 야심에 대한 영국의 의심은 "개인적 모욕"이라며 불평했다. 독일인 대부분이 영국을 싫어하게 되었으므로, 당치 않은 영국인의 독일인에 대한 적대감은 자기의 평화 노력을 더 어렵게 만들었다는 것이다. 또한 그는 보어전쟁 이전 8년 동안 프랑스와 러시아는 독일과의 동맹을 제의했으며 그때 세 나라가 힘을 합쳤다면 영국을 재기불능으로 만들 수 있었으나 자신이 거부했다고 주장했다. 〈데일리 텔레그래프〉에 나온 빌헬름의 수준 이하의 주장에 격분한 프랑스와 러시아는 말도 안 되는 이야기라며 인터뷰 내용을 일축했다.

독일 함대에 대한 영국의 불안에 대해 빌헬름은 진정한 목표는 영국과의 분쟁이 아닌 멀리 떨어진 식민지, 특히 극동 식민지* 이익 수호라고 주장했다. 그는 일본의 국력이 성장세라서 독일은 극동에서 발생할 "예측불허의 사태"에 대비해야 한다고 지적했다. 두말할 필요 없이 이 말을 들은 일본은 예측불허의 사태가 무슨 뜻인지를 궁금해하며 경계

---

* 　당시 독일의 극동 식민지는 중국 칭다오와 태평양 도서지역의 몇몇 섬이며 독일은 칭다오에 소규모 분견함대를 배치했다. - 옮긴이 주

태세에 들어갈 터였다. 한편으로 영국은 이것이 위장 공격임을 알았다. 독일 함대는 태평양에서 존재감이 거의 없었고 거의 모든 전력은 영국의 바로 문 앞인 북해에 집중되어 있었다.

〈데일리 텔레그래프〉 인터뷰가 가져온 후폭풍은 신속했다. 독일 대중과 의회조차 황제에게 격분했다. 영국의 에드워드 그레이 경은 이렇게 발언했다. "독일 황제는 증기압을 올리고 스크루가 돌아가지만, 키가 없는 전함 같다. 그리고 그는 언젠가 무엇인가와 충돌해 대참사를 일으킬 것이다."

———

그레이의 발언은 예언적이었으나 빌헬름의 성격에서 본질적 요소한 가지를 빠뜨렸다. 빌헬름은 키를 가졌다. 그는 자신의 목표가 정확히 무엇인지를 알았다. 확장된 독일 원양함대를 북해에 배치하는 것이나. 그는 여기에 집착하며 모두가, 특히 영국 해군이 길을 비켜 줄 것으로 생각했다. 처칠은 당시 독일의 외교정책에 대해 반추하며, 영토에 대해서는 나폴레옹 같은 야망을 품은 빌헬름이 총 한 발 쏘지 않고 이를 달성하기를 원했다고 말했다.

영국은 최소한의 상비군만 필요하다는 이점을 누리는 부유한 나라였다.* 따라서 의회는 값비싼 드레드노트형 전함 건조에 막대한 예산을

---

* 독일은 영국 육군에 대해 전혀 신경 쓰지 않았다. 비스마르크의 재임 말기에 한 전기작가는 프랑스-프로이센 전쟁 동안 프랑스를 돕기 위해 영국 육군이 대륙으로 파견될 가능성을 고려했는지를 물었다. 비스마르크는 그의 장군들이 듣기 좋아했을 농담을 던졌다. "그렇습니다. 그리고 만약 그랬다면 경보를 울리고 경찰을 보내는 것으로 충분했을 겁니다."

지출할 수 있었다. 이 자본은 오랜 역사를 지닌 영국 조선업계에 흘러 갔고 영국 조선소는 이 자본으로 다른 나라보다 우수한 함선을 효율적으로 생산할 수 있었다.

빌헬름은 아주 달라진 환경을 접하게 되었다. 독일은 이제 프랑스, 러시아를 양옆에 두고 유럽 대륙에서 압박받는 처지가 되었다. 두 나라는 점점 가까워지며 독일에는 점점 적대적으로 되어 가고 있었다. 빌헬름은 반드시 유럽 최강의 육군을 유지해야 했다. 이런 재정적 부담을 지고서 영국과 건함 경쟁을 더 할 여유가 없었다. 그러나 북해와 전 세계 해양에 대한 독일의 영향력 확장은 아직도 양보할 수 없는 큰 야망이었다.

그러자 그의 제독들이 바다를 통제할 다른 방법을 보여 주었다. 수상에서 항해하는 주력함이 아니라 수면 아래에서 항해하는 눈에 보이지 않는 치명적 병기를 이용하는 것이다. 20세기의 첫 10년간 일어난 사건들이 보여 주듯, 독일 함대의 전략적 방향 전환으로 인해 루돌프 디젤은 독일의 군사 계획에서 중요한 부분이 되었다.

제16장
만국의 무기 가운데 한자리

A Place Among the Armaments of Nations

윈스턴 처칠Winston Churchill은 빌헬름을 경계했다. 장래가 촉망되는 정치가 처칠은 1900년 하원의원에 출마했을 때 이미 종군기자 겸 군인으로 쿠바, 인도, 남아프리카에서 실전을 경험한 적이 있었다. 윈스턴 처칠은 42세의 디젤이 파리 박람회에서 그랑프리를 받던 해에 25세라는 젊은 나이로 하원의원에 당선되었다.

처칠은 신기술 애호가로 유명했지만 평화롭지 않은 세상에서 기술의 진보가 가져올 위험성도 유념했다. 그는 새로운 세기에 대해 이렇게 적었다. "전쟁이 진정으로 이 세상에 들어온다면 인류를 말살할 수도 있다." 한 걸음 더 나아가 그는 이렇게 관찰했다. "19세기와 20세기의 과학적 성취는 반드시 인류의 행복, 미덕, 혹은 영광을 위해서가 아니었다. 따라서 인류가 당면한 '지상 문제'는 현세의 즐거움이 있는 낙원을 만들기 위해 전진하는 것과 무의미한 지옥으로 빠져드는 것 사이의 선택이다. (…) 선택 ― 그리고 올바른 선택 ― 은 우리의 권리이자 의무다."

―――――

같은 시간에 북해 건너편 뮌헨에서는 루돌프 디젤도 이런 모순을 해결하기 위해 애쓰고 있었다. 이때 그의 신념 체계에는 강력한 군사력은 유용한 정치적 도구라고 믿을 여유가 있었다. 성장기에 전쟁을 겪은 그는 약점이 공격을 초래하는 상황을 보았다. 강력한 군대를 가진다면 안전과 평화를 달성할 수 있었다.

하지만 디젤은 점점 더 빌헬름의 정책에 대해 걱정하게 되었다. 그는 카이저가 보여 준 강박적 군국주의는 다른 나라를 도발할 뿐 아니라 예술, 과학, 전반적 삶의 질 향상과 같은 국가에 진정으로 중요한 다른 요소를 희생시킨다고 생각했다.

빌헬름은 기술 진보와 혁신을 열렬히 지지했으나 군사적 이점이 될 때만 그랬고 디젤은 군사 분야 적용을 위해서만 기술을 사용한다면 결국 과학은 질식할 것이라고 믿었다. 오이겐 디젤은 전쟁 전의 독일에 대해 이렇게 썼다. "그리고 무기로 거둔 승리는 국가적 노력의 유일한 이상이 되었기에 군대를 탁월하게 만든 핵심 동력(과학과 산업)은 추진력을 잃기 시작했다."

―――――

1901년 2월, 처칠은 하원의원으로 취임했다. 처칠의 첫 연설은 소속한 보수당의 기조와 반대라서 언론의 광범위한 주목을 받았다. 요지는 육군에 대한 추가 군비 지출 비판이었다. 그는 해군에 추가 지출을 해야 한다고 믿었다. 처칠은 영국 해군에 신형함과 신기술이 필요하다고 믿었으며 해군의 드레드노트형 전함 건조 추진을 지지했다. 하지만 다른 유럽 강대국들이 전함에만 홀리는 동안 처칠은 디젤동력의 이점을 이해하기 시작했다.

남을 감화시키는 용기와 날카로운 위트 그리고 유창한 언변으로 처칠은 정계의 떠오르는 별이 되었다. 그는 곧 영국 해군의 수장으로 지렛대 반대편의 티르피츠와 빌헬름을 상대하게 될 것이다. 그리고 그 지렛대 받침점에는 루돌프 디젤이 있었다.

디젤 기술의 선박 분야 응용은 러시아에서 먼저 시작되었다. 에마누엘 노벨은 세계 최초로 디젤기관을 배의 프로펠러와 연결했다. 1903년 3월, 노벨은 120마력의 디젤기관 3기를 스크루 3개를 갖춘 유조선 반달호에 설치했다. 길이 74.5미터, 폭 9.6미터에 흘수가 겨우 1.8미터인 이 배에는 해외시장으로 수출되는 램프용 기름 820톤이 실렸다.

반달호는 1903년 봄이 되어 러시아의 수로가 해빙되자 취역했다. 흘수선이 얕은 이 배는 러시아의 강과 운하망을 통과해 카스피해의 노벨 유전에서 기름을 싣고 발트해의 상트페테르부르크까지 3,058킬로미터를 항해할 수 있었다.

디젤기관이 국제 해운에 큰 영향을 줄 것이라는 데 노벨과 루돌프 디젤이 동의했다는 사실은 당시 주목받지 않았고 지금도 과소평가 되었다.* 그러나 노벨은 자신의 디젤 유조선 선단이 다른 선박은 절대 할 수 없는 방법으로 해외시장을 연결할 수 있다는 것을 100여 년 전에 깨달았다.

디젤 선박은 화부 팀이나 석탄 적재 공간이 필요 없었다. 디젤기관은 대개 수년간 정비가 필요 없었고 연료를 효율적으로 사용하며 빠른 속력을 낼 수 있어서 대서양을 횡단할 때 연료 보급용 중간 기착지에 들르지 않아도 되었다.

노벨은 반달호와 거의 똑같은 사르마트호를 다음 해인 1904년 여름에 진수했다. 사르마트호는 원래 장착되었던 디젤기관을 1923년까지 사용했다. 첫 선박용 디젤기관으로서 놀라운 수명 기록이다. 이와 비교할 수 있는 증기 화물선은 대개 4개월마다 귀항해 증기가 통과하는 증기 파이프와 밸브를 '교체'해야 했다. 반달호와 사르마트호에 대한 이야기가 퍼졌다. 노벨의 새 선단이 가진 비교우위에 주목한 유럽과 미국의 기관 제작자와 해운사들은 비슷한 배를 건조할 계획을 세웠다.

———

1900년의 파리 박람회에서 디젤이 거둔 성공을 가장 가까이서 볼

＊　　　반달호는 현대적 세계화의 첫걸음이었다. 저명한 학자 바클라프 스밀Vaclav Smil은 2010년에 출간한《세계화의 원동력: 디젤기관과 가스 터빈의 역사와 영향The History and Impact of Diesel Engines and Gas Turbines》에서 디젤의 기관(선박과 기차용)과 프랭크 휘틀Frank Whittle의 가스 터빈(항공기용)을 현대적 세계 경제를 낳은 양대 발명으로 보았다. 스밀이 책을 낸 2010년 당시 루돌프 디젤이 1897년에 발명한 기관과 같은 원리로 작동하는 디젤기관은 전 세계 선박 동력의 94퍼센트를 차지했다.

수 있던 이점을 누린 프랑스가 노벨의 뒤를 바싹 추격했다. 디젤의 친구 프레드릭 디코프는 북프랑스와 벨기에의 운하망에서 운용되던 흘수가 얕은 평저식 바지선에서 사용될 동력원인 소형 선박용 디젤기관 개발에 초점을 맞췄다.

디코프는 노벨의 반달호가 완성된 지 겨우 몇 달 뒤에 완성한 프티피에르호를 1903년 9월에 마른린 운하에서 진수했다. 파리의 소테아를 공장에서 제작된 25마력 디젤기관이 이 바지선에 장착되었다. 첫 운항에 나선 프티피에르호는 바르르뒤크와 코메르시 사이의 7마일 거리를 2시간 반 만에 주파했다. (말이 끄는 바지선보다 몇 배 빨랐다.) 그리고 디코프는 디젤에게 여정 중 가족과 "선상에서 아침을" 먹었다고 보고했다.

디코프는 디젤동력선으로 운하를 항해하는 여행에 디젤을 초청했다. 1903년 10월 25일, 디젤이 마르타에게 쓴 편지에 따르면 바지선의 성공적 순항을 끝낸 디젤과 디코프는 "오믈렛과 시골 포도주로 이 기념비적 순간을 축하했다."

———

20세기의 첫 10년간 제작된 소수의 디젤 선박은 모두 수상에서 항해하는 민간 선박이었다. 이런 상황은 미래를 보는 혜안을 가진 영국 제독 덕에 곧 바뀔 터였다.

영국은 목범선 시대가 끝나고 대규모 해전을 치른 적이 없어서 어떤 제독들은 영국 해군의 전술과 장비가 시대에 뒤처진다고 우려했다. 이 제독 중 가장 목소리가 크고 존경받는 사람은 존 "재키" 피셔John "Jackie"

Fisher 제독이었다. 피셔 제독은 범선 프리게이트 시절부터 1915년에 마지막으로 물러날 때까지 60년 이상 해군에서 복무했고 1904년부터 1910년 사이에 영국 해군에서 가장 높은 자리인 제1해군경을 역임했다.*

피셔는 개혁가, 혁신가, 전략가라는 평판이 있었다. 그는 해군성이 대개 회의적 반응을 보일 때부터 잠수함전의 잠재성에 관심을 기울였다. 동료 제독들은 잠수함을 "남자답지 않고 비윤리적인 약자의 무기" 심지어 "비영국적"이라고까지 불렀다. 영국 해군의 전함과 제독들은 경멸을 섞어 잠수함을 "피셔의 장난감"이라고 부르게 되었다.

해군성은 1899년 비밀리에 잠수함 프로그램을 추진하기 시작했다. 의원 대부분에게 알리지 않은 채 해군성은 미국 코네티컷주 소재 일렉트릭보트컴퍼니의 라이선스를 사들여 배로인퍼니스에 있는 비커스사에 홀랜드급 잠수함을 주문했다. 휘발유 기관을 장착한 이 원시적 잠수함은 당시 오토 사이클 기관으로 작동하는 잠수함에 흔했던 신뢰성 문제가 있었다. 1903년에 와이트섬에서 시행된 시험에서 이 잠수함 5척 중 4척이 잠수하지도 않은 상태로 5해리**도 항해하지 못하고 고장이 났다. 실험 후 잠수함은 불필요하다는 해군성의 다수의견이 더 굳어졌다.

스웨덴의 기업가이자 무기상이며 탄약과 잠수함을 설계한 발명가

---

* 제1해군경은 정무직인 해군장관의 지휘를 받는 군사직이다. 처칠은 1911년에 해군장관이 되었고 전쟁이 발발하자 피셔를 1914년에 다시 제1해군경에 복직시켰다. 따라서 피셔보다 거의 34살 어린 처칠은 전쟁 동안 피셔의 상관이었다.
** 1해리는 1.852킬로미터에 해당한다. - 옮긴이 주

토르스텐 노르덴펠트는 잠수함 기술이 계속 발전하면 언젠가는 공격적 무기가 될 수 있을 것으로 믿고 1885년에 잠수함전을 윤리적으로 옹호하는 글을 썼다.

> 잠수함이라는 아이디어 자체는 잔인하거나 끔찍한 것이 아니다. (…) 소총도, 총을 쏜 사수도 볼 수 없는 1마일 거리에서 날아와 사람을 죽이는 납탄보다 더 잔인한 것이 있을까.

> 잠수함의 존재 이유는 기습이며 수상함에서 발사한 것보다 잠수함에서 발사한 어뢰가 더 효과적이라면 이 무기는 만국의 무기 가운데 한 자리를 차지해야 한다.

노르덴펠트가 이 글을 썼을 때 잠수함은 아직 성능이 신통치 않았다. 잠수함을 공격용 무기로 만들 기술, 특히 기관 기술은 아직 존재하지 않았다. 당시의 잠수함은 잠수해서 조준이 가능할 정도로 적함이 해안에 접근하기를 희망하는 수밖에 없었다. 그리고 그동안 기관의 연기나 화재로 승조원이 죽지 않기만을 바라야 했다.

더 신뢰성 있는 동력원이 있다면, 잠수함이 해전을 바꿀 수 있음을 깨달은 피셔는 해군성 내에서 잠수함 기술을 개발하기 위해 계속 노력했다. 그리고 1904년에 그는 잠수함의 왕실 지원을 받겠다는 목표를 세웠다. 왕세자 부부가 포츠머스에서 시행된 시험에 초청되었다. 왕세자(6년 뒤 조지 5세가 될)가 탑승한 잠수함은 항구가 보이는 곳에서 잠수했다. 이 광경을 본 세자빈은 이렇게 말했다. "왕세자께서 다시 올라오지 않으신다면 나는 매우 실망할 것이오." 물론 미래의 국왕은 다시 부상했고 이 행사는 피셔에게 큰 힘이 되었다.

———

기관과 잠수 기술은 잠수함에 사용될 수 있게 발전하고 있었다. 1900년의 세계박람회에서 디젤기관이 대성공을 거두고 디코프가 제작한 프티 피에르호가 장래성을 보이자 프랑스 해군도 디젤동력의 이점에 관심을 가지게 되었다. 프랑스 정부는 1902년에 디젤에게 프랑스로 돌아와 프랑스 해군 최고 기술책임자 막심 로뵈프_{Maxime Laubeuf}와 만나 달라고 요청했다.

32년 전 12세의 소년이던 루돌프 디젤은 가족과 함께 파리에서 도망쳤었다. 그때는 무일푼이었고 하룻밤을 지낼 곳도 없었다. 1902년의 디젤은 아마도 지금은 폐허가 된 어린 시절의 집 겸 작업장 근처를 산책했을지도 모른다. 이곳에서 그는 뻐꾸기시계를 분해하고 거짓말쟁이라고 쓰인 플래카드를 목에 걸었으며 아버지의 손에 묶이기도 했다. 44세인 디젤은 실크햇과 흠잡을 데 없는 맞춤 양복을 입은 칭송받는 발명가, 부자 그리고 세계 유수의 기업가들이 찾는 사람이 되었고 이제 예전에 자신을 추방했던 그 나라 군사 조직의 일부인 프랑스 해군이 도움을 요청하고 있었다.

디젤의 발표에 깊은 감명을 받았던 로뵈프는 곧 1902년 4월에 사절단과 함께 아우크스부르크 공장에 있던 디젤을 방문했다. 1902년 4월 28일, 로뵈프는 디젤동력 채택의 중요성을 설명한 내부 보고서를 작성했다.

디젤기관은 이제 실용 단계로 접어들고 있다. 우리는 디젤기관의 장
래가 아주 유망하며 현존하는 모든 내연기관에 비해 우월하다고 생
각한다. 특히 디젤기관과 그 연료는 잠수 순항에서 우리가 유일하게
추천할 만한 기관이다.

프랑스 해군은 Z라는 신형 잠수함에 탑재하기 위해 프티 피에르호
기관의 설계에 기반한 디젤기관을 발주했다. 처음 인도된 기관의 성능
은 좋지 않아서 디코프는 이 기관을 즉시 190마력짜리 신형 기관으로
교체했다.

새 기관을 장착한 잠수함 Z는 1904년 3월 28일에 진수되었다. 이
잠수함은 사상 최초의 디젤동력 잠수함이었다. 얼마 지나지 않아 잠수
함 Y(왜 Z가 Y보다 먼저 진수되었는지를 설명하는 프랑스 해군 문서는 없다)
가 진수되었고 Z, Y함과 함선 선체 설계가 다른 에그레트, 시고네함도
건조되었다. 모두 디젤기관을 사용했다.*

Z함은 그 자체로 성공적 잠수함은 아니었으나 성공적 개념 실증함
이었고 이는 새로운 전쟁의 시대가 왔음을 알리는 전주곡이었다. 유럽
각국의 해군성은 디젤동력 잠수함이 곧 엄청난 잠재력을 발휘할 것으
로 확신하고 광분해서 디젤기관의 군사적 응용을 시작했다.

---

*   프랑스 해군은 주요 해군 중 처음으로 잠수함에 오로지 디젤동력만을 사용했다.
1911년경, 프랑스 해군은 60척의 디젤동력 잠수함을 취역시켰는데 이에 반해 영국은 디젤
잠수함을 고작 13척만 보유했다. 독일과 미국은 디젤 잠수함이 1척도 없었다. 그리고 1911년
쯤에는 두 나라 모두 필사적으로 만회에 나섰다.

프랑스 정부는 디젤기관 자체의 이점뿐 아니라 소유의 이점도 깨달았다. 1903년에 프랑스 정부는 디코프가 기관 설계도를 독일의 디젤기관일반회사와 공유하는 것을 금지했다. 이 결정은 디젤과 맺은 원래 라이선스 기본 원칙을 침해했으며 디젤 라이선스 네트워크에는 의심과 불안이 발생하게 되었다.*

이것은 강대국들이 과학자들에만 맡기기에 디젤기관은 너무 귀중한 존재라는 것을 깨달았다는 것을 보여 준 초기 징후였다. 민족주의적 정부는 디젤의 혁신 전파에 개입할 것이다. 지식 공유와 외국 협력사 원조는 결국 다윈의 '약육강식'에 밀려나기 시작했다.

1906년경까지 다수의 해군은 수상함용이 아닌 잠수함 프로그램 전용으로 디젤기관을 사들였다. 두 가지 이유가 이를 설명한다. 첫째, 바다 밑에서 사용해야 한다는 까다로운 조건 때문에 다른 기관의 사용 가

---

* 전쟁 전 몇 년 동안 각국의 기계회사들은 외국 해군용 디젤기관의 주문을 자주 받았다. 1909년에 독일 해군은 이탈리아 회사인 피아트Fiat에 나중에 잠수함 U-42에 장착될 디젤기관을 주문했다. 이 기관은 독일이 사들인 첫 외국 제작 기관이었다. 반대로 술처는 1910년에 이탈리아 해군으로부터 잠수함 나우틸루스Nautilus와 네레이데Nereide의 동력원으로 할 디젤기관 4기를 주문받았다. 이 잠수함들은 1913년에 베네치아 해군공창에서 진수되었다. 일본도 1916년에 술처에 디젤기관 4기를 주문했다. 디젤기관 생산의 선도자였던 M.A.N.은 1913년에 독일 해군이 처음으로 M.A.N.의 디젤기관을 장착한 잠수함을 진수하기 이전에 8개국 해군(이 가운데 다수는 교전 상대국이 되었다)에 디젤기관을 인도했다.

능성은 사실상 배제되었다. 둘째, 잠수함이 요구하는 출력은 상당히 낮았다. 따라서 소형 디젤기관(가장 큰 디젤기관의 출력도 아직 300마력 이하였다)도 잠수함에는 충분했다. 더 큰 수상함정은 증기기관이 내는 더 큰 출력이 필요했다. (1908년에 설계된 순양전함 HMS 인디퍼티거블은 4만 3,000마력을 내는 파슨스 터빈 2기를 장착했다.) 그런데 디젤엔진이 발전하면서 기능과 출력이 많이 증가하자 디젤기관은 일부 수상함정의 동력원으로 증기기관과 경쟁하게 되었다. 이 분야는 러시아의 노벨이 선도했다.

카스피해의 해적은 러시아의 해상운송에 큰 손해를 끼치고 있었다. 카스피해 항구도시들은 장비와 필수품들을 내리고 돌아갈 길에 기름과 다른 천연자원을 싣는 목제 스쿠너선과 낡은 증기선(노벨의 디젤동력 유조선단은 제외)으로 북새통을 이뤘다. 상선을 해적으로부터 보호해야 했던 러시아 제국해군은 기동성이 좋고 시간을 들여 증기압을 올릴 필요 없이 빨리 출격할 수 있는 석유기관 탑재 고속 포함_{gunboat}*이 필요하다고 보았다.

1907년경, 노벨 형제는 이 목적에 맞는 디젤기관을 개발했다. 이것은 최초의 역회전 4행정 디젤기관이었다.** 배의 조타수는 수동 핸들을

---

* 　화포를 탑재하고 경비와 포격 지원을 맡는 소형함. - 옮긴이 주
** 　4행정 기관에서 1동력 사이클을 마치기 위해 피스톤은 4행정을 수행한다. i) 흡입밸브에서 연료와 공기가 **흡입**되면서 피스톤은 위에서 정중앙 바닥으로 강하한다. ii) 피스톤이 정중앙 위로 올라오면서 실린더에서 연료와 공기가 **압축**된다. iii) 실린더에서 **연소**가 발생한다. 이에 따라 피스톤은 다시 정중앙 아래로 밀려 내려간다. iv) 피스톤이 정중앙 위로 올라가며 연소한 연료와 공기의 혼합을 배기밸브로 **배기**한다.

전진에서 정지, 후진 위치까지 돌려 전속 전진하는 배를 8초 만에 전속 후진시킬 수 있었다. 이와 대조적으로 증기기관이 같은 기동을 수행하려면 별도의 '역추진' 터빈으로 증기압의 흐름을 반전해 기어로 보내야 했다. 이 과정은 10분까지 걸릴 수 있었다.

러시아 해군은 카스피해에서 사용할 포함 카르스와 아르다간에 장착하기 위해 노벨과 490마력 기관 2기의 공급 계약을 맺었다. 카르스함은 1908년에 핀란드만에서 시험항해를 시작했다. 새 포함은 네바강 안으로 들어갔다. 기관은 윙윙거리는 소리를 내며 안정적으로 작동했다. 함장은 배의 선회반경과 가속 능력의 한계를 시험하며 해상 기동을 시작했다. 승조원들은 특히 회색 눈처럼 쏟아지는 검댕이 없다는 데 만족했다. 이전에는 전개할 때마다 함의 연돌에서 나온 스모그가 갑판, 의복, 머리카락, 피부색을 서서히 바꿨다. 이제 이들은 얼굴에 부는 맑은 미풍과 깨끗하게 보이는 수평선을 즐겼다.

흥분한 함장이 격하게 기동하는 바람에 카르스함은 해안으로 접근하다가 실수로 화강암으로 된 제방에 너무 근접했다. 충돌을 피할 공간적 여유가 없었다. 증기함선만 조함했던 함장은 충돌을 피하기 위해 시간에 맞춰 기관을 역회전하는 데 익숙하지 않았다. 함교에서 상황을 지켜보던 노벨사 소속 민간인 감독관인 M.P. 자일리거_{M.P. Seiliger} 박사는 함장이 망설이는 동안 사고가 날 것임을 깨달았다. 그는 기관실 텔레그래프*의 핸들을 전속 후진으로 밀었다. 포함은 속력이 느려지다가 부르

---

*   기관 조작 관련 통신을 위해 함교(상선은 선교)에 설치된 기계식 통신장치. - 옮긴이 주

르 떨며 멈추더니 다시 제방에서 멀어지기 시작했다. 이 시험 항해는 극적(그리고 계획되지 않은)으로 신속 역추진 기능의 장점을 보여 주었다.

카르스함 사건의 교훈은 전 세계의 제독들과 기관 제작자들 사이에 퍼졌다. 현장 경험자의 1차 보고를 받은 러시아 해군은 즉시 노벨과 디젤기관 관련 협업을 강화했다.

카르스함은 1905년의 러일전쟁이라는 재앙을 겪고 러시아 해군이 착수한 광범위한 재무장 계획의 일환이었다. 전투에서 모든 종류의 함선이 심각하게 손실된 것에 더해 잠수함 함장들은 휘발유 기관에서 일상적으로 발생하는 화재와 폭발 사고에 시달리고 있었다. 간단히 말해 휘발유 기관은 수면 아래로 항해하는 잠수함의 동력으로는 적합하지 않았다.

유조선 반달과 사르마트의 성공 그리고 에마누엘 노벨의 사업수완과 결합한 카르스함의 성공에 힘입어 러시아 해군은 1907년부터 노벨사에 서둘러 디젤기관을 발주하며 군용 디젤기관은 모두 러시아산으로 할 것을 규정했다.

노벨은 도전을 맞을 준비가 되었다. 그 뒤로 몇 년 동안 전쟁 전의 가장 진보한 디젤기관은 노벨에서 설계했다.*

---

*   1911년에서 1918년까지 노벨은 러시아 해군에 잠수함용 디젤기관 57기를 인도했다. 러시아 혁명 와중인 1918년에 에마누엘 노벨은 볼셰비키의 위협에 쫓겨 상트페테르부르크에서 도망쳤다. 붉은 군대는 바쿠 유전을 포함해 러시아에 있던 노벨 자산 전체의 소유권을 차지했다.

각국 군대가 디젤기관이 가진 중요한 본질을 깨달으면서 기술은 확산됐다. 디젤이라는 안전하고 신뢰성 있으며 효율적인 동력원을 알게 된 혁신적 기업가들은 이를 자신들의 필요에 맞춰 받아들이려 노력했다. 다른 분야에 채택될 때마다 디젤기관의 확산 동력은 커졌다. 더 큰 성공을 거둔 생산업체일수록 루돌프 디젤과 긴밀한 관계를 유지했다는 것은 우연이 아니다. 업체 간 협력은 거의 중단됐지만 개별 업체는 발명자와 계속 유대관계를 유지할 수 있었고 루돌프 디젤과의 직접 관계 유지에서 이익을 거뒀다.

———

스위스 빈터투르의 술처 형제는 루돌프 디젤과 친분을 계속 유지했고 그의 충실한 지지자로 남았다. 술처는 이 기간에 성공적 기관을 설계했는데 그중에는 세계 최초의 직접 역회전 2행정 기관이 있었다. 러시아에서 만든 4행정 기관과 반대로 술처의 기관은 흡기와 배기 단계를 동시에 수행해 2개 피스톤 행정으로 하나의 동력 사이클을 완성했다. 이 기관은 1906년의 밀라노 국제박람회 해당 분야에서 상을 받았다.

자랑스러운 조선업 전통과 강력한 해군을 보유한 스웨덴은 자국 회사 A.B.디젤스모토러를 지원했다. 이 회사가 제작한 기관은 아마도 1910년대에 가장 유명했을 선박에 장착되었다. 1910년에 A.B.디젤스모토러는 원래 1892년에 진수된 낡은 목제 스쿠너선 프람호에 기관을 새로 설치했다. 프람호의 선체는 부빙의 압력을 견딜 수 있도록 설계되었다. 새로 설치된 디젤기관은 이 배로 남극에 가려는 준비의 일환이었다. 프람호는 유명한 탐험가 로알드 아문센Roald Amunsen의 지휘하에 1910년 8월 10일에 노르웨이를 떠나 디젤동력을 써서 남쪽으로 향했다. 1911년 12월 14일, 아문센은 동료 4명과 개 97마리를 데리고 남극에 첫발을 디뎠다.* 돌아오는 길에 아문센은 1912년 3월 13일에 타스마니아에 들러 후원자들에게 전보를 보냈다. 여기에서 그는 "디젤기관은 아주 훌륭했다."라고 보고했다.

프람호의 디젤기관은 2,800시간 무고장 가동을 기록했다. 그 어떤 기관도 이 경이로운 성능과 신뢰성에 근접하지 못했다. 남극 정복은 디젤기관이 대중의 눈에 띄지 않는 배후에서 조용히 임무를 수행한, 역사의 기념비적 순간이었다.

이러한 사건으로 말미암아 디젤기관은 전 세계의 해군과 기업가들의 시선을 더욱 끌게 되었다. 국내에서 디젤기관을 만들지 않는 군사 강국은 생각조차 할 수 없었다. 이 새로운 기관은 반드시 지켜야 할 국가 기밀이 되었고 각국 정부는 디젤기관의 국내 제작을 장려하기 시작했다.

---

*   아문센과 동시에 로버트 스콧Robert Scott은 영국 원정대를 이끌고 남극으로 갔다. 그리고 전 세계는 두 팀의 경쟁을 주시했다. 스콧의 팀은 증기선 테라노바호에 탑승했는데 이 배는 뉴질랜드를 떠나 남극으로 향할 때 위험할 정도로 과적 상태였다. (화물 대부분은 연료용 석탄이었다.) 거친 바다와 마주친 대원들은 석탄 자루를 바다로 던질 수밖에 없었다. 갑판 위까지 친 파도 때문에 기관실과 석탄고에는 물이 샜다. 석탄가루와 섞인 물은 걸쭉하게 되어 빌지펌프(선저에서 물을 퍼내는 펌프. ― 옮긴이 주)를 막았다. 심한 폭풍에 배가 침몰하는 사태를 막기 위해 대원들은 선저로 가서 나무와 쇠로 된 격벽을 뚫었다. 이것이 석탄가루와 섞인 물을 제거할 수 있던 유일한 방법이었다. 석탄기관은 이런 상황에서 아주 위험하다는 것이 입증되었고 귀중한 시간을 낭비한 원인이 되었다. 스콧의 팀은 아문센이 도착한 지 34일 뒤에 남극에 도착했다. 아마도 디젤기관 때문에 이런 격차가 생겼을 것이다.

미국과 영국은 디젤 기술 분야에서 상당히 뒤처졌던 반면, 독일에서 이 기술은 이미 높은 수준에 도달해 있었다. 빌헬름은 국경을 넘어갈지도 모르는 지식의 유출을 막기만 하면 되었다.

———

디젤 기술 관련 최고의 공학적 전문성은 독일, 특히 M.A.N.이 보유했으나 아이러니하게도 초기에는 독일보다 외국이 선박용 디젤기관을 더 많이 채택했다. 좌절한 디젤은 1902년에 동업자 하인리히 부즈에게 이렇게 썼다. "프랑스에서 디젤 기술이 그렇게 발전했다면 우리 정부 관계자들도 디젤기관이 중요하다는 데 동의하기를 바랍니다."

디젤기관 수용, 특히 잠수함 분야에서의 수용으로 인해 프랑스 해군은 독일 해군을 크게 앞서게 되었다. 스웨덴과 러시아조차 독일보다 더 크게 발전했다. 디젤과 이 문제에 주목하던 모든 이들에게는 분명한 사실이었다. 디젤기관은 중소형 수상선박에 뛰어난 선택이었고 잠수함 분야에서는 유일한 선택이었다. 아우크스부르크에서 생활하며 일하던 유명한 발명가를 가진 독일은 왜 뒤떨어졌을까?

답은 두 가지다. 첫째, 오토의 휘발유 기관도 역시 독일인이 설계한 기관이었고 도이츠*처럼 업계에서 오랜 전통을 가진, 유력 회사들은 경량 오토사이클 기관과 증기기관을 생산하고 판매했다. 도이츠는 신사업 진출에 필요하지만, 비용이 많이 드는 과정인 생산 공장의 전면 개조가

———

＊　1864년에 니콜라우스 오토가 창립한 회사인데 곧 유명해질 고틀리프 다임러Gottli-eb Daimler와 빌헬름 마이바흐Wilhelm Maybach가 여기서 일했다.

내키지 않았다. 오토 기관이 계속 최고의 위치에 머무른다면 사업구조는 더 단순해지고 이익도 많이 남을 것이다. 처음에 도이츠는 디젤기관의 확산에 저항했다. 다임러와 벤츠 같은 혁신가가 선도한 자동차 분야에서 오토 기관이 처음에 거둔 성공은 기관에 대한 추가 수요를 낳았다. 당시 이 분야에서는 경량 단순 저가인 휘발유 기관이 더 제격이었다.

두 번째, 거대한 전함만을 강조했던 티르피츠 계획을 받아들인 카이저 빌헬름 2세는 1902년에 잠수함에 관해 깊이 생각하고 있지 않았다. 디젤동력은 아직 이렇게 거대한 전함의 동력원이 될 정도로 대형화되지 않았다. 1910년 이전의 일반적 선박용 디젤기관의 출력은 몇백 마력 이하였고 운하나 호수에서 운행되는 선박이나 좁은 양안에서 국지적 작업을 하는 선박에만 설치되었다. 대양을 항해하는 선박에 설치될 정도로 큰 디젤기관은 아직 나타나지 않았다. 스위스의 술처, 덴마크의 부르마이스터&바인과 독일의 M.A.N.은 대형 디젤기관을 시험 중이었으나 보조 동력(주기관과 다른 대체원에서 공급되는 전력)을 공급하는 것 말고 전함의 요구조건에 맞는 디젤기관이 당시에는 없었다.

그러나 1910년대가 끝나갈 무렵, 독일 해군은 전함에만 집중하고 계속 잠수함을 무시할 수 없다는 것을 깨달았다. 1907년에 프랑스 잠수함 시르세와 칼립소가 뛰어난 성능을 보이자 독일 해군은 결국 1908년 12월,* M.A.N.에 잠수함 1척에 사용할 850마력 디젤기관을 주

---

* 　루돌프 디젤의 주요 특허는 1907년 2월과 1908년 11월에 만료되었고 그 뒤로 도이츠와 다른 회사들이 디젤기관을 생산 판매하기 시작했다. 이것은 부분적으로 M.A.N.이 거둔 상업적 성공이 원인이었다. 1908년경, M.A.N.은 디젤기관에 집중하기 위해 증기기관 생산을 중단했다.

문했다. 이것은 프랑스 잠수함에 설치된 300마력 기관보다 훨씬 강력한 기관이었다.

M.A.N.은 1910년 4월에 발주된 기관 시험을 성공적으로 끝냈다. 그리고 1911년 8월 4일에 독일 해군은 동일한 기관 7기를 추가 발주했다. 이들은 1912년 7월부터 1913년 5월까지 차례로 완성되어 잠수함 U-19, U-20(1915년 5월에 여객선 루시타니아에 어뢰 공격을 한 것으로 유명해졌다), U-21, U-22에 설치되었다. 독일 해군의 첫 디젤 잠수함은 속력 18노트를 낼 수 있었고 이 속력으로 7,600해리를 항해할 수 있었다.*

디젤기관 관련 전문 기술에서 발명국 독일의 이점은 잠수함의 까다로운 요구조건을 충족하며 특히 엄청난 저력을 발휘했다. M.A.N.의 기술진은 디젤기관의 최고 권위자였다. 외국 생산사들도 디젤기관에서 인상적 성공을 거두었고 외국 해군은 M.A.N.이 생산한 초기 잠수함용 디젤기관 일부를 사들였지만 1911년이 되자 빌헬름은 디젤의 옆에서 훈련받은 전문가들이 독일에서만 일하기를 원했다.

1911년 연초에 독일 해군은 디젤 잠수함이 한 척도 없었지만 M.A.N.에 행동의 자유를 부여하고 타의 추종을 불허하는 독일 기술진이 오직 독일 해군에게만 집중한다면 경쟁자 프랑스와 러시아의 잠수함대를 따라잡을지도 몰랐다. 빌헬름은 전함을 덜 중시하고 전 세계가

---

* 크루프, 도이츠, 다임러와 벤츠도 독일의 전쟁 수행 기구에 디젤기관을 공급했다. 그러나 아우크스부르크에 있는 루돌프 디젤의 원조 공장은 제1차 세계대전에서 독일이 사용한 잠수함 기관의 절반을 공급했다.

본 적 없는 최첨단 디젤기관을 장착한 유보트 함대를 만들기로 했다. 그의 유보트는 놀란 적함을 항구로 돌려보낼 작전 능력을 갖추고 화물선과 병력수송선이 이용하는 항로를 지배하며 바다와 대중의 상상력을 공포에 떨게 할 것이다.

1911년에 루돌프는 아직도 뮌헨과 아우크스부르크에서 거주하며 연구하고 있었으나 M.A.N.과의 관계는 나빠지고 있었다. 빌헬름이 디젤동력에 더 관심을 가질수록 루돌프 디젤은 빌헬름을 더 경계하게 되었다.

제17장
새 시대의 여명

Dawn of the New Era

1907년 2월, 디젤의 주요 특허가 만료되었다. 즉 신규 회사들이 원래의 디젤 설계를 가지고 자유로운 연구를 추구할 수 있다는 뜻이었다. 디젤 기술의 훈련을 받았고 주 특허를 보유하며 M.A.N. 같은 기업에서 근무하던 숙련 기술자를 스카웃할 수 있는 도이츠 같은 독일 대기업에게 이는 생산 증대의 기회가 되었다.*

기관 기술의 발전 방향에 디젤이 행사하는 영향력은 줄어들었다. 그

---

* 독일인 고급 기술자가 외국 회사에 남은 주목할 만한 예외적 경우는 디젤의 처남 한스 플라셰Hans Flasche(1875년생)다. 에마누엘 노벨은 아우크스부르크에 있던 플라셰를 고용해 상트페테르부르크로 데려왔다. 그는 그곳에서 1901년부터 1914년까지 일하다가 제1차 세계대전이 발발하자 독일계라는 이유로 떠났다. 플라셰와 디젤은 노벨 공장의 발전 상황에 대해 자주 편지로 대화했다.

리고 군사적으로 놀랍게 응용되며 발전한 기관은 이제 발명자가 처음에 꾸었던 꿈에서 더 멀어졌다. 새로운 현실에 직면한 디젤은 다른 꿈은 아닐지라도 악몽을 막을 방법을 숙고해야 했다. 디젤은 1902년의 편지에서 독일이 디젤동력을 받아들이기를 원했으나 1907년이 되자 빌헬름의 군인들과 디젤기관의 결합은 더는 디젤의 희망이 아니었고 그는 M.A.N.과도 독립적으로 일하기 시작했다.

디젤의 직업적, 개인적 활동에도 주목할 만한 변화가 일어났다. 그는 오래 같이 일한 독일인 동료들과 멀어지고 외국인과 더 친밀해지기 시작했다. 점점 그는 영국인, 특히 증기터빈의 발명자 찰스 파슨스 경과 친구가 되었다. 증기터빈은 당시 최첨단의 **외연**기관 기술이었고 1906년에 진수된 드레드노트함은 이 신기술을 탑재한 최초의 전함이었다. (따라서 드레드노트함은 두 종류의 기관을 모두 탑재했다. 추진을 위한 파슨스 증기터빈과 보조 동력원인 디젤기관이다.) 친해진 두 사람은 서로를 존경했다. 함선용으로 쓰이는 두 주요 동력원의 발명자인 이들은 전례 없는 군비경쟁을 벌이던 각국 해군이 가장 원하던 사람이었다.

이와 동시에 가족같이 지내던 루돌프 디젤과 M.A.N. 그리고 아우크스부르크의 디젤기관일반회사 경영진의 관계에 금이 가기 시작했다. 디젤이 처음 작업을 시작했을 때의 동맹들은 더는 지도자가 아니었다. 프리드리히 크루프는 몇년 전 자신의 동성애 관련 스캔들이 일어나고 얼마 안 되어 미스터리한 상황에서 사망했고, 하인리히 부즈는 M.A.N.에서 절반쯤 은퇴한 상황이었다.

디젤은 기관을 개선하고 다른 분야에 응용하는 혁신적 작업을 계속했으나 독일 내 협력자들과 공동작업을 하지는 않았다. 특허 만료로 얼마간 해방된 디젤은 핵심기술의 타 분야 응용에 특화된 작업을 시작했다. 그는 특히 자동차, 기차 그리고 선박용 기관을 설계했는데 그동안 M.A.N.은 더욱더 큰 출력을 내는 잠수함용 기관 생산에 주력하고 있었다.

그런데 믿을 수 없는 일이 일어났다. 1906년 12월, 디젤은 새로운 연료분사 과정에 대한 특허 출원을 준비 중이라고 밝혔다. M.A.N.과 디젤기관일반회사는 관련 세부 사항 공개를 요구했고 두 회사는 1907년에 디젤을 제소했다. 디젤기관 발명자로서는 정이 뚝 떨어질 상황 변화였고 디젤과 옛 동료들 사이의 관계는 회복 불능으로 치달았다.

정확히 10년 전, 디젤과 슈뢰터는 아우크스부르크 실험실에서 첫 디젤기관의 성능시험을 성공적으로 시행했다. 그리고 이들은 부즈와 나란히 서서 보도용 사진을 찍은 다음 디젤 기술을 전 세계로 전파하는 사업에 착수해 큰돈을 벌었다. 지금 보면 M.A.N.과 디젤기관의 아버지가 소송을 벌이게 되었다는 것은 매우 놀랍기 짝이 없다. 디젤과 M.A.N.의 분쟁은 기술적 문제에 대한 의견 다툼보다 더 깊은 곳에 있던 차이를 반영했다. 본질적인 철학 차이로 생긴 이 문제는 사업 재배치나 금전으로 해결될 성질이 아니었다.

소송은 1909년까지 질질 끌다가 법원이 M.A.N.의 주장을 기각하면서 끝났다. 이와 별도로 디젤기관일반회사도 이사회 회원사들이 디젤 기술 진흥을 위한 단체를 유지할 필요가 없어졌다고 보면서 소송을 취하하기로 했다. 전 세계의 디젤기관 제작사들은 각자 소속국의 이익에 맞는 길을 가기로 했고, 회사 설립의 원래 취지인 디젤 기술 지원을 위한 공유협력 지식기반 진흥은 효능을 잃었다. 이사회는 회사 해산을 논의하기 시작했다.*

디젤은 비통했으나 이제 장애물 없이 창조적 작업을 추구할 수 있게 되었다. 그는 유보트와 기타 전쟁 무기에서 손을 떼고 다른 꿈으로 방향을 돌렸다. 새 목표 중 하나로 자동차용 경량 디젤기관이 있었다. 그는 이것이 분명 미래의 응용 분야가 될 것으로 보았다.

1908년에 딸을 아르놀트 폰 슈미트Arnold von Schmidt(독일 귀족 가문 출신의 자동차 기술자)와 결혼시키기 직전, 디젤은 '프티 모델Petite model'로 불린 디젤기관을 설계했다. 자동차 동력원으로 사용될 5마력 경량 기관이었다.**

경량 디젤기관 자동차는 전기자동차와 휘발유 자동차의 장점을 동시에 제공함으로써 현재 진행 중이던 양자의 싸움을 방해할 수 있었다. 대체 연료를 연소하는 디젤기관 자동차는 휘발유 자동차보다 더 높은 출력을 내고 안정적이며 더 멀리 갈 수 있었고 여기에 전기자동차의 줄어든 악취와 소음 그리고 시동 크랭크의 불필요함까지 갖췄다. '프티'는 1910년 브뤼셀 국제박람회에서 그랑프리를 받았다.

한 걸음 더 나아가 디젤은 아우크스부르크 전문가들의 도움에 더는 의지할 수 없게 된 외국 회사들과의 협업을 우선시했다. 잠재적 적대국

---

* 디젤기관일반회사 이사회는 1911년 2월 27일에 회사를 해산했다. 남은 권리와 의무는 M.A.N.과 크루프가 승계했다.

** '프티 모델'은 거의 팔리지 않았지만 디젤의 업적은 미래 디젤 자동차의 기반을 닦았다. 이번에도 그는 시대를 앞섰다. 디젤은 디젤 자동차의 미래를 정확히 예언했으나 그가 상상한 소형 디젤 동력원은 "장인 계급을 부흥"시키고 농촌 경제를 부흥시키지는 못했다. 그 역할을 한 소형 동력원은 니콜라 테슬라가 선구적으로 개발한 전기모터가 되었다.

회사에서 근무하는 기관 설계자들은 전쟁 전의 민족주의와 편집증 때문에 협업이 어려워졌다. 간단히 말해 M.A.N.은 기술 공유를 하지 않았다.

그런데 디젤의 태도는 1902년에 부즈에게 편지를 보낸 이후 달라졌다. 디젤은 더는 독일이 다른 나라보다 뒤처지는 것에 개의치 않고 오히려 다른 나라들이 독일보다 뒤처지는 것을 우려했다. 디젤이 스위스의 술처와 긴밀하게 협업해 개발한 열차용 기관은 나중에 성과를 거두게 된다. 그는 부르마이스터&바인의 이바르 크누드센과도 대형 디젤기관 계획과 관련해 밀접하게 협업했다. 두 사람은 이 기관이 대양 항해용 상선의 동력원으로 사용되기를 바랐다.

1909년 12월 8일, 디젤은 미국의 친구 E. D. 마이어와 아돌푸스 부시에게 영어로 직접 쓴 편지를 보내 유럽에서의 진척 상황에 대해 알리고 디젤기관 개발 작업에 더 노력해 달라고 부탁했다.

새로운 세기의 첫 10년이 끝날 무렵, 디젤의 관심은 점점 더 영국을 향했다. 영국 해군용 고성능 디젤기관을 제작하느라 악전고투하던 배로인퍼니스의 비커스는 디젤과 상의했다. 비커스는 1888년 이래 영국 해군에 무기를 공급해 왔으며 해군성과의 관계도 매우 원만했다. 이 회사 조선소에서는 전함을 비롯해 광범위한 종류의 함선이 건조되었다. 그리고 1900년 이후 해군성이 잠수함에 관심을 가지게 되자 비커스사는 잠수함용 디젤기관의 주 제작사가 되었다. 그러나 비커스는 독일, 프랑스, 러시아의 경쟁사에 비해 한참 뒤떨어져 있었다.

당시 비커스와 해군성의 사정이 점점 급박하게 되었음이 나중에 양측이 교환한 편지에서 드러난다. 북해와 독일의 세계 제국 계획이 걸린 결투에서 두 나라는 이제 다른 무기로 싸워야 했다. 여기에서는 디젤기관을 동력원으로 하는 잠수함과 수상함정이 결정적 역할을 할 것이며 디젤기관에 대한 최고 수준의 전문지식 보유가 영국에게 아주 중요한 문제라는 것이 분명해졌다. 영국 기술자들이 M.A.N.과 단절되었기 때문에 처칠은 함대를 디젤 시대로 진입시키기 위해 다른 전문가를 어디선가 찾아야 했다.

제3부

걸작

MASTERPIECE

1910-1913

제18장

루돌프 디젤이 질서를 깨다

Rudolf Diesel Breaks Ranks

1909년에 소송이 끝나자 루돌프 디젤과 M.A.N.의 관계는 냉랭해졌다. 그는 1910년부터 1912년까지 주로 외국 회사를 돌아다니며 이들의 디젤기관 개발을 도왔다. 기술적 문제와 씨름하던 각국의 주요 협력사들은 아직 밀접한 관계를 유지하던 디젤과의 상담을 통해 문제해결에 결정적 도움을 받았다.

아돌푸스 부시의 미국 디젤 사업은 초기에는 실망스러웠다. 루돌프 디젤로부터 라이선스를 사들인 부시는 1898년 뉴욕에 미국디젤모터회사Diesel Motor Company America를 세웠다. 미국 기술진은 디젤과 부즈가 제공한 도면을 무시하는 경우가 많았다. 아직도 E. D. 마이어를 최고 기술책임자로 고용하고 있던 부시는, 비효율적이라도 각종 연료를 풍족하게 사용하는 저렴한 기관이 넘쳐나고 있는 미국 시장에 대한 접근법은 달라야 한다고 느꼈다.

하지만 아직 성공적 디젤기관을 제작하지 못한 부시는 1901년에 회사를 뉴욕에 본사를 둔 미국디젤기관회사American Diesel Engine Company, ADE로 재편했다. 이번에도 부즈와 디젤은 M.A.N.의 설계 복제를 권고했고 마이어는 이 권고를 다시 거절했다. 그는 1902년에 디젤에게 이렇게 편지했다. "부즈 씨에게 저희가 여기서 했던 모든 일을 비난한 것은 잘못이라고 친절하게 설명해 주셨으면 합니다. 저희가 실수한 것은 사실이나 독일이나 프랑스의 다른 협력사들보다 더 많은 실수를 저지르지는 않았습니다. (…) (부즈의) 표준 설계를 따르지 않게 된 것은 조건의 차이 때문이지 설계자의 허영심 때문은 아닙니다." 그러나 ADE는 악전고투를 거듭한 끝에 1908년에는 고작 8기의 디젤기관만 판매했다. 부시는 그해 말에 회사의 법정관리를 신청했다.

디젤은 부시의 통 큰 스타일을 아주 좋아했고 갤런 단위로 몰트 맥주를 마시는 주량에 감탄했으며 새로운 사업 분야를 찾는 기민함과 용기를 부러워했다. ADE의 법정관리 신청 전에 부시와 디젤은 미국 시장 진출을 새로 추진하자고 비밀리에 논의했다.

부시도 산업용 디젤기관이 필요했지만 미 해군도 잠수함용 고성능 디젤기관을 제작해 달라고 재촉하고 있었다. 부시는 외부에서 강력한 도움을 받아야 한다는 것을 알았다. 디젤은 지금 M.A.N.과 법적 분쟁을 벌이고 있었고 독일 정부는 M.A.N.이 외국과 협업하는 것을 금지하고 있었다. 루돌프 디젤과 M.A.N.의 불화로 인해 디젤기관 분야 최고의 원천기술 보유자도 둘로 나뉘었다. 상황을 읽은 부시는 디젤과 혁신적이고 성공적인 동업 관계를 맺기로 했다.

부시와 디젤은 10년 전에 맺은 첫 번째 협약에 이어 1908년 9월 8일에 두 번째 협약에 서명했다. 부시는 법정관리인으로부터 ADE의 나머지 자산을 11만 달러에 사들여 단독 소유주가 되었고 자신과 디젤 그리고 술처가 지분을 가진 새 회사와 병합했다. 아우크스부르크의 디젤기관일반회사는 미국-스위스-디젤의 합병을 막기 위해 또다시 소송을 제기했다. 적이 된 옛 동료들은 디젤의 사업을 막고 통제권을 획득하기 위한 방안을 모색했다. 소송에서는 부시가 이겼지만 그 때문에 이 병합은 상당히 지연되었다. 부시, 디젤, 술처의 합작회사는 협약 서명 후 거의 3년이 지난 1911년 7월 12일에 발족했다. 부시는 부시-술처 브라더스디젤기관회사Busch-Sulzer Brothers Diesel Engine Company의 본사를 세인트루이스에 두었다. 공식적으로 루돌프 디젤을 품에 안은 부시는 이제 성공을 향한 장도에 들어섰다.

———

영국의 디젤기관 프로그램도 마찬가지로 곤경에 처해 있었다. 미를리스 왓슨의 디젤기관 개발 프로그램은 답보 상태였다. 디젤이 '방치된 신데렐라' 같다고 한, 공장에서 먼지를 뒤집어쓰던 디젤기관에는 1903년에 들어서도 먼지만 더 쌓이고 있었다. 그때쯤 선박용 디젤기관이 프랑스와 러시아에서 거둔 성공 소식이 널리 알려지자 영국 해군은 디젤기관 프로그램을 다른 각도에서 검토하라고 미를리스를 독촉했다. 가스와 증기기관에 평생을 바친 찰스 데이Charles Day가 미를리스가 포기하다시피 한 디젤기관 프로그램의 책임자가 되었다.

데이는 임명되자마자 이렇게 말했다. "나는 (미를리스가) 디젤기관 개발 작업을 수행했음을 알았으나 이 기관이 이미 회사에 큰 손해를 끼쳤고 위험하다고 여긴 회사는 관련 작업을 일절 하지 말라고 경고했다."

1903년 10월, 데이는 아우크스부르크에 있던 디젤을 방문했다. 재능 있는 공학자이던 데이는 디젤의 입회하에 디젤기관 설계의 세부 사항을 몇 시간에 걸쳐 열심히 익혔다. 디젤의 열정과 천재성에 감화된 데이는 디젤기관의 잠재성에 자신감을 새롭게 하고 글래스고로 돌아가 1904년까지 독일 설계를 따른 기관 실험을 시작했다.

데이의 개발 작업은 해군성이 1905년에 완성한 전함 드레드노트 개발계획과 시기가 딱 맞았다. 드레드노트함의 추진기관은 파슨스의 터빈이었으나 해군성은 보조 동력으로 증기기관 대신 디젤기관을 선택하고 미를리스사를 계약자로 선정했다. 이 회사는 1906년 하반기에 완공된 전함의 건조 일정에 맞춰 만족스럽지만 완벽하지는 않은 기관을 인도했다. 드레드노트함의 기관장은 그동안 디젤기관이 반복적으로 고장났던 탓에 기관과 승조원들은 디젤기관을 비꼬는 노래까지 부르게 되었다고 보고했다.

볼트가 오르락내리락하면
디젤은 펑 하고 터지지

그러나 영국 해군은 선박용 보조기관으로 사용하는 동안 디젤기관의 장점에 전반적으로 만족하며 1908년 10월에 이렇게 보고했다 "지난 몇 년간 진수된 모든 순양함과 전함에는 최소 디젤기관 1기가 탑재되었다." 그러나 영국 기술자들은 잠수함의 엄격한 요구조건에 맞는 디젤기관을 개발하지 못하고 있었다.

영국 최대의 방위산업체이자 조선사인 비커스는 1906년에 벨기에에서 디젤기관 제작·판매 라이선스를 가진 카렐브라더스사와 협력해 잠수함용 디젤기관 제작을 시작했다. 1908년에 디젤의 주특허가 만료되자 비커스는 자유롭게 연구 제작을 할 수 있게 되었다. 하지만 1912년에 디젤기관 분야에서 영국과 독일의 격차는 컸다. 잠수함이 아주 중요한 무기라고 옹호한 재키 피셔 제독은 고위층에 있는 회의론자들과 계속 대결해야 했다. 해군 참모차장 허버트 리치먼드 경은 발칸지역의 적대감으로 세계대전이 일어난 1914년 7월에 〈잠수함에 대한 각서 개요〉라는 보고서를 냈다. 이 보고서에서 그는 이렇게 썼다. "잠수함은 해상교역로 공격에 있어서는 그 어떤 선박보다 무가치하다. 잠수함은 나포된 적선을 관리할 정도로 많은 승조원을 태우지 못하며 적 선박을 격침할 때 그 승객과 다른 사람들을 다른 곳으로 옮길 수도 없다." (제1차 세계대전이 발발하고 몇 년 뒤, 리치먼드는 부끄러워하며 각서의 여백에 다음 말을 추가했다. "나는 여기에서 추측을 아주 잘못했다!")

그러나 피셔에게 중요했던 것은 진정한 혁신가이자 지도자인 신임 해군장관이었다. 윈스턴 처칠은 리치먼드 같은 회의론자와 기꺼이 맞설 준비가 되어 있었다. 1911년부터 영국 정부와 처칠은 디젤기관, 즉 잠수함용뿐 아니라 대형 수상 선박용 디젤엔진이 필요하다는 것을 깨달았다.

―――

스위스의 술처브라더스에서부터 벨기에의 카렐브라더스, 덴마크의 부르마이스터&바인과 영국의 비커스까지, 루돌프 디젤은 유럽을 순회하며 생산업체들을 개인적으로 도왔다. 그는 나중에 문자 그대로 끝까지 자신의 곁을 지켰던 조르주 카렐과 친분을 쌓았다.* 그리고 부르마이스터&바인의 기술책임자 이바르 크누드센도 디젤과 친한 사이가 되었다. 디젤은 크누드센에 대해 이렇게 말했다. "(크누드센은) 전 세계에서 내 생각을 가장 잘 이해할 뿐 아니라 그것을 개선할 수 있는 유일한 사람이다."

디젤기관의 요람인 아우크스부르크는 아직도 관련 기술의 선도 지역이었다. 원조라는 이점 덕에 빌헬름 2세는 디젤동력을 장착한 무시무시한 유보트 함대를 건설하고 디젤 본인이 직접 설계하는 것은 막을 수 없었을지라도 다른 국가가 M.A.N.의 뛰어난 디젤기관 설계를 복제하는 것을 막을 수는 있었다.

몇 년간 독일 해군으로부터 과소평가를 받던 M.A.N.은 이제 빌헬름이 휘두르는 채찍 소리를 듣게 되었다. 잠수함은 이제 모든 해군이 소중하게 여겼고 디젤기관도 귀중한 동력원이 되었다. 그 때문에 M.A.N.은 더 크고 신뢰성 좋은 유보트용 엔진 제작에 총력을 기울였다. 수상함정과 상선단을 위한 디젤기관의 우선 순위는 이보다 더 낮았다.

M.A.N.은 더 대형화되는 잠수함 설계 수요에 발맞춘 기관 개발에 전력을 쏟았고 기술자들은 빌헬름의 군비경쟁을 지원하기 위해 1,000마력급의 신뢰성 있는 디젤기관 제작에 착수했다. (결국 제1차 세

---

* 　　　1913년 디젤이 실종되었을 때 디젤의 마지막 모습을 보았다고 주장한 바로 그 사람이다. - 옮긴이 주

계대전 기간 동안 취역한 유보트들은 M.A.N.이 제작한 3,000마력급 디젤기관을 장착했다.)

오래 방치했던 잠수함대를 단번에 1등으로 끌어올리느라 필사적으로 노력하던 빌헬름은 M.A.N.과 도이츠, 벤츠, 다임러 그리고 1908년의 주요 특허 만료 뒤 시장에 진입한 쾨르팅브라더스 Körting Brothers 와의 작업 분담을 모색했다. 빌헬름은 이 회사들을 압박해 잠수함용 디젤기관을 만들게 했다. 전쟁이 끝날 무렵까지 쾨르팅은 잠수함용 디젤기관 115기, 벤츠는 72기, 다임러는 64기, 크룹은 69기를 제작했다. 디젤기관 분야의 선도자 M.A.N.은 512기라는 엄청난 수를 제작했다.

M.A.N.의 디젤기관은 최고 성능을 발휘했다. 전쟁 동안 연합군 해군 지휘관들은 두려운 마음으로 유보트의 뛰어난 성능을 바라보았다. 전쟁이 일어났을 때 영국 해군 총함대 사령관으로 승진한 존 젤리코 John Jellicoe 제독은 스코틀랜드 해안에 있는 오크니 제도에서 북쪽으로 멀리 떨어진 스캐퍼플로 해군기지가 아주 안전한 은신처라고 믿었다. 최남단 랜즈앤즈부터 북단 셰틀랜드 제도까지 남북으로 1만 킬로미터 이상의 길이로 뻗은 영국제도는 유럽 해안을 따라 길게 늘어졌던 덕에 서쪽에서 독일 해안으로 가는 접근로를 통제할 수 있었다. 북쪽 스캐퍼플로에서 출격해 헬리골란트섬의 독일 항구에 도달할 수 있는 영국 잠수함은 없었다. 따라서 젤리코 제독은 독일군 유보트도 총함대가 정박한 스캐퍼플로에 도달할 수 없으리라 짐작했다. 셰틀랜드 제도 근처에서 영국 순양함이 독일군 유보트 U-15를 발견해 들이받은 사건이 일어났음에도 해군성은 이 유보트가 독일이 아닌 노르웨이 해안의 비밀기지에서 왔을 것으로 생각했다. 그리고 1914년 9월 1일, 제4구축함

전대와 드레드노트형 전함 12척, 장갑순양함과 경순양함이 기관을 끈 채 정박해 있던 스캐퍼플로 내부에서 **유보트** 한 척이 발견되었다. 암초, 해류 그리고 통로로 사용되는 항해에 위험한 수로를 오가는 조수를 뚫고 침입했음이 분명했다. 후일 '제1차 스캐퍼플로 해전'으로 알려진 이 전투에서 함대는 즉각 산개하기 위해 증기압을 높이고 잠망경이 발견되었다고 알려진 곳마다 조명탄을 발사했다. 함선마다 큰 소리로 "어뢰 공격에 대비하라"라는 명령이 내려졌고 프로펠러가 수면을 갈랐다. 이 사건에서 영국 함대의 손실은 없었다. 그러나 유보트의 위협이 상상보다 더 크다는 것을 깨달은 젤리코는 전략적 중요성은 떨어지나 더 안전한 곳으로 잠시 함대를 옮겼다.

전쟁이 끝나고 노획한 독일 잠수함의 기관을 살펴던 연합군 관계자들은 더욱 깊은 인상을 받았다. 미 해군은 입수한 잠수함용 M.A.N. 디젤기관을 1920년대와 1930년대까지 자체 디젤기관 개발 프로그램의 기반으로 삼았지만, 1916년에 제작된 M.A.N. 기관의 성능을 능가하는 기관을 오랫동안 개발하지 못했다. 1927년 말, 존 H. 후버_{John H. Hoover} 대령은 해군장관에게 다음 내용의 보고서를 썼다. "우리 해군은 6년간 독일제 잠수함용 기관을 복제하려고 시도했지만 노획한 독일제 기관의 성능과 중량 대비 효율성에 필적하는 결과를 얻지 못했음."

M.A.N.의 기술자들이 잠수함용 디젤기관(그리고 이들은 전함의 동력원으로 쓰일 대형 '대성당형' 기관의 실험을 하고 있었다) 설계에 애쓰는 동안 루돌프 디젤은 거의 외국에 있었다. 당시의 관습은 아니었으나 마르

타는 디젤과 동행했다. 일기로 미루어 보건대 두 사람은 아직도 서로를 깊이 사랑하며 같이 여행하고 함께 있기를 즐겼던 것 같다. 디젤에게는 마르타가 곁에 있을 때 여행이 더 편했다. 그리고 그때쯤 공학도로서의 삶을 시작하던 막내 오이겐도 벌써 21세였다.

1910년 봄, 디젤 부부는 먼저 상트페테르부르크의 노벨을 방문했다. 두 사람은 기차로 편하게 여행했고 에마누엘 노벨은 부부를 성대히 환영했다. 어마어마한 부를 쌓은 노벨은 근면하고 진지한 사람이었으나 다른 한편으로는 가까운 친구들을 호화로운 저녁 파티에 초대하고, 차르가 좋아한 선물이기도 했던 파베르제의 달걀처럼 눈이 휘둥그레질 정도로 비싼 선물을 선사하는 것을 즐겼다.

디젤은 동업자의 러시아 내 사업 진척을 점검했다. 마르타의 남동생도 러시아의 노벨 공장에서 일하고 있었다. 스웨덴과 러시아에서 영업 중인 노벨은 독일에 버금가는 수준의 기술을 보유했다. 러시아에서는 노벨의 디젤기관이 상선의 동력원으로 사용되고 있었고 러시아군의 수요도 점점 늘어나고 있었다. 노벨은 디젤기관이 전 세계를 제패할 것이라는 데 낙관적이었고 자신과 디젤이 여기에서 중요한 역할을 맡으리라는 것도 확신했다.

디젤은 이 기간에 여러 공과대학에서 강의했는데 한번은 기관 분야와 항공기 설계 분야의 선구자인 휴고 융커스Hugo Junkers와도 공동으로 강의했다. 융커스는 마침 그때 노벨을 찾아왔었다. 그해 독일 정부는 융커스에게 전금속제 항공기에 관한 '특허번호 253788번' 특허를 교부했고 이미 융커스는 디젤기관을 장착한 시험용 비행기를 제작했다.*

디젤과 마르타는 큰 기대에 부풀어 상트페테르부르크를 떠났다. 디젤기관은 러시아에서 최고의 위치를 차지했고 비슷한 기술을 적용하고 노력한다면 모든 시장에서 그런 성과를 거둘 수 있었다. 노벨은 디젤에게 미국에 있으면서 미국 시장에서 디젤기관이 정착할 수 있게 도우라고 격려했다. 친구 부시도 미국을 한번 방문해 달라고 호소하고 있었다. 디젤은 대서양을 건널 계획을 세웠으나 유럽에서 해야 할 급한 일들이 많았고 그전에 했던 선약도 많았다. 부시는 더 오래 기다려야 했다.

———

디젤의 다음 목적지는 이탈리아 토리노였다. 그는 1911년에 토리노에서 열린 세계박람회의 기계부문 전시에서 심사위원이 되는 영예를 누렸다. 토리노 다음에는 영국으로 갔다. 찰스 파슨스와의 우정은 그 어느 때보다 깊었고, 여러 잠재적 협력사들이 그에게 접근했는데 영국에 기반한 디젤기관 사업을 제안한 조르주 카렐도 그중 하나였다.

디젤이 영국에 간 공식 목적은 런던의 세계공학자대회에 독일 대표로 참석하는 것이었다. 세계 최고의 공학자들과 산업계 지도자들이 이 회의에 참석했다. 당연히 디젤은 주빈이었고 연회에서 찰스 파슨스 경 옆에 앉았다. 이제 디젤은 대중적으로 일간지 머릿기사에 나오는 사람은 아니었으나 공학, 산업 그리고 군사 관계자 사이에서는 존경받는 인물이었고 특히 영국과 독일에서 그랬다.

---

* 　　융커스가 제작한 비행기 중 여러 종이 실전에 투입되었다. 그는 디젤기관 항공기 설계를 계속했고, 1938년 3월에 디젤동력으로 작동하는 독일 루프트한자Deutsche Lufthansa 소속 Do 18E형 항공기가 영불해협에서 브라질의 카라벨라스까지 8,450킬로미터를 비행해 장거리 비행 세계기록을 갱신했다.

조용하고 내성적인 디젤은 대중 앞에서는 개인적으로 만났을 때보다 냉담한 사람처럼 비쳤다. 멀리서만 디젤을 보았던 사람들에게 그는 흠잡을 데 없는 차림을 한 딱딱한 독일인이었다. 그러나 마르타와 친구들에게 보낸 편지에서 드러나듯, 디젤을 잘 아는 사람들은 그가 열역학에 대한 토론을 할 때만큼이나 감정을 나누며 속 깊은 이야기를 하는 사람이라는 것을 알았다. 그는 런던에 가기 전 가까운 친구 파슨스에게 이렇게 썼다. "자네의 멍키샤인즈monkeyshines를 좀 즐기겠네." 멍키샤인은 당시 미국에서 인기를 끌던 표현으로 짓궂은 장난이라는 뜻이다.

런던에서의 행사는 코스 요리와 음료가 나오는 대연회로 시작했다. 다만 디젤은 그다지 많이 먹거나 마시지는 않았다. 주요 연사로 지목되어 일어난 그는 친구 파슨스에게 따뜻한 감사 인사를 보내고 흠잡을 데 없는 영어로 연료와 내연기관 기술을 다룬 연설을 했다. 연설을 마치자 홀은 박수갈채로 떠나갈 듯했고 전 세계에서 온 과학과 산업계 지도자들이 일어서서 디젤기관의 발명자에게 찬사를 보냈다.

디젤은 런던에서 뮌헨의 집으로 돌아갔다. 그는 아직도 미국 방문을 생각하고 있었다. 디젤은 공학계 동료들에게 "미합중국은 그 어느 곳보다 디젤기관이 주 동력원이 될 가능성이 가장 높다."라는 견해를 공식적으로 밝혔다.

디젤은 새롭게 설립된 부시-술처의 운영을 돕기 위해 1912년 4월 7일의 세인트루이스 공장 기공식에 아돌프 부시와 참석할 채비를 갖췄다. 그리고 세인트루이스의 연합공학자협회(4월 13일), 뉴욕주 이타카의 코넬대학교(4월 18일), 메릴랜드주 아나폴리스의 미해군사관학교(4월 26일) 그리고 뉴욕시의 기계공학자협회(4월 30일)의 강연 일정에도 동의했다.

———

그때 화이트스타라인의 타이태닉호가 유럽 전체에 파란을 일으키며 등장했다. 디젤과 마르타는 첫 항해에 나서는 타이태닉호 탑승을 희망했으나 런던에서 타이태닉호가 출항하는 4월 10일은 미주리에서 부시와 같이 할 기공식 일정에 맞추기에는 너무 늦은 날짜였다.

대신 디젤은 3월 26일에 런던에서 출발해 타이태닉보다 일찍 미국으로 가는 배편을 예약했다. 대서양을 건너가기 전에 여러 곳에서의 연설을 비롯한 다른 중요한 일들이 있어 부부는 몇 주 일찍 런던으로 갔다.

제19장

셀란디아호에 탑승한 처칠

The Admiralty Boards the MS Selandia

유럽 주요 강대국 군주들은 큰 사건이 일어날 것임을 미리 알고 있었다. 덴마크 왕의 고문들은 코펜하겐의 부르마이스터&바인에서 건조된 새 선박이 해양 민족 덴마크인의 자랑스러운 전통을 새롭게 드높일 것이라고 말했다. 3개월 뒤에 크리스티안 10세가 될 왕세자는 셀란디아호의 첫 항해에 참여해 달라는 부르마이스터&바인의 초청을 흔쾌히 수락했다.

　M.A.N.이 잠수함용 디젤기관을 우선 생산하는 동안 부르마이스터&바인은 다른 목표에 전념하고 있었다. 이 기적의 선박을 둘러싼 소문이 사실이었다면 상선 업계에 혁명적 변화가 일어날 터였다. 지난 100년간 해운을 지배해 온 영국은 세계에서 가장 빠르고 가장 큰 석탄 동력 선박으로 이루어진 상선단을 자랑하고 있었다. 그러나 영국의 지배력

은 이제 위태로워졌다. 다른 국가들은 증기선을 개조해 화로에서 석탄 대신 석유를 태우고 있었다. 이 석유 연료 선박의 기관은 아직 화로, 보일러와 연기 기둥을 내뿜는 연기배출 장치를 갖춘 외연식 증기터빈이었다. 이들은 화로에 석탄을 삽으로 퍼 넣는 대신 연료탱크에 실린 석유정제 연료를 끌어와 연소하고 있었을 뿐이었다. 그러나 우월한 항속거리와 효율성을 갖춘 이 선박들은 이제 영국이 지배하던 해운 분야에 도전장을 내밀고 있었다. 선박용 기관의 연료가 석탄에서 석유 기반 연료로 이동한다면 록펠러와 그의 동료 석유 재벌들은 엄청난 이익을 거둘 것이다.

이번에도 디젤기관이 록펠러의 생명줄에 위협적 존재가 되었다. 당시 록펠러는 전구가 널리 보급되며 조명용 연료 시장에서 입은 손실을 만회할 새 수입원을 필사적으로 찾고 있었다. 스탠더드오일은 민·군 모두 석탄에서 석유로의 전환을 계속할 것으로 내다봤다. 이에 따라 폭발적으로 늘어날 석유 수요는, 작게나마 성장세이던 자동차용 석유 시장을 하찮은 수준으로 만들 것이다. 록펠러는 디젤 기술이 대형 선박과 기관차에 필요한 동력을 제공할 정도의 출력을 내는 데 성공한다면 두 분야에서 사용되던 증기기관을 완전히 대체할 것이라고 우려하고 있었다. 상업적 디젤기관 대부분은 원유 증류물(디젤유)을 연소했지만 루돌프 디젤은 콜타르 같은 석탄 기반 연료나 식물성 연료를 고집하고 있었다.* 이러한 연료라면 어느 나라도 정제시설을 만들 수 있었다. 부르마이스터&바인의 셀란디아호는 전 세계 해운의 원동력이 되겠다는 디젤의 이상이 현실화된 초창기 모습이다.

1912년 2월 22일, 셸란디아호는 코펜하겐항을 떠났다. 선주인 덴마크동아시아회사Danish East Asiatic Company의 한스 닐스 안데르센Hans Niels Andersen은 이 배에서는 검댕 연기가 전혀 나지 않는다는 점을 강조하기 위해 선체를 유광 흰색으로 칠하라고 명령했다. 연돌이 없어진 우아한 선체 라인 때문에 이 배는 크기에도 불구하고 수면을 가르는 천사처럼 보였다. 길이 113미터에 폭 16.2미터, 만재 때 흘수선 깊이 9.1미터로 1,250마력을 내는 부르마이스터&바인 역회전 디젤기관 2기로 움직이는 셸란디아호에는 보조 동력으로 250마력의 디젤기관 2기도 장착되었다. 석탄 저장공간이나 타오르는 화로에 열심히 석탄을 퍼 넣을 화부도 필요 없었으므로 셸란디아호는 크기에 비해 대단히 많은 7,200톤의 화물을 적재할 수 있었다.

11노트 저속으로 셸란디아호는 75일간 2만 마일** 이상을 재급유

---

* 　　　석탄은 무산소 상태에서 고온으로 가열하면 정제, 혹은 분별 증류될 수 있다. 코킹 과정cocking process으로 알려진 이 과정에서 석탄가스, 코크스, 콜타르가 생성되는데 모두 유용한 연료다. 타운가스town gas로도 불린 석탄가스는 파이프망을 통해 공급된 인화성 가스연료였다. 코크스는 회색의 단단한 다공성 암석형 연료로 대장간에서 주로 사용되었는데 석탄보다 더 깔끔하게 연소된다는 이유로 20세기 중반에는 가정 난방용(특히 오스트레일리아에서 흔히 사용되었다)으로 쓰였다. 진한 검은색 액체인 콜타르는 산업용 염료나 페인트 제조용으로 사용되었다. 상온에서는 간신히 부을 수 있을 정도로 끈적한 콜타르는 끓는점이 아주 높아서 저장에 안전했고 우수한 디젤기관용 연료가 되었다.
** 　　　저자는 마일 단위로 거리를 나타낼 때 이것이 육상마일(land mile, 1육상마일=1.6킬로미터)인지 해리(nautical mile, 1해리=1.85킬로미터)인지 명기하지 않았다. 전자일 경우 32,186킬로미터, 후자일 경우 37,040킬로미터이다. - 옮긴이 주

(당시에는 디젤유로) 없이 항해할 수 있었다. 시험 항해가 성공적으로 끝나자 몇 달 뒤 안데르센은 이 배를 코펜하겐-방콕 항로에 투입하기로 했다.

첫 항해에는 덴마크 왕세자 부부와 더불어 안데르센, 크누드센, 덴마크 함대 총사령관 안드레아스 두 플레시 데 리쉴리우Andreas du Plessis de Richelieu가 참석했다. 배가 막 코펜하겐 근처의 항로를 따라 항해를 시작했을 무렵, 스웨덴 국기를 단 더 작은 선박 한 척이 셸란디아호의 바로 앞을 통과하려 했다. 두 척 중 한 척이라도 항로를 변경하지 않으면 충돌할 상황이었다. 선교에 탑승한 사람들은 불안한 눈초리로 정면을 응시했다. 그리고 안데르센은 선장에게 경적을 울려 경고하라고 명령했다. 경적을 계속 울려도 이 고집불통 선박은 반응하지 않았다. 스웨덴 선박의 선장은 셸란디아호가 우선권을 가졌음에도 계속 항로를 유지했다. 치명적 충돌사고가 닥치기 일보 직전이었다. 하지만 마지막 순간에 셸란디아호가 방향을 틀었고 스웨덴 선박의 선장은 마침내 113미터 길이의 선박이 거의 코앞에 있다는 것을 깨닫고서야 안전한 방향으로 배를 돌렸다.

크누드센은 하마터면 대참극이 될뻔한 사태의 발생 원인을 즉시 깨달았다. 스웨덴 선박의 늙은 선장은 셸란디아호 같이 특이하게 생긴 배를 본 적이 없었다. 선장은 처음 본 셸란디아호가 해상에 멈춘 채 그대로 있을 것으로 생각하고 마지막 순간에 혼비백산할 때까지 항로를 수정하지 않았다. 그는 크누드센의 말대로 "연기가 전혀 보이지 않아서" 셸란디아호가 전혀 움직이지 않는다고 생각했다.

그런 이유는 아니었겠지만, 이 오싹한 경험 후 왕세자 부부는 동부 덴마크의 헬싱외어 항구에서 하선했다. 그리고 다른 해안도시인 올보르에서 잠시 머문 다음 셸란디아호는 런던의 웨스트 인디아 독으로 계속 항해했다. 그곳에서는 영국 해군 최고위층이 셸란디아호의 도착을 목이 빠지게 기다리고 있었다.

대양 항해용 선박에 장착된 첫 디젤기관 2기는 완벽하게 작동하고 있었다. 셸란디아호는 템스강으로 들어가 런던을 향했다. 셸란디아호는 천천히 상류로 거슬러 올라갔다. 그때쯤 이 배의 사관, 승무원과 승객들은 눈이 휘둥그레져 이 배를 쳐다보는 사람들의 놀라움과 당혹감에 찬 시선에 익숙해져 있었다. 예인선과 급탄선 여러 척이 거대한 셸란디아호를 향했다. 이 배가 항행 불능이 되어 위험하게 표류하고 있다고 여겼던 것이다. 크누드센은 템스강에서의 준비 기간에 대해 이렇게 썼다. "동정하는 선장들이 돕겠다며 셸란디아호에 자주 신호했다. 이렇게 연돌이 없는 큰 배를 처음 보았던 이들은 셸란디아호에 뭔가 불행한 사태가 일어났다고 생각했다." 물론 승무원들은 셸란디아호가 항행 불능이 된 것과는 거리가 멀다는 것을 알았다. 그때 셸란디아호는 바다에 있던 다른 어떤 배보다 더 빠르게 극동까지 왕복 항해를 할 수 있었다.

1912년 2월 27일, 셸란디아호는 웨스트 인디아 독에 계류되었고 3월 1일, 크누드센과 안데르센은 배를 시찰하는 윈스턴 처칠과 수행원들을 에스코트했다. 이 배에는 무기 관련 신기술은 고사하고 무기가 아예 탑재되지 않았다. 선체 설계도 특별하지 않았고 연구할 만한 획기적인 항해 장비도 없었다. 셸란디아호가 주목의 대상이 되고 처칠과 영국 해군제독이 이 배를 방문했던 원인은 디젤기관이었다.

크누드센은 자랑스러워하며 해군장관과 수행원들을 기관실로 인도

했다. 처칠은 디젤기관을 꼼꼼히 살펴보았다. 처칠은 사전에 이 배의 잠재력에 관한 자세한 브리핑을 받았으나 막상 배를 직접 보고 놀라움에 말문이 막혔다.

셀란디아호의 뛰어난 성능은 영국 해군의 제해권뿐 아니라 이것을 유지하기 위한 연료에 대한 처칠의 생각에 큰 영향을 주었다. 시찰을 마칠 무렵, 처칠은 크누드센에게 진심에서 나온 찬사를 보냈다. 크누드센은 이 대화를 언급하며 처칠이 이렇게 말했다고 적었다. "바이킹이 영국에 상륙했을 때 남긴 흔적을 기억하는 영국인은 이제 덴마크가 영국에 가르친 새 교훈에 감사하고 있습니다."*

처칠은 해군성에 셀란디아호는 "해운 발전에 있어 획기적 진보이며 디젤동력을 사용하는 이 신형 선박은 금세기 최고의 완벽한 걸작이다."라고 보고했다.

처칠은 또한 증기터빈(석탄을 연소하든 석유를 연소하도록 개조되었든)에 비해 디젤기관은 유지보수와 전투 준비도와 관련해 유리한 점이 더 있음을 깨달았다. 제1차 세계대전 중 영국 해군 총함대를 이끌 젤리코 제독은 새롭게 도입된 증기터빈을 장비한 함선들을 4개월간 바다에서 시험한 다음, 증기압을 전달하는 콘덴서와 파이프에서 증기가 샌다는

---

*   화물을 실은 다음 셀란디아호는 안트베르펜으로 항해했는데 같이 탔던 4대 그레이 백작(얼그레이 티는 그의 할아버지인 2대 그레이 백작의 이름을 땄다)은 배에서 덴마크의 위대한 업적을 축하하는 전문을 크리스티안 10세에게, 그리고 새로 출현한 디젤 선박에 대한 정보를 담은 전문을 영국 왕 조지 5세에게 보냈다. 셀란디아호는 안트베르펜에서 방콕까지 왕복했다. 운항 첫 12년 동안 셀란디아호가 100만 마일(육상마일인 경우 160만 9,000킬로미터이고 해리일 경우 185만 2,000킬로미터이다. – 옮긴이 주) 이상을 항해하는 동안 정비에 들인 시간은 고작 10일이었다. 덴마크동아시아회사는 다시는 증기선을 주문하지 않았다.

것을 알게 되었다. 증기 유출 때문에 기관의 성능과 배의 속도는 곤두박질쳤으며 귀항해 새로운 배관을 장착할 때까지 기관은 효율성을 제대로 발휘하지 못했다. 젤리코는 전시 순찰과 그 때문에 발생한 기관 정비 소요로 귀환하는 함선이 전력의 3분의 1을 깎아 먹었다고 추산했다. 처칠은 그 정도의 유지보수가 필요 없는 디젤기관은 전력을 배가할 요소임을 깨달았다.

―――――

셀란디아호가 진수될 무렵, M.A.N.과 크루프의 기술자들은 해군으로부터 주문받은 잠수함용 디젤기관을 기일에 맞춰 인도하기 위해 구슬땀을 흘리고 있었다. 이들은 당시 런던에 있던 디젤의 도움을 전혀 받지 않으며 이 과업을 해내고 있었다.

디젤은 처칠과 같은 날에 셀란디아호를 방문하지 않았다. 만약 그랬다는 소식이 북해를 건넌다면 빌헬름의 분노를 살 것임이 분명했다. 대신 디젤은 다른 기회에 셀란디아호를 방문했다. 크누드센이 지적했듯, 셀란디아호의 성공은 발명가 디젤 본인과의 긴밀한 협업에 힘입어 가능했다.

처칠은 석유기관이 선박용 기관의 대세가 되는 시대가 왔음을 이해했다. 영국은 풍부한 석탄 자원을 보유했으나 석탄 연소 함선들은 과거의 유물이 되어 가고 있었다. 영국 해군 함선들의 기관 기술이 근대화되지 않으면 제국의 도약대가 된 영국 해군의 해양 지배는 종말을 고할 터였다. 영국이 직면한 가장 큰 난제는 국내에서 원유가 나오지 않는다는 것이었다. 처칠은 과연 평시에 영국의 산업과 해군을 유지하기에 충분한 양의 석유를 적절한 가격에 확보할 수 있을 것인가? 지금 디젤 기술로는 상선단의 고민을 해결할 정도의 출력을 내는 기관을 제작할 수 있었다. 처칠은 거대한 전함의 동력원에 대한 해법이 될 정도로 큰 디젤기관이 곧 등장할 것인지 궁금했다.

1912년 3월 4일에 열린 영국 의회 산하 특별소위원회 회의록(처칠이 셀란디아호를 방문하고 3일 뒤 작성)에 따르면 처칠이 증기 동력을 완전히 대체할 미래의 동력원으로 디젤기관에 오랫동안 눈독을 들여 왔음이 드러난다.

버고인 의원(켄싱턴 노스 지역구 하원의원)은 해군 장관에게 다음을 질의했다.

버고인 의원: 장관은 현재 런던에 있는 내연기관* 동력선인 덴마크 선적 '셀란디아호'에 주의를 기울였는지, 그리고 이러한 추진 방식의 공인된 효율성에 대한 장관 본인 의견에 비춰, 동종 기관 장비 선박의 개발과 관련해 어떤 정책을 추진하겠다고 제안할지 답변할 수 있는지요?

처칠 해군장관: 저는 지난 금요일, 해군성 위원회 위원들과 함께 '셀란디아호'를 매우 흥미롭게 시찰했습니다. 저희는 함선 추진기관 방

---

* 1912년 당시 기관에 대한 일반적 지식은 심지어 버고인 같은 국회의원에게조차 매우 제한적으로 알려져 있었다. 분명히 눈에 띄는 외관상 차이를 고려하면 버고인이 내연기관과 외연 증기기관을 구분할 줄 알았겠지만, 그는 등유/휘발유 내연기관과 디젤기관의 차이를 깨닫지는 못했다. 디젤이라는 단어는 회의록 어디에도 등장하지 않는다. 그러나 디젤 기술은 이 모든 차이를 만들었고 처칠은 동료 대부분과 달리 이를 잘 알았다.

법으로 내연기관의 가능성 확립을 염두에 둔 중요한 실험을 얼마 전 시작했습니다.

3월 17일, 2주 전 셀란디아호를 방문했을 때의 기억이 아직 생생한 채, 영국 해군의 미래를 최종적으로 책임질 처칠 해군장관은 의회에서 중요한 연설을 했다.

"석유 연료 함선을 다수 건조하면 우리 해군의 우월성은 석유에 의존하게 됩니다. 그러나 석유는 우리 본토에서는 많이 산출되지 않습니다. 석유가 필요하면 우리는 평시에 이를 멀리 외국에서 배로 실어 날라야 할 것입니다. 반면 우리는 세계 최고 품질의 석탄 자원을 보유하고 있습니다. 이 자원은 우리 땅 밑의 우리 광산에 안전하게 보관되어 있습니다. 해군을 석유에 불가역적으로 의지하게 만드는 것은 '밀려오는 역경에 대항해 맞서 싸우는 것'*이 될 것입니다. 그러나 역경과 위험을 극복할 수만 있다면 우리 해군의 전체적 전력과 효율성은 분명 더 높은 수준으로 올라갈 수 있을 것입니다. 더 나은 함선과 더 나은 승조원, 더 발전한 경제, 더 강력한 전력이 그것입니다. (바다의) 지배야말로 이 모험에 대한 보상이라고 할 수 있을 것입니다."**

처칠은 셀란디아호를 직접 보고 큰 감명을 받았음이 분명했다. 영국

---

*   　"take arms against a sea of troubles." 셰익스피어의 희곡 〈햄릿〉에 등장하는 "To be or not to be" 뒤에 오는 구절. - 옮긴이 주
**　　대니얼 예긴Daniel Yergin의 1990년 퓰리처상 수상작인 《황금의 샘: 석유가 탄생시킨 부와 권력 그리고 분쟁의 세계사The Prize: The Epic Quest for Oil, Money and Power》의 원서 제목이 바로 이 연설의 마지막 문장에 포함된 상prize이라는 단어에서 나왔다.

해군의 전력을 "분명 더 높은 수준으로" 올리는 것 외에는 선택의 여지가 없었다. 문제가 된 것은 보상이었다. 처칠은 단지 국산 원유가 부족하다는 이유로 영국 해군을 이류 해군으로 격하시킬 생각은 추호도 없었다. 그러나 어떻게 "역경과 위험"을 극복할 수 있을 것인가? 한 가지 방법은 반드시 석유 연료만 쓰지 않아도 되는 액체연료 기관을 만드는 것이었다. 디젤기관은 처칠이 원했던 해답이었다.

두 사람은 런던에 있으면서 거의 동시에 중요한 주제를 가지고 연설했다. 처칠이 석탄, 석유와 관련된 영국의 위태로운 상황에 대해 의회에 보고하기 이틀 전인 1912년 3월 15일에 디젤은 런던의 기계공학자협회에서 〈디젤 액체연료 기관과 그 산업적 중요성 – 특히 영국을 위한〉이라는 궁금증을 자아내는 논문을 발표하고 있었다.

디젤은 처칠, 영국 해군 그리고 영국 상선단이 직면한 곤경을 직접 언급하고 있었다. 영국을 돕겠다고 한 이 논문의 제목도 놀랍기 그지없었다. 이 논문의 저자는 독일인이었고 당시는 독일과 영국의 군비경쟁이 최고조에 달했을 때였다.

서론에서 디젤은 디젤기관의 역사를 회고하고 디젤기관이 증기기관 및 다른 액체연료 기관보다 성능상 뛰어난 점들을 열거했다. 디젤은 1899년 이래 개발된 여러 종류의 디젤기관은 콜타르, 심지어 큰 개조 없이 견과류와 채소 기름으로도 작동할 수 있다고 언급했다.

디젤은 런던에 머물며 한 연설에서 고의로 군사적 응용에 관한 토의를 피하며 평화적 이용으로만 주제를 한정했다. 그러나 '디젤기관이 영국에 가지는 특별한 중요성'이라는 제목의 마지막 장은 세 가지 사실을 주목하며 출발한다.

(1) 영국은 전적으로 석탄만 생산하는 국가다.

(2) 영국은 세계 최대의 식민지 제국이다.

(3) 영국은 세계 최대의 해운국이다.

첫 번째 논점과 관련해 디젤은 "자국에서 가장 귀중한 자원 ─ 석탄 ─ 을 많이 절약하는 효과를 불러오고 보유량 소진을 막기 위해" 증기기관을 포기하고 더 효율적인 디젤기관을 도입하는 것은 다른 어떤 나라보다 영국의 최대 관심사라고 주장했다. 디젤은 영국이 콜타르를 연소하는 디젤기관을 통해 에너지 자립을 추구해야 한다고 하며 독일이 만약 디젤기관을 전적으로 수용한다면 연료 독립을 실현할 능력이 있다는 점을 지적했다. 디젤에 따르면 독일은 매년 연간 300일, 일간 10시간씩 보유 디젤기관을 가동해 175만 마력을 낼 양의 콜타르를 생산하고 있었다. 논문 각주에서 디젤은 독일에 대해 이렇게 썼다. "독일은 전쟁이 일어나 외국에서 연료 공급이 끊겨도 함대 및 상선단 전체의 운용과 국내 산업용 동력 공급에 충분할 양(의 콜타르가)이 있다. 나는 여기에 해당하는 영국의 수치를 보유하지 않으나, 이는 영국에서도 중요할 것으로 추정한다."

두 번째 논점과 관련해 그는 막대한 양의 석탄을 식민지에 실어 날라 동력을 공급하는 것은 비현실적이어서 디젤기관이 모든 식민지에서 사용될 최고의 기관이 될 것이라고 주장했다. 식민지용 동력원으로써 디젤기관을 석탄 기관과 비교하면 연료 보관 공간은 아주 작을 것이며 콜타르는 석탄보다 더 안전하고 수송하기 쉬웠다. 심지어 식민지 현지에 파이프라인망이 구축되면 액체연료는 전통적인 석탄에 비해 분배하기 쉬울 것이다.

그리고 채소나 견과류 기름을 사용하는 기관은 식민지 농업 진흥에 도움이 될 것이며 현지 생산 자원만으로 동력을 생산할 수 있을 것인데, 그렇다면 식민지가 본국에 연료를 순수출하는 입장이 될 수도 있었다.

세 번째이자 마지막 논점과 관련해 디젤은 영국에 도움이 될 경고를 날렸다. 대형 상선에서 운용될 경우 디젤기관의 우월성이 입증되었으며 "세계 최대 해운국인 영국이 여기에서 가장 큰 이익을 거둘 것이다."라고 말했다. 이 마지막 문단에서 디젤은 디젤동력의 군사적 사용에 관해 짤막하게 언급했다. 그는 여기에서 바로 그때 "대형 디젤기관을 장비한 함선이 건조 중"이라는 한 줄로 된 소식을 공유했다. 1912년 3월에는 디젤을 비롯한 몇몇 사람들(피셔 제독과 영국 신문들은 8월이 되어야 세부 사항을 수집할 것이다)만 알고 있던 일인데 분명 M.A.N. 공장에 있던 실험용 "대성당형" 디젤기관을 가리킨 것이었다. 빌헬름은 카이저급 전함 SMS* 프린츠레겐트 루이트폴트Prinzregent Luitpold에 이 기관을 사용할 심산이었다. (M.A.N.의 비밀 개발작업에 대해서는 '부록2' 참조.)

해군 현대화를 위한 예산 획득에 힘쓰던 처칠에게 디젤의 이 경고는 큰 도움이 되었다.**

---

* 독일어로 Seiner Majestät Schiff(황제 폐하의 함선)의 머리글자, 영국의 His/her Majesty's Ship(국왕 전하의 함선, 머리글자 HMS)에 해당하며 군함 이름 앞에 붙인다. – 옮긴이 주

이제 루돌프 디젤이 카이저 빌헬름 2세와 윈스턴 처칠 사이에서 수위가 높아지던 군비경쟁의 핵심 인물이라는 것이 명백했다. 처칠처럼 빌헬름도 군사력 균형에 영향을 줄 수 있는 파괴적 기술을 면밀히 주시하고 있었다. 그리고 그는 첫 항해를 준비하고 있던 다른 배에 눈독을 들이고 있었다.

부르마이스터&바인은 1912년 6월 20일에 셀란디아호의 자매선 피오니아호를 준공했다. 화물 적재량과 성능은 셀란디아호와 같았으며 똑같은 역추진 1,250마력 디젤기관을 장비했다. 두 배의 선주 안데르센은 피오니아호를 당시 세계 최대의 요트 행사로 유명한 킬 레가타Kiel Regatta에 선보이기로 했다. 이 행사는 매년 발트해에 면한 독일 항구도시 킬에서 열렸다.

★★　셀란디아호의 첫 항해 뒤 크누드센은 〈연기 없는 해양Smokeless Marine〉이라는 제목의 기사를 냈다. 제1차 세계대전의 해전을 다룬 모든 이야기에는 굴뚝에서 나오는 연기로 위치가 밝혀질 때 닥치는 위험과 전략적 함의가 언급된다. 전쟁이 발발했을 때, 구식이 된 등유 연소 기관을 사용하는 잠수함도 여러 척이 아직 현역이었다. 이들은 수상 항해 시 수평선 너머로 보이는 검은 연기 기둥을 뿜었다. 최대한 보이지 않아야 하는 무기로서는 말이 되지 않는 상황이었다. 등유기관 잠수함들은 곧 적의 포탄이나 함선의 직접 충돌 공격으로 파괴되거나 혹은 숙련 승조원들을 보존하기 위해 일선에서 후방으로 돌려졌다. 비슷하게 1914년 12월의 포클랜드 해전에서 독일 장갑순양함들은 석탄 적재를 위해 기관을 정지한 우세한 영국 해군 전대가 정박했다는 것을 모르고 남대서양의 영국 항구를 급습하려 했다. 영국 견시원은 산 너머로 피어오르는 연기 기둥을 포착했다. 이 경고 덕에 영국 함대는 전투배치를 하고 증기압을 올릴 시간을 벌었다. 기습 요소를 상실하고 그 즉시 적의 전력이 압도적임을 깨달은 독일군은 방향을 돌려 도주했다. 무시무시한 순양전함 인빈시블Invincible과 인플렉시블Inflexible이 항구를 빠져나왔다. (영국 함선들은 증기압을 먼저 올려야 했기 때문에 독일 함대를 발견하고도 2시간 뒤에야 출격했다!) 영국 함대의 함장들은 구름과 자함의 기관이 내뿜는 연기 때문에 달아나는 적을 발견하느라 애를 먹었다. (결국 독일 함선들을 따라잡아 격침하기는 했지만.) 디젤기관은 이런 상황을 모조리 바꿀 것이다.

6월 23일, 피오니아호는 킬에 모여든 요트 선수와 해양 전문가 사이로 첫 항해에 나섰다. 첫날 피오니아호는 덴마크 왕의 이름을 따서 크리스티안 10세호로 이름을 바꿨다.

다음날 카이저 빌헬름 2세는 본인이 직접 배를 보고 싶다는 의향을 밝히고, 제독들과 기술 전문가들을 이끌고 이 배의 설비 전반을 보기 위해 승선했다. 크누드센과 디젤이 만든 똑같은 배를 처칠이 시찰하고 고작 3개월 뒤에 벌어진 일이었다.

이 배에서 빌헬름은 덴마크 왕에게 전보를 보냈다. "본인은 피오니아호에 승선해 덴마크 기술자들의 뛰어난 업적에 대한 찬사를 보냅니다. 조선 분야에 완전히 새 장이 열렸다는 것을 알린 이 배는 찬탄의 대상이 되어 마땅합니다." 빌헬름은 비장의 카드를 숨기고 있었다. 그는 1912년 6월경 M.A.N.의 기술자들이 이미 덴마크제 설계보다 몇 배의 출력을 내는 선박용 디젤기관의 시험에 성공했다는 것을 알았다. M.A.N.의 기술자들은 아직도 이 분야 최고 전문가였다.

그러나 부르마이스터&바인은 디젤과 협업으로 상선용 기관 분야에서 크나큰 발전을 보였다. 이 신종 상선은 심지어 독일도 아직 해내지 못한 방법으로 상선의 기준을 높였다. 그 첫 번째 선박인 셀란디아호는 조선·해양 분야에서 영원히 "세상을 바꾼 배"로 더 잘 알려질 터였다.

크리스티안 10세호가 6월 24일에 킬 항구로 돌아가자 함부르크-아메리카기선회사 사장 알베르트 발린Albert Ballin이 승선해 선주와 만났다. 발린은 현장에서 바로 이 배를 사들였고 빌헬름은 여기에 만족했다. 크리스티안 10세호는 이제 독일인 소유로 넘어갔다.

제20장
해군장관의 비밀

Secrets of the First Lord

사계절의 사나이[*]는 아니었지만 윈스턴 처칠은 이 역을 맡기에 최적임자였다. 영국의 지속적 제해권 유지 여부는 그의 어깨에 달렸다. 처칠은 잠수함에 최우선 순위를 두었다. 영국 해군 제독들 상당수는 드레드노트형 전함이 우선이라고 확신했지만, 재키 피셔 제1해군경은 디젤동력 잠수함이 현존하는 명백한 위협임을 깨달았다. 그리고 스웨덴 무기상 토르스텐 노르덴펠트처럼 피셔는 잠수병기를 비윤리적이라는 이유로 반대하지 않았다. 그는 해군성에 제출한 메모에 이렇게 썼다. "노획한 적 선박을 격침하는 것 외에 잠수함이 할 일은 없다. (…) 전쟁의 본질은 폭력이며 전쟁에서의 자제는 어리석은 행동이다."

---

[*]   a man of four seasons. 모든 면에서 만능인 사람. – 옮긴이 주

피셔의 상관인 해군장관은 다행히 피셔 본인만큼 현실론자였고 디젤동력 잠수함 개발 프로그램을 어떻게 해서라도 추진할 생각이었다.*

거대한 드레드노트형 전함들은 수면 아래에서 배회하는 보이지 않는 신무기에 대항해 수면 위에서 무엇을 할 수 있을까? 처칠은 1913년 3월 26일 의회 연설에서 해군의 우선순위가 놀라울 정도로 급격하게 변했다는 사실을 처음으로 공식 인정했다. "해군의 힘은 '드레드노트형 전함'으로만 측정할 수 있는 것이 아닙니다. 그리고 '드레드노트형 전함' 없이 해군의 전력을 평가하는 날이 언젠가는 올 것입니다." 그는 계속해서 전함에 집착하며 피셔를 헐뜯는 사람들을 겨냥했다. "건함 시스템 전체와 해군 전력의 계산법은 나날이 좋아지는 항해 적합성, 행동반경, 출력을 갖춘 잠수함에 비춰 평가될 것입니다." 드레드노트라는 이름은 원래 '아무것도 두렵지 않다'라는 뜻이다. 이제 이 전함도 두려워할 대상이 생겼다.

처칠의 옹호와 비할 바 없는 설득력을 등에 업은 해군성은 전략적 전환을 시작했다. 1914년 6월 5일, 해군 제독 퍼시 스코트 경은 〈런던 타임스〉에 다음 내용의 편지를 투고했다. "이제 잠수함이 등장했다. 전

---

* 처칠은 제1차 세계대전에서 전차 개발에 앞장서기도 했다. 영국 육군이 전차 개발 프로젝트 설계안을 채택하지 않자 처칠은 해군성의 권한을 넘어 1915년 2월에 전쟁에서 사용할 장갑차량 개발을 위한 육상함선위원회를 만들었다. 기술자들은 비밀리에 작업했다. 전형적 영국식 방법으로 공장 보안을 맡은 인원들도 프로젝트의 정체를 몰랐고 이들은 도착하는 자재들이 물탱크 제작에 쓰일 것이라는 말을 들었다. '탱크'는 이 작전의 암호명이 되었다가 나중에는 장갑차량 자체의 이름이 되었다. 언제나 디젤기관이 우월하다고 믿었던 처칠은 미를리스사에 전차용 디젤기관 개발을 맡겼으나 전쟁이 끝날 때까지 완성된 기관은 없었다.

함은 방어용으로도, 공격용으로도 아무 쓸모가 없다. 따라서 1914년에 전함을 추가로 건조하는 것은 제국 방위를 위해 시민들이 낸 돈을 잘못 사용하는 것이 될 것이다."*

처칠은 이와 뜻을 같이하며 전쟁이 시작되었을 때 긴급히 잠수함을 요청하는 서한을 해군비서**에게 보냈다. "잠수함 건조에 동원할 수 있는 모든 공장을 최대한 밤낮없이 독촉하는 것은 의무입니다."

———

잠수함 기술개발을 위해 처칠은 모든 관련자를 필사적으로 독려하는 한편으로 시급한 연료 문제를 해결해야 했다. 영국이 군사적 상업적 이점을 얻으려면 액체연료 기관을 빨리 채택해야 했다. 루돌프 디젤이 입증했듯, 증기기관의 쇠퇴가 산업과 전쟁의 동력원으로서 석탄의 쇠퇴와 동의어는 아니었다. 처칠은 현명하게도 제국의 안전보장을 위해 두 가지 전략을 병행 운용했다. 한 전략은 자체 석유 공급원 확보였다. 영국은 보유한 기관(파슨스 터빈)의 연료로 쓸 석유가 부족했다. 다른 전략은 디젤기관과 관련된 고급 기술 확보였다. 영국은 디젤기관에 사

---

*   이것은 약간 과장이었다. 1944년, 영국은 전함 '뱅가드'를 진수했고 미국은 전함 '미주리'를 진수했다. 두 척은 최후의 전함이었다. 미국은 미주리를 1955년 2월 26일에 퇴역시켰다가 '힘센 모Mighty Mo'라는 별명이 붙은 270미터짜리 이 전함을 걸프전쟁에 투입하기 위해 개장해 재취역시켰다. 1991년 1월 29일, 데저트 스톰 작전 지원에 나선 미주리함은 1953년 이후 처음으로 주포를 발사했다. 미주리함은 1992년 3월에 마지막으로 퇴역했다. 항공 및 잠수함 공격에 대한 취약성 때문에 오늘날 전함은 시대에 뒤떨어지게 되었다.

**   Secretary of the Admiralty. 해군성의 문관직으로 직급으로는 차관에 해당하며 주로 예산과 지출 관련 업무를 보았다. – 옮긴이 주

용할 연료는 있었으나 기관이 없었다. (영국은 정제 시설을 건설한다면 충분한 양의 콜타르를 생산할 능력이 있었다.)

————

처칠은 자국 지질학자들이 석유가 풍부한 중동 지방에서 10년 이상 탐사작업을 하고 있다는 것을 알았다. 윌리엄 녹스 다르시William Knox D'Arcy는 1901년에 페르시아(지금의 이란)에서 석유탐사를 할 독점적 권한을 샤 모자파르 알 딘Shah Mozzafar al-Din으로부터 얻었는데 이것을 다르시 양허D'Arcy Concession라고 부른다. 처음 몇 해 동안 아무것도 찾지 못하고 큰 재정적 손실을 겪은 다르시는 거의 포기할 지경에 이르렀다.

해군성은 다르시가 다른 경쟁국에 양허를 팔아치울까 봐 우려했다. 프랑스와 러시아는 모두 이 지역에서 존재감을 갖는 데 관심이 있었다. 해군성은 늘 하던 대로 은밀하게 시드니 레일리Sydney Reilly*라는 스파이를 보냈다. 그는 신부로 위장해 다르시와 만났다. 이 '신부'는 양허권 대부분을 "좋은 기독교인 회사"에 팔도록 다르시를 설득했다. 바로 영국

————

* '최고의 스파이'로 불린 레일리는 상당한 경력을 가졌고 중동, 독일, 러시아에서 공작 활동을 벌였다. 당시 끈질기기로 둘째가라면 서러울 독일 정보국에는 I.T.T. 링컨(본명이 이그나츠 트레비치Ignácz Trebitsch인 헝가리인)이라는 공작원이 활약하고 있었는데 그는 영국에서 비밀 요원으로 활동하며 1910년에 하원의원으로 당선되었고 미래의 수상 데이비드 로이드 조지David Lloyd George의 친구이자 측근이 되었다. 영국에서 암약하던 여러 독일 공작원들은 1913년에 영국 해군의 준비 태세에 관한 정보를 독일군 최고사령부로 보낼 수 있었다. 이미 방첩 활동에 흥미가 있었던 처칠은 영국에 있는 다수의 독일 정보자산에 대해 알았지만, 이들이 지장 없이 독일로 정보를 보내도록 내버려두었다. 만약 스파이를 체포한다면 "우리가 모르는 누군가가 이들의 자리를 차지할 것이다."가 그의 논리였다.

회사 버마석유Burmese Oil였다.

이렇게 탄생한 페르시아 석유 탐사권 신디케이트는 이름을 곧 영국-페르시아석유회사Anglo-Persian Oil Company, APOC로 바꾸고 영국의 통제를 받으며 페르시아 안에서 석유탐사 독점권을 유지했다. 새로운 자금을 수혈받고 해군성의 지원을 받은 APOC는 석유탐사 작업을 계속했다. 마침내 1908년 5월 26일 오전 4시에 현재 이란의 후제스탄주 마스제드 솔레이만시에 설치한 굴착장치에서 15미터 높이로 원유가 솟았다.

발견 직후 영국 정부는 APOC에 근처 아바단섬에서 정유소, 저유소와 저장탱크 설치를 포함한 관련 설비 작업을 할 권리획득을 협상하라고 지시했다. APOC는 정유소를 건설했고 이 정유소는 1912년부터 가동에 들어갔다.

1913년에 해군장관직을 수행 중이던 윈스턴 처칠은 정부가 APOC의 지분 중 50.0025퍼센트를 사들여야 한다는 지침을 내림으로써* 세계에서 가장 많은 양의 미채굴 원유를 영국 통제하에 두었다. 1914년에 해군성은 APOC와 고정가격으로 원유를 공급받는 30년 계약을 체결했다.

처칠의 대비책 중 절반은 성공했다.

---

*   1935년, APOC는 영국-이란석유회사Anglo-Iranian Oil Company로 개명했다가 1954년에 브리티시페트롤리엄British Petrolium, BP이 되었다. BP는 현재 셰브런, 에니, 엑손모빌, 로열더치셸, 토탈, 코노코필립스와 더불어 세계 7대 석유 대기업으로 꼽힌다.

석유에 대한 안정적 접근 확보는 시급한 문제 한 가지를 해결했지만 처칠은 영국 산업과 군대가 세계 정상급의 디젤기관을 제작하고 유지하지 못한다면 경쟁력을 잃게 될 것임을 알았다.

비커스와 미를리스는 영국 정부와 오랜 관계를 유지하며 무기, 기관, 각종 선박을 인도해 왔지만, 디젤기관에 관련해서는 이류 업체임이 입증되었다. 영국에는 독일의 3대 디젤기관 제작사인 M.A.N., 도이츠, 크루프는 고사하고 술처브라더스, 노벨, 폴라Polar, 혹은 부르마이스터&바인과 비견될 회사조차 없었다.

디젤 기술 분야에서의 격차를 줄이기 위해 처칠은 최고를 원했다. 크누드센, 노벨, 술처와 부시 — 이들 모두 1908년부터 1912년까지 기술적 장애물 극복을 위해 디젤과 활발하게 협업해 획기적 신기술을 개발했다 — 에 따르면 "최고"는 당연히 루돌프 디젤 본인이었다.

처칠이 셀란디아호의 기관실에 들어간 지 6일 뒤, 그리고 처칠과 디젤이 거의 동시에 런던에서 서로를 반영한 내용의 연설을 한 지 약 1주 뒤인 1912년 3월 7일에 통합디젤기관회사Consolidated Diesel Motor Company가 영국 입스위치Ipswich에 설립되었다.

영국에 호의적이라고 알려진 벨기에인 조르주 카렐이 이 회사의 창업자였고 루돌프 디젤은 이사 겸 공동창업자로 등록되었다.

디젤은 몇 년 전 부시가 세운 미국의 부시-술처브라더스사에 참여했다는 이유로 아우크스부르크와 소송전에 휘말렸다. 이제 베를린에서 겨우 800킬로미터 떨어진, 빌헬름의 주요 경쟁국이자 적국인 영국에서 디젤이 새로이 벌인 활동은 독일군 최고사령부에 훨씬 큰 걱정거리가 되었다. 루돌프 디젤은 공개적으로 자신의 기관이 대영제국의 구세주가 될 것이라고 밝혔다. 그리고 영국 해군성은 그에게 이를 입증할 기회를 줄 심산이었다.

처칠의 두 번째 대비책이 성공을 거두었다. 바로 디젤기관의 발명자 루돌프 디젤 본인과의 연합이다.

제21장
서구를 비춘 위대한 불빛

The Great Light to the West

루돌프 디젤은 영국에 본사를 둔 신생 디젤기관 회사의 설립 때문에 영국에서 바쁜 3월을 보냈다. 그리고 1912년 3월 18일에 54번째 생일을 맞았다. 3월 26일, 디젤과 마르타는 함부르크-아메리카기선회사의 여객선 아메리카호를 타고 미국으로 향했다. 허접한 신생국이지만 유럽 국가들보다 훨씬 실력주의적인 미국을 흠모하는 디젤의 마음은 지난 몇 년간 더욱 커졌다. 아메리카호가 공해에 들어서자 디젤은 일기에 이렇게 적었다. "유럽의 해안이 사라지자 어쨌건 뭔가 좋은 이유에서임은 확실하지만, 유럽의 계급 구분도 사라졌다." 근면한 자수성가형 인물인 디젤은 떠오르는 신세계의 힘에서 무엇인가 자기와 닮은 점을 보았던 것 같다.

미국 산업계와 언론은 이 위대한 인물의 도착을 고대하고 있었다.

디젤은 고작 5년 전인 1907년에 가족을 데리고 파리로 갔던 때에 비하면 엄청나게 운명이 바뀐 데 감사했다. 1907년에 그는 17세기 의사로 증기기관의 선구적 기관을 만든 드니 파팽Denis Papin의 설계 전시회를 보러 파리로 갔었다. 그때 디젤은 가족에게 자기는 파팽처럼 "이런 일을 하기에 너무 일찍 태어났다."라고 한탄했었다. 그러나 디젤의 발명품은 이제 전 세계적으로 찬사를 받고 있었다. 루돌프 디젤이 미국으로 가기 몇 달 전, 토머스 에디슨은 디젤기관을 "인류 최고의 업적 가운데 하나"라고 불렀다.

유명한 영국 언론인 W. T. 스티드는 3월에 셀란디아호가 영국에 도착한 사건과 관련해 루돌프 디젤을 "세계 최고의 마법사"*라고 부른 기사를 썼다. 이 기사에서 스티드는 아직 채굴되지 않은 석탄의 미래는 암담하며 영국에서 "모든 탄광도시는 가스 생산지로 변해 타르를 만들어 낼 것이다. 가스(석탄가스)는 도시에 전기를 공급하는 발전기를 돌리게 될 것이다. 코크스는 살아남겠지만 전 세계적으로 선박 동력원은 탄광에서 항구로 연결된 파이프라인으로 공급될 것이다. (…) (디젤기관의) 발명은 인간이 자연에 대해 쓸 수 있는 힘을 두 배로 만들었다. (디젤기관은 같은 양의 작업을 하는 데 다른 기관이 필요한 연료의 절반만 필요했기 때문이다.)"고 했다.

---

*   스티드는 타이태닉호에 탑승했다가 다른 승객 1,500명과 함께 1912년 4월 15일에 사라졌다. 디젤 부부가 세인트루이스에서 뉴욕으로 돌아오는 동안에도 스티드는 디젤기관의 열렬한 신봉자였고 디젤기관이 미래를 지배할 것이라고 정확하게 예언했다. 다만 석유 트러스트들은 디젤기관이 스티드가 예상한 대로 콜타르가 아닌 석유 파생 연료를 사용하도록 확실한 조치를 하는 데 간신히 성공했다.

디젤이라는 이름은 가정으로 침투해 일상용어가 되었다. 미국 언론은 뉴욕에 도착한 루돌프와 마르타 디젤을 질문 세례와 번쩍이는 카메라 플래시 불빛으로 환영했다. 루돌프 디젤은 아들 오이겐에게 쓴 편지에서 자신이 미국에서 받은 대접은 제임스 와트 같은 사람이나 받을 수 있는 수준이었다고 만족스러워했다.

디젤 부부는 뉴욕에서 세인트루이스행 기차를 탔다. 그곳에서도 기자들이 기다리고 있었다. 미국 언론은 이 독일인 발명가가 산업 전반과 유럽에서 우려할 정도로 커지던 전쟁 가능성에 대해 어떻게 생각하는지에 관심이 있었다.

———

훈도그Houn'Dog 칵테일*은 세인트루이스의 공학자클럽에서 저녁 식사의 시작을 알리는 시그니처 음료였다. 부시는 멀리서 찾아온 친구에게 경의를 표하기 위한 파티에 비용을 아끼지 않았다. 버섯수클로슈sous cloche 뒤에 나온 물냉이를 곁들인 메추라기구이로 배를 든든하게 채운 손님들은 코냑, 시가, 궐련을 한껏 즐겼다.

디젤은 일어나 행사장을 가득 채운 청중에게 소감을 말했다. 연설 대부분은 한 달 전에 런던에서 했던 연설에서 따왔지만, 디젤은 미국인에 맞게 메시지를 조금 다듬고 군함용으로 디젤기관을 채택하는 것의 군사적 장점에 대한 구체적 분석을 넣었다.

그는 디젤기관의 입증된 효율성을 내세웠다. 1911년 11월 현재 통

———

* 　　버번위스키, 생강, 레몬, 복숭아, 박하로 만든 칵테일.

계로 세계 곳곳에는 군함과 상선을 통틀어 디젤동력 선박 365척(대략 잠수함 140척, 수상 함정 40척, 여객선, 혹은 화물선 60척, 유조선 30척, 기타 잡다한 소형 선박)이 운항 중이었는데, 디젤에 따르면 전 세대 기관을 사용하는 선박에 비해 항속거리는 네 배 늘고 연료 무게는 80퍼센트 줄었으며 기관실 승무원도 75퍼센트 줄었다.

연료 절감의 장점은 상선보다 군함에서 더 컸다. 왜냐하면 디젤기관의 상대적 효율성은 저속운항하거나 공회전할 때 더욱 두드러졌기 때문이었다. 상선들은 미리 정해진 항로를 속력을 내 항해하지만, 군함들은 저속으로 정해진 구역을 순찰하거나 전략적 위치에 있으면서 기관을 공회전해야 하기 때문이었다.

디젤은 영국 해군 구축함의 증기기관을 디젤기관으로 대체하면서 영국 해군 기술진이 준비한 계산 도표를 청중에게 보여 주었다. 디젤기관은 오토 기관(주력함을 움직이기 위한 요구 출력을 낼 수 없었다)보다 더 무거웠으나 비교할 수 있는 출력을 낼 수 있는 증기기관에 비해서는 훨씬 가벼웠다. 전반적으로 효율적인 디젤기관을 사용하는 함선은 작전 반경이 넓어질 것이며 군사 분야에서 쓰이던 증기 동력을 과거의 유물로 만들 것이다.

디젤은 영국 해군 기술진이 만든 설계 도표를 제시했다. 여기에서는 실제 건조 중인 구축함 두 척이 비교 대상이 되었는데 한 척은 증기기관, 다른 한 척은 디젤기관을 장비했다. 디젤기관은 아직 공장에 있었으나 구축함이 디젤기관을 장비하게 되었다는 소식은 디젤기관에는 또 다른 획기적 사건이었다. 이번에는 상선에서 옮겨가 대형 수상함정의 동력원이 된 것이다. 디젤의 계산과 설계가 영국 해군 기술진과 협업으

	증기기관	디젤기관
기관 무게	449,000파운드 (224.5톤)	317,000파운드 (158.5톤)
제동 마력당 무게	64파운드(29킬로그램)	44파운드(20킬로그램)
연료 120톤을 탑재하고 10노트 속력으로 항해할 때 작전반경	1,700노트	10,000노트
연료 180톤을 탑재하고 28노트 속력으로 항해할 때 작전반경	950노트	6,302노트
기관병과 화부	56명	21명
연간 연료소비량 (20,000해리)	2,100톤	350톤
연료 가격	3,040	924
기관실 근무자 임금	4,300	1,920
수리비	2,000	400

로 제작 중인 함선을 위한 것이라는 사실을 미국 청중들은 놓치지 않았을 것이다. 그리고 그때는 독일과 영국의 군비경쟁이 한창이었다.

디젤은 디젤기관이 증기기관에 필요한 공간의 절반만 차지한다는 점을 강조했다. 한 걸음 더 나아가 "증기선의 증기기관과 보일러는 거의 상갑판까지 도달하므로" 빗발치는 적탄에 취약하다. 그러나 디젤기관 구축함을 그린 도표에 따르면 기관은 함미에, 그리고 완전히 흘수선 아래에 있다. 즉 기관이 장갑 갑판 아래에 있는 "이 군함의 기관은 적의 포화에 취약하지 않다."

디젤동력 함선은 화력 면에서도 우월했다. 루돌프 디젤은 다음으로 영국 해군 기술진이 작성한 증기기관 전함 대 디젤기관 전함을 비교한 도표를 제시했다. 전통적 증기기관 전함을 그린 도표에 따르면 갑판 위에는 연돌이 위치한다. 하지만 연기배출 장치가 필요 없었던 디젤동력 선박은 갑판 전체를 어떤 용도로든 자유롭게 사용할 수 있었다. 화물선이라면 화물을, 전함이라면 대구경 포를 더 많이 실을 수 있었다. 그리고 포탑의 선회를 방해하는 것이 아무것도 없었다. 디젤은 흥분한 미국 청중들에게 이렇게 말했다. "연돌이 없으므로 함포 10문 모두가 수평선 위의 어느 목표든 직접 겨눌 수 있습니다. 예를 들어 10문 모두가 한쪽 현에 있는 목표를 겨냥한다면 증기동력 전함에 비해 두 배의 전투력을 발휘할 수 있습니다."

디젤의 분석이 가진 함의는 영국 해군 전체에 퍼졌다. 디젤동력 전함이 장비한 함포의 전투 가치는 두 배 높아질 수 있으며 행동반경은 다섯 배 늘어나면서도 더 효율적으로 승조원 배치를 하고 연료비용도 적게 들며 현역 유지에 필요한 수리 정비에도 훨씬 유리하다.

영국 해군이 디젤기관을 이전부터 간절히 원했다는 증거는 디젤이 세인트루이스에서 선보인 설계안을 영국 해군 기술진이 작성했다는 것뿐 아니라 피셔 제1해군경이 보낸 기밀문서에서도 드러난다. 1912년 8월 28일, 재키 피셔는 처칠 해군장관에게 보낸 내부 회람에 이렇게 썼다. "붙임 보고서는 (…) 어제 본직이 장관에게 보낸, 독일의 디젤 순양함 건조 관련 신문보도가 정확하다고 지적했음. 얼마 전 들은 과장된 소문에 따르면 이 배는 재급유 없이 세계 일주가 가능하다고 함. 말도 안 되는 일임!"

다른 회람에서 피셔는 3월에 디젤이 런던 연설에서 말한 것과 유사한 내용을 적었다. 바로 디젤기관은 다른 어떤 나라보다 영국에 가장 큰 이익을 안기리라는 것이다. 피셔는 만약 빌헬름이 그 함의를 완전히 이해하게 된다면 루돌프 디젤은 큰 위험에 처할 것이라고 결론 내렸다. "크루프는 재급유 없이 4만 마일을 항해할 수 있는 내연기관 화물선을 설계했음.* 영국 함대에는 (디젤) 연료 기관 보유가 필수적이며 타국 함대는 보유하지 않아야 함. 이상한 일임! 그리고 이것을 알게 되면 독일인들은 디젤 박사를 개처럼 사살할 것임!" 피셔는 디젤이 실종되기 겨우 12개월 전에 이런 관찰을 내놓았다.

1912년 9월 20일, 피셔는 자유당 정치인이자 외교관인 에셔 경Lord Esher에게 흥분한 어조의 기밀 편지를 보냈다. "(디젤기관을 장비한 영국 전함을 위한) 모든 도면과 설계가 준비되었습니다. (…) 지난 2년간 우리가 무관심했던 탓에 (독일은) 내연기관 분야에서 우리를 앞서 나갔지요! 뉘른베르크에서 대형 독일 순양함용 석유기관 일부를 직접 본 사람으

---

* 　　영국과 독일 해운업은 제1차 세계대전 동안 잠수함 옹호론자들의 예언을 한참 상회할 정도의 엄청난 피해를 보았다. 독일은 화물 수송용 잠수함의 대량 건조를 실험했다. 이 잠수함용 기관 설계는 속도와 성능보다 신뢰성을 우선시했다. 1916년 3월 28일, 독일은 첫 화물 수송용 잠수함 '도이칠란트'를 진수했다. 이 잠수함은 역회전할 수 없는 450마력 디젤 기관으로 움직였고 화물 791톤을 실어 나를 수 있었다. 무장이 없는 이 잠수함은 적의 봉쇄선에 접근하면 잠수해 적함 밑으로 안전하게 빠져나갔다. 그때까지 중립국이던 미국까지의 첫 왕복 항해에서 도이칠란트호는 염료 163톤을 싣고 가서 독일의 전쟁 수행에 필요한 고무 348톤, 니켈 341톤, 주석 93톤을 싣고 돌아왔다. 도이칠란트호는 전쟁 동안 두 번 더 왕복 항해에 나서 물자 1,800톤을 운반했다.

로부터 입수한 정보입니다! 우리는 계속 전진해야 합니다. (…) '드레드 노트보다 더 위대한 전함'이 여기 있습니다! 현존하거나 제안된 그 어떤 전함보다 표적을 33퍼센트나 줄인 실루엣을 가진 전함을 상상해 보십시오! 연돌도, 마스트도, 연기도 없는 이 전함은 세계 일주에 충분한 연료 5,000톤을 실을 수 있습니다. (…) 우리가 이런 전함으로 해전을 벌인다고 상상해 보십시오! **우리는 그런 전함을 꼭 가져야 합니다.**"

세인트루이스 강연에서 디젤은 군사 문제에서 경제문제로 초점을 옮기며 청중에게 육상에서 산업용 디젤기관도 비슷한 효율성을 달성했음을 상기시켰다. 당시 전 세계적으로 디젤기관 200만 기가 운용되고 있었다. 1912년쯤에 디젤기관은 이미 독일에서 사용되는 기관 전체 출력의 30퍼센트를 맡고 있었다.

디젤은 대체 연료 사용으로 논의를 확장하며, 디젤기관은 석유 파생 연료에 더해 콜타르나 채소, 견과 기름을 연소할 수 있다고 설명했다. 그는 "연료유로 채소 기름을 사용하는 것은 지금은 그다지 중요하지 않아 보일 수도 있으나 시간이 지나면 이런 기름은 지금의 석유나 콜타르 파생물처럼 중요해질 것입니다."라고 말했다.

디젤은 다양한 연료를 유연하게 연소할 수 있어서 디젤 기술은 연료 독점을 타파하고 천연연료의 수급 상황에 상관없이 모든 나라에 정치적 안정을 가져다줄 수 있다고 주장했다. "일부 (국가)는 석탄만 생산하고 어떤 나라는 석유만 생산합니다. 그리고 미국처럼 석탄과 석유를 동시에 생산하는 나라도 있습니다. 특정 국가가 어떻게 발전할지 예측하기란 어렵습니다." 디젤기관이 있으면 이는 문제가 되지 않았다. 사용할 수 있는 기름은 어느 나라에나 있었다. 디젤은 연료가 풍부하다는 이유로 미국에서는 디젤엔진 채택이 지연되고 있다고 지적했다.

그리고 나서 그는 디젤기관이 유럽 국가들에 석탄 부산물을 연료로 사용할 다른 선택권을 주었기 때문에 유럽은 "천연 액체연료의 가격 상승과 트러스트나 독점 회사들의 설립을 막을" 수 있었다고 주장했다.

캅카스의 정치적 불안정과 경쟁 그리고 대륙 다른 곳에서 석유가 발견된 일로 인해 유럽에서는 록펠러 같은 사람이 나올 수 없었다. 디젤기관의 채택이 늘어나는 지금에 와서 그런 일은 일어날 수도 없었다. 루돌프 디젤은 "유럽에서 우리는 분명 액체연료의 독점을 타파했습니다. 이는 법이나 다른 인공적 수단(분명 셔먼 반독점법에 따라 제소된 스탠더드오일에 대한 대법원 판결을 가리킨 것이다)이 아닌 과학적 탐구와 산업적 진보에 의한 것입니다. 가장 강한 자들도 그 앞에서는 고개를 숙여야 할 것입니다." 뉴욕의 사무실에 있던 록펠러는 전국 일간지에 실린 디젤의 호언장담을 읽었을 것이다. 그는 루돌프 디젤에게 머리를 조아릴 생각이 없었다.

———

연설을 마무리하면서 디젤은 그의 토의에 담긴 지정학적 함의를 되돌아보며 처칠, 록펠러, 빌헬름 2세의 가장 큰 고민을 지적했다. 바로 연료가 국가의 운명을 좌우한다는 것이었다.

디젤은 세 가지를 예측했다. 먼저 그는 산업국가에서는 거의 무시되다시피 한 환경오염이 앞으로 기관 설계에 있어 중요하게 고려될 것이라고 강력히 주장했다. 둘째, 미국에서는 디젤기관이 늦게 출발했지만, 그는 세계 어느 나라보다 미국에서 가장 먼저 디젤동력 기관차가 실용화될 것으로 믿었다. 셋째, 미국은 현재 "믿을 수 없을 정도로" 국산 연료를 풍부하게 보유하고 있지만 경제적 효율성이 결국 낭비하는 습관을 이길 것이다.

그의 예측은 예언처럼 맞아떨어졌다.

그는 다른 예측도 했다. 젊은 과학자이던 1880년대에 디젤은 태양 동력 기관을 스케치했다. 그는 태양으로 연소실을 가열해 기관에 동력을 제공한다는 원리를 이론화했었다. 4페이지짜리 스케치에 간단히 계산한 결과 이 엔진은 최대 50분의 1마력을 낼 수 있었다. 그리고 19세기 금속공학의 한계 때문에 이 기관은 "효율적으로 작동하기에는 너무 약했다." 그러나 그는 이 아이디어를 절대로 포기하지 않았다.

당시의 한계를 여러 세기 뛰어넘은 혜안으로 불가사의할 정도로 미래를 정확하게 묘사할 재능을 가졌던 레오나르도 다빈치처럼 디젤은 모퉁이 너머에 있는 새로운 현실을 볼 수 있었다.

이 스케치를 한 지 30년 뒤, 디젤은 세인트루이스 연설에서 태양 동력에 대한 아이디어를 다시 제기했다. 그는 석탄과 석유기관이 내는 해로운 오염물질이 결국 지구가 흡수할 수 있는 양을 넘어설 것이지만 "천연 고체·액체연료가 소진된 다음에도 언제든 이용할 수 있는 태양열로는 더 많은 동력을 생산할 수 있다."라고 예측했다.

———

그때 유럽에서는 디젤이 술처와 함께 설계한 기관차용 기관이 시험 운전 중이었다. 세인트루이스 연설에서 디젤은 자신이 확장 중인 미국의 철도망에 매혹되었다고 말했다. 그는 또한 미국에서는 백지상태에서 도로와 철도 네트워크를 설계하고 특정 목적을 위해 만들어야 할 것을 만들 기회가 있다는 것을 부러워했다. 반면 유럽 기술자들은 로마를 비롯한 고대문명이 만든 도로망에 맞춰 운송망을 설계하고 있었다.

디젤동력 철도는 아직 상업적 성공을 거두지 못했으나 디젤은 연설에서 "한 가지는 확실합니다 — 디젤기관차가 조만간 등장할 것입니다."라는 대담한 주장을 펼쳤다. 한 기자가 미국에서 이루기 원하는 가장 큰 꿈을 묻자 그는 이렇게 답했다. "내가 만든 열기관 기관차를 몰고 뉴욕에서 세인트루이스까지를 달리는 것입니다. 연료로는 버터만 사용하고요. 제게 호의를 베풀어 버터를 좀 주신다면요."

2시간에 걸친 강의가 끝나자 미국 중서부에서 온 청중들은 펄쩍 뛰어오르다시피 하며 디젤이 당황할 정도로 긴 박수갈채를 보냈다. 디젤은 살짝 웃었다. 훈도그 칵테일을 마신 다음 이날 밤에 처음 짓는 미소였다. 마이어가 본 청중 앞의 디젤은 14년 전의 인간적 발명가 디젤 그대로였다. 디젤은 늘어나는 부와 명성에 현혹되어 정도正道를 벗어나지 않았고 여전히 과학과 인류의 진보에 계속 헌신적이었다.

루돌프는 청중 앞에 고개를 숙이고 목제 연단에서 등을 돌려 측면 출구로 바로 빠져나갔다. 복도에서는 부시가 그를 위해 고용한 운전기사가 기다리고 있었다. 그는 시동을 켜고 기관을 예열 중인 최신 모델 벤츠 승용차의 열린 문 옆에 서 있었다.

———

연설 일정 사이사이로 디젤 부부는 철도로 미국 서부를 여행하며 샌프란시스코까지 갔다.* 기차가 잠시 서면 기자들은 디젤을 찾아와 독일과 전쟁의 전망에 대한 견해를 물었다. 디젤은 독일의 대외정책에 대한 상세한 언급을 피했지만 극단적 민족주의는 혐오한다고 강조했다. 그는 또한 독일인이라는 것을 부인하고 자신은 바이에른인으로 불리는 편을 선호한다고까지 말했다. 디젤은 무엇보다도 '세계시민'이었다. 그는 기자들에게 조상 중에는 슬라브인이 있고 자신은 프랑스에서 태어나 바이에른에 귀화했다고 말했다. 그는 "저는 모든 곳에서 왔습니다."라고 결론 내렸다.

어떤 인터뷰에서는 기자가 디젤에게 독일제국 참모본부가 링글링 브라더스 서커스에 첩자를 보내 이 서커스단이 장거리 공연을 하며 어떻게 물자와 인원을 조달하는지를 알아내려 했다고 말했다. 디젤은 이렇게 답했다. "참모본부는 누구보다 서커스를 더 잘할 겁니다."

나중에 오이겐 디젤은 아버지가 그 몇 년간 독일에 대해 가졌던 부정적 감정을 조명한다. "같이 자주 여행하는 동안 (아버지는) 여러 민족의 특성을 관찰하라고 가르치셨다. 독일의 문제는 그에게는 끝없는 흥

---

*   디젤은 캘리포니아에서 세인트루이스로 돌아올 때 프리스코Frisco 철도를 이용했다. 오는 길에 그는 아칸소의 오자크Ozarks 지역에서 하룻밤을 보냈는데 여기에서는 한 젊은이가 현지 신문기자인 사촌 형을 돕고 있었다. 찰스 모로우 윌슨Charles Morrow Wilson이라는 이 젊은이는 33년 뒤, 디젤의 전기를 공동 집필했다. 이 전기에서 그는 디젤과 보낸 즐거운 저녁 시간을 술회하는데 이 키가 크고 "매우 잘생긴" 여행자는 기꺼이 시간을 내어 주었다. 현지 농장에 관심이 생긴 디젤은 소년 윌슨과 함께 가족을 만나고 크림소다를 마셨다. 그는 디젤을 가족 저녁 식사에 초대했지만, 디젤은 "식사 전에 반드시 먹을 약이 있는데 약상자를 호텔에 놓고 왔다고 설명하며 (…) 정중하게 초청을 사양했다." 이 약상자는 손바닥에 딱 맞는 크기의 에나멜 상자였고 디젤은 이것을 늘 소지하고 있지는 않았던 듯하다.

미와 불안의 원천이었다." 루돌프 디젤과 그의 아들은 20세기로 접어들 무렵의 독일인을 관찰했다. "군인 같은 태도와 몸가짐이 사람들에게 스며들었다. 그래서 민간인들조차 딱딱한 태도를 필수적으로 여겨 군인처럼 딱 소리를 내며 구두 뒷굽을 치는 방법을 배웠다. 대화의 톤은 크고 거칠었다. 거만함과 자기과시는 어디서나 마주칠 수 있었다. 삶은 꽝꽝 울리는 군대 행진곡의 허세와 비슷해졌다."

오이겐의 결론은 나중에 나치 치하에서 맞을 운명의 으스스한 전주곡처럼 들린다. "군인 정신이 자주 정치가 있어야 할 곳을 빼앗았다. 그리고 이것이 '군국주의'의 가장 큰 원인이고 다른 자질들과 더불어 독일인을 미움받게 만든 원인이다. 성인이 된 개인주의자들은 자발적으로 복종하게 되었다. 비인격적 복무로 개인을 압박해 하나로 용접하는 것은 독일에서 군복무의 특징이다."*

─────

독일에 대한 의견과 아주 대조적으로 디젤은 미국에서 본 것에 대해 질문받으면 칭찬을 많이 했다. 그는 미국을 "서구를 비추는 위대한 불빛"으로 불렀고 이 젊은 나라는 "발명가에게는 천국 중의 천국"이라고 했다.

디젤이 '미국이 이미 세계를 선도하는 나라가 되었고 미국의 산업

─────

* 오이겐 디젤은 나치 치하에서 저항조직의 일원이 되었다. 그는 히틀러가 집권하기 전인 1931년 1월 20세기에 접어들 무렵의 독일에 대한 이런 관찰을 책으로 냈다. 제2차 세계대전 뒤 나치 병사들이 자기변호를 하며 자주 썼던 말인 "나는 명령을 따랐을 뿐이다."의 전조가 되는 말을 오이겐이 기록했다는 점이 흥미롭다.

적, 재정적 우위는 계속 성장하고 있다'는 의견을 밝히자 〈오마하 뉴스-비Omana News-Bee〉의 폴 그리어 기자가 이렇게 물었다. "미국인에게서 선생님이 가장 좋아하는 점은 무엇입니까?"

디젤은 이렇게 답했다.

> 제가 기본적이라고 믿는 미국인의 네 가지 미덕이 있습니다. 먼저 영구적으로 고정된 사회계급이 없다는 점입니다. 미국의 부자와 빈자, 노동계급과 전문계급 사이의 이동은 자유롭습니다. (…) 다음으로는 평범한 미국인이라도 지식을 나누고 자선을 베푸는 데 매우 공정하며 관대하다는 점입니다. 셋째, 미국인이 발명 재능을 아주 높이 산다는 점도 모든 노동자 사이에 고르게 퍼져 있습니다. 그리고 마지막은 중요한 인물들의 겸손입니다. 고위층의 겸손은 비슷한 부류의 사람들을 더 끌어들입니다.

디젤이 영국 해군의 디젤 잠수함대 건조사업을 지원하고 있다는 소문에 관해 묻자 디젤은 '그렇지 않다'고 답했다.

———

마르타도 언론의 비상한 관심을 피하지 못했다. 마르타는 들어오는 질문을 우아하고 신중하게 다뤘는데 어떨 때는 코미디처럼 보이기까지 했다. 여성참정권에 관한 질문을 받자 마르타는 이렇게 답했다. "매우 흥미로운 발전이군요." 다시 공화당 대선후보로 나서 선거운동 중이던 테디 루스벨트Teddy Roosevelt(시어도어 루스벨트의 애칭)에 관한 질문을 받은 마르타는 이렇게 답했다. "그 사람도 흥미로운 발전입니다." 미국에서의 루터교회의 성장에 대한 견해는? "루터교는 언제나 흥미로운 발전이랍니다."

그녀는 남편에게 이미 적이 많으며 언론은 남편과 친구가 되려는 게 아닌 1면 기삿감을 찾는다는 것을 분명히 이해했다. 마르타는 겨우겨우 이런 함정들을 피할 수 있었다.

———

디젤 부부는 4월 18일 저녁으로 예정된 코넬대학교 강연 이틀 전에 뉴욕주 이타카에 도착했다. 거리에서는 놀란 행인들의 얼굴이 부부를 스쳐 지나갔다. 사람들은 절대 일어날 것 같지 않은 소식을 듣고 소리쳤다. 신문을 가져와 1면 기사 제목을 읽고서야 이들은 이것이 사실임을 알았다. 관련 정보는 마르코니의 무선전신으로 수신되었다. 불침 여객선 타이태닉호가 바다 밑으로 가라앉았던 것이다.

충격받은 디젤 부부도 전 세계인과 마찬가지로 슬퍼했다. 이 비극은 부부에게 더 절실하게 다가왔을 것이다. 왜냐하면 세인트루이스에서 만나기로 한 아돌푸스 부시와의 선약이 아니었더라면 이들도 사망자 1,517명 명단에 들어갔을지도 모르기 때문이었다. 디젤은 기사 제목을 잘라 일기에 붙였다.

이 충격적 소식에 더해 설상가상으로 풀만식 객차를 밤새 타고 오던 디젤의 통풍(통증과 부기가 생기는 관절염 증상)이 악화됐다. 염증이 생긴 오른쪽 발은 왼쪽 발의 한 배 반 크기로 부어올랐다. 하지만 어떻게 해서라도 강의할 생각이었던 디젤은 학생환영위원회에 부은 발에 맞는 크기의 검은 구두를 찾아달라고 했다. 몇 시간 뒤, 흰색 넥타이와 연미복 차림의 디젤이 미국에서의 2차 강의를 시작했다.

강의가 끝나고 디젤 부부는 뉴욕시로 가서 치료받았고 마침 아들 루돌프 2세의 집에도 찾아갈 수 있었다. 디젤의 장남은 최근 뉴욕에 취직했고 취직하자마자 데이지 와이스_Daisy Weiss_라는 뉴욕 여성과 사랑에 빠져 결혼했다. 두 사람 사이에는 얼마 전 아들 아놀드_Arnold_가 태어났다.

잠시 휴식을 취한 다음 디젤은 미 해군사관학교에서 강의하기 위해 아나폴리스로 갔다가 4월 30일의 마지막 강의를 위해 뉴욕으로 돌아왔다. 연설 몇 시간 전, 미국 기계공학자협회는 존경받는 손님의 미국 방문을 축하하는 행사를 열었다. 학회장은 디젤을 명예 회원으로 받아들이고 역사에서 디젤이 차지하는 중요한 위치를 요약한 연설을 했다. 그는 인간이 처음으로 불을 피우고 이용하는 방법을 발견했을 때 문명이 시작되었다는 말로 연설을 시작했다. 그리고 "고대 세계는 이름이 없는 이(발견자)를 프로메테우스라는 이름으로 신격화했습니다." 의장은 2000년 전에 고대 이집트인들은 뜨거운 증기로 신전의 거대한 문을 여닫았다는 사실을 청중에게 상기시켰다. 이 기술은 개선되어 "지금으로부터 2세기 전에 제임스 와트가 증기 동력을 유용한 기술에 적용하고 운송과 광산, 야금에 쓰이는 수단을(발명하게 되었습니다)" 다만 와트는 "연료가 낼 수 있는 동력의 2퍼센트만 활용할 수 있었습니다."라는 한계를 말했다. 그리고 최근 들어 "(알폰스)보 드 로사_Alphonse Beau de Rochas_, 오토, 윌리엄 덴트_William Dent_, 프리스트맨_Priestman_과 다른 여러 공학자가 증기라는 매개물을 포기하고 폭발기관_explosive engines_을 만들어 열을 직접 동력으로 전환해 20퍼센트라는 유용한 효율을 달성했습니다."

의장의 연설은 문명을 새 시대로 인도할 동력원을 가져다준 사람으로 디젤을 칭송하는 데서 절정에 달했다. "루돌프 디젤 씨는 통제된 연소로 폭발을 대체한 내연기관을 공학계에 선보였습니다. 점화에 수반되는 문제가 사라졌고 효율성은 (…) 35퍼센트에 달하게 되었습니다." 그는 "루돌프 디젤 씨는 귀중한 불의 위대한 수호자입니다."라는 말로 연설을 끝냈다.

두 번의 미국 여행(1904년과 1912년) 동안 디젤은 미국 철도 시스템으로 3만 킬로미터를 여행했는데 미국에 대한 그의 의견은 두 번째 여행에서 크게 좋아졌다. 첫 방문에서 디젤은 주요 도시에서조차 형편없는 토목공학 수준, 모든 도시에 있는 견고하지 않고 화재에 취약한 목조 주택, "빨리" 돈을 버는 데 과도하게 맞춰진 초점에 당황했다. 그러나 미국은 눈이 휘둥그레질 속도로 성장하고 있었고 디젤은 미국의 사회적, 정치적, 경제적 자유를 흠모했다. 1912년 4월 말에 디젤은 미국에 대해 분명 긍정적으로 생각하고 있었다. 기자들로부터 미국 시민권 취득을 고려하겠느냐는 질문을 받은 디젤은 미국 시민권은 "크나큰 영예"이지만 유럽에서 시급히 해야 할 일이 있다고 답했다.

"위대한 불빛"으로 여행과 관련해 펜실베이니아철도회사와 포드자동차회사가 1912년에 디젤을 고용하려 했다. 두 회사 모두 각자의 사업 분야에서 사용할 디젤기관 개발에 그의 도움을 원했다. 디젤은 두 회사로부터 고문 자리와 고문료를 제안받았다. 기관차와 자동차 분야의 정복은 디젤의 남은 인생 목표이기도 했으나 그는 제안을 모두 거절했다. 그의 친구와 가족에게는 놀라운 일이었다. 루돌프는 유럽에서 전력투구해야 하는 더 급한 일이 있다고 생각했다. 다만 그는 미국 회사들이 개인적 야망과 밀접하게 연관되기도 한 통 큰 제안을 했는데도 이보다 더 시급한 일이 무엇이었는지는 누구에게도 밝히지 않았다.

———

디젤의 일기에는 그가 미국을 여행하는 동안 얼마나 빠른 페이스로 일정을 소화했는지뿐 아니라 어느 정도로 유명한 미국 기업인들이 그와 만나기를 원했는지도 기록되었다. 그는 조지 웨스팅하우스George Westinghouse와 점심을 먹었고 조지 머크George Merck*와 회동했으며 미 해군의 여러 제독 및 잠수함 지휘관들과 만났다. 볼드윈기관차제작소Baldwin Locomotive Work의 임원 모두가 디젤과 잠깐 만나기 위해 필라델피아에서 볼티모어로 온 적도 있었다.

미국에서 디젤의 하루 일정은 대개 점심을 겸한 회의, 차를 마시며 하는 회의 그리고 저녁을 들며 하는 별도 회의로 이어졌다. 그리고 나서 저녁 식사 뒤에는 술을 마시거나 (뉴욕에서는) 마르타와 같이 극장에 갔다. 이 반복적 일상 사이 사이에 수많은 청중을 대상으로 한 네 번의 큰 강연, 기업 이사진과의 만남, 공장 시찰 그리고 도시 간 장거리 기차 여행이라는 큰일들이 있었다. 몇 번 통풍 발작이 있었지만 그는 엘리스섬과 몇몇 박물관을 흥미롭게 견학했다고 적었다. 디젤의 일기에는 한

———

*   가족과 같이 독일에서 뉴욕으로 이민 와 머크제약회사와 함부르크-아메리카기선회사, 함부르크의 상업은행인 H.J.머크&Co.를 세웠다.

계를 모르는 에너지와 자신의 포부를 공유하려는 열정뿐 아니라 좋은 것들에 대한 인정이 페이지마다 드러난다.

그는 워싱턴 D.C.의 메트로폴리탄클럽과 화려한 세인트루이스의 선셋컨트리클럽에서 식사했고 뉴욕을 방문하는 동안에는 5번가에 있는 유명한 셰리즈레스토랑, 뉴욕요트클럽을 방문했을 뿐 아니라 회원 전용으로 당시 맨해튼 최고의 해양 클럽인 화이트홀클럽에서 점심을 먹기 위해 볼링그린역에서 지하철을 타기도 했다.

디젤이 머문 호텔은 미국 최고의 호텔들이었다. 그는 세인트루이스의 역사적인 플랜터스 호텔, 버펄로의 이로쿼이 호텔, 이사카의 클린턴하우스 그리고 아나폴리스에서는 리드 중령(디젤의 해군사관학교 방문 행사를 총괄한)의 집에서 숙박했다. 리드 중령의 집에서 하룻밤을 난 다음 디젤은 중령의 "매력적인 아내"에 대한 기록을 남겼다.

루돌프와 마르타 디젤 부부는 브로드웨이 쇼 가운데 42번가 월락 극장에서 공연된 〈디즈레일리Disreili〉라는 새 연극과 허드슨 극장에서 공연된 〈타이푼Tyhpoon〉을 좋아했다.

힘든 강행군을 마치고 뉴욕항을 떠나기 전 마지막 날에 독일에서 가장 존경받는 발명가는 미국 최고의 발명가를 방문했다.

———

토머스 에디슨과 루돌프 디젤이 남긴 유산은 왕과 대통령들의 유산보다 오래 살아남을 것이다. 두 사람이 업적을 달성한 지 100년 이상이 지났지만 전 세계적으로 디젤과 에디슨이라는 이름은 어찌나 자주 언급되는지(자동차에서, 전구에서, 공공요금 청구서에서) 이들은 이제 개인 이름이 아니라 일반명사가 되었다. 두 사람은 과학을 존중하고 일에 헌신적이며 생전에 유명해졌다는 점에서 공통점이 많았다.

미국 강연을 끝낸 디젤은 에디슨의 초청을 받아들여 1912년 5월 6일에 뉴저지주 웨스트오렌지를 방문했다. 디젤 부부가 에디슨 저택에 도착해 마침내 두 거인이 만났다. 그런데 막상 만나 보니 두 사람은 공통점보다 차이점이 더 컸다.

토머스 에디슨은 가정 실험실로도 쓰던 검소한 작은 집 밖에서 디젤 부부를 맞이했다. 집에 들어선 이들은 기어 부품들과 단면 모형 그리고 서류와 도면이 한가득 쌓인 큰 롤 탑 책상* 앞의 불편한 의자에 앉아 가벼운 아침 식사를 했다. 이 작은 집에서 가장 두드러진 특징인 넓은 작업실에는 나무 칸막이가 벽에 설치되어 각 프로젝트를 위한 작업 공간을 구분해 놓았다. 조금 덜 어질러진 방 한구석에는 금속 뼈대의 간이 침대 그리고 시멘트로 만든 이상한 안락의자가 있었다.

에디슨은 그때 65세로 디젤보다 11살 위였다. 에디슨이 인생과 과학에 대한 통찰을 말하기 시작하면서 디젤은 에디슨은 자기가 더 나이가 많을 뿐 아니라 더 현명하다는 것을 내세우려 한다고 금방 느끼게 되었다.

에디슨은 최근에 아내의 손에 억지로 "이끌려" 이탈리아를 여행했는데 매우 지루했다고 말했다. 그의 아내는 에디슨이 거부할 때까지 대성당에서 대성당으로 그를 데려갔음이 분명했다. 벽화, 태피스트리, 조각은 그의 관심 밖이었고 종교에서 영감을 얻은 예술작품은 혐오 대상이

---

*   roll-top desk. 뚜껑을 밀어서 열 수 있는 책상. - 옮긴이 주

었다.

에디슨은 자신은 "독학자"라고 자랑스럽게 말했다. 디젤은 이것은 의문스러운 자질이라고 느꼈지만 의견을 말하지는 않았다. 디젤은 에디슨의 자기 계발 열정을 분명 존경했으나 고등과학에는 공식 교육이 필요한데도 20세기에 접어든 지금 미국에서는 이런 교육을 전혀 찾아보기 어렵다고 보았다. 최고의 명문 기술 교육기관은 모두 유럽에 있었고 디젤 본인도 당연히 그런 곳에서 공부했다.

서로 다른 교육 배경 때문에 두 사람의 발명 방법은 완전히 달랐다. 디젤은 혁신은 학자와 사상가가 달성할 수 있다고 생각했다. 현장 과학자에 더 가까운 에디슨은 어렴풋이 떠오른 개념을 이리저리 손보며 시행착오를 거쳐 날카롭게 다듬었는데 마르코니도 그런 방식으로 작업했다.*

디젤을 비롯한 찰스 파슨스나 휴고 융커스 같은 발명가들은 사전에 이론적 분석부터 해야 보상이 따른다고 믿었다. 능숙한 수학자이자 물리학자이기도 했던 디젤은 이론적으로 가능한 것은 세세한 것까지 다 시도해 본 다음 '실전'에 나섰다. 부품 재료가 비싼데다 금속공학에 깊은 조예가 필요한 내연기관의 발명에 시행착오는 엄청나게 비용이 많

---

* 굴리엘모 마르코니Guglielmo Marconi는 어머니가 집에서 가르친 에디슨처럼 가정교사로부터 집에서 교육받았다. 1890년경, 마르코니는 하인리히 헤르츠Heinrich Hertz의 전신 실험에 관한 기사를 읽고 이탈리아에 있는 가족 소유 저택의 다락방에서 이 실험을 재현해 보려 했다. 1895년에 돌파구를 연 마르코니는 야외 실험을 개시했고 안테나를 높이면 무선신호를 더 먼 거리까지 송신할 수 있을 것으로 믿었다.

이 드는 문제가 될 수 있었다.* 디젤은 작은 부품 하나라도 건드리기 전에 기관 설계에서 작용할 열역학을 만족할 때까지 철저히 연구해야 했다. 시험 과정에서 장애와 부딪힌다 해도 결의를 굳건하게 한 것은 계산이 정확하다는 자신감이었다. 분명 그도 동요할 때가 있었고 시험 단계에서는 최적화 상태로 자신의 발명품을 시험했다. 그러나 그때 작업의 기본 전제를 바꿨거나 중요한 새 발견을 했다는 뜻은 아니었다.

디젤과 에디슨은 발명가라는 단어의 정의에서 의견이 달랐다. 에디슨은 성공적인 발명가는 이전 발명을 적절하게 조정하는 사람이라고 주장했다. 독서광이며 끊임없이 여러 가지를 시도하던 에디슨은 어떤 기회로 혁신적 발명품이 자신에게 들어오면 소박한 천재성으로 이것을 이리저리 매만져 새로운 방향성을 찾고 시장에서의 유용성을 다시 상상해 냈다. 예를 들어 1877년 7월 18일, 에디슨은 종이에 부호를 눌러 새긴 홈을 읽을 수 있는 바늘이 달린 자동전신 장치를 시험하고 있었다. 전압이 올라갔기 때문인지 바늘이 훨씬 빨리 움직이기 시작했고 그 결과 마찰과 소음이 커졌다. 의도적으로 이런 소리를 만들어 보기로 한

---

* 루돌프 디젤을 깎아내리는 사람들은 1897년에 그가 인도한 상용기관은 1892년에 출원한 유명한 특허(특허번호 67207)와 근본적으로 다르다고 지적하는데 이는 사실이다. 디젤의 첫 특허는 "정온 기관constant temperature engine"이었는데 이것은 연소실의 고온 상태를 가리키는 것이다. 그런데 1893년에 디젤은 그의 기관 특허를 **"정압** 기관constant pressure engine "으로 다시 정리하고 그해 하반기부터 시작한, 비용이 많이 드는 시험 단계에 착수하기 전인 11월에 다시 특허를 출원(1895년에 독일제국 특허번호 82168로 승인)했다. 디젤은 자신을 깎아내리는 사람들에 대해 이렇게 썼다. "나를 비판하는 사람 상당수는 믿을 수 없는 증오심을 가지고 나를 비난한다. 이론적 이상에서 벗어나는 것은 실전에서는 불가피하지만, 과학에 대한 범죄로 비난받았고 새로운 기관은 도덕적 분노로 비난받았다."

에디슨은 결국 개량된 바늘을 홈을 따라 움직이게 해 인간의 목소리를 재생하는 데 성공했다. 이렇게 해서 축음기가 발명되었다. 디젤은 이런 식으로 우연히 발명하지 않았다. 그리고 그는 발명가를 통합하고 개량하는 사람으로 보는 견해를 좋아하지 않았다. 두 사람의 토론에는 가시가 돋치기 시작했다.

에디슨은 기관에 대한 견해(디젤은 "맥주 거품"에 불과하다고 했다)를 밝힌 다음 자신은 10명, 혹은 더 많은 공학자의 개발 작업을 "축적해" 하나의 "실용적 경량 기관"으로 "통합한" 기관을 상상한다고 말했다.

디젤에게는 말도 안 되는 일이었다. 기관의 다양한 설계는 서로 다른 생각의 산물인데 이들을 한데 뭉친다는 것은 낯 뜨거운 천진난만한 상상이었다. 에디슨의 예술과 홈스쿨링에 대한 논평은 차치하더라도 이런 말까지 들은 디젤은 짜증이 나서 침묵을 깨고 에디슨에게 기관 제작자들이 10센트로 10명이나 구할 정도로 흔하냐고 물었다.*

에디슨은 흥미롭다는 반응을 보이며 가장 큰 문제는 "기관 발명가 10명이 가져온 것을 한데 모은 결과가 과연 10센트의 가치가 있을지의 여부"라고 말했다.

차이는 여기서 그치지 않았다. 에디슨은 디젤의 생각에 오만한 태도로 자기는 "특정 분야"에만 집중하지 않는다고 말했다. 디젤은 디젤대로 에디슨이 과학의 기초인 수학과 물리학 분야에서 적절한 교육을 받지 못했는데도 자신을 기관 전문가로 자부한다고 보았다.

---

* 이 만남을 에디슨은 어떻게 보았는지에 대한 문서 자료는 없다. 유일한 출처는 오이겐 디젤이 출간한 책인데 그는 이 이야기를 부모가 해 주었다고 전한다.

그리고 대놓고 말하지는 않았지만, 디젤은 또 다른 근본적 차이가 있다는 것을 관찰하고 만족했다. 즉 에디슨이 동력을 소모하는 기계를 만들던 반면 디젤은 동력을 생산하는 기계를 만들고 있다는 점이다.

서로의 아내들에 대해 에디슨은 부러워하는 어조로 이렇게 말했다. "사이좋게 지내고 계시는 것 같군요."

신경 쓰이는 차이점 하나만 아니었더라면 이 만남은 그럭저럭 괜찮았을 것이다. 에디슨은 알코올을 혐오했고 여기에 대한 극단적 견해차 때문에 두 사람은 또 가시가 돋친 설전을 벌였다. 에디슨이 "알코올을 마시는 것은 부자연스러운 일입니다."라고 말하자 디젤은 호모 사피엔스가 거의 빵과 고기만큼 오래 알코올을 섭취하고 있었다고 지적했다. 에디슨이 왜 디젤이 "거의 빵과 고기만큼 오래"라고 말했는지 묻자 디젤은 껄껄 웃고 "발효에는 좀 시간이 걸립니다."라고 답했다.

디젤은 동시대 최고의 발명가들과 상업적으로 성공적이고 개인적으로도 만족스러운 관계를 구축했지만, 에디슨에게는 그다지 큰 호감을 느끼지 않았다. 두 사람의 배경과 작업 방법은 너무나도 달랐다. 두 사람은 서로의 근면함과 업적을 존중했지만, 발명에 대한 신앙과도 같은 접근 방법 차이를 극복하기에는 불충분했다.

———

디젤 부부는 뉴욕 월도프-아스토리아 호텔에서 휴식을 취했다. 1912년 5월 7일, 부부는 리무진을 타고 허드슨강에 면한 34번가 부두로 가서 함부르크-아메리카기선회사 여객선 빅토리아루이제호에 승선했다. 이 배에서 디젤은 타이태닉 참사 생존자 알폰스 시모니우스-블

루머Alfons Simonius-Blumer 대령과 그의 비서 막스 슈테헬린-매글린Max Stähe-lin-Maeglin을 발견하고 깜짝 놀랐다. 두 사람은 차가운 바다에서 구조된 지 한 달도 채 안 되어 대서양을 다시 건너려 하고 있었다. 디젤은 이들이 이야기하는 끔찍한 모험담을 유심히 들었다.

5월 15일에 승객들은 영국에서 하선했고 디젤은 즉시 바쁜 일정을 재개했다. 오후 2시에 그는 런던에서 열린 신생 통합디젤기관회사 이사회에 참석했다. 해군성은 이 회사에 큰 기대를 걸고 있었다.

르네상스적 교양인의 생활 양식대로 이사회가 끝나자 디젤은 부인과 만나 저녁 식사를 하고 런던의 킹스웨이 극장에서 상연된 조지 버나드 쇼Groege Bernard Shaw의 〈패니의 첫 연극Fanny's First Play〉을 즐겼다.

제22장
높아지는 압력

Rising Pressure

디젤 기술의 파괴력은 더는 추상적 영역에 머물지 않았다. 이 기관의 성능은 전 세계의 다른 어떤 기관보다 뛰어났으며 정치, 산업 제국의 지도자들은 이미 위험스럽기까지 한 역동적 환경에서 디젤기관의 출현이 가져온 효과를 받아들여야 했다.

1912년에 73세가 된 존 D. 록펠러는 다시 한번 위기를 맞았다. 트러스트 해체에 노력한 테디 루스벨트 행정부가 마침내 록펠러의 덜미를 잡았다. 1911년 5월 15일, 미국 대법원은 '뉴저지의 스탠더드오일 대 미국 정부Standard Oil of New Jersey v. United States' 소송에서 기념비적인 판결을 했다. 에드워드 화이트 대법원장은 다수의견을 대변해 록펠러의 트러스트는 "석유거래 및 상업에 대한 제약"에 참가했다고 판결했다.

서면 의견에서 화이트는 한 걸음 더 나아가 경쟁자를 제거하려는 스탠더드오일의 시도와 고정가격을 통한 자유시장 통제, 독점과 합병은 **비합리적이며 불법**이라고 선언했다. 기소의 핵심은 스탠더드오일이 철도회사와 공모해 만든 리베이트 제도였다.

법원은 8대 1로 스탠더드오일에 패소 판결을 내렸다. 유일하게 반대 의견을 낸 존 할란 판사도 트러스트 해체에는 찬성했으나 "상업에 대한 제약"이라는 대법원의 더 포괄적 정의에 반대했다. 그는 이것이 미국 산업계에 지나친 부담을 지우는 선례를 남길 것으로 믿었다.

동료 기업인뿐 아니라 일반인을 비롯한 미국인 상당수는 록펠러가 법정에서 자신의 행위를 옹호하며 한 주장에 동의했다. 이들은 스탠더드오일이 공정한 방법으로 유리한 위치를 차지했다고 생각했다. 그리고 무자비한 사업 전략을 사용했지만 스탠더드오일은 경쟁 관계에 있는 다른 나라의 석유 재벌보다 더 무자비하지는 않았다. 이들은 정부의 과도한 개입으로 미국에서 가장 강력한 트러스트가 불가피한 손해를 입는다면 이는 미국의 국제적 위상과 영향력의 손실로 이어질 것이며, 전 세계의 다른 어떤 석유기업도 이런 손실을 보지는 않을 것이라 생각했다.

사실 대법원 판결이 내려질 무렵, 스탠더드오일의 석유 시장 지배는 이미 약해지고 있었다. 스탠더드오일의 뒷마당에 텍사코Texaco, 걸프오일Gulf Oil, 선Sun과 유니언 오일Union Oil 같은 신생 석유기업들이 진입하고 있었다. 이들은 상대적으로 작은 회사였으나 대법원 판결 결과 스탠더드오일의 크기도 줄어들었다. 대법원은 스탠더드오일을 지리적으로 분리되고 결국 경쟁 관계가 될 34개의 "베이비 스탠더드오일"로 분할

했다.*

록펠러에게는 설상가상으로 석유 수요가 미래에도 증가할지 불확실했다. 전구의 채택 때문에 등유 수요는 계속 급락하고 있었으나 자동차 내연기관용 휘발유의 수요가 이 공백을 채울 정도로 증가한다는 징후는 아직 없었다. 포드는 1909년에 겨우 1만 대의 자동차를 팔았을 뿐이다. 1913년이 되자 자동차 판매 대수는 25만 5,000대로 늘었으나 결코 충분한 수는 아니었다. (비교하자면 현재 로스앤젤레스 카운티에만 자동차 650만 대가 있다.) 록펠러는 독점력을 잃었다. 석유 트러스트가 해체되고 새로운 경쟁자들이 나타나면서 공급 통제를 통한 가격 조작은 불가능해졌다.

트러스트의 해체로 일단 록펠러의 부는 늘어났다. 34개의 별개 회사의 주식은 이제 독립적으로 거래되었고 주가는 올라갔다. 결과적으로 각 자회사 가치의 총합이 분할 전 스탠더드오일의 가치를 능가했다. 자회사가 독립하자 그 가치가 더 올라갔기 때문이었다. 어떤 계산에 따르면 록펠러의 부는 1913년에 절정에 달했다. 그해 미국의 GDP는 391억 달러였는데 록펠러의 재산은 9억 달러로 전체 GDP의 2.3퍼센트였다.

그러나 종이로 된 재산과 통합 스탠더드오일로 누려 온, 석유 시장

<hr />

* 베이비 스탠더드오일 일부는 미국에서 가장 높은 수익을 올리는 회사가 되었다. 뉴저지 스탠더드오일은 엑손Exxon이 되었고 뉴욕 스탠더드오일은 모빌Mobil이 되었는데 두 회사는 1999년에 합병해 엑손모빌ExxonMobil이 되었다. 캘리포니아 스탠더드오일은 셰브론Chevron이 되었고 콘티넨털 오일Continental Oil은 코노코Conoco가 되었다가 필립스66Phillips 66이 되었다. 오하이오 스탠더드오일은 소하이오Sohio가 되었다가 1978년에 BP에 인수합병되었다.

과 세계 곳곳에서 벌어지는 사건을 실질적으로 통제하는 권력은 달랐다. 이 판결로 상처 입은 록펠러는 동물처럼 예측할 수 없고 더 위험한 존재가 되었다. 스탠더드오일의 미래는 휘발유 연료 내연기관 자동차의 빠른 도입과 석탄에서 석유로 증기기관의 연료를 전환하는 데 달렸다. 그렇게 되면 석유의 수요는 늘고 공급과잉과 석유 가격의 파멸적 폭락을 피할 수 있을 것이다.

록펠러는 루돌프 디젤이 옹호한 채소와 견과류 기름으로 작동하는 액체연료 기관의 사용을 통한 농업경제 진흥에는 전혀 관심이 없었다. 영국과 석유 자원이 부족한 서유럽 국가들을 자국 광산에서 캔 콜타르를 연소하는 액체연료 기관으로 구원하는 것도 록펠러의 관심사는 아니었다. 그는 자기의 새로운 기관으로 미국의 연료 독점을 타파하겠다는 루돌프 디젤의 호언장담을 실은 신문보도를 읽고 분노했을 것이다. 록펠러가 성공하려면 세상은 석유에 중독되어야 했다. 디젤 기술이 성장하는 한 지배적 연료원으로서 석유의 위치는 불확실했다.

———

카이저 빌헬름 2세는 진화하는 다양한 기관의 능력을 활용하고 이 기관에 필요한 연료를 확보하느라 필사적이었다. 잠수함용 그리고 근 미래에 수상함대 전체에 쓸 디젤기관 제작 계약을 M.A.N., 도이츠, 크루프와 맺은 것은 커다란 도박이었다. 하지만 지금 빌헬름은 석유와 휘발유의 안정적 공급처가 필요했다. 그는 페르시아만 지역에 풍부하게 매장된 원유에 대한 신속한 접근은 대체 연료 생산을 위한 농업경제 건설이나 원하는 규모로 콜타르를 정제하기 위한 국내 석탄 생산 개조를 위한 투자보다 더 나은 전략이라고 생각했다.

1910년, 독일은 베를린-바그다드 철도 공사를 개시했다. 터키, 시리아를 관통해 이라크에 이르는 길이 1,600킬로미터의 이 철도는 독일의 수도와 석유가 풍부한 오토만제국령 바그다드를 연결했다. 빌헬름은 영국 해군이 순찰하는 해상 운송로를 거치지 않고 직접 독일로 석유를 운송하기를 원했다. 이전에는 영국의 영향력 범위에 있던 페르시아만 지역에서 독일이 벌인 이러한 행위로 인해 강대국들 사이에는 국제적 위협과 긴박한 외교적 논의가 연쇄 촉발되었다.

빌헬름은 1889년 오토만제국을 국빈 방문(비스마르크는 이 방문이 터키의 전통적 적인 러시아를 불필요하게 자극할 것이라며 반대했다)한 이래 이슬람 세계와 밀접한 관계를 즐겼다. 빌헬름은 1898년에 다시 오토만제국을 방문해 양국 관계를 더욱 밀접하게 만들고 튀르키예와 독일의 연계를 더 강해지는 영국, 프랑스, 러시아와의 동맹에 대한 대응 수단으로 삼았다.

이미 독일의 성장하는 국력과 호전성을 두려워하던 러시아는 베를린-바그다드 철도 공사에 대해 즉시 항의했다. 러시아는 독일이 이 철도로 캅카스의 러시아 유전 지대와 가까운 석유 생산지에 위협적으로 세력을 확장할 것이라고 보았다. 설상가상으로 이 철도가 가져올 상업적 발전은 약해진 오토만제국을 부흥시킬 것이다. 이 철도에 대한 독일과 오토만제국의 이해관계가 일치하는 것을 본 러시아는 경각심을 높였다.

영국도 매우 놀랐다. 빌헬름이 영국-독일의 군비경쟁 과정에서 연료 확보를 위해 이 철도를 원했다는 것을 이해한 영국은 이 철도 공사를 막을 이유가 충분했다. 여기에 더해 영국은 이 철도로 인해 독일이 대영제국의 귀중한 식민지인 인도와 가까운 곳에 군사자산을 옮길 능력을 보유할 것으로 우려했다.

독일은 영국의 격렬한 반대를 예상하고 이 철도를 계획했다. 해안을 따라가는 노선은 더 비용이 적게 들고 공사도 쉬웠겠지만 그렇게 하면 철도가 영국 군함이 함포사격을 할 수 있는 거리 안에 놓이게 된다. 따라서 훨씬 난공사인데다 비용도 많이 들었지만, 빌헬름은 내륙노선을 선택했다. 내륙노선을 택해 생긴 완충지 덕에 철도는 얼마간 안전하겠지만 독일은 남부 튀르키예의 타우루스산맥과 중남부 튀르키예의 하타이주에 있는 아마누스산맥(현재의 누르산맥)을 관통하는 터널을 여러 개 뚫어야 했다.*

제1차 세계대전 관련 저술 활동을 하는 학자 모리스 재스트로우 2세Morris Jastrow Jr.는 페르시아만에 대한 빌헬름의 야망을 이렇게 평가했다. "대륙 세력이 장악한 안트베르펜은 영국 해안을 겨눈 권총과도 마찬가지라는 나폴레옹의 말과 비슷하게, 영국에서는 독일의 손에 들어간 바그다드와 페르시아만은 42센티미터 대포와 마찬가지라고 느꼈다."

빌헬름에게 이 프로젝트는 영국에 등을 돌리는 것만큼의 가치가 있

---

*　1914년에 전쟁이 발발했을 무렵, 이 철도는 약 650킬로미터가 건설되었다. 1919년의 베르사유 조약은 이 철도를 언급하며 여기에 대한 독일의 모든 권리를 취소했다. 나중에 이 프로젝트를 되찾은 독일은 나치 정권하에서 1938~1940년에 걸쳐 1,600킬로미터에 달하는 전 노선 공사를 끝냈다. 결국 기술자들은 철도 건설을 위해 27개의 터널을 발파해야 했다. 현재 이 철도는 아직도 온전한 상태이며 역 대부분도 건설 당시의 상태를 유지하고 있다.

었다. 그는 독일제국의 국력 성장을 믿었고 군대의 동력원으로 석유 연료 기관의 독점(디젤과 오토 기관)을 기대했다. 성공에는 두 가지 필수조건이 있었다. 독일 경제와 군대를 위해서는 안정적인 석유 공급원이 필요했다. 그리고 독일의 기술자, 특히 디젤기관 전문가는 다른 나라보다 계속 한 걸음 앞서 있어야 했다. 베를린-바그다드 철도는 영국과의 외교관계를 벼랑 끝으로 밀었다.

———

1912년 2월 9일, 공들여 꾸민 콧수염을 기른 카이저 빌헬름은 베를린 궁전의 서재에서 가장 큰 의자 세 개를 작고 좁은 테이블 쪽으로 밀었다. 그는 재빨리 옆으로 비켜서더니 온전한 팔을 테이블 상석에 있는 의자 쪽으로 흔들었다. 손님인 영국 전쟁장관 리처드 할데인Richard Haldane이 자리에 앉았다.

빌헬름은 티르피츠 제독에게 할데인의 왼쪽에 있는 작은 의자에 앉으라고 하고 본인은 오른쪽에 있는 의자에 앉았다. 세 사람은 황후, 황녀 빅토리아 루이제Victoria Louise, 재상 테오발트 폰 베트만홀베크Theowald von Bethman-Hollweg와 방금 오찬을 들었다. 그러나 오찬이 끝나자 빌헬름은 다른 사람들을 모두 내보냈다. 그는 할데인과의 개인적 만남을 원했다. 빌헬름은 할데인에게 미소를 지으며 몸을 굽혀 시가에 불을 붙여주었다.

빌헬름은 원하기만 하면 꽤 매력적으로 행동할 수도 있었다. 잘생기고 기품 있던 1912년의 빌헬름은 1905년에서 1909년 사이의 실수 연발로 잃었던 국내외적 위상을 거의 회복한 상황이었다. 유럽 군주 중 빌헬름이 어느새 연장자 위치에 있게 되었다는 게 한 가지 원인이었는데, 언제나 선배이며 현자 역할을 하던 영국의 에드워드 7세는 1910년에 타계했다. "유럽의 삼촌"*으로 알려진 에드워드 7세는 더는 관심의 대상이 아니었다.

자신을 능숙한 외교관이자 관리자로 여겼던 빌헬름은 모든 문제에 걸쳐 자기 견해를 남들에게 밝히곤 했다. 다른 한편으로 그는 자기가 만능이라고 굳게 믿은 나머지 연극, 심포니 오케스트라 작품을 개작하기까지 했는데 독일에서 가장 존경받는 작곡가들의 의도와 배치되는 경우가 많았다. 빌헬름은 화가와 조각가의 작품에도 직접 개입하며 준비된 시가행진 경로를 수정하고 함선 설계를 바꾸었으며 군사예산과 군대 배치도 직접 지시했다. 외교 문제에 관해서도 빌헬름은 공식 경로에 끼어들어 다른 나라의 외교장관과 직접 교섭했는데 이는 직업 외교관들의 이맛살을 찌푸리게 하는 처사였다.

1912년경, 영국과 독일은 전 세계에 걸쳐 외교적 극한 대립을 불러오고 정부의 행동을 제약한 엄청난 국방예산에 전전긍긍하던 상황이었다. 빌헬름의 장관들은 독일이 파산 직전임을 알았다. 그러나 그와 티르피츠는 영국과의 해군 전력 격차를 좁히지 못하면 위험 이론에 바친 거의 15년의 세월이 아무 결과도 낳지 못한 채 끝나리라고 느꼈다.

빌헬름은 자기에게 두 제국에 있어 모두 만족스러운 해법이 있다고 믿었다. 군비축소가 아닌 군비경쟁의 속도를 늦추자는 것이었다. 그의 계획은 독일제국 의회와 영국 의회에 제출할 예산을 줄이고 영국의 경

---

*   에드워드 7세는 빌헬름 2세에게는 외삼촌, 차르 니콜라이 2세에게는 이모부였다.

계심을 높이지 않으면서도 양국의 해군력 격차를 줄이는 것이었다. 여기에는 술책이 필요했다.

세 사람이 자리에 앉자 빌헬름은 티르피츠 제독이 영어를 잘 못 하기 때문에 독일어로 대화할 수밖에 없다며 할데인에게 양해를 구했다.* 그리고 빌헬름은 할데인의 한 팔에 손을 얹고 테이블 상석에 앉은 손님인 할데인을 위해 "세력균형"의 방법을 찾았다고 말했다.

빌헬름은 군비 지출 감액은 두 나라에 모두 이익이 될 것이라고 주장했다. 할데인은 독일이 계획된 건함 지출을 적절한 비율로 줄여야 할 것이라고 응수했다. 할데인은 독일이 드레드노트형 전함 1척을 건조할 때마다 영국은 2척을 건조할 것이라고 했다. 빌헬름은 이것을 이미 알았다. 그는 현재의 육군을 유지하면서 영국이 보유한 드레드노트형 전함 규모를 따라잡는 데 돈을 마구 쓸 수 없다는 것을 알았다. 그러나 그의 생각에 아직 영국이 제대로 평가하지 않은 무언가가 있었다. 디젤동력 분야에서 독일이 훨씬 앞서나갔기 때문에 빌헬름에게는 새로운 방법이 생겼다. 이 때문에 루돌프 디젤 본인의 가치는 더더욱 올라가게 되었다.

디젤은 독일이 우위인 잠수함 분야의 핵심 인물이었다. 빌헬름은 독일이 디젤 기술을 개발해 계속 앞서나가기를 원했지만, 영국이 이 분야

---

* 할데인은 독일 유학 경험이 있어 독일어를 유창하게 했다. 어머니가 영국인인 빌헬름 2세는 영어로 인터뷰할 정도로 영어에 능했다. - 옮긴이 주

에서 독일을 따라잡지 못하게 막는 것도 그만큼 중요했다.＊

티르피츠는 할데인의 입장에 계속 이의를 제기했다. 그는 아마도 빌헬름과 사전에 약속한 대본에 따랐을 것이다. 티르피츠 제독은 영국은 2대 1 비율 대신 독일과 비슷한 속도로 전함을 건조해야 한다고 할데인을 설득하기 위해 열심히 싸웠지만 할데인은 굴복하지 않았다. 두 사람이 막다른 길에 부닥치자 전략적 양보를 들고나온 빌헬름이 개입했다. 빌헬름은 독일의 신규 드레드노트 전함의 건함 속도를 크게 줄이겠다고 약속하고, 할데인이 동의할 만한 강대국 간 전력 비율을 허용했다. 티르피츠는 카이저의 의견에 따랐다. 그리고 영국 전쟁장관은 승리를 거두었다. 빌헬름은 독일 의회에 제출할 함대법 초안을 다시 썼다. 이 문서는 독일어로 된 아주 기술적인 문서였고 할데인은 독일을 떠나기 전날에 초안을 받았다.

2월 12일, 할데인은 런던에서 열린 각의에서 빌헬름은 "저를 환대했으며 (…) 저는 그가 진정으로 평화를 원한다고 확신합니다. 하지만 그는 자기 나라를 먼저 상대해야 합니다." 빌헬름이 새롭게 보인 타협적 자세를 고려하면 앞으로 드레드노트형 전함 건조 예산을 상당히 줄일 수도 있으리라고 전망한 내각은 할데인의 발언을 열렬히 환영했다. 보

＊ 2년 뒤인 1914년 6월의 킬 레가타에 전함 킹 조지 5세를 기함으로 하는 대규모 영국 함대가 친선 방문했다. 티르피츠와 왕실 요트 호헨촐레른호로 도착한 빌헬름은 행사에 참석했다. 처칠은 초대받지 못했다. 독일과 영국 측 인사들이 친교를 다지는 시간에 런던 주재 독일 국방무관 에리히 폰 뮐러Erich von Müller 중령은 자국 해군 장교들이 영국 손님들에 대해 하는 귓속말을 들었다. "저들의 목적은 염탐이야. 저들은 우리가 얼마나 준비되었는지를 보려 해. 무슨 일을 해서라도 유보트에 대해서는 절대 말하지 말게!" 레가타 주간인 6월 28일 오후 2시 30분, 페르디난트 대공Archduke Ferdinand의 암살 소식이 전해졌다.

고를 끝내며 할데인은 개정 독일 함대법의 초안을 제출했다. 처칠은 이 문서를 꼼꼼히 살폈다. 세부를 살펴보니 빌헬름의 계획이 드러났다.

빌헬름은 영국 해군이 드레드노트형 전함 1척을 건조할 때마다 독일도 1척을 건조한다는 계획을 포기했다. 이것은 이길 수 없는 경쟁이었고 그는 다른 경로를 택했다. 드레드노트형 전함의 신규 건조가 줄어든 것은 환영할 일이었으나 처칠은 독일 의회에 제출될 법안에서 해군 현역 인원을 20퍼센트 증원해 달라는 요청을 발견했다. 처칠은 이렇게 늘어난 인원은 "연중 즉시 동원할 수 있는 모든 함급의 함선의 공격력을 극적으로 늘릴 것"임을 알아보았다. 빌헬름은 독일 원양함대에 입대할 인원으로 처칠이 예상한 3,000명이 아닌 1만 5,000명을 요청했다.

빌헬름은 계획한 드레드노트형 전함의 수를 줄였고 독일은 영국이 이에 상응하는 수의 드레드노트형 전함을 감축하리라 예상했다. 처칠은 분석을 통해 이런 결론을 내렸다. "1920년에만 (독일 해군 잠수함에) 복무할 함장이 121명이라는 사실로부터 우리는 잠수함 50에서 60척 가량이 추가될 것으로 추론할 수 있다."

영국은 섬나라였으나 해안선 대부분은 위험해 보이는 절벽이나 까마득하게 높은 모래언덕으로 되어 있어 상륙이 극히 어려웠다. 거친 바다를 잠재워 군함과 상선의 내륙 항구로의 안전 항해를 보장할 만이나 협만은 놀라울 정도로 적었다. 처칠은 이런 규모의 유보트 함대로도 영국제도를 포위해 모든 항구를 봉쇄하고 심지어 전함까지 꼼짝 못 하게 만드는 사태가 발생할 실제적 위협을 고민하고 있었다. 그런 일이 발생하면 영국의 해운과 해군 활동은 완전히 마비될 것이다. 여기에 얻을 수 있는 예산 한도에서 영국의 예산 증액을 불러오지 않고 해군 전력의 격차를 줄이려는 빌헬름의 술책이 있었다.

해군장관은 빌헬름의 술책을 간파했다. 처칠은 독일 함대법 초안을 검토한 다음 자신이 발견한 바를 내각에 보고했다. 빌헬름은 할데인과 평화를 논의하는 척했으나 처칠은 빌헬름의 야망은 평화와 거리가 멀다는 결론을 내렸다. 군비경쟁이 가져온 긴박함은 이제 차원이 달라졌다. 군사력을 대외정책 도구로 보유하는 것에서 이 전력의 실제 동원으로 생각이 완전히 옮겨 갔던 것이다.

제23장
마지막 몇 달

The Final Months

디젤 가족은 1913년을 즐겁게 시작했다. 루돌프 디젤은 《디젤기관의 근원Die Enstehung des Dieselmotors》이라는 책을 완성해 연초에 출간했다. 그러고 나서 루돌프와 마르타 디젤 부부는 결혼 30주년을 축하하며 시칠리아, 카프리, 로마에서 휴가를 보냈다. 두 사람은 특급객차를 타고 여행하며 화려한 호텔과 스파에 머물고 최고의 식당에서 식사했다. 사업 관련 교신은 계속했으나 부부는 스트레스를 주는 장거리 출장과 일에서 벗어나 1년 만에 두 사람만의 치유 휴가를 즐겼다.

기차를 타고 북쪽으로 돌아오던 부부는 독일-오스트리아 국경을 따라 있는 바이에른 알프스의 소일링Säuling산에 들르기 위해 우회했다. 디젤은 이 지역에 친숙했고 젊었을 적에 소일링산을 등반한 적이 있었다. 봉우리가 두 개 있고 높이가 2,000미터가 넘는 소일링산은 기둥을 깎아지른듯 경사가 가팔랐는데, 정상에서 보면 주변을 에워싼 호수가 장관을 이뤘다.

이제 55세가 된 디젤은 남은 휴가를 소일링산의 급경사면을 오르는데 쓰기로 했다. 미국을 여행할 때 고생했던 통풍은 사라졌던 것으로 보인다. 디젤은 초봄에 철도가 끝나는 곳에서 마르타에게 작별 인사를 하고 가이드와 함께 아직 눈이 덮인 정상으로 가는 산길을 오르기 시작했다. 디젤은 젊은 시절 속도에 버금가게 빨리 등반하겠다고 마음먹고 계속 부지런히 걸었다.

가이드는 디젤이 정상에서 이례적으로 오래 머물렀다고 나중에 보고했다. 그는 정상에서 본 바이에른의 풍경을 되새기며 깊은 명상에 빠졌다. 하산을 시작한 두 사람은 해가 완전히 저물 무렵에 마르타와 만났다.

———

디젤 부부는 소일링에서 90킬로미터 떨어진 뮌헨으로 돌아왔다. 마르타는 일상생활을 재개했고 디젤은 홀로 여행을 계속했다. 먼저 그는 1911년 8월에 남편과 사별하고 스위스 라가즈에 살던 여동생 엠마를 찾아갔다. 그리고 나서 빈터투르에 있던 오랜 친구 술처 형제를 방문했다. 이들은 철도 시스템, 잠수함용과 더불어 현재 빌헬름이 독일 해군 전함의 동력원으로 하려는 디젤기관 계약 이행을 주제로 논의했다.

디젤은 스위스에서 독일로 돌아와 국제건축박람회를 방문했다. 그때까지 디젤은 체펠린 백작과의 친교에도 불구하고 비행선이 너무 위험하다고 믿어 탑승을 거부했다. 디젤은 체펠린의 초기 비행선들이 첫 비행 뒤 몇 주일 안에 사고로 파괴되었다는 것을 알았다. 하지만 1910년경, 체펠린비행선제작소Luftschiffbau Zeppelin는 초기 사고(디젤이 초기형 기관과 씨름한 문제를 공원 산책으로 보이게 만들 정도였다)의 근본적 원인을 해결하고 세계 최초의 여객 항공사인 DELAGDeutsche Luftschiffahrts Aktiengesellschaft(독일비행선항공여행주식회사)를 세웠다.

1913년의 박람회에서 DELAG는 최신 체펠린 비행선 LZ 17 작센호*로 하는 2시간 짜리 관광비행을 내놓았다. 디젤은 158미터(보잉 747의 길이는 70.7미터이다)의 거대한 비행선에 탑승했다. 비행선에 최근 탑승했던 유명인으로는 오빌 라이트Orville Wright와 독일 황태자가 있었다.**

디젤은 늦봄쯤 라이프치히에서 뮌헨으로 돌아왔다. 그는 아들 오이겐에게 1만 마르크(2022년에는 약 7만 5,000달러)를 증여했는데 젊은 오이겐은 그때 스위스 빈터투어의 술처에서 기술 연구직 수습사원을 하고 있어서 디젤은 이 돈을 연구기금이라 불렀다. 루돌프와 마르타는 마리아-테레지아가 32번지의 자택에서 주로 외국 저명인사를 초청해 호

---

* 　　작센Sachsen호는 1914년 8월 1일에 독일 육군에 징발되어 서부전선에 투입되었다. 조종실 앞뒤로 기관총을 장비한 작센호는 1914년에 여러 번 안트베르펜을 폭격했다. 이 비행선은 1916년에 착륙 중 파손되어 해체되었다. 총 419회 비행한 작센호는 가장 뛰어난 전과를 올린 비행선 중 하나였다.

** 　　1913년 5월에 베를린 근교에서 빌헬름은 고명딸 빅토리아 루이제의 결혼식을 열었다. 조지 5세와 니콜라이 2세가 이 결혼식에 참석해 체펠린 비행선을 타고 유람했다. 이 결혼식은 전쟁 전 유럽 군주들 간의 마지막 모임이었다. 그때는 재키 피셔를 포함해 많은 사람들이 영독전쟁이 불가피할 것으로 생각했다. 신비로운 힘을 가진 피셔 제독은 1911년에 영독전쟁은 1914년 10월 21일에 일어날 것이라고 예측했다. (실제와 두 달이 채 차이 나지 않았다.) 그러나 당시 많은 이들, 특히 군주 대부분은 영국은 독일과 전쟁을 벌일 수 없다고 보았다.

화로운 파티를 여러 번 열었다.

6월 초, 디젤 부부는 아우크스부르크 공장을 찾아온 100명 이상의 미국인 기술자를 접대했다. 견학 후 이 열정적인 공학도들을 이끌고 저택을 구경시킨 디젤은 에디슨보다는 더 우아한 방법으로, 스케치와 새 기관 설계를 벽에 붙여둔 2층 작업실로 이들을 안내했다.

디젤기관에 대한 미국인의 관심을 갑자기 높인 자극제는 1913년 3월 4일의 해군예산법Naval appropriation act이었다. 이 법은 "증기기관 지출 항목 예산 중 불용액은 (…) 이에 따라 중유기관의 개발에 전용할 수 있도록 한다."고 규정했으며 이에 따라 미국 해군도 증기기관에서 철수해 디젤기관을 채택하고 있었다.

디젤은 점점 불어나는 미국인 기술자 대열을 이끌고 돌아다니다가 멈춰 서서는 작업장에 있는 기관 부속품과 디젤 본인의 기관차, 잠수함, 자동차에 설치된 디젤기관 도면을 오랫동안 멍하니 바라보았다.

견학 다음에 열린 리셉션에서 사절단 대표는 디젤에게 귀한 초대장을 증정했다. 미국은 1915년에 개최 예정인 샌프란시스코 박람회(파나마-태평양 박람회)에서 파나마운하를 통과하는 첫 기념 항해의 주빈이 되어 달라고 요청했다. 그가 탑승할 배는 디젤동력선 프람호였다. 아문센이 성공을 거둔 남극 원정길에 탑승했던 바로 그 배였다.

이날 디젤을 찾아온 미국인 가운데에는 펜실베이니아 철도회사 대표들이 있었는데 이들은 디젤에게 다시 자기 회사에서 일해 달라고 부탁했다. (이번에도 디젤은 사양했다.) 하지만 이 방문객 중 다른 사람들이 디젤기관의 미래에서 중요한 역할을 하게 될 것이다.

제2차 세계대전 동안 해군대장이 된 체스터 니미츠Chester Nimitz는 미국 해군 역사상 가장 많은 훈장과 찬사를 받을 인물이다. 초급장교이던 1905년에 니미츠는 기관과 잠수함 전문가로 두각을 나타냈다.[*] 해군은 1913년 여름에 디젤 기술 습득을 위해 니미츠를 아우크스부르크로 파견했다. 해군 지휘부는 니미츠에게 "잠수함용 디젤기관의 생산과 운용"을 관찰하라고 지시했다. 이들은 니미츠가 뉴욕 해군공창으로 돌아와 미국 잠수함대의 기관을 디젤로 교체하기를 바랐다.

갓 결혼한 28세의 니미츠 대위는 아내와 해군 기술보조원 몇 명을 데리고 독일로 갔다. 디젤 기술의 심장을 직접 보기 원했던 호기심 많았던 니미츠는 이번 출장에서 부상을 당했다.

아우크스부르크 공장을 둘러보던 니미츠는 시험가동 중이던 대형 디젤기관에 다가갔다. 그는 "(기관 체임버의 기압이) 제곱인치당 약 363킬로그램"이라고 관찰했다. 연료의 폭발은 피스톤을 완벽한 타이밍에 타격했다. 니미츠는 편한 리듬에 맞춰 작동하는 기관을 이렇게 작은 크기로 설계했다는 데 감탄했다. 그는 움직이는 기어를 더 잘 살피

---

[*] 1913년에 니미츠의 월급은 300달러였다. 그해 가을에 미국으로 돌아온 니미츠에게 부시와 마이어 대령은 연봉 2만 5,000달러를 제시하며 부시-술처브라더스디젤기관회사에 그를 채용하려 했다. 그는 이 제안을 거절했다. 니미츠의 마음은 해군에, 그리고 해군에서 복무하는 내내 잠수함과 함께 있었다. 1941년 12월 31일에 태평양함대 사령관으로 임명된 그의 취임식은 진주만에 있던 잠수함 그레일링Grayling 함상에서 열렸고 승조원들은 별 4개짜리 해군대장기를 잠수함에 게양했다.

기 위해 왼팔을 뻗었는데, 흥분한 나머지 팔을 너무 앞으로 내밀었다. 돌아가는 기어에 코트의 소매가 걸렸고 팔이 기관 안으로 끌려갔다. 다시 돌아가기 시작한 뜨겁고 무거운 기어가 이번에는 니미츠의 왼손 약지를 으스러뜨렸고 팔은 주철제 괴물의 내부로 더 끌려 들어갔다. 니미츠가 고통스러워하며 비명을 지르자 주변 사람들이 도우려 서둘러 왔지만 어떻게 이 젊은이를 구할지 몰랐다. 다시 돌아가며 손가락을 더 으스러뜨리고 손 전체를 잡아먹었을 수도 있었던 기계가 갑자기 덜컹하며 멈췄다.

니미츠는 기계에서 손을 얼른 뺐다. 고통스러워하며 그는 손을 들어 살펴보았다. 손가락은 무거운 해군사관학교 졸업 반지를 끼운 곳까지 망가져 있었다. 이 반지가 더 큰 손 부상을 막았다. 니미츠는 치료를 받기 위해 도움을 요청했다. 손가락에서 남은 부분은 절단해야 했다. (이후 곧 기술자의 국적이 미국이든 다른 나라든 M.A.N. 견학 방문은 사라졌다. 1913년 10월, 미국 기술진이 방문하고 몇 달 뒤, 그리고 디젤이 실종된 지 몇 주 뒤에 독일제국은 M.A.N.의 해외 접촉을 금지했다. 빌헬름은 디젤 기술 유출을 막았다.)

———————

6월에 찰스 파슨스 경이 뮌헨의 디젤 저택에서 열린 저녁 파티에 참석하려고 영불해협을 건너왔다. 흥이 오르던 중 유럽에서 전쟁이 날지 모른다는 걱정스러운 언급이 나왔다. 두 발명가는 겨우 몇 주일 전에 끝난 제1차 발칸전쟁에 대해 토의했다. 이 전쟁에서는 발칸연맹(세르비아, 불가리아, 그리스, 몬테네그로로 구성)이 러시아의 지원을 받아 오토만

제국(오스트리아-헝가리의 지원을 받았다)에 완승했다. 얼마 전 발발한 제2차 발칸전쟁은 이전 거둔 승리의 평화 조건에 불만이 있던 불가리아가 제1차 발칸전쟁 휴전조약이 체결되고 겨우 몇 주 뒤에 이전 동맹국 세르비아를 공격해 일어났다.

제1차 발칸전쟁 기간인 1912년 12월 9일, 카렐이 제작한 디젤기관을 장비한 그리스 잠수함 델핀은 적 선박에 자력 추진식 어뢰를 발사한 첫 잠수함이 되었다. 다만 어뢰가 오작동해 이 공격은 성공을 거두지 못했다. 발칸반도의 영토를 뺏고 뺏기는 이 유혈 사태 중에 전해진 델핀의 어뢰 공격 소식은 이미 전쟁에 응용된 디젤기관이 더 널리 사용될 수 있다는 사실의 전조가 되었다. 디젤기관 때문에 전투원뿐 아니라 무고한 남자와 여자, 어린이들을 무시무시한 죽음의 구렁텅이로 몰아넣을 수 있는 보이지 않는 병기의 실전 사용이 가능해졌다. 잠수함은 이미 사망자와 부상자로 가득 찬 임시 야전병원으로 끊임없이 밀려드는 시신 행렬에 새로운 차원의 공포를 추가했다. 디젤과 파슨스는 수천 년의 문명과 이성으로도 이 미친 짓을 막을 수 없다는 사실이 의아했다.

파슨스와 디젤은 이 발칸 국가들이 유럽 강대국들의 이해관계가 걸린 게임의 장기 말에 불과하다는 데 동의했다. 그리고 두 과학자는 이 전쟁에서 자신들이 중요한 역할을 한다는 것을 잊지 않았다. 파슨스는 세계 최고의 효율성을 자랑하는 외연기관의 발명자였고 디젤은 세계에서 가장 효율적인 내연기관의 아버지였다.

1913년 6월, 마리아-테레지아가 32번지의 저녁 테이블에 두 공감하는 친구가 앉아 있던 바로 그때, 영국 해군은 7만 5,000마력을 내는 파슨스 터빈을 퀸 엘리자베스급Queen Elizabeth class 전함 5척에 장착하고 있었다. 퀸 엘리자베스급은 그때까지 역사상 가장 크고 가장 빠른 전함이었다. 그와 동시에 독일 해군은 800마력 M.A.N. 디젤기관을 U-19에서 U-22까지, 잠수함 5척에 설치하고 있었다.

유럽의 평화는 칼날 위에 선 것처럼 위태로웠다. 파슨스와 디젤은 불안했다. 이런 무기가 전장에 등장한 적은 일찍이 없었다. 그리고 두 사람은 절대로 무기 제작을 의도하지 않았지만, 이들의 업적은 그 전의 어떤 과학자보다 무기의 파괴력을 늘리는 데 공헌했다.

조르주 카렐은 뮌헨에 있는 디젤 저택에서의 저녁 파티에 참여하기 위해 벨기에서 왔다. 마이어 대령은 "디젤 저택에서 열리는 6월의 떠들썩한 작은 파티" 때문에 세인트루이스에서 왔다. 마이어는 세인트루이스로 돌아가는 길에 필라델피아에서 디젤에게 감사 편지를 보냈다. 이 편지에서 그는 디젤에게 이렇게 말했다. "길고 자유로웠던 내 생애에서 당신은 가장 관대하게 나를 맞은 주인이었습니다." 이것은 아돌푸스 부시와 20년 이상을 같이 일한 사람이 보낸 가장 이례적인 찬사였다.

6월 28일의 저녁 파티가 끝나고 파슨스와 카렐은 그해 가을에 영국에서 열리는 행사에 참석해 달라고 디젤을 설득했다. 디젤은 9월 말에 벨기에 헨트에서 카렐을 만나 같이 영불해협을 건너가기로 했다. 영국에 도착하면 디젤은 9월 30일에 런던에서 열리는 왕립자동차클럽에서 연설하고 10월 1일에 입스위치에서 거행될 통합영국디젤기관회사의 기공식에 참석한 다음 (카렐과 디젤 모두 이 회사 이사였다) 파슨스의 집에서 저녁 식사를 할 예정이었다.

동료애에 용기를 얻은 참석자들은 마음 든든해하며 헤어졌다. 그러나 이들의 낙관은 고작 이틀 뒤인 6월 30일 월요일에 10억 마르크의 추가 지출을 승인한 육군 및 재정 관련 법안이 독일 의회를 통과하면서 산산조각이 났다. 제2차 발칸전쟁이 한창이던 그때, 독일의 새 국방예산은 다른 강대국들의 예산 규모를 넘어섰다. 그때쯤 독일은 영국의 드레드노트 함대를 따라잡겠다는 시도를 포기했다. 새로운 초점은 육군과 유보트 함대에 맞춰졌다.

———

여름의 축제 같은 분위기는 시들해지기 시작했다.* 9월 1일, 마르타는 북서 독일의 렘샤이트Remscheid에 사는 어머니를 보러 갔다. 그리고 여기에서 출발해 프랑크푸르트에 있는 헤디의 집에서 9월 중순에 루돌프와 만나 딸과 갓 태어난 외손자와 1주일을 보낼 계획을 세웠다. 디젤 부부는 프랑크푸르트에서 기차로 헨트에 가서 카렐과 함께 영불해협을 건너기로 했다.

마르타가 렘샤이트로 떠나자마자 디젤은 술처사가 있는 빈터투르로 가는 아들 오이겐을 역까지 배웅했다. 그리고 집으로 돌아와 저택 관리

———

* 1913년의 바쁜 여름, 디젤 저택에서 겨우 2마일 떨어진 뮌헨의 다른 어딘가에서 아돌프 히틀러는 슐레스하이머가Schleissheimer Strasse에 있는 주 3마르크를 내는 하숙집에 들어 갔다. 그는 명부에 자신을 "건축 화가"로 적었다. 24세의 히틀러는 5월에서 9월까지 뮌헨에 머물며 부지런히 매일 수채화를 그려 관광객들에게 팔고 그 돈으로 프레첼과 소시지를 샀다. 그는 예술적으로 논란 대상이던 당시 31세의 파블로 피카소의 뮌헨 전시회를 찾기도 했다. 이와 별도로 이 작은 바이에른 도시에 지그문트 프로이트Sigmund Freud와 칼 융Carl Jung이 국제심리학자 대회(9월 7~8일)에 참석하기 위해 도착했다. 두 사람은 봄에 견해 차이로 갈라선 다음 처음 만났다. 대회 참석자들은 즉시 두 라이벌 중 한 사람 뒤에 줄을 섰다. 프로이트와 융은 이 대회 이후 다시는 만나지 않았다.

인 전원에게 며칠 휴가를 주었다.

집에 혼자 있게 된 디젤은 뉴욕에서 돌아와 근처에 살지만 점점 은 둔적으로 변하던 장남 루돌프 2세를 불러 주말을 함께 보내자고 권했다. 디젤은 집에 도착한 젊은 루돌프에게 큰 열쇠 꾸러미를 주었다. 그러고 나서 그는 아들에게 집 전체를 보여 주며 어떤 열쇠로 어떤 방문을 여는지를 설명하고 여러 문, 책장, 문갑을 열쇠로 열어 보라고 시키고 가장 중요한 문서를 보관한 곳을 말해 주었다.

부자는 뮌헨에서 몇 마일 떨어진 슈탄베르거 호수Stanberger See로 당일치기 여행을 떠났다. 여기에서 루돌프 2세는 아버지에게 19세기 바이에른 왕 루트비히 2세가 지금 눈앞에 있는 이 호수에서 익사했다고 말했다. 그는 가장 쉬운 자살 방법은 빠르게 달리는 배에서 뛰어내리는 것이라고도 말했다.

뮌헨에 혼자 있게 된 디젤은 디젤기관의 기원과 관련된 다수의 기념비적 문서를 모아 베를린으로 가서 이를 국립박물관에 기증했다. 그런다음 그는 베를린에서 출발해 사랑하는 마르타에게 갔다.

며칠 뒤 저택으로 돌아온 관리인들은 디젤이 대량의 서류를 1층 화로에서 태운 흔적을 발견했다. 날씨는 춥지 않았고 불이 필요했던 다른 이렇다 할 이유도 없었다.

———

디젤은 헤디의 집에서 딱 1주일만 머물 계획이었다. 그러나 기분이 너무 좋아진 그는 며칠 더 머물기로 했다. 그는 이제 막 걸어 다니는 손녀와 얼마 전 태어난 손자와 즐겁게 놀았고 사돈들과도 즐겁게 지냈다고 한다.

사위 아르놀트 폰 슈미트는 사업으로 크게 성공했다. 디젤 밑에서 경력을 시작한 아르놀트는(그와 헤디는 신혼일 때 잠시 뮌헨의 디젤 저택에서 살았다) 자기 사업에 나서 1913년쯤에는 아들러제작소Adler Werke의 사장이 되었다. 정태적으로 사용되는 디젤기관을 생산한 아들러는 초기 자동차용 디젤기관 개발에 선구자적 역할을 했다.

사위와 딸을 방문하는 동안 디젤은 아들러가 만든 시험용 디젤동력 자동차의 운전대를 잡고 먼발치에서 바라보던 마르타가 좀 무모하다고 생각할 정도로 속도를 내며 근처 도로를 달렸다. 디젤은 탁 트인 도로를 달리는 디젤기관의 힘을 느끼며 새로운 성공을 반드시 맛보고야 말겠다고 결심했다.

아르놀트는 상류층 출신이었다. 그의 할아버지는 시스티나 예배당을 보수하고 빈의 성 스테판 성당의 남쪽 탑을 재건한 공로로 프란츠 요제프 황제로부터 1886년에 귀족 작위를 받았다. 그의 아버지 하인리히는 디젤의(그리고 아르놀트의) 모교인 뮌헨공과대학교 교수였다. 열렬한 애국자였던 아르놀트는 독일 산업발전의 원동력이 된 민족주의라는 조류에 전적으로 공감하고 있었다.

디젤은 사위를 자랑스럽게 생각했고 결혼으로 딸이 안정적 삶을 살게 되어 기뻤으나 장인과 사위는 아주 가까워지지는 않았다. 아마도 애국적 열정의 강도 차이 때문일 것이다. 민족주의에 대한 디젤의 경멸은 사돈 가문과 새로 맺게 된 가족관계에 긴장 요소가 되었다.

오이겐 디젤은 제1차 세계대전 직후 독일이 아버지 같은 사람을 어떻게 보았는지를 이렇게 썼다. "독창적인 창의력이 있는 사람들은 자신이 프로이센적 이상과 맞지 않는다는 것을 알았고 따라서 이들의 애국심은 의심받았다. 하지만 사람들은 위대한 발명가에게 관용의 미소를 지으며 대우했다."

무엇보다 아르놀트 폰 슈미트는 애국자였다. 디젤기관의 성공 여부에 자기 경력이 달려 있었어도 장인과의 관계는 부차적이었다.

디젤은 딸이 결혼하면 아무리 이상적인 조건이라도 거리가 멀어질 것이라고 체념한 지 오래였다. 헤디의 결혼식에서 그는 아버지에 대한 딸의 사랑은 결국 애인에 대한 더 격정적인 사랑에 길을 내 줄 수밖에 없다고 생각했다. 결혼식이 열리는 동안 그는 아르놀트를 "예쁜 딸도둑Dieb Scöne Tochter"으로 부르기까지 했다.

———

9월 26일쯤 디젤은 카렐과 만나기로 한 헨트로 가기 위해 헤디의 집을 떠나야 했다. 6월 말과 9월 초 사이에 디젤 부부는 계획을 바꿨고, 마르타는 영국으로 가는 해협 횡단 항해에 동행하지 않고 독일에 남기로 했다. 프랑크푸르트에 며칠 더 머문 다음 뮌헨으로 돌아가는 것이다.

프랑크푸르트에서 보낸 마지막 며칠 동안 디젤은 부인을 위해 쇼핑했다. 그는 작별 선물로 우아한 가죽제 여행용 가방을 샀다. 그는 마르타에게 선물을 주며 다음 주까지 열지 말라고 했다.

디젤은 방금 출간된 《디젤기관의 근원》에 직접 메시지를 적어 오이겐과 마르타에게 주었다.

사랑하는 아들 오이겐에게. 이 책의 내용은 내 일생 업적의 기술적 측면, 즉 뼈대다. 아마 너는 언젠가 이 뼈대 위에 진실한 인간성을 통해 살아 있는 육신을 입힐 수 있을 거다. 너는 이런 인간성을 그 누구보다 더 많이 관찰했고 이해할 것이다.

아버지

마르타에게 보낸 내용은 더 불안정했다.

여보,

이 세상에서 당신은 내게 모든 것이었다오. 당신을 위해 나는 살았고 투쟁했소. 당신이 나를 떠난다면 나는 더 살고 싶지 않소.

남편

부부는 딸이 보기에도 대단히 애틋한 태도로 오래 작별 인사를 했다. 그리고 디젤은 헨트로 가는 기차에 탔다.

———

디젤은 화려한 일등 객실에 혼자 앉았다. 헨트로 가는 철도는 풍광이 아름다운 라인강을 따라 한참 뻗어 갔다. 그리고 느리게 가는 기차에서 시간을 보내기 위해 디젤은 염세주의적 독일 철학자 아르투르 쇼펜하우어Arthur Schopenhauer의 책을 뒤적거렸다.

기분 좋은 소식도 많았다. 1913년 9월 20일에 〈사이언티픽 아메리칸Scientific American〉은 엄격하게 수행된 여러 시험 결과를 인용하며 디젤기관이 철도 사용 시험에 통과했고 결국 기관차의 주류 동력원이 될 것이라는 결론을 실었다. 이 기사는 디젤의 한 가지 남은 큰 꿈에 큰 힘이 되었고 술처와의 협업이 성과를 낳고 있다는 신호가 되었다. 다른 꿈도 실현이 멀지 않은 듯했다.

디젤이 헤디의 집에 도착한 날이자 그가 실종되기 정확히 2주일 전인 9월 15일, 그는 아직 러시아 노벨에서 근무 중이던 처남 한스 플라셰에게 편지를 썼다. "나는 아직도 자동차용 (디젤)기관이 언젠가는 개발될 것이라 확신하네. 그렇게 되면 나는 일생의 과업을 이룬 것으로 생각하겠네."

조르주 카렐은 이때 디젤에 관해 이렇게 썼다. "나는 젊은 시절부터 (디젤 씨와) 아주 친밀한 사이였다. 그는 상류층 독일인다운 조용하고 철저한 태도를 유지했으며 상류층 미국인 같은 문화, 겸손함 그리고 자제력을 가졌다. (…) 그는 완성해야 할 일이 아직 20년어치는 남았다고 강력히 주장하며 이를 달성하기 위해 안간힘을 쓰고 있다."

디젤은 진행 중이던 1913년 헨트 박람회 참관을 몹시 고대하고 있었다. 이 박람회에서 카렐은 자사의 멕시코산 원유를 사용하는 신제품 디젤기관을 전시하고 있었다. 저품질 저가인 멕시코산 원유가 디젤기관에서 성공을 거둔다면 고품질 매장 석유를 통제하고 있던 록펠러나 로스차일드 같은 세계 석유 트러스트의 독점을 우회할 수 있을 것이다. 카렐의 초기 시험 결과는 매우 고무적이었다.

───

강에 면한 항구도시 헨트에 도착한 디젤은 오페라하우스 근처 플라

세 다르메Place d'Arme에 있는 고급 호텔인 델라포스테 호텔Hotel de la Poste에 투숙했다. 도착하자마자 그는 두서없지만 부드럽고 다정한 편지를 마르타에게 썼다. 편지의 일자는 9월 27일이었고 프랑스어와 독일어가 번갈아 사용되었다. 그는 미리 런던에 전보를 보내 자기가 가장 좋아하는 런던의 호텔인 드키저스DeKeysers에 방을 예약하라고 했고 그곳에서 마르타의 소식을 기다리겠다고 알렸다. 그는 카렐이 자기를 환대했고 다음 날에 그와 같이 한 박람회 관람은 아주 재미있었다고 말했다. 편지는 "사랑하오, 사랑하오, 사랑하오, 당신의 남편."이라는 말로 끝났다.

28일, 디젤은 두 번째 편지를 썼다. 이 편지는 더 감상적이고 시적이었다. 내용은 다음과 같다.

> 내가 얼마나 당신을 사랑하는지 느끼시오? 이렇게 멀리 떨어져 있어도 나는 당신이 분명 느낀다고 생각한다오. 당신 안의 부드러운 떨림처럼, 전신기의 수신부처럼.

9월 29일에 디젤은 장남 루돌프 2세에게 편지를 써서 통풍과 천식 때문에 고생이라고 불평했다. 아들에게 보낸 편지는 무미건조한 어조였지만 같은 장소에서 그는 아내에게는 완전히 다른 주제와 어조로 기쁨에 찬 편지를 썼다. 여객선 드레스덴호가 출항하기 몇 시간 전, 디젤은 벨기에에서 아내에게 세 번째이자 마지막 편지를 썼다. 이 편지에는 당일 헨트우체국 소인이 찍혔다. 이 편지에서 그는 카렐과 같이 본 박람회에서 겪은 모험담을 다시 말하고 동업자의 디젤기관을 본 관중이 큰 감명을 받았다고 적었다. "(박람회 전체의) 하이라이트는 과장 없이 말하자면 카렐의 디젤기관이오. 나는 많은 사람이 이 기관을 가장 흥미로운 전시물로 생각했다는 말을 거듭 들었소."

디젤은 박람회에서 본 유쾌하고 화려한 전시품에 대한 소감을 편지로 전했다. 그와 마르타가 처음 만나 파리에서 살던 시절에 그는 프랑스산 전시품에 특별한 관심을 가졌다. 다음 문단에서 그는 독일어로 이렇게 썼다. "신묘한 제품이 몇 개 있는데 대개 프랑스산이오. 가구, 청동 그리고 속옷은 당신도 아는 물건이거나 아직 모를 수도 있지만, 위에서 벨트까지, 속이 다 보인다오. 아래에서 벨트까지도 다 보이는데 얇은 시폰 천으로만 가려져 있을 뿐이라오." 그리고 디젤은 다음 줄에서 프랑스어로 바꿔 이렇게 쾌활하게 쓴다. "가리는 게 적을수록 더 비싸지!"

디젤은 계속해서 박람회에 전시된 예술작품을 비평한다. 그리고 예전의 대규모 박람회 애호가로서 이 박람회 관객은 대개 플랑드르 사람들이고 외국인은 거의 없다고 한탄한다. 그러고 나서 그는 마르타에게 그날 오전은 카렐 형제의 디젤 공장에서 보냈는데 최근에 두 배 규모로 증축한 이 공장의 사업 성장이 걱정스러울 정도로 느리다고 전한다. 자신과 록펠러가 서로 상충하는 목표로 일한다는 것을 밝히며 디젤은 카렐의 사업을 방해하는 용의자를 지목했다. "석유 트러스트의 조작 때문에 디젤기관 생산에 상당한 차질이 생겼소." 디젤기관은 멕시코산 저품질 저가 석유로도 잘 돌아갔는데 이것도 기존 트러스트들에는 존재를 위협하는 것이 되었다.

다시 독일어로 바꿔 쓴 문장에서 디젤은 대외 활동으로 돌아가 다급해 보이는 어조로 마르타에게 정보를 보내 달라고 요청한다.

카렐 씨 집에서 저녁을 한 다음 호텔로 돌아가 이 편지를 씁니다. 그리고 나는 하위치Harwich – 입스위치 – 런던으로 갑니다.

파베르스 가족이 보낸 안부 인사와 함께 당신 메시지를 보았는데 지금까지 당신으로부터 받은 모든 것에 대한 것이더군. 런던에서 당신으로부터 더 많은 정보를 받기를 희망하오.

그리고 프랑스어로 돌아간다.

편지를 쓰는 동안, 사랑하오, 사랑하오, 사랑하오.

당신의 남편

마르타를 "기다리며" 런던에 있겠다고 암시한 다음 루돌프는 시 형식으로 쓴 3줄의 추신으로 편지를 마친다.

우리의 여름은 따뜻했지.
미풍조차 불지 않았네.
즐거운 여행이 될 것 같다오.

제24장
여객선 드레스덴호, 1913년 9월 29일

SS Dresden: September 29, 1913

조르주 카렐과 그의 수석 기술자 알프레드 라우크만Alfred Laukman은 29일 이른 오후에 델라포스테 호텔 1층에서 디젤을 만났다. 이들은 짐꾼을 시켜 짐을 먼저 독으로 보내고 여유롭게 호텔에서 커피를 마시다가 몇 블록 떨어진 항구에 있는 드레스덴호로 걸어갔다.

예보대로 이날은 따뜻하고 바람이 불지 않았다. 헨트시는 11월 3일까지 운영될 박람회로 여전히 북적거렸다. 즐거운 산책 끝에 오후 5시 30분에 드레스덴호에 탑승한 세 사람 모두 개인 선실을 예약했다.

세 사람은 선실에서 짐을 받기로 하고 잠시 휴식한 다음 식당에서 만나 저녁을 먹기로 약속했다. 이들은 예정대로 만나 식사를 하면서 유쾌한 대화를 나눴다. 디젤은 가볍게 식사하고 와인을 아주 조금 마셨다. 세 사람 중 가장 열정적인 카렐은 유명 인사 친구에게 디젤기관에는 앞으로 "강력한 추종자가 생겨 디젤이라는 이름 자체로 빚에서 해방되고 (디젤을) 부자로 만들 것"이라고 주장했다.

식사를 마친 친구들은 디젤의 습관대로 산책했다. 다만 산책로는 산책 갑판으로 제한되었다. 그레이트이스턴철도Great Eastern Railways 소속 영국 국적 여객선인 드레스덴호는 1896년에 취역했다.* 길이 92미터에 폭 11.5미터인 이 배의 최대속력은 18노트였다. 드레스덴호는 셸트강을 내려가 이 강이 벨기에와 북프랑스 해안에서 바다와 합류하는 강어귀까지 항해했다. 배의 후갑판에서 디젤은 그의 거실에 걸린 프란츠 코르텐스의 풍경화 주제인 강어귀 풍경을 바라보았다.

바다는 잔잔했다. 낡은 증기선의 연돌 2개에서 솟아오르는 검은 연기 기둥이 승객들 저 위쪽의 공기를 어둡게 물들이고 있었다. 세 사람은 쾌적한 항해를 즐기며 각자 선실로 돌아가 혼자 조용히 휴식하기로 한 오후 10시까지 즐겁게 지냈다. 이들은 다음 날 아침에 만나 식사할 계획이었고 디젤은 오전 6시 15분에 깨워 달라고 부탁했다.

다음 날 아침, 식당에 도착한 길동무들이 디젤을 기다렸다. 몇 분 지나고 카렐은 디젤의 선실로 가서 노크했다. 안에서 아무 소리도 들리지 않자 들어간 카렐은 잠을 잔 흔적이 없는 디젤의 침대 매트리스에 누군가 가지런하게 놓은 잠옷을 발견했다. 짐도 건드린 흔적이 없었다. 디젤이 사라졌다.

---

* 아이러니한 운명의 장난으로 드레스덴호는 1915년에 군용으로 징발되어 루뱅함HMS Louvain으로 개명되었다. 1918년 1월 21일, 독일 잠수함 UC-22이 에게해에서 루뱅을 어뢰로 공격해 격침했다. 영국 수병 223명이 이 배와 함께 가라앉았다. UC-22는 M.A.N.이 제작한 500마력 디젤기관 2기를 동력원으로 했다.

카렐은 선교로 가서 실종 사건을 보고했다. 여객선 선장 H. 휴버트_{H.} Hubert는 배를 멈추고 수색을 명령했다. 승무원들은 배 구석구석을 샅샅이 살폈지만, 디젤의 흔적을 찾지 못했다.

휴버트 선장은 야간 당직을 섰던 승무원 두 명을 면담했다. 이들은 "비정상적인 것은 전혀 보지 못했음"이라고 보고했다. 다만 이상하게도, 이른 아침에 단정하게 접힌 채 후갑판(선미 쪽 산책 갑판) 난간 밑에 놓인 코트와 모자가 발견되었다. 카렐은 모자와 코트가 디젤의 것이라고 확인했다. 코트와 모자는 디젤이 투신한 지점을 표시하기 위해 일부러 놓은 것 같았다.

드레스덴호는 9월 30일, 예정보다 1시간 늦게 하위치의 파크스턴 부두Parkston Quay에 정박했다. 휴버트는 "존경받는 디젤 박사"의 실종확인서를 항만장에 제출했다. 그러나 항만 관계자들에 따르면 선장은 "사망확인서 발부나 보기에 디젤 씨가 자살했다고 할 만한 것에 대해 언급하는 것을 극력 거부했다." 승무원 명부나 승객 명단은 탑승했던 사람들과 모두 일치했고 기록되지 않은 사람이 승선했다는 증언이나 기록은 전혀 없었다.

하루 뒤인 10월 1일, 영국 관헌들은 하위치 주재 독일 부영사에게 디젤의 실종을 통보했다. 독일은 자국에서 가장 유명한 발명가를 찾기 위해 조사진을 급파했다. 조사진은 드레스덴호를 이 잡듯 훑었으나 노력에도 불구하고 아무 증거도 찾지 못했다. 이들은 카렐과 라우크만과도 면담했으나 디젤의 길동무들은 똑같은 이야기만 끝없이 반복했을 뿐이었다.

———

디젤의 선실로 돌아가 보면 그의 열쇠 꾸러미는 여행용 가방 자물쇠에 달려 있었고 철제 회중시계는 침대에서 볼 수 있게 테이블 위에 놓여 있었다. 그의 에나멜 약통, 안경집, 동전 지갑과 주머니칼은 보이지 않았다. 디젤의 일기는 책상에 펼쳐져 있었다. 1913년 9월 23일이라는 날짜를 제외하고 페이지는 비어 있었다. 그리고 날짜 밑에 그는 가위표를 그어 놓았다.

디젤 실종 사건은 아무도 법적 관할권이 없는 공해에서 벌어졌다. 이 문제를 추적할 주체도 없었고 당연히 이 사건에 대한 공식 기록도 거의 없다. 승무원 청문회도, 검시 보고서도 없다.

이 문제의 형사적 조사는 끝났으나 언론은 이야기에 계속 불을 질렀다. 한 세기 뒤에 디젤이라는 이름은 단지 호기심에 찬 시선만 끌 뿐이지만 당시 그는 세계 최고의 유명인 중 하나였다. 전 세계의 신문 대부분이 그의 수수께끼 같은 실종 사건 보도에 뛰어들었다. 그리고 그의 실종을 다룬 혼란스럽고 모순되기까지 한 후속보도를 통해 사건의 진실이 상당히 드러난다.

———

뮌헨의 마르타는 아직도 디젤이 1주일 전에 프랑크푸르트에서 선물한 예쁜 여행 가방을 열어 보지 않았다. 가방은 지폐 2만 마르크로 꽉 차 있었다.

제4부

실종의 진실

VANISHING
ACT

제25장
세계의 반응

The World Reacts

여기부터 발자국은 길에서 사라진다. 디젤의 일기도 편지도 연설도 저녁 파티도 혹은 개인적 교류도 더는 존재하지 않는다. 지금부터는 기록된 역사를 광각렌즈로 들여다보아야 한다.

전 세계 신문들은 디젤 실종 사건을 첫날부터 보도했다. 처음에 기사들은 디젤이 실종되었다는 논란의 여지가 없는 단순 사실만을 전했고 이를 살아 있는 디젤을 마지막으로 보았다고 알려진 카렐과 라우크만의 증언으로 보충했다.

1913년 9월 30일, 런던

[디젤 실종 1일째]

마르코니 무선전신을 통해 이 소식은 전 세계 신문에 보도되었다. 〈뉴욕 타임스〉는 디젤의 실종을 길게 다루며 디젤과 유쾌한 저녁 식사를 하고 플러싱 해안을 보며 갑판을 산책하다가 10시쯤 선실로 돌아갔다고 회고하는 조르주 카렐과의 상세 인터뷰를 실었다. 그때 디젤은 이렇게 말했다고 한다. "내일 봅시다."

〈뉴욕 타임스〉는 다음 날 아침에 실종이 알려진 다음 디젤 선실의 상태를 전했다. 잠잔 흔적이 없는 정돈된 침대보 위에 잠옷이 놓였고 열쇠 꾸러미는 여행용 가방 자물쇠에 매달려 있었다.

카렐은 사망원인이 사고였을 것으로 추정하며 디젤은 자살할 만한 사람이 아니라고 했다. 그는 기자들에게 "(디젤 씨는) 밤에 헤어졌을 때 상당히 좋은 기분이었습니다. (…) 그는 금욕적이며 담배를 피우지 않았고 내가 아는 한 어지럼증에 시달리지도 않았습니다."

9월 30일 현재 세계 언론은 '사고' 이론에 만족한 것으로 보인다. 마르코니 무선전신을 통한 기본 보도를 인용한 대부분의 전 세계 신문과 마찬가지로 〈뉴욕 타임스〉는 다음 내용을 넣었다.

> 디젤 박사는 바다로 추락했다고 추정된다. 그는 얼마 전 한 친구에게 가끔 불면증에 시달린다고 불평했고 친구들이 선실로 돌아간 다음 갑판을 더 산책하기로 했는지도 모른다.

이 기사는 다른 증언의 출처는 모두 명시한 데 반해 디젤이 불면증에 관해 이야기했다는 친구의 이름을 밝히지 않았다. 런던발 보도는 전반적으로 디젤이 미래에 낙관적이고 유쾌했으며 가끔 생기는 불면증만

빼면 건강에도 문제가 없었다는 내용이었다. 그와 가까운 사람들은 디젤의 실종은 비극적 사고가 원인이라고 마음을 굳혔는데 이것이 불명예스러운 대체 이론보다는 더 명예로운 방법이었다. 그러나 '사고' 이론은 고작 하루 만에 언론에서 자취를 감췄다.

1913년 10월 1일, 런던
[디젤 실종 2일째]

통합디젤기관회사의 연례 이사회는 예정대로 다음 날인 10월 1일 아침에 런던에서 열렸으나 디젤은 없었다. 대신 이사들은 그의 부재와 수수께끼 같은 실종 사건을 언급했다. 디젤을 아는 사람들은 계속해서 자살은 그의 성격과 전혀 맞지 않는다고 주장했다. 그러나 디젤이 바람이 전혀 없는 잔잔한 바다를 항해하는 배에서 137센티미터 높이의 난간으로 빙 둘러친 산책 갑판을 산책하고 있었다는 사실은 무시할 길이 없었다. 몽유병 환자라도 난간을 넘어 바다로 떨어지기란 불가능했다. 사고 이론의 또 다른 이상한 점은 도대체 누가 떨어지기 전에 난간에 코트와 모자를 가지런히 놓겠는가였다.

〈뉴욕 타임스〉는 사고사 견해를 고수했다. 10월 1일 자 기사에는 "독일인 발명가는 백만장자이며 그의 가정은 화목했다."라는 부제가 달렸다. 이 보도에는 친구와 동료들의 추가 증언이 실렸다. "(연례 이사회의) 결론은 디젤 박사가 실족해 바다로 추락했다는 것이다. (…) 디젤 박사의 친구들은 몹시 당황했다. 사고로 추락했을 가능성은 상당히 낮지만, 자살을 암시할 동기도 발견할 수 없었기 때문이다."

이 기사는 디젤기관으로 전 세계적 대성공을 거둔 디젤이 이미 축적한 250만 달러 이상의 부는 계속 늘어나고 있다며 그의 사업 성공을 열심히 알렸다. 디젤의 친구와 동료 중 그가 부자라는 사실을 반박한 사람은 없었다. 이 〈뉴욕 타임스〉 기사는 디젤이 최근 "토머스 A. 에디슨과 위대한 친교를 맺었다."라는 언급으로 마무리하며 미국에서 디젤의 이미지를 강화했다.

유산 확립이 목적이라면 상당히 좋은 기사다. 자신의 업적을 높이 평가한 디젤이라면 흡족했을 것이다. 그런데 뭔가 수상하다. 실족 추락사는 불가능해 보이며 오히려 무엇인가를 숨기려는 것 같다. 냄새를 맡은 언론은 가만히 있지 않았다.

타살 소문이 돌기 시작했다. 디젤이 혁명적인 잠수함 기관 설계를 영국 해군에 전달하기 전에 독일 정보요원들이 그를 살해했다는 것이다. 피셔 제독이 이미 알다시피 영국이 디젤기관을 새로 설계했다는 것을 알게 된 독일군 참모본부가 피셔가 가정했듯, 디젤을 "개처럼" 사살했을 수도 있다.

그만큼 믿을 만한 다른 이론도 있다. 석유 트러스트가 암살자를 고용해 독점에 대한 위협을 제거했다는 것이다. 영국에서 가장 유명한 언론인인 W. T. 스티드는 콜타르를 연료로 하는 디젤기관은 미래의 기관이 될 것이라고 주장한 바 있었다. 디젤은 자신의 기관이 콜타르, 채소, 혹은 견과류 기름으로 작동한다고 주장했다. 그리고 디젤기관은 디젤유로 가동할 수 있지만 카렐은 디젤기관이 멕시코나 다른 데서 온 가장 싼 원유로도 작동할 수 있음을 증명했다. 록펠러가 사라지는 조명 시장과 내연기관이라는 불확실한 시장 위를 위태롭게 맴돌던 그때, 디젤기관의 발명은 스탠더드오일에게는 사형선고가 될 수 있었다.

———

이와 별도로 기괴한 10월 1일 자 뮌헨발 뉴스가 등장하는데 〈브라
이튼프레스&리더Brighton Press & Leader〉라는 한 영국 신문에 두 문장이 인
용되었다.

안트베르펜에서 하위치까지 영불해협을 횡단하던 디젤기관 발명자
루돌프 디젤 박사가 실종되었다는 것을 부인하는 전문을 오늘 (뮌헨
에 있는) 박사의 가족이 수신했다. 디젤 박사는 지금 런던에 있다.

이때쯤 디젤에 관한 이야기는 세계 최고의 기삿거리가 되었다. 전보
기사가 런던에서 이 전보(디젤 가족만 볼 수 있는 비밀 전보로 의도된)를 보
낸 다음, 신문사에 있는 친구에게 이 중요 뉴스를 알렸을까? 아니면 전
보를 받은 가족이 기자들을 달래려 언론에 알렸을까? 아마 이 전보는
가짜였을 것이고 디젤이나 관련자가 보낸 것이 아닐 것이다. 혹은 실수
이거나 전보 자체가 없었을지도 모르는 일이다. 중요하지는 않다. 주요
신문들은 이 놀라운 기삿거리를 택했고 언론은 이를 불쏘시개 삼아 무
리한 추정에 불을 붙였다. 그리고 불쏘시개는 더 나올 터였다.

1913년 10월 2일, 안트베르펜

[디젤 실종 3일째]

한 충격적인 주장이 서로 다투던 살인, 자살, 사고사 관련 이야기를 뒤집고 새로운 가능성을 제기했다. 먼저 〈AP통신〉이, 그리고 이를 따라 미국과 전 세계의 거의 모든 신문이 안트베르펜발 머리기사를 실었다. "선원이 디젤이 바다에서 실종되었다는 것을 부인하다 — 디젤 박사는 아예 해협 횡단을 하지 않았다는 증언."

이 혼란스러운 사태 전환을 접한 독자들은 놀라서 앉은 자리에서 일어날 뻔했다. 미스터리에는 새로운 층위가 더해졌다. 드레스덴호의 한 승무원이 "디젤 박사는 오후 5시 30분에 승선했으나 7시 30분까지 출항하지 않으리라는 것을 알고 하선해 다시는 보이지 않았다."라고 증언했다.

이 승무원은 디젤이 드레스덴호를 타고 해협 횡단을 하지 않았다고 계속 확신했다. 그리고 배의 사무원이 디젤의 이름을 선실명부에 적지 않았다는 세부적 사실을 추가로 밝혔다. 출항할 때 디젤이 탑승하지 않았다는 또 다른 정황이다.

디젤의 이름이 사무원이 작성한 선실명단에 없었다는 주장을 반박하는 사람은 나타나지 않았다. 만약 디젤이 드레스덴호에 탑승하지 않았다면 탑승하기 전에 벨기에에서 납치되어 살해되었을까? 혹은 처음 탑승했던 것은 의도적 속임수였고 조용히 하선해 자발적으로 벨기에를 떠나 혹시 제네바로 갔을까?

그리고 만약 이 선원의 증언을 믿을 수 있다면, 카렐이 여러 번 말한 저녁 식사, 와인, 대화와 플러싱 해안을 바라보던 것과 10시쯤의 진심이 느껴지는 작별 인사 그리고 아침 계획은 완전한 날조가 된다. 카렐과 이 선원의 증언 사이의 모순은 휴버트 선장이나 드레스덴호에 탔던 수많은 사람 중 누구 하나라도 나서서 저녁 자리, 산책 갑판, 혹은 출항 뒤에 배 어디에라도 디젤이 있었다고 증언하기만 하면 해소된다. 그러나 그 누구도 그러지 않았다. 카렐과 라우크만을 제외하고는 출항 뒤에 디젤이 배에 있었다는 것을 확인하는 증언 기록은 없다.

논란의 여지가 없는 것은 디젤의 짐, 회중시계와 선실에 놓인 노트 그리고 후갑판 난간 옆에 놓인 그의 모자와 단정하게 접힌 코트뿐이다. 그러나 이 물건을 놓은 사람이 루돌프 디젤이라는 것을 확인해 줄 사람은 없다.

이 선원의 증언과 더불어 디젤의 실종 사건은 단순한 흥밋거리에서 모든 기자가 꿈꾸는 특종감이 되었다. 동유럽에서 전쟁과 대대적 산업 발전을 배경으로 금세기 최고의 파괴적 기술의 발명자가 실종된 사건에 대해 답 없는 질문들이 제기되고 모순되는 증언들이 나왔다.

같은 날 〈런던 데일리 메일London Daily Mail〉은 겨우 일주일 전에 "디젤 박사가 자기 특허의 근원과 관련해 가치 있는 도면과 문서를 뮌헨의 독일국립박물관에 기증했다."라는 흥미로운 사실을 밝혔다.

───────

영국 무역위원회는 디젤의 실종에 대한 공식 조사를 개시했다. 〈뉴욕 트리뷴New York Tribune〉은 10월 2일에 디젤 박사가 바다로 추락했다는 진술에 만족하느냐는 질의에 대해 위원회 관계자가 이렇게 답했다고 보도했다. "디젤 박사는 실종되었을 뿐입니다. 지금으로서는 더 이상 언급하기 어렵습니다."

사고 이론은 한물갔고 자살 이론도 인기를 잃고 있었다. 사건을 새로운 각도에서 보고자 했던 기자들은 타살과 속임수에 대한 새로운 이야기를 탐사하고 있었다.

헤디와 아르놀트 폰 슈미트 부부도 언론과 비슷하게 느꼈던 것 같다. 10월 2일 날짜로 된 런던발 〈뉴욕 타임스〉 기사는 이렇게 보도했다. "디젤 박사의 사위 슈미트 남작은 갑작스러운 일탈로 디젤 박사가 자살했다는 이론은 전혀 근거가 없다고 주장했다."

아르놀트는 디젤이 자살했다고 믿지 않았고 우연히 바다에 추락했다는 것도 믿지 않았다. 아르놀트는 뭔가 더 사악한 일이 일어났다고 확신했다.

1913년 10월 12일, 베를린
[디젤 실종 13일째]

언론은 1주일 이상 모든 가능성을 샅샅이 훑었다. 표적을 획득하려는 어뢰처럼 이들은 특히 록펠러와 빌헬름 2세가 연루되었을 동기를 열심히 탐구했다. 핑커튼의 깡패들이 재벌을 위해 디젤을 죽였을까? 혹은 최첨단 잠수함 설계를 회수하기 위해 독일 정보요원들이 행동에 나섰던 것일까? 디젤은 다른 곳에 갇힌 채 살아 있거나 숨어 있을까?

———

그러고 나서 디젤의 내밀한 개인환경이 기사에 등장하기 시작한다. 이는 이전의 자살 이야기를 강조하는 효과가 있었다.

10월 12일 자 베를린발 특별 전문을 이용해 〈뉴욕 타임스〉는 "곤경에 처한 디젤 가족 – 디젤은 경제적으로 극도로 곤궁해진 가족을 남겨두고 떠났다."라는 제목의 기사를 실었다.

디젤이 드레스덴호에 탑승해 영불해협을 건넜느냐는 증언들에 얽힌 모순은 아직 해소되지 않았으나 이 신문(그리고 전 세계 신문 대부분)은 이렇게 보도했다. "디젤은 다수의 제조업체에 투자했으나 성공하지 못했다고 추정된다. 그리고 이러한 상황을 깨달은 것이 그의 실종 원인 같다."

디젤의 불면증을 언급한 친구에 대해 보도했을 때처럼, 이 기사도 디젤의 재정 상황에 대한 개인정보의 출처를 밝히지 않았다. 또 특기할 만한 것은 자살이라는 단어를 피했다는 것이다. 자살은 지금도 불편한 주제이며 당시에는 더 그랬다. 자살 소식은 신문이 계속 팔리는 데 도움이 되지 않는다. 자살 소식은 당일로는 큰 기삿거리지만 대중의 관심은 계속 다른 곳으로 옮겨 간다. 그러나 언론에서는 이 문제를 자살로 결론 내리려는 움직임이 있었던 듯하다.

조르주 카렐은 1주일 전에 처음으로 언론과 인터뷰한 사람 중 하나였지만 그는 이 시점에 드레스덴호에 탑승한 디젤과 나눈 대화에는 채무에 관한 내용이 있었고 자기는 디젤에게 디젤기관의 장래는 아주 밝아서 채무에서 해방되고 부자가 되기 충분한 돈을 벌 것이라는 의견을 이야기했다는 추가 정보를 언론에 제공했다.

새로운 내밀한 세부 사항이 흘러나와 보도된다. 디젤은 통풍, 스트레스, 과로 병력이 있었다. 그는 이전의 특허 관련 소송 때문에 심리적으로 불안했고 경쟁자들과는 악감정이 있었다. 언론은 그의 모든 개인사 관련 사항을 모으거나, 혹은 누군가에게서 받았다. 그리고 그 결과로

이러한 요소를 명백한 자살 증거로 대중에게 제시했다.

하지만 아직도 세 가지 귀찮은 문제가 있었다. 첫째, 가족이 그가 무사히 런던에 도착했다는 전보를 받았다는 소식은 전 세계 신문을 도배하다시피 했다. 누구도 이를 철회하지 않았다. 둘째, 디젤이 탑승하지 않았다고 증언했던 드레스덴호 승무원은 디젤이 하선해 돌아오지 않았으며 드레스덴호는 디젤 없이 영불해협을 건넜다는 확신을 절대 바꾸지 않았다. 카렐과 라우크만을 제외한 그 누구도 나서서 항해 동안 디젤이 있었다는 것을 확인해 주지 않았다. 셋째, 사무원이 작성한 선실 명단에는 디젤의 이름이 없었다. 누구도 왜 그렇게 되었는지를 설명하지 못했다.

일단 처음부터 배에 있었다고 확인도 할 수 없는 디젤이 투신했다는 합리적인 결론을 내릴 사람이 있을까? 세계는 이 질문에 대한 답을 원했다. 도대체 루돌프 디젤은 어디에 있었을까?

1913년 10월 13일, 암스테르담
[디젤 실종 14일째]

최후의 일격이 왔다. 이 소식은 전 세계로 보도되었다. 거의 매일 디젤 실종 소식을 보도하던 〈뉴욕 트리뷴〉은 이런 제호의 기사를 실었다. "디젤 박사의 시신 발견 – 선원은 옷을 확보한 다음 시신을 잃어버렸다."

시신이 발견되자 디젤의 실종과 관련해 난무하던 근거 없는 추측은 잦아들었다. 이제 언론은 원하던 시신을 확보했다. 〈뉴욕 트리뷴〉은 이렇게 보도했다.

한 선원이 독일의 기관발명가인 루돌프 디젤 박사가 분명한 시신을 토요일에 셸트강 어귀에서 건져 올렸다.* 이 선원은 귀중품을 회수한 다음 악천후 때문에 어쩔 수 없이 시신을 바다로 다시 던졌다. 옷에서 발견된 물품들은 오늘 디젤 박사의 아들이 아버지의 소지품으로 확인했다.

이 보도에 따르면 네덜란드 증기선 쾨르첸호 승무원들은 시신을 바다로 다시 돌려보낸 이상한 행동을 했다. 선원들이 시간과 노력을 들여 실종자의 시신을 회수해 적절한 매장을 위해 집으로 돌려보내는 것이 당시 관습이었다. 그 전년도 타이태닉호 침몰 사건의 시신 회수 작업은 기념비적이었다. 화이트스타라인이 빌린 4척 중 하나인 알제리호는 단 1구의 시신만 발견했는데도 3주간 참극의 현장을 열심히 돌아다녔다.

그런데 디젤의 경우, 쾨르첸호 승무원들은 부패했지만 "잘 차려입은" 시신을 배 옆으로 끌어온 다음 에나멜 약통, 동전 지갑, 안경집, 주머니칼을 주머니에서 끄집어냈다. 그런 다음 승무원들은 악천후와 부패 상태 때문에 시신을 바다로 다시 띄워 보냈다. 이들은 분명 지난 11일간 언론에서 크게 보도된 이 사건을 모르고 있었다. 이번에 시신

---

* 발견자에 대한 보도는 엇갈린다. 일부 보도는 노로 젓는 1인승 보트에 탑승했던 사람이 시신을 발견했다고 하며 다른 보도는 항만 안내선이 시신을 발견했다고 전한다. 어떤 언론은 며칠 지나면 이전 보도와 다른 이야기를 전하기도 했다. 한 증기선이 10월 11일(디젤 실종 12일 뒤)에 떠다니는 시신을 발견하고 노 젓는 사람 1명이 탑승한 작은 구명정을 보내 시신에 접근했다는 초기 신문보도가 정확한 것으로 보인다. 어찌 되었든 모든 증언은 옷을 입고 심하게 부패한 시신에서 개인물품을 회수한 다음 시신은 바다에 다시 돌려보냈다는 내용이 일치한다.

은 영영 사라져 버렸다.

쾨르첸호의 다음 기항지인 플리싱언항 항만 관계자들은 오이겐 디젤에게 이 물건들을 가져다주었다. 오이겐은 물건이 모두 아버지의 소지품이라고 확인했다. 오이겐, 마르타, 루돌프 2세는 모두 즉시, 똑같은 결론을 내렸다. 루돌프 디젤은 자살했다. 시신을 발견한 선원의 이름은 공식 기록에 나오지 않는다. 실제 증거가 될 시신이 없다는 사실은 그대로이나 가족 중에는 헤디와 아르놀트만 공개적으로 자살 이론을 계속 부정했다.

개인 소지품이 디젤의 것으로 확인된 것은 언론이 계속 제기한 세 가지 귀찮은 불일치를 제거했다. 디젤이 런던에 무사히 도착했다는 전보는 틀릴 수밖에 없다. 그는 그때 북해에서 사망했다.

드레스덴호 승무원과 관련해서는 29일 저녁에 디젤이 돌아오는 것을 놓쳤거나 언론의 관심을 노렸을 수도 있다. 그리고 사무원은 선실명부를 작성하면서 단순한 실수를 저질렀을 것이다. 디젤은 실제 카렐과 라우크만과 저녁 식사 전 선실에서 쉬었다.

모든 것이 잘 포장된 이야기였다.

1913년 10월 14일, 뮌헨
[디젤 실종 15일째]

시신 발견과 더불어 실종에 이은 디젤의 사망이 확인되고 개인 유품 4개가 회수되자 언론은 며칠 동안 그의 재정파탄과 스트레스를 받은 정신상태에 관한 기사를 마구잡이로 실었으나 세부 사항은 애매하게 남겼다.

〈뉴욕 타임스〉는 다음 제호의 기사를 실었다. "디젤 파산: 채무는 37만 5,000달러인 데 반해 유형자산은 1만 달러에 불과." 새롭게 발견된 디젤의 채무가 기사에 실렸다. 여기에는 비난과 유도성 설명이 붙었다. 이 신문은 이렇게 썼다. "(디젤 채권자들의) 회의는 엉망이 된 디젤 박사의 재정 상황 관리와 관련해, 어떤 확실한 행동도 취할 수 없었으며 정확한 현황 파악이 필요하다. (…) 회의에 제출된 수치는 디젤 박사의 현재 재정 상황이 제대로 계산되지 않았음을 보여 준다."

실제 재정적 세부 사항은 불명이다. 그리고 그런 결론을 내릴 명백한 증거도 없다. 사실이라고 제기된 것들은 일관성이 없거나 편의적이지만 여론은 자살 쪽으로 강력하게 흘러갔다. 그리고 이를 반박하는 새 주장도 없었다. 언론은 이미 이 맛있는 이야기의 단물을 다 빨았다. 자기가 이제 진실을 알게 되었다고 믿게 된 신문과 이를 따라서 전 세계는 관심을 다른 곳으로 돌리기 시작했다. 루돌프 디젤 실종 사건의 미스터리도 그렇게 흘러갔다. 그러나 완전히 사라지지는 않았다. 다만 잠자고 있었을 뿐이다.

제26장
가능한 이론들

The Available Theories

1913년 9월 29일에서 30일 사이에 벌어졌다고 하는 루돌프 디젤의 부자연스러운 사망사건에는 세 가지가 원인으로 제시될 수 있다. 사고, 자살 혹은 타살이다. 그의 삶과 실종을 둘러싼 환경에 대한 사실 정보는 충분하므로 우리는 사고, 자살, 타살 중 어느 것이 진실인지를 결정할 수 있을 것이다.

사고사 이론

루돌프 디젤의 죽음이 사고사라는 생각은 진지한 고려나 언론보도의 대상이 아니었다. 디젤의 친구들은 9월 30일 아침에 그가 드레스덴 호에 없었다는 움직일 수 없는 사실과 직면하자 사고사했을 가능성을 제기하는 경향을 보였다. 왜냐하면 사고사로 말하는 것이 망자에게 가장 정중하고 논란의 여지가 적기 때문이었다. 그러나 실제 그랬다고 믿었던 사람은 없다.

루돌프는 친구들에게 작별 인사를 하고 선실 문을 닫은 다음 10시 이후 침대에 들어갔다. 다시 갑판으로 나왔다고 해도 배는 잔잔한 바다를 항해하고 있었고 그날 밤에는 바람도 불지 않았다. 배에는 137센티미터 높이의 안전난간이 설치되어 있었다. 디젤이 만약 몽유병 환자였다면(그랬다는 병력은 전혀 없지만) 선실을 떠나 갑판으로 나간 다음 코트를 벗고 얌전하게 접은 다음 갑판에 놓아 두고 벗은 모자를 코트 위에 두고서 난간을 넘어가야 했을 것이다. 사고사 이론은 말이 되지 않으며 마땅히 기각되어야 한다.

자살 이론

루돌프 디젤이 자살했다는 생각은 한 세기 이상 가장 우세했으나 디젤의 친한 친구와 동료 대부분(자살설을 옹호한 마르타와 오이겐을 제외하고)은 이 이론도 믿지 않았다. 언론 기사마다 디젤의 친구와 가족은 그가 살면서 자살을 시도해 보거나 언급조차 한 적이 없다고 일관되게 주장했다. 시드니 휘트먼Sidney Whitman 같은 동료 이사도 자살론을 믿지 않았다. 그리고 디젤의 친구들과 사업 동료들은 자해는 그들이 알던 디젤과 일치하지 않는다고 느꼈다.

동시대 신문 기사들은 디젤의 나쁜 건강을 자살 원인의 한 요소로 지적했지만, 그는 실종 직전에 눈 덮인 소일링산을 등반할 정도로 튼튼

했다. 신체적으로나 감정적으로 쇠약해졌다고 느낀 사람은 험한 산을 등반할 계획을 세우지 않는다. 1913년에 마르타와 휴가를 같이 떠난 것에 더해 디젤은 운동 삼아 규칙적으로 오래 걸었고 폭식이나 폭음도 하지 않았다. 사진에서 본 만년의 디젤은 단정하고 꼿꼿하며 건강한 모습이다.

튼튼한 건강과 더불어 1910년부터 실종까지 디젤은 아주 활발하게 일과 여행 일정을 소화했다. 샌프란시스코에서 상트페테르부르크까지, 그리고 중간중간에 들러 디젤은 강의를 하고 동료들에게 조언했으며 새로운 기관을 설계하고 휴가를 보냈다. 그는 부와 성공이 가져다준 혜택을 즐기며 친구들과 고급 식당에서 식사하거나 집으로 초대했다. 그는 박물관을 방문하고, 시간이 나면 극장에 갔으며 음악과 예술에 대한 열정을 채웠다. 디젤은 아주 열심히 살고 있었다. 자살을 암시하는 고립이나 세상에서 등을 돌린다는 징후는 없었다.

디젤의 대화와 동료들 그리고 마르타와 교환한 편지는 그가 아주 먼 미래까지 계속 일할 동기가 충분했음을 보인다. 그는 이미 디젤기관이 잠수함에 적합한 유일한 기관이며 현재 빠르게 관련 기술이 발전하고 있음을 알았다. 1년 전 셀란디아호가 일으킨 돌풍은 선박 업계의 규칙을 바꾸고 있었으며 기관차용 디젤기관도 성공적으로 시험을 마쳤다. 이는 곧 디젤기관이 철도를 지배할 것이라는 의미였다. 1913년에 처남 플라셰에게 보낸 편지에 따르면 "인생 과제를 완결할" 업적인 디젤동력 자동차도 거의 완성 단계였다. 금상첨화로, 항공기업체 융커스는 디젤기관의 응용 분야를 항공기로 확장하기 위해 작업하고 있었다. 스케치로 벽을 가득 메운 뮌헨 저택의 서재가 보여 주듯, 아직도 해야 할 일과 혁신이 많았다. 디젤은 야심을 다 이루고 새로운 목표가 없어진 데 따르는 우울함으로 고통받지도 않았다. 가장 흥미진진한 사업인 모든 산업 분야의 디젤기관 응용은 아직도 달성되지 않았다. 그리고 디젤은 1890년대처럼 재정적 부담을 진 채 바람에 맞서 작업하는 상황도 아니었다. 그는 부와 명예를 얻었고 어디서나 환영받고 대우받으며 지원받는 사람이었다. 디젤은 전성기를 맞이하고 있었다.

같은 시기에 디젤은 화려한 파티와 특급호텔과 열차를 이용하는 여행을 즐기고 대규모 저택의 관리인들을 유지했으며 자녀에게 상당한 액수의 금액을 증여했다. 이 모든 것은 빚쟁이의 독촉 없이 한 일이었다. 실종 뒤 첫 신문보도에 따르면 그는 부자였고 더 부자가 되고 있었다. 그가 재정적 어려움에 시달리고 있다는 첫 보도가 등장해 자살 동기로 제시되고 언론으로 흘러가기 시작해 다른 이론을 침묵시킨 것은 실종 후 거의 2주가 지나서였다.

시간이 지나 사건을 돌아볼 수 있다는 이점을 가지고 자살론을 상정한 전기작가들은 디젤에게 1910~1913년은 지적 능력이 떨어지고 빚은 늘어난 절망적 시기였다고 본다. 그런데 1913년까지 그런 생각을 나타낸 증거는 없거나 그와 반대다. 디젤은 이 시기에 가장 큰 명예를 얻고 칭송받았다. 디젤기관은 성공적으로 선박에 사용되기 시작했고 철도 분야에서도 곧 사용될 것이라는 사실상의 확약을 받았다. 헨리 포드로부터 요청받았으니만큼, 자동차가 아마도 다음 정복 대상이 되었을 것이다.

디젤의 재정 상황이 나빴다고 하는 사후 폭로는 언제나 불명확한 부분이 많았다. 일부 전기작가들은 1900~1901년에 건설된 뮌헨 저택에 대한 지출, 역시 1901년에 투자한 독일 유전(현재 폴란드와 우크라이나 국경 지방에 있었던)의 실패, 디젤기관회사의 해산(1908년에는 사실상 기능을 중단했고 1911년 2월 27일에 해산되었다. 투자자들은 원래 투자 금액의 약 10.25퍼센트를 돌려받았다.)과 그의 특허와 관련된 여러 소송비용(대부분은 실종 5년 전인 1908년에 끝났다)을 지목한다. 그가 재정적 어려움을 겪었다는 동시대 증거는 거의 없으며 1913년 10월 이전에 파산을 논의한 증거는 전혀 없다. 이들은 불편한 진실에서 가족을 보호하기를 원했던 디젤이 사실을 숨겼을지 모른다며 이러한 증거 부재를 설명하려 한다. 그러나 이런 이론을 지지할 만한, 사업 동료나 은행가와 주고받은 편지는 존재하지 않는다. 1912년의 미국 여행 10년도 더 전에 지출한 저택 건설비용이나 실패한 투자비 외에 1913년 이전에 그가 큰돈을 잃었다는 증거는 없다. 다만 이 시기에 그의 삶의 다른 부분은 문서로 잘 남아 있다. 이때 그가 재정파탄 상태였다는 그림은 근거가 희박하며 그가 실종된 다음에야 등장했다.

사후에 나타난 이 그림이 정확하다 할지라도, 즉 투자 실패와 다른 지출 때문에 재산 전부를 날렸다고 해도 1913년의 디젤은 단시일에 큰돈을 다시 벌 수 있었다. 공공 분야든 민간 분야든 그는 전 세계 어디에서든 원하는 좋은 자리에 취직할 수 있었다. 명성을 생각해 보면 그는 단지 이사회에 이름만 빌려 주고 거의 일하지 않아도 거액을 받을 수 있었다.

그러나 가장 설득력이 있으며 가장 주된 논점은 그가 일하기를 원했다는 것이다. 그는 아직 목표를 달성하지 못했다. 할 일은 많았고 그는 수중에 그 일을 할 모든 수단이 있었다. 1913년 연말쯤 디젤은 공학계의 확고부동한 최고봉이었다.

드레스덴호 항해 직전 프랑크푸르트에서 열린 가족 모임에서 디젤과 1주일을 보낸 헤디와 아르놀트는 디젤이 인생의 다음 장에 열정적 태도였다고 분명히 증언한다.

그리고 디젤이 투신하면서 가져간 의아한 물건들은? 약통, 안경집, 동전 지갑, 주머니칼이다. 익사하려 결심한 사람이 하필 이런 물건들을 가져가기로 한 것은 말이 되지 않는다.

더욱이 디젤은 전혀 유언장을 작성해 두지 않았다. 인생의 모든 부분을 세심하게 준비한 디젤 같은 사람에게는 기괴하기까지 하다. 그리고 가족에게 남긴 말도 없었다. 단지 노트의 열린 페이지에 연필로 그린 이상한 가위표뿐이다. 가족을 사랑하고 가족에 헌신적이던 사람이 자기 운명을 어떻게 결정할지를 알리지 않고 가족을 수수께끼에 번민하게 만드는 것은 본인 성격과 전혀 맞지 않는다. 독특한 개인식별 물품 4개를 소지했던 것은 가족에게 자신의 결말을 알리기 위한 것이었는지도 모르지만 이런 물건으로 가족이 자살을 알 것이라 기대할 수도 없었고, 아예 시신이 발견되지 않았을지도 몰랐다.

타살 이론

분명 록펠러는 디젤을 살해했다는 의혹을 받을 동기도, 수단도, 행동양식도 있었다. 1913년에 콜로라도주 러들로Ludlow에 있는 그의 석탄광산이 파업에 돌입해 더 좋은 노동조건을 요구하자 록펠러는 볼드윈-펠츠 탐정사무소를 고용했다. 러들로에서 임무를 수행하기 위해 이 '탐정들'은 '사망 특급Death Special'이라는 초기 형태의 돌격용 장갑차를 만들었다. 디젤의 실종과 동시대에 일어난, 러들로 학살로 알려진 이 사건에서 탐정들은 광부와 가족들이 있는 캔버스 텐트를 무차별 사격하고 불을 질러 수십 명의 여성과 아이들을 죽였다. 디젤기관은 광부들이 요구한 8시간 노동보다 스탠더드오일의 안전에 더 큰 위협이었다.

빌헬름 역시 동기와 수단 그리고 국가이익이 달린 문제라면 무력을 동원한 전력이 있었다. 영국 해군이 디젤동력으로 움직이는 잠수함과 전함을 설계한 것과 디젤동력이 영국의 에너지 수요를 구원할 것이라는 디젤의 주장 그리고 독일 참모본부에 대한 공개적 비판을 빌헬름이 몰랐을 리 없다. 분명 처칠과 피셔 제독은 이를 알아차렸다.

그러나 진실은 타살 이론을 지지하지 않는다. 우선 실종 몇 주일 전에 디젤이 보인 이상한 행동이 있다. 희생자는 자신이 미리 살해되리라는 것을 예상하지 못한다. 그런데 디젤은 자신이 실종되기 며칠 전부터 무슨 일이 일어나리라는 것을 알았던 것 같다. 9월에 장남과 뮌헨 저택에서 주말을 보내기 전에 디젤은 저택 관리인 전원에게 휴가를 주었고 아들을 데리고 잠긴 캐비닛과 벽장을 보여 주었으며 주말이 끝날 때 문자 그대로, 그리고 비유적으로 집을 청소하며 다량의 문서를 태웠다. 그는 프랑크푸르트에서 딸 헤디와 만나기 전에 디젤기관의 기원을 다룬 중요한 문서를 모아 독일 박물관에 가져갔다. 그리고 드레스덴호가 출항하기 전 마지막 며칠간 오이겐과 마르타에게 보낸 책에 적은 이상한 메모와 편지 그리고 일주일간 열지 말라는 지시와 함께 보낸 선물이 있다. 이 여행용 가방에는 현금이 한가득 들었다. 이 모든 것은 항해 도중 실종의 원인이 무엇이든 디젤은 무엇인가를 알았다는 것을 암시한다.

———

디젤이 살해되었을 가능성은 희생자가 배를 타고 있어야 한다는 점에서 사고사 이론이나 자살 이론과 마찬가지의 제약을 받는다. 따라서 가장 큰 세 가지 논란거리 ― 런던발 전보, 드레스덴호 승무원 그리고 사무원의 선실명단은 타살 이론에 반한다. 디젤과 동행했다고 하는 사람들을 제외하고는 그 어떤 사람도 선실명단과 승무원 증언이 제기한 모순점을 설명하지 못한다. 휴버트 선장은 이 문제를 앞장서서 명확하게 해명하지 못했고 더욱이 수색 당일 아침에 디젤이 배에 없었다는 그의 9월 30일 증언은 너무나 제한적이어서 더 큰 의심을 불러일으켰다. 왜 휴버트 선장은 9월 29일 저녁 식사 자리에 디젤이 있었다고 말하는 것을 애써 피했을까?

———

마지막으로 살인이 일어난 장소가 드레스덴호라는 추정은 말이 되지 않는다. 석유 트러스트나 빌헬름이 살해 후 암살자가 도망갈 데도 없는 영국 선적 여객선을 선택했다는 것은 설득력이 떨어진다. 디젤이 실종되었음이 발견되자 배는 당연히 정선했고 이때 휴버트 선장은 다른 모든 인원은 그대로 있었다는 것과 승객명단에 없는 손님은 아무도 없었다는 것을 확인했다.

———

록펠러와 빌헬름은 디젤을 살해할 동기가 있었지만, 증거는 여기에 반한다. 그리고 실종 전 디젤의 몇몇 행동은 본인이 뭔가 일어날 것으로 예상했다는 것을 암시하며 이는 자살 이론을 지지하지만 이미 자살, 타살, 사고사 가능성은 배제되었기에 단 하나의 설명만 남는다. 록펠러와 빌헬름이 디젤을 죽일 동기가 된 조건을 다른 각도에서 생각해 보면 또 다른 이론이 보인다.

디젤의 시신 발견은 날조다. 루돌프 디젤은 1913년 9월 29일에 죽지 않았다.

제27장
루돌프 디젤 작전

Operation Rudolf Diesel

모든 모순과 비일관성을 해결하며 동기와 기회의 기준을 만족하는 이론은 단 하나다. 루돌프 디젤이 독일에서 망명해 비밀리에 영국 해군성의 보호를 받게 되었다는 것이다. 드레스덴호의 해협 횡단은 더 큰 기만 계획의 일부였다. 이런 관점에서 보면 그의 마지막 날을 둘러싼 많은 특이한 행동과 사실이 완벽하게 해명된다.

1907년부터 계속된 M.A.N.과의 적대 관계와 그의 공개 발언, 특히 1912년 미국 여행 중 한 발언은 빌헬름 2세와 독일 정부에 대한 그의 혐오감을 보여 준다. 여기에 더해 디젤이 영국과 특히 그의 친구 찰스 파슨스를 존경했다는 것은 런던과 각자의 집에서 있었던 행사에서 여러 번 드러났다. 그는 비커스의 고문이었을뿐 아니라 새로 설립된 통합 영국디젤기관회사의 공동창업자이기도 했다. 이 회사는 잠수함용 디젤기관 제작에 주력했다.

당시 영국 정보기관이 언론에 영향을 주기 위해 신문과 접촉했다는 것은 잘 알려진 사실이다. 처칠이 초창기에 운용한 정보기관에 대한 보고는 이 기관이 첩보 공작의 일환으로 영국 언론을 자주 조작했다는 것을 보여 준다. 디젤의 건강과 재정 상황에 대한 잘못된 세부 정보의 빠른 확산은 자살담을 확립하기 위해 꾸며진 것 같다. 이 이야기는 특히 시신의 발견(그리고 곧바로 분실한 것)과 결합해 드레스덴호 승무원의 증언과 선실명단이 폭로한 놀라운 단서를 덮어 버렸다. 시신에 관해서 말하자면 왜 시신이 가족에게 돌려보내지거나 관헌에 제출되지 않았는지에 관한 추가적 조사는 없었다. 이 선원들은 누구였을까? 이들의 이름은 역사에 기록되지 않았다. 그리고 아마 영원히 알려지지 않을 것이다. 그러나 신문은 이 단서를 추적하지 않았다. 여기에 대한 의문에서 언론이 손을 뗀 것과 디젤의 나쁜 건강과 재정 문제에 대한 새로운 강조는 자살론이 '자살 결론'으로 되는 데 일조했다.

마르타, 루돌프 2세와 오이겐이 금방 자살론을 받아들인 것도 마찬가지로 의심스럽다. 디젤 가족은 카이저 빌헬름의 정책에 대한 디젤의 혐오와 무자비한 석유 트러스트들과의 분쟁에 대해 내밀한 곳까지 알았다. 이들이 타살 가능성에 대해 일말의 의혹도 제기하지 않았다는 점도 이상하다. 특히 딸과 사위가 자살은 불가능하다고 공개적으로 주장했는데도 그렇다. 아마도 디젤은 마르타, 루돌프 2세, 오이겐에게는 무슨 방법으로든 암시했을지 모르며 심지어 기만 계획을 도와달라고 요청했을 수도 있다. 반면 빌헬름에게 충성을 바치는, 애국심이 투철한 헤디와 아르놀트에게는 그럴 수 없다고 느꼈는지도 모른다.

출발지를 안트베르펜으로 삼은 것은 영국 정보기관에 유리했다. 왜냐하면 벨기에는 영국에 우호적이었기 때문이었다. (그로부터 1년도 지나지 않아 벨기에는 독일에 대항해 영국과 같이 싸우게 된다.) 드레스덴호는 영국 깃발을 달고 항해했고 그 때문에 영국 측의 공작이 더 쉬워졌을 것이다. 예를 들어 선장의 증언 문제가 여기 해당한다.

게다가 세부적으로 들어가면 운 좋게도 실종 사건은 어느 나라도 형사관할권이 없는 공해에서 일어났다. 카렐의 증언에서는 기자, 관계 기관과 한 인터뷰를 통해 공들여 공공 기록에 남긴, 디젤과 10시까지 있었다는 주장이 중요한 요소인데 그때쯤 드레스덴호는 분명 공해에 도달했다. 배가 셸트강 어귀를 통과했고 두 사람은 탁 트인 수면 위로 펼쳐진 유럽 해안을 보았다는 일화도 이 관할권 부재를 확립하는 데 아주 편리히다. 라우크만도 확인해 준 이 세부 사실 덕에 관련국 관헌들은 디젤에게 **무슨 일**이 일어났든지 이 일은 특정국의 형사사건 조사범위 밖에 있다는 결론을 내렸다.

카렐이 여기에서 핵심 역할을 했다. 그는 벨기에인이었고 친영적 성향으로 알려졌다. 그의 회사인 카렐브라더스는 거의 10년간 비커스와 공동으로 영국 해군에 납품하고 있었다. 그리고 그는 입스위치에 설립된 통합영국디젤기관회사의 공동창립자이기도 했다.

하위치 주재 독일 영사는 디젤 실종 사건 조사를 금방 종결했다. 아마도 조사관들은 배를 수색하고 카렐, 라우크만과 드레스덴 승무원들의 증언을 청취한 다음 디젤의 실종은 영국의 공작임이 분명하다는 결론을 내렸을지도 모른다. 독일 입장에서는 가장 귀중한 과학자를 처칠에게 잃었다는 데서 오는 국가적 수치보다 자살 이론을 대중에게 내세우는 편이 더 나았을 것이다. 이 부분에서 영국과 독일의 이해관계가 완벽하게 맞아떨어졌다. 두 나라 모두 자살로 사건을 마무리하고 작전을 비밀에 부치는 편을 선호했을 것이다.

루돌프 디젤의 모자와 코트가 후갑판 난간 밑에 이상하게 놓여 있었다는 작은 디테일조차 자살의 징표라기보다 모두를 속이기 위한 소품으로 고안되었던 것 같다. 한 걸음 더 나아가 왜 누군가가 자살에 도움이 안 되는 약, 안경, 돈과 칼을 주머니에 넣은 채 배에서 뛰어내렸을까도 의문이다. 그리고 사실 그의 코트가 시신과 같이 발견되지 않고 얌전하게 접힌 채 후갑판에 놓여 있었다는 것을 고려해 보면 어떤 주머니에 이 물건들을 넣었을까?

디젤의 주머니에 있던 물건들이 유일하게 유용했던 점은 각 물품이 독특하며 신원확인에 도움이 된다는 것이다. 디젤과 연관된 물품들이기 때문에 이것들은 그의 시신이 발견되었다고 언론과 대중을 속이는데 도움이 되었다.

마찬가지로 이 물건들이 거친 바다에 11일이나 떠다니던 시체의 옷에 그대로 남아 있었을 가능성은 거의 없다는 점에서 이들이 사실 속임수의 일부였다는 점이 드러난다. 뉴욕시경 경관들이 내게 설명한 바에 따르면, 도시를 둘러싼 수면에 떠오른 시신을 가리키는 말인 '부유시체floaters'는 물속에 며칠만 있다 떠올라도 옷이 누더기가 되거나 심지어 알몸이 되는 경우도 있다. 옷은 소금물에 있으면 분해되고 조류와 해안의 생물들에 의해 찢어진다. 디젤의 시체는 셸트강 어귀에서 발견되었다고 하는데 그랬다면 아마 새와 다른 해안 야생동물이 옷을 넝마로 만들었을 것이다.

여기에 더해 북해 같은 거친 바다의 격랑은 세탁기를 돌리는 동안 바지 주머니에서 동전이 빠지는 것처럼 시신이 입은 옷의 주머니를 비울 것이다. 손바닥만 한 크기의 약통이 바다에서 주머니 안에 남아 있기란 거의 불가능하다. 더욱이 디젤은 대개 약통을 가지고 다니지 않았다. 기만의 일환으로 정교하게 장식된 에나멜 약통은 아주 그럴듯한 신원 확인용 물품이 되었을 것이다.

실종이 사전에 계획한 기만작전이었다고 보면 디젤의 다른 이상한 행동도 더 논리적으로 설명된다. 디젤이 저택 관리인 전원에게 휴가를 주어 보낸 다음 장남을 불러 저택에서 열쇠로 잠긴 부분을 속속들이 보여 주고 창고 난로에서 많은 문서를 소각했다는 것은 스스로 신변 정리를 하고 있었다는 이야기다. 그다음 며칠 동안 중요 서류와 문서를 모아 국립박물관에 기증한 것도 마찬가지다.

그리고 마르타에게 준 현찰로 가득 찬 수수께끼의 여행가방은 만약 마르타가 곧 따라오지 못할 것으로 걱정했다면 말이 된다. 그리고 디젤은 마르타가 자신과 합류하는 데 매우 신경 쓰고 있었던 것 같다.

루돌프 디젤이 독일에서 망명했다는 관점을 통해 그의 마지막 편지를 보면 그가 사용한 단어들은 새로운 의미를 가진다. 마르타에게 준 책에 쓴 메모의 내용은 이렇다.

여보,

이 세상에서 당신은 내게 모든 것이었다오. 당신을 위해 나는 살았고
투쟁했소. 당신이 나를 떠난다면 나는 더 살고 싶지 않소.

남편

자살 이론을 옹호하는 사람들은 "것이었다오."라는 단어에 초점을
맞추며 과거시제의 사용은 그가 진작부터 세상을 떠나기로 했음을 암
시하는 프로이트적 말실수라고 주장한다. 그러나 디젤은 세상을 떠나
기로 결심한 것이 아니라 독일만 떠나기로 했을 수도 있다.

더욱이 이 메모에서 주도권을 가진 이는 누구인가? 1913년 9월에
관계를 지속할지 말지 결정해야 할 사람은 누구였을까? 마르타다. 디
젤은 "당신이 나를 떠난다면"이라고 썼다. 디젤은 마르타에게 떠나지
말라고 요청하는 듯하다. 혹은 자기와 합류하자고 제안하는 것일지도
모른다. 이것을 북해에서 함께 투신자살 하자는 초대로 보는 것은 비합
리적이다. 하지만 디젤은 마르타에게 떠나지 말고 자신과 어딘가로 같
이 가자고 부탁하고 있다.

1872년 3월 24일, 당시 14세던 루돌프 디젤은 루터교 신앙고백을
위해 읽을 구절로 창세기 12장 1절을 골랐다.

여호와께서 아브람에게 이르시되 너는 너의 고향과 친척과 아버지의
집을 떠나 내가 네게 보여 줄 땅으로 가라.

미래를 암시하는 듯한 이 명령은 42년 뒤에 아주 오싹한 의미를 가

지게 된다. 디젤의 운명에 관한 증거의 일부는 전혀 없을 것 같은 곳에 존재한다. 빠진 것을 조사하면 눈에 바로 드러나는 것만큼 많은 것이 보인다.

스코츠 가드*와 특수부대인 SAS에서 복무했으며 용병 생활도 한 사이먼 만Simon Mann은 많은 비밀작전을 계획하고 수행했다. 디젤 사건의 증거를 검토한 만 대위는 이런 결론을 내렸다. "해군정보부NID는 작전을 수행할 동기와 능력, 기회가 있었습니다. 그러나 그 외에 이 사건에는 당시 영국이 수행한 비밀작전의 특징인 화려한 기교와 친숙한 전술이 모두 보입니다. 정황증거의 양을 생각해 보면, 대체 이론을 하나씩 합리적으로 소거할 수 있는데 디젤 사건은 영국의 기만작전이었다는 것이 제가 내린 유일한 합리적 결론입니다."

실종과 시신 발견까지의 11일이라는 긴 기간(그동안 온갖 보도가 난무했다)과 옷에서 발견된 수상한 개인 소지품, 시신의 이용(혹은 누군가가 시신을 발견했다는 이야기)은 원래 기만 계획의 일부가 아니었다는 증거다. 처음에 영국 정보부는 몽유병 때문에 일어난 실족사라는 이야기가 받아들여지기를 희망했던 것 같다. 플랜 B는 자살 이론 정도로 충분했다. 작전 입안자들은 디젤 가족이 런던에서 전보를 받았다는 보도나 드레스덴호 승무원의 증언, 사무원의 선실명단 공개는 미처 고려하지 못했을 것이다.

하지만 아주 간단한 해결책이 있었다! 입안자들은 디젤의 소지품으로 알려진 물건 몇 개와 북해에서 떠다니던 잘 차려입은 시신에서 이

---

*　영국군 정예 근위연대 중 하나. - 옮긴이 주

것을 발견했다고 기꺼이 말할 한 사람만 필요했다. 에나멜 약통과 안경집, 동전 지갑과 주머니칼을 디젤을 담당한 요원들에게 건네고 아들 오이겐이 이 물건들이 다 아버지 것이라고 확인한다면 신문기사는 그 방향으로 우르르 몰려갈 것이다. 이면에 있는 비현실성을 자세히 검토하지 않는다면 대중은 디젤이 자살했다는 이야기를 받아들일 것이다.

진실은 디젤이 드레스덴호를 타고 영불해협을 건너지 않았다는 것뿐 아니라 시신 자체가 없었다는 것이다.

제28장
지문

Fingerprints

디젤이 1913년 9월 뒤에도 생존해서 처칠의 전쟁 준비에 공헌했다면 과연 그가 영국 영토 어디에 있었는지에 관한 보고가 어디선가 드러날 것이다.

1914년 3월 15일 - 베를린
[디젤 실종 169일째]

〈뉴욕 타임스〉는 베를린발 특별 전문으로 다음 제목의 특종기사를 실었다. "디젤 박사가 캐나다에 살고 있다는 보고 – 뮌헨 현지 언론은 지난가을에 북해를 항해하던 증기선에서 실종 후 익사했다고 추정되며 본인으로 여겨진 시신이 발견된 발명가가 새 삶을 시작했다고 보도했다."

캐나다는 당시 대영제국의 일부였다. 디젤이 런던으로 갔다가 감시하는 눈을 피해 처칠을 위해 모종의 역할을 할 수 있는 캐나다로 몰래 빠져나갔을 수 있을까?

〈뉴욕 타임스〉의 보도는 계속된다. "뮌헨의 〈아벤트 차이퉁Abend Zeitung〉은 지난가을에 익사했다는 디젤 박사가 죽지 않았으며, 독일에서 받은 편지에 따르면 캐나다에서 새로운 삶을 시작했다고 보도했다."

이 편지는 누가 썼을까? 그리고 누가 받았을까? 아직도 사랑하는 아내가 자신과 합류하기를 기다리던 루돌프가 마르타에게 보냈던 편지가 뮌헨에서 엉뚱한 손에 떨어졌을까? 아니면 캐나다에서 조국의 유명인을 알아본 누군가가 보고했던 편지일까?

1914년 3월 24일 - 뮌헨

[디젤 실종 178일째]

그리고 마르타가 실종된다. 독일 신문들은 마르타와 가장 가까운 친구들도 그녀를 찾을 수 없었다고 보도했다. 그리고 마르타의 자취는 뮌헨이나 베를린 어디에도 보이지 않는다.

3월 24일, 영국 신문 〈데일리 시티즌Daily Citizen〉이 아직 뮌헨에 살던 마르타가 캐나다에 살던 남편과 5개월간 자주 편지를 주고받았다고 보도했다. 그러나 이제 마르타의 행방도 묘연해졌다. 루돌프 디젤은 캐나다에서 살며 마르타와 계속 편지로 연락할 수 있었을까? 이 신문은 "이것은 지금 모든 독일인을 어리둥절하게 만든 질문이다. 독일 신문들은 뮌헨에서 나오는 이야기를 보도하는 데 상당한 지면을 할애했다."

이것은 단발성 기사였고 디젤과 마르타에 관한 이 환상적 이야기의 보도는 독일에서도 중단되었다. 영국 신문들은 누군가가 보낸 신호에 보도를 취소한 것 같았다. 만 대위는 디젤이 캐나다에 다시 나타났다는 1914년 3월의 보도를 다룬 매체가 놀라울 정도로 적다는 사실을 결정적 증거로 본다. "독일에서도 디젤이 캐나다에 살고 있다는 이야기를 보도했지요, 미국에서는 〈뉴욕 타임스〉가 보도했어요. 그런데 영국 과거 신문 아카이브를 광범위하게 조사해도 이 이야기는 겨우 한 번 언급됩니다. 대충 쓴 문장 몇 개만 있는데 아마도 정부가 보낸 통지를 깜박했기 때문이겠지요. 당시 영국 언론은 반독일적으로 유명했고 오늘날 언론으로는 생각조차 할 수 없을 정도로 정부에 협조적이었어요. 영국 언론이 이 이야기를 다룬 방법에는 분명 D-통지(D-Notice, 국방 고문 통지)의 흔적이 명백합니다. 정부는 디젤 소식에서 손을 떼라고 편집진에 통지한 것입니다."

영국의 D-통지는 "국가안보를 이유로 특정 주제의 사안을 기사로 내지 말거나 방송하지 말라는 공식 요청"이다. 〈가디언Guardian〉은 이렇게 설명한다. "D-통지 시스템은 언론인이 국가안보를 위험에 빠뜨리지 않는다는 것을 보장하기 위해 정부와 언론이 맺은 아주 공개적이지도, 아주 비밀스럽지도 않은 지극히 영국적인 협의다." 영국 전쟁부는 1912년(디젤 이야기에서 묘한 타이밍이다)에 D-통지 시스템을 만들었는데 망상적이고 히스테리 상태였던 제1차 세계대전 직전 기간에 정확히 디젤 사건 같은 상황을 대비해 만들기라도 한 것 같았다.

만은 이렇게 결론 내렸다. "1914년 3월에 디젤에 관련된 보도가 없었다는 것은 루돌프 디젤을 빼돌리기 위한 첩보 공작이 있었다는 강력하고도 확실한 증거입니다."*

저자와 이야기한 익명을 요구한 몇몇 전직 영국 정보요원들도 이 기만작전에서 디젤의 도주 경로는 스코틀랜드 북단의 스캐퍼플로에 이르렀을 것이라는 만의 분석에 동의했다. 여기에서 그는 군함을 타고 대서양을 건넜을 것이다. 캐나다에서 처칠을 위한 작업이 끝나자 해군성은 아마도 제국의 더 먼 변방으로 그를 이주시켰을 것이다. 정보자산 대부분은 당시 증인 이주지로 여겨진 오스트레일리아로 갔다.

작전 관련 파일에 관해 만은 이렇게 말한다. "디젤 작전은 오늘까지도 영국과 독일 사이에 골치 아픈 문제를 일으킬 수 있을 정도로 중요합니다. 저는 해군정보부에는 관련 문서가 전혀 없을 것으로 확신합니다. 이것은 비공식 비밀작전이었으니까요."

디젤 실종 몇 주 동안 영국 언론은 그가 캐나다에 다시 나타났다는 이야기를 완전히 지워 버릴 정도로 복종적이었다. 그리고 전쟁이 일어났다.

———

디젤이 캐나다에 살고 있다는 이상한 보도가 나고 4개월 뒤, 지옥문이 열렸다. 세계는 사상 최악의 재난에 빠질 것이다. 역사상 가장 크고 기술적으로 진보한 이 전쟁에서 32개국이 선전포고를 했다. 그 뒤로

---

* 　　1914년 3월까지 루돌프와 마르타 디젤 부부가 5개월간 활발하게 편지를 주고받았다는 상세 내용을 담은 기사를 실은 영어 신문은 단 1종이다. 이 기사를 실은 런던과 맨체스터에서 출간되는 소규모 신문인 〈데일리 시티즌Daily Citizen〉은 살아남지 못하고 1915년 6월에 폐간했다. 전시에 D-통지를 무시하는 것은 사업에 좋지 않은 영향을 주었던 것으로 보인다.

4년 3개월간 계속된 유혈 사태에서 군인과 민간인 4,300만 명이 목숨을 잃었다.

1시간이 평시의 1주일처럼 미친 듯한 속도로 전개되는 전시 상황에서 엄청나게 쏟아지는 전쟁 상황 보도는 디젤 실종 사건 미스터리를 신문 지면에서 몰아냈다. 그러나 혼란스러운 전시 보도 사이로 디젤기관 개발과 연관된 이상한 활동의 흔적이 나타난다.

그리고 여기서 이 이상한 활동은 해군을 위한 영국 정보기관의 비밀 작전과 연관되어 있었다. 활동이 일어난 곳은 캐나다였다. 처칠은 캐나다에서 잠수함 전력의 격차를 줄이기 위해 노력하고 있었다.

1915년 8월 15일 - 워싱턴 D.C.
[디젤 실종 287일째]

〈워싱턴 포스트〉는 다음 제목의 기사를 실었다. "잠수함 15척이 바다를 건너다 - 미국에서 제작된 부품으로 캐나다에서 조립된 이 잠수함들은 이제 영국 함대 소속이다."

찰스 M. 슈워브가 이끄는 베들레헴강철Bethlehem Steel Corporation은 미국에서 제작된 잠수함 부품을 1915년 1월 1일에 캐나다 몬트리올의 비밀 장소로 수송했다. 이곳에서 비밀리에 처칠과 피셔의 지휘를 받으며 일하던 일단의 외국인 기술자들이 부품을 인수해 잠수함 건조 작업에 들어갔다.

이 신문 기사는 베들레헴강철은 조립되지 않은 부품만 인도했기 때문에 영국 해군을 돕는 미국 회사의 역할은 "중립을 침해하지 않는다"

라는 점을 분명히 밝혔다. 미국 중립법에 따르면 미국 회사는 원자재를 공급할 수는 있지만 완제품 무기나 전쟁자산을 교전국에 공급할 수 없었다. 기술 작업과 조립은 캐나다 영토에서 이루어졌다.

캐나다에 있던 수수께끼의 기술자들은 5월까지 첫 잠수함 5척을 기적적으로 조립하고 나머지 인도분의 작업에 매진했다. 8월이 되자 〈워싱턴 포스트〉는 "이 잠수함 15척은 자력으로 대서양을 횡단했으며 현재 북해와 다르다넬스에서 임무를 수행하고 있다."라고 보도했다. 신문은 잠수함의 동력원이 디젤기관이라고 확인했다.

미국에서의 원자재 획득은 슈워브, 처칠과 피셔의 큰 결단뿐 아니라 중립법 우회를 위한 미 국무부 차원의 도움이 필요했던 외교적 사업이었다. 더 주목할 만한 사업은 몬트리올에서 비밀리에 수행된 잠수함 건조 작업이었다. 전쟁이 끝나고 오랜 시간이 지나 당시 문서를 통해 실제 벌어진 일의 전모가 약간 밝혀졌다.

영국의 제1차 세계대전 관련 문서에는 이야기의 일부만 실렸다. 1915년 1월 1일, 해군성에서 온 무장병력을 동반한 일단의 기술자들이 캐나다 비커스 조선소를 차지하고 현장에서 진행되던 모든 조업을 중단시켰다. 조선소의 일반 직원들은 무장병력 호위하에 밖으로 나가고 이들을 대체할 기술진이 새 프로젝트에 착수했다. 이 프로젝트는 비밀이었다. 해군성은 조선소 부지를 둘러싼 높은 담장을 설치하고 주변에 군병력을 배치한 다음 작업자들에게 신분증을 발급하고 정문 경비를 크게 강화했다.

캐나다 정부조차 도대체 무슨 일이 벌어지고 있는지 알 도리가 없었다. 디젤 잠수함 프로젝트는 영국 정보부를 유명하게 만든 종류의 첩보 공작이었다. 종전 직후, 자기 영토에서 처칠이 비밀 프로젝트를 벌인 것을 발견한 캐나다 정부와 조선소 현지 인원들은 비밀리에 우회적으로 수행된 이 프로젝트가 캐나다의 주권을 무시한 전형적인 제국주의적 처사라고 여겼으나 영국 해군성에 항의할 힘이 없었다.

영국의 신형 디젤 잠수함에 관한 소식은 전쟁의 안개를 뚫고 왔다. 아직 중립국이었던 미국이 참전할 가능성은 국내외적으로 뜨거운 이슈였다. 따라서 비밀리에 제작된 잠수함에 관한 이야기에서 가장 중요한 부분은 중립법과 부품이 미국에서 생산되었다는 것이었다. 루돌프 디젤은 전혀 언급되지 않는다. 캐나다 비커스 조선소에서 진행하던 작업과 조선소 접수 불과 몇 달 전에 보도된 디젤의 캐나다 거주를 연관 지은 언론은 없었다.

처칠과 피셔가 개인적으로 조직한 이 고도의 비밀작전은 큰 성공을 거뒀다. 이 비밀작전의 첫 잠수함 5척은 전례 없는 4개월이라는 짧은 시간에 완공되었고 이는 피셔가 정한 야심 찬 스케줄보다 4개월이나 빨랐다. 전후에 영국 해군 잠수함 지휘관들은 캐나다제 잠수함들이 "영국 해군 잠수함대에서는 가장 성공적임이 입증되었고 가장 인기 있었다."라고 증언했다. 전쟁이 끝나고 몇 해가 지난 뒤 캐나다제 잠수함에 들어간 기술 작업의 품질과 속도를 독립적으로 연구한 기술자들은 "이 잠수함의 건조는 뛰어난 산업적 업적이었으며 캐나다 비커스에서 작업한 인력들이 가장 큰 공을 세웠다."라는 결론을 내렸다.

그런데 누가 여기서 작업했는가? 일반적으로 영국 그리고 세부적으로 비커스는 전 세계 디젤 업계에서 가장 숙련도가 떨어지기로 악명 높았다. 이들은 "뛰어난 산업적 업적"을 이룰 정도로 잠수함을 건조한 적이 없었다. 비커스의 최근 디젤기관 개발 작업에서 의심스러운 외부 개입을 시사할 만한 무엇인가가 있었을까? 물론 있었다.

───────

제임스 맥케크니James McKechnie는 전쟁 전 비커스 영국조선소의 책임자였다. 맥케크니는 거의 평생을 현장에서 일을 배운 사람으로 15세에 학교를 떠나 설탕을 만드는 제당소에서 견습공으로 일하며 펌프 엔진과 유압장치를 다뤘다. 19세기 말에 그는 비커스가 인수한 스코틀랜드의 소규모 증기기관 제작사에 일자리를 얻었다. 맥케크니는 꾸준히 승진해 엄격하고 까다로운 감독자가 되었다.

1906년경, 영국 해군은 잠수함용 휘발유 기관과 완전히 결별하고 디젤기관에만 전념했다. 이전에 논했듯, 해군성은 비커스에만 잠수함용 디젤기관을 발주했다. 맥케크니가 기술감독으로 영입한 사람은 C. G. 로버트슨C. G. Robertson이었다. 맥케크니도, 로버트슨도 디젤기관 전문가는 아니었다.

비커스는 영국 해군 최초의 디젤 잠수함인 D급 잠수함 건조 작업을 개시했다. 1909년경, 해군성은 비커스사의 노력이 참담한 실패로 끝났다고 보았다. 비커스의 디젤사업부는 잠수함용 기관 설계에 들어가는 많고 복잡한 요구사항을 극복할 수 없었다.

그런데 1910년 초에 비커스사 디젤사업부는 도대체 무슨 방법을 썼는지, 자신들이 제안한 기관 설계에서 기술적 난관을 극적으로 돌파했다. 이전에 기관의 연료분사 시스템은 영국뿐 아니라 전체 디젤기관 제작국에서 상당한 장애물이었다. 그런데 갑자기 어디선가 나타난 기술자 집단이 문제를 해결했다. (1907~1908년에 루돌프 디젤과 M.A.N.의 동업자들이 디젤의 선구적 연료분사 시스템을 놓고 소송전을 벌였다는 것을 기억하라.) 그런데 이 업적을 세운 공로자, 혹은 없을지도 모르는 공로자가 과연 누구였는지가 가장 큰 수수께끼다.

영국 특허번호 24154, 26227, 29579는 모두 디젤기관 연료분사와 연관된 특허다. 그리고 모두 1911년에서 14년 사이에 교부되었다. 이 시기는 디젤이 찰스 파슨스와 조르주 카렐과 함께 영국에서 더 많은 시간을 보내며 디젤기관의 이점, "특히 영국에 대한 이점"을 주제로 연설하던 시기와 일치한다.

연료분사 시스템에 독창적으로 돌파구를 연 사람들은 비커스사 디젤사업부의 창의적 기술자 집단의 구성원들로 이들은 당시 관행대로 최고책임자 제임스 맥케크니를 발명자로 한 특허를 출원했다는 것이 공인된 이야기다. 그런데 맥케크니는 디젤 전문가가 전혀 아니었다.

맥케크니 특허의 진짜 주인이 누구인지도 수수께끼인데 1925년에 비커스사 수석 디젤기관 설계자인 윌리엄 래비지William Rabbidge가 낸 기술문서에 따르면 이 사안은 정말 기괴한 수준까지 도달한다. 여기서 언급된 것은 바로 작동자가 다기통 기관을 동시에 제어할 수 있게 한 커먼레일 시스템common rail system의 선구자가 된 특허인데 이는 아마도 제1차 세계대전 이전에 영국에 출원된 가장 혁명적인 특허였을 것이다. 커먼레일은 지금은 세계 표준이지만 비커스사 기술자들의 시도는 너무나 대담하고 선구적이어서 거의 80년이 지나서야 전 세계 디젤기관 생산자들이 이해하고 완전히 수용하게 된다.

래비지는 이 커먼레일 시스템 발명자로 누구를 지목했을까? 그의

1925년 문서를 보면 맥케크니는 물론 아니다. 그는 이 시스템 발명자가 함선 기관실에서 일하던 재주 있는 수병이었다는 전쟁 전 영국 해군에 전해지는 전설을 전한다. 래비지는 영국 해군 함선 기관실에서 일하던 무명의 "마술사"가 발명자라는 이야기를 펼쳐 나간다. 영국 해군에서 일하던 기술자들 사이에 이 이야기는 환상적이지만 불가능하다는 것이 중론이었다. 이 특허의 진정한 주인이 누구인지는 끝내 밝혀지지 않았다. 심지어 전쟁이 오래전에 끝났고 그동안 발전한 기술 때문에 거의 관심 대상에서 벗어났는데도 특허를 낸 사람은 계속 무명으로 남았다.

그런데 비커스사는 1911년부터 1914년까지 고도로 복잡한 관련 분야 특허를 연달아 출원한다. 당시 비커스는 실제 가치 있는 디젤기관을 아직도 인도하지 못하고 있었다. 디젤 관련 특허를 냈는데도 비커스가 고성능 디젤기관 인도에 실패했다는 결과는 바로 특허가 된 아이디어를 낸 사람은 비커스 공장에서 이를 꾸준하게 실제 구현하는 기술진이 아니었다는 증거다. 그 뒤에도 관련 아이디어는 계속 꾸준히 흘러나오는데 아마 디젤 본인이 출처였을 것이다. 그러나 비커스사 현장에서는 이 특허를 구체화해 작동하는 잠수함용 디젤기관을 만들 사람이 없었다.

1913년경 비커스사가 영국 해군이 1910년, 1911년, 1912년에 발주한 디젤기관 인도에 실패하자 해군성은 공황에 빠졌다. 이 사태에 격분한 영국 해군의 로저 키스Roger Keyes 대령*은 1913년 8월 20일(디젤이 실종되기 1개월 전)에 비커스 대표이사 트레버 도슨에게 책임을 묻는 편지를 썼다.

---

* 나중에 해군 원수까지 승진해 키스 경이 되었고 잠수함 개발의 총책임을 맡는다.

귀사는 1910/1911, 1911/1912, 1912/1913년도 잠수함 발주분 인도를 여러 개월 지연했습니다. 3년 동안 인도된 잠수함은 고작 8척입니다! 해군이 이런 방식으로 귀사에 대한 무조건적 신뢰를 유지한다면 우리는 곧 완전히 독일에 뒤처진다는 것을 아셔야 합니다.

이렇게 형편없는 비커스사의 인도 기록은 고작 16개월 뒤에 캐나다에서 나타난 수수께끼의 기술자 집단이 이룬 성과에 비하면 하늘과 땅 차이이다. 국내에서 디젤기관을 제작할 수 없게 된 해군성은 디젤 잠수함 입수를 위해 가능한 모든 가능성을 타진했고 처칠 장관은 직접 이 문제를 해결하기로 했다.

———

조르주 카렐과 루돌프 디젤이 입스위치에 공동으로 설립한 영국디젤기관회사는 디젤이 사라지자 완전히 몰락하는 듯했다. 언론은 이 회사의 기이하고 혼란스러운 운명에 대해 보도했다. 디젤 실종 몇 주일 뒤에 주주총회가 열렸고 이들은 공장 건설에 진척이 없다는 이유로 회사 해산을 결의했다. 그런데 10월에 신문에 실린 사진에서 공장 건물은 멀쩡했고 조업 준비가 되어 있었다.

1915년 2월, 비커스사는 전쟁 동안 잠수함용 디젤기관을 제작하기 위해 폐업한 입스위치 공장과 여기에 속한 물품 전부를 사들였다. 디젤의 실종에 이은 영국디젤기관회사의 빠른 해산에 잊힌 이상한 사실이 한 가지 있다. 바로 런던의 기업등기소에 있던 디젤회사의 창립을 자세하게 다룬 문서들이 모두 파기되었다는 것이다. 해산 과정에서 이사회

의사록과 이사회에서 디젤의 참석과 관련된 모든 기록이 파기되었다.

　제1차 세계대전 몇 년 전에 비커스사에서 벌어진 일련의 이상한 사건들에 대한 가장 그럴듯한 설명은 1913년 말에 이 회사가 세계 최고의 디젤기관 전문가를 보유하게 되었다는 것이다. 다름 아닌 발명가 본인이다.

　디젤을 빼돌린 기만작전에서 사용된 전술은 당시 영국 정보부가 수행한 첩보작전의 전형적 특징을 보여 주는데 세계는 수십 년 뒤에도 이를 깨닫지 못하고 있었다. 영국 정보부가 놀라울 정도로 비슷한 방법을 쓴 첩보작전이 하나 더 있다. 이 유명한 사례는 줄거리도 비슷할 뿐 아니라 똑같은 영국 측 인물이 등장한다. 윈스턴 처칠이다.

　민스미트 작전Operation Mincemeat은 1943년에 영국 정보부가 가짜 문서를 휴대한 시체를 이용해 히틀러를 속이려고 짠 작전이다. 영국 정보부는 나중에 이 작전의 세부 사항을 기밀에서 해제했지만 한 고위 정치인이 프로토콜을 깨고 이 사건에 기반한 소설을 쓰지 않았더라면 아무도 이 작전에 대해 몰랐을 것이다.＊

＊　　민스미트 작전 이야기는 기밀문서에서 예정보다 일찍 누출되었다. 전 내각 구성원으로 이 작전의 보고를 받은 더프 쿠퍼Duff Cooper는 정보국의 승인을 받지 않고 1950년에《작전명 하트브레이크Opration Heartbreak》를 출간했다. 줄거리는 영국 요원들이 문서를 휴대한 시체를 스페인 해안으로 띄워 보내 독일을 속인다는 것이었다. 영국 정보부는 허가받지 않고 출간된 더프의 책에 대한 최상의 대응은 실제 이야기를 공개하는 것이라고 결정했다. 1953년, 이 작전을 실제 수행한 요원인 이완 몬터규Ewen Montague는《그곳에 있지 않았던 남자The Man Who Wasn't There》를 출간했다. 이 책은 200만 부가 팔렸고 1956년 영화 〈절대 없었던 남자The Man Who Never Was〉의 원작이 되었다. 2010년에 언론인 벤 매킨타이어Ben Mcintyre가 이 사건을 다룬 결정판적 이야기인《민스미트 작전Operation Mincemeat》을 냈다.

영국 정보부는 민스미트 작전을 1939년에 존 고드프리_{John Godfrey} 해군소장과 이언 플레밍_{Ian Fleming} 중령(나중에 '007 제임스 본드' 시리즈 소설을 쓴 작가)이 작성한 트라우트 메모_{Traut Memo}에 기반했다. 이 메모에는 장래 수행 가능한 다수의 첩보작전 계획이 수록되었는데 민스미트는 28번으로 등장한다. 그런데 여기에는 "제안(아주 좋지는 않음)"이라는 제목이 달렸다.

플레밍은 "낙하산 전개 실패로 사망한 것으로 가장된, 주머니에 문서가 든 비행사 복장을 한 시신을 해안에서 투하할 수 있다. 해군병원에서 이런 시신 입수가 곤란하다는 것을 알지만 작전에 사용될 시신은 당연히 신선해야 한다."

비밀작전 애호가 처칠은 1943년에 히틀러를 속여야 할 절박한 필요가 있었다. 연합군은 대반격을 계획하고 있었고 두 장소 중 어느 곳에 상륙해야 할지를 선택해야 했다. 처칠은 시칠리아와 이탈리아를 공격할 수도, 그리스에 상륙해 발칸반도를 침공할 수도 있었다.

1943년 1월의 카사블랑카 회담에서 연합군 계획입안자들은 시칠리아를 선택했다. 그러나 처칠은 시칠리아가 너무 뻔한 선택이라 독일군이 충분히 방어 태세를 갖출 것이라고 우려했다. 그는 "바보 천치가 아니고서야 시칠리아라는 것은 다 안다."라고까지 말했다고 한다.

그런데 연합군은 히틀러가 발칸반도 방어도 우려하고 있다는 것을 알았다. 이 지역은 독일 전시 산업계가 쓸 석유, 구리 보크사이트와 크롬의 주산지였고 히틀러는 꼭 발칸반도를 지킬 생각이었다. 이 방향으로 공격하는 척하면 속을지도 몰랐다.

연합군은 바클리 작전_{Operation Barkley}을 개시했다. 이 작전은 그리스와 발칸반도가 목표라고 독일군을 속이는 광범위한 기만작전이었다. 카이로에는 가짜 사령부가 설치되었고 이 사령부는 일부를 독일군이 방수할 것임을 알고 이 지역에 병력이 이동할 것임을 암시하는 가상의 통신을 발신했다. 심지어 부풀린 풍선에 불과했으나 멀리서 보면 그럴듯한 가짜 전차도 생산되었다. 그리고 트라우트 메모의 28번, 민스미트 작전에 파란불이 들어왔다.

민스미트 작전이라는 터무니없는 작전계획을 입안한 것은 영국 정보부가 제1차 세계대전기에 디젤이 실종되었다고 전 세계를 속인 작전을 발판으로 개념을 키워 왔음을 보이는 증거다. 민스미트 작전의 입안자들은 가상의 루돌프 디젤 작전 입안자들이 맞닥뜨렸을 두 가지 난제에 직면했을 것이다. 첫째, 시체가 최근 해군병원에서 확보된 것이 아닌 바다에서 사고로 죽은 사람이라고 믿도록 검시관을 어떻게 속일 수 있을까? 둘째, 발견자들이 확보한 정보가 함정이 아닌 진짜 정보라고 믿게 하려면 시체와 가짜 문서들을 어떤 방법으로 제시해야 할까?

민스미트 작전을 개발한 핵심 요원인 이완 몬터규는 윌리엄 마틴Wil-liam Martin이라는 가상의 영국 해병대 대위를 만들어 냈다. 대위는 민감한 군사 문서를 가지고 비행하던 중 독일 요원들이 활동하는 것으로 알려진 스페인 해안에 추락했다. 영국 정보부는 쥐약으로 죽은 부랑자의 시신을 입수했다. 몬터규는 병리학자 버너드 스필스베리 경Sir Bernard Spilsbury과 상의해 발견된 시신을 부검할 스페인 병리학자들을 속일 몇 가지 요소를 배웠다.

두 번째 난제인 시신과 문서를 그럴듯하게 제시하는 방법에 관해 몬터규는 이 가상 인물의 개발 과정을 길게 설명한다. 그리고 그의 기법은 30년 전 처칠의 해군정보부가 루돌프 디젤 작전을 어떻게 수행했을지에 대한 한 줄기 광명을 던진다. 몬터규는 그가 만든 가상의 윌리엄 마틴 대위를 위해 '전설'을 만들었다. 그는 자신의 가상 인물을 영국 해병대 대위로 만들기로 했는데 해병대원의 사망과 연관된 문의는 모두 자기가 통제할 수 있는 해군정보부를 통하기 때문이었다. 몬터규는 "마틴"이라는 성을 가진 대위가 해병대에 여러 명 있었기 때문에 이 성을 골랐다. 그리고 선택된 대위라는 계급은 민감한 문서를 휴대할 정도의 계급이기는 했으나 일반적으로 알려질 정도로 높은 계급은 아니었다.

그러나 악마는 디테일에 있었다. 몬터규는 마틴을 실존 인물처럼 만들 필요가 있었다. 그는 마틴의 사생활과 연관된 소소한 것들을 한데 모아 시신에 넣었다. 이 분야의 요원들은 이것을 "지갑" 혹은 "주머니 속의 쓰레기"라고 불렀다.

시신은 팸Pam이라는 이름의 약혼녀 사진을 가지고 다녔는데 사실은 MI5의 사무원 진 레슬리Jean Leslie의 사진이었다. 연애편지 두 통 그리고 본드가의 보석 가게에서 받은 다이아몬드 약혼반지 영수증도 있었다. 시신에는 마틴 대위의 아버지, 가족 변호사가 보낸 편지와 로이드은행이 보낸 79파운드 19실링 2페니의 미납금 독촉장도 있었다. 인쇄 문서와 관련해 MI5는 어떤 잉크가 바닷물에서 가장 오래갈지를 실험했다.

몬터규는 시신의 주머니를 담배, 우표책, 성냥, 몽당연필, 열쇠, 깁스 앤호크스*에서 받은 새 셔츠 수령증과 세인트 크리스토퍼 메달로 채웠다. 로니 리드Ronnie Reed 대위가 신분증 사진의 대역이 되었다. 그는 죽은

＊   영국 런던의 고급 양복점. - 옮긴이 주

사람과 약간 닮았지만, 시체가 발견될 즈음에는 사진과 닮았는지의 질문을 제기하기 어려울 정도로 많이 부패했을 것이다.

시신은 중요한 문서 — 연합군이 앞으로 그리스를 통해 발칸반도를 공격한다는 것을 암시하는 가짜 전투계획 — 를 넣은 공무용 서류 가방을 휴대했다. 몬터규는 시신을 건드리는 것을 꺼리는 가톨릭 신자들이 시신의 옷 안에 있는 문서를 그대로 놓아 두거나 혹은 시신이 바다에 있는 동안 문서가 주머니에서 흘러나와 시신에서 분리되지 않을까 걱정했다. 사실 후자가 더 가능성이 컸다. 그러나 서류 가방은 시신에서 분리되지 않을 것이고 분명히 조사받을 것이다.

———

1943년 4월 17일, 가짜 물품으로 주머니를 채우고 드라이아이스 용기에 봉인된 영국군 전투복 차림의 시신이 잠수함 HMS 세라프에 실렸다. 각각 1,900마력을 내는 디젤기관 2기를 동력원으로 탑재한 이 잠수함은 노먼 "빌" 쥬웰Norman "Bill" Jewell 함장이 지휘했다. 그는 승조원에게 이 용기에는 비밀 기상관측장비가 실렸으며 스페인 해안에서 전개할 예정이라고 말했다.

———

4월 30일 오전 4시 15분, 세라프함이 부상해 '마틴 대위'의 시신을 드라이아이스 용기에서 꺼내 함미에서 바다로 띄워 보냈다. 우엘바Huelva[＊] 근처의 바람은 주로 바다에서 해안으로 불었고 이 바람이 시신을 해안으로 밀어 올릴 것으로 기대되었다. 확실한 마무리를 위해 함장은 전속 전진을 명령해 스크루에서 나온 물결이 시신을 바다로 밀어 보내도록 했다. 쥬웰은 해군성에 "민스미트 완료"라는 메시지를 보냈다.

우엘바에서 온 어부가 그날 아침 9시 30분에 시신을 발견해 스페인군에 인도했다. 이들은 영국 해병대 군복을 입은 시신을 해군 법무관에게 인계했고 그는 결국 영국 부영사 프랜시스 해슬던_{Francis Haselden}에게 통지했다. 낚싯대가 내려졌다.

5월 14일, 연합군은 연합군의 목표는 발칸이라고 경고하는 독일군 통신문을 해독했다. 레슬리 홀리스_{Leslie Hollis} 준장은 처칠에게 다음 내용의 메시지를 보냈다. "민스미트가 낚싯대, 낚싯줄, 그리고 낚추까지 삼킴."

루돌프 디젤 작전도 주머니에 가짜 이야기를 믿도록 설계된 물품을 담은 시신이 사용되었다는 점에서 근본적으로는 민스미트 작전과 같았다. 1913년에 수행된 디젤 작전의 일부 측면은 해내기 쉬웠고 다른 측면은 어려웠다.

디젤 실종을 둘러싼 기만작전에는 가상 인물을 만들어 내는 수고가 필요 없었다. 시신은 누구라도 알아볼 수 있는 유명인 루돌프 디젤이어야 했으나 꼼꼼한 조사는 필요 없었다. 1943년의 처칠은 마틴의 시신과 그가 가지고 있던 문서가 진짜라고 히틀러를 믿게 만들어 유럽에 있는 그의 군대를 재편하는 놀랄 만한 조치까지 하게 해야 했다.

＊　　　스페인 남부 도시. - 옮긴이 주

1913년의 처칠은 신문 기사 제목이 여론을 약간 변하게 만드는 것으로 충분했다. 이 목적을 달성하기 위해서는 검시관의 검사를 통과할 만한 시체는 필요 없었다. 그는 시체의 옷에서 발견되었다는, 알아볼 수 있는 독특한 개인 소지품의 지지를 받는 시신이 존재했다는 증언만 필요했다. 언론과 독일 정부가 이 이야기를 완전히 믿지 않았어도 정부 방침에 순종적인 영국 언론을 고려하면 그것만으로 충분했다.

처칠은 조사 중단 외에 독일로부터 다른 행동을 유발할 필요가 없었다. 그리고 곧 두 나라는 서로 선전포고 했고 전쟁은 독일 정부가 디젤을 되찾기 위해 동원할 법적, 외교적 수단을 삼켜 버렸다.

───────

여기서 1913년뿐 아니라 1943년에도 윈스턴 처칠이 해군정보부를 이끌었다는 사실을 반복해 언급할 필요가 있다. 그리고 시신을 띄워 보낸다는 기만작전의 유래를 고려해 보면 제2차 세계대전 시기 영국 정보부 고위인사 중 상당수는 두 작전에 모두 관여했을 것이다. 트라우트 메모의 작성자인 존 고드프리 제독이 바로 그런 사람이었다. 고드프리는 플레밍 소설에 나오는 제임스 본드의 상관 'M'의 바탕이 된 인물이다.

모든 정보를 고려하면 이상한 사실을 설명하는 유일한 이론은 단 하나다. 영국 정보부는 루돌프 디젤의 망명을 감추기 위한 작전을 지휘했고 이 작전은 민스미트 작전의 선배였다. 두 작전 사이에는 30년의 세

월이 흘렀다.＊

1918년 11번째 달, 11번째 날 11번째 시간, 4년 이상의 유혈극 끝에 제1차 세계대전이 막을 내렸다. 바다에서 잠수함들은 사상 최대의 인명과 화물 손실을 입혔다. 연합군은 더 규모가 큰 함대를 이용해 독일 해안을 봉쇄했다. 독일은 수상함대를 대부분 항구에 보존하면서 잠수함으로 대응 전략을 시도했다.

1916년 봄에 벌어진 유틀란트 해전은 제1차 세계대전의 유일한 대규모 해전이었다. 이 해전에서 그렇게 많은 국가적 부를 들여 만든 영국과 독일의 자랑인 함대가 서로 마주쳤다. 북해의 덴마크 해안 근처에서 젤리코의 영국 해군 총함대는 라인하르트 셰어Rheinhard Sheer 제독이 지휘하는 독일 원양함대와 하루 밤낮을 싸웠다. 젤리코는 전함 28척, 순양전함 9척을 포함해 함선 151척을 지휘했고 화력에서 뒤지는 독일 함대는 전함 16척과 순양전함 5척을 비롯한 함선 99척을 보유했다. 영국은 더 많은 함선과 장병을 잃었지만, 독일 함대를 다시 항구로 쫓아

＊　　　영국 정보부는 출간된 민스미트 작전에 관한 이야기에 '이스터 에그'를 남겼는지도 모른다. 몬터규는 이 작전을 총괄하고 거의 사실에 가까운 소설과 이 소설을 기반으로 한 영화 대본을 썼다. 이완 몬터규는 1956년 영화《절대 존재하지 않았던 사나이》에 실명으로 등장한다. 초기 장면에서 그는 민스미트 작전의 개요를 상관인 크로스 제독에게 설명한다. 제독은 몬터규가 쓴 다음 대사로 답한다. "정보 업무를 한 지도 **30년**이지만 이런 작전은 들어보지 못했군.(강조는 저자 추가)" 아마도 이것은 몬터규의 비밀신호일 것이다. 제독이 언급한 1943년은 디젤이 사라지고 신문이 바다에 떠다니는 그의 시신을 보도한 지 정확히 30년 뒤다.

냈다. 양측 모두 승리했다고 주장했다.

독일은 전쟁 동안 유보트 344척을 진수해 약 5,000척의 선박을 격침했다. (1,300만 영톤) 유보트가 몰고 온 공포와 참극으로 인해 영국 해군은 함선 배치 전략을 바꿨을 뿐 아니라 연합군 측 해운이 혼란에 빠지는 바람에 영국은 1917년 미국이 참전하기 몇 달 전에 굶주림으로 굴복할 뻔했다.

전쟁 동안 영국은 자체적으로 잠수함 137척을 진수했고 미국이 72척을 진수했다. 독일은 유보트의 절반을 잃었는데 대부분 연합군 구축함과 잠수함이 격침했다. (한 가지 예를 들자면 캐나다에서 건조한 잠수함 H-4는 독일군 잠수함 UB-52를 1918년 5월에 달마티아 해안에서 격침했다.) 결국 유보트의 위협에 대한 연합군의 대응 수단(연합군 상선의 빠른 건조와 대체를 포함)이 전쟁의 조류를 바꾸기 시작했다.

1918년 말, 독일제국 해군Kaiserliche Marine은 빌헬름 2세에 대해 반란을 일으켰다. 점점 커지는 정치적 불안 때문에 빌헬름 2세는 1918년 11월 9일에 퇴위했다. 그리고 이틀 뒤에 전투를 끝낸 휴전조약이 서명되었다.

연합군은 빌헬름을 전쟁범죄로 기소하지 않기로 했다. 윌슨 대통령은 빌헬름을 기소하면 "국제질서가 불안해질 것이며 평화를 잃을 것"이라고 주장했다. 빌헬름은 여생을 네덜란드에서 망명객으로 보냈다. 그는 귀중한 예술품, 보석, 가구와 다른 보물들을 실어 오기 위해 화차 60량을 요구했다고 한다.

1930년대 들어 빌헬름은 세력이 커지던 나치당이 왕정을 복고할 것으로 희망했다. 그러나 세계대전 동안 빌헬름의 육군에서 싸웠던 히틀러는 폐위된 황제에게 경멸감만 가졌다. 시간이 지나 1938년에 빌헬름은 나치의 유대인 박해를 비난했다. 그는 82세의 나이로 1941년 6월 4일에 타계했다.

————

루돌프 디젤에 대한 수수께끼 같은 이야기가 공공 기록에 한 번 더 등장한다. 1936년 12월 7일, 레뮤얼 F. 파튼Lemuel F. Parton이라는 공학교육을 받은 기자가 워싱턴 D.C.에서 발간되는 신문 〈이브닝 스타Evening Star〉에 다음 제목의 기사를 실었다. "디젤기관 발명자 루돌프 디젤은 지금도 살아 있을지 모른다."

이 기사에서 파튼은 1914년에 샌프란시스코에서 다음 해에 열릴 예정인 파나마-태평양 국제박람회와 관련해 일했던 것을 회고한다. 1913년 6월에 아우크스부르크를 방문했던 미국 기술자들이 디젤을 초청했던 바로 그 행사였다. 파튼은 행사에 등장할 거대한 전시용 디젤기관을 제작하고 있었다.

파튼은 이렇게 썼다. "어느 늦은 밤에 키가 크고 엄격해 보이는 독일인이 내 집으로 찾아왔다." 이 이상한 손님은 자기는 디젤기관 개발에서 고문 역할을 한 과학자라고 주장했다. 외국어 억양이 강한 영어를 쓰던 이 손님은 디젤의 생애를 사소한 부분까지 들어가며 말한 다음, 디젤은 1913년에 사라지지 않았다고 말했다. 그는 언론인인 파튼이 유럽에서 이 이야기를 추적해야 한다고 제안했다. 다음 날 파튼은 박람회 업무로 같이 일하던 동료들에게 밤에 찾아온 이 이상한 독일인에 대해 말했지만 "그 누구도 이 손님이 누구였는지 이야기하지 않았다."

파튼은 유럽으로 건너가 "루돌프 디젤이 아직 살아 있다고 믿는, 정보가 있는 다수의 유럽인"을 인터뷰했다. 그러나 기록에 근거해 이야기하는 사람은 없었고 파튼은 그런 주장을 증명할 수 없었다. 그는 이야기를 더 깊이 탐구해 보는 것을 포기했다.

———

존 D. 록펠러는 98세 생일 얼마 전까지 살았다. 그는 1937년 5월 23일에 플로리다의 겨울 저택인 케이스먼트라는 이름이 붙은 오마하해변의 맨션에서 사망했다. (이 저택은 록펠러가 화려한 크리스마스 파티를 열었던 곳이고 지금은 문화센터와 공원으로 사용된다.) 20세기 초에 록펠러는 자신이 세운 제국의 고삐를 아들 존 록펠러 2세와 동료 존 더스틴 아치볼드John Dustin Archbold에게 넘기고 자신은 더 많은 시간과 자원을 자선사업에 바쳤다. 1913년에 그는 록펠러 재단을 세우고 남은 생애 동안 총 2억 5,000만 달러를 기부했다. (총액을 그가 죽은 1937년 기준으로 해도 이것은 2022년의 50억 달러 이상에 해당한다.)

사망 당시 그의 재산은 약 14억 달러로 추산된다. 그때 미국의 GDP는 920억 달러였다. (록펠러의 재산은 당시 미국 GDP의 1.5퍼센트였던 반면, 제프 베이조스의 재산은 현재 미국 GDP의 0.4퍼센트다.) '베이비 스탠더드오일' 다수는 세계에서 가장 큰 매출을 올리는 회사로 성장했다.

회의론자들은 록펠러의 자선활동이 스캔들에서 거리를 두고 평판과 그의 이름이 남긴 유산을 세탁해 사회가 그의 후계자들을 받아들이게 하려는 시도였을 뿐이라고 주장한다.

석유는 20세기를 지배한 연료가 되었고 1900년 파리 박람회에서 수상한 디젤기관을 지원할 수 있는 바이오디젤 생산 인프라를 세운 나라는 없다. 하지만 식당에서 수거한 폐유로 움직이는 디젤기관을 갖춘 윌리 넬슨Willie Nelson의 관광버스가 보여 주듯, 디젤의 포부는 작은 형태로나마 존재한다. 넬슨이 2007년에 말했듯, "나는 농부들이 자신들의 연료를 가꿔 이익을 거두면, 우리는 전 세계적 에너지 전쟁을 벌일 필요 없이 이익을 볼 수 있다고 생각합니다."

디젤 가족에게는 무슨 일이 일어났을까? 부모는 그보다 먼저 세상을 떠났다. 엘리제 디젤은 1897년에, 테오도르 디젤은 1901년에 죽었다. 두 사람은 아들의 디젤기관이 혜성처럼 떠오르는 것을 보지 못했다. 루돌프 2세는 1911년에 결혼해 아들 하나를 두고 1944년에 60세의 나이로 타계했다. 헤디와 아르놀트 폰 슈미트는 자녀 4명을 두고 아르놀트가 1947년에 바이에른 바로 동쪽에 있는 독일 도시인 우어바흐에서 죽을 때까지 결혼생활을 유지했다. 헤디는 1968년에 뮌헨에서 죽었다. 막내 오이겐은 작가로 전업해 기술진보가 사회와 정치에 끼치는 영향을 다룬 책 여러 권을 저술해 높은 평가를 받았다. 그는 1925년에 아나 루이제 폰 발더제Anna Louise von Waldersee와 결혼해 세 자녀를 두었다. 오이겐은 바이에른의 로젠하임(남동부 독일)에서 1970년에 사망했다.

1913년 뒤의 마르타에 대해 알려진 것은 거의 없다. 그런데 몇몇 신문(캐나다, 스페인, 미국)에서는 그녀가 1944년 4월 16일에 오스트리아에서 사망했다는 한 줄짜리 부고 기사가 실렸다. 마르타가 남편을 다시 만났는지는 지금도 수수께끼다.

에필로그

마침내

윈스턴 처칠은 "전시에 진실은 너무나 귀중해서 거짓말이라는 경호원을 두어야 한다."라는 말을 남겼다. 1세기도 더 지나 이 경호원들이 사라지자 진실이 드러났다. 루돌프 디젤은 마땅히 받아야 할 것을 받을 자격이 있다. 그런데 이렇게 세계적으로 유명한 사람이 어떻게 세계인의 인식에서 완전히 사라져 버릴 수 있었을까?

먼저 일반인이 보기에 세기가 바뀌며 기관 기술은 빠르게 변하고 있었다. 되돌아보면 발전했음이 분명하지만, 실제 이런 발전을 실시간으로 접하는 당시 대중에게 변화는 미묘하면서도 복잡했다. 디젤이 사라진 지 몇 년이 지났어도 처칠을 비롯한 다른 지도자조차 디젤 기술의 가치를 명확히 파악하기가 어려웠다.

둘째, 연합군이 승리했고 역사는 주로 연합군 측이 썼다. 연합군이 성공적으로 사용한 기관의 발명자였으나 독일 국적자에게 영예를 안길 유인은 적었다. 특히 이 사람이 수십 년간 막대한 전쟁배상금을 갚게 될 국가에서 평시에 훔쳐 온 자산(빌헬름의 관점에서)이라면 더욱 그랬다.

셋째, 자살했다는 생각이 널리 수용되었다는 것은 디젤이 당연히 받아야 하는 사후의 명예와 존경에 장애가 되었다. 대다수는 쓰러진 천재와 그가 정신병이 있었다는 주장에서 빨리 다른 곳으로 관심을 돌리는 편을 선호했다. 여기에 더해 당시 동시대 과학자 몇몇은 디젤 사후 그를 중상하고 기록을 조작해 디젤기관의 성공을 그로부터 빼앗으려 했다. 디젤은 자기를 지킬 수 없었다.

디젤이 가고 그의 명성은 빛이 바랬다가 사라졌지만, 디젤기관은 발전을 거듭해 항공, 해양, 육상을 망라한 전 산업 분야를 지배하게 되었다. 20세기가 지나가며 디젤기관은 자유시장과 경제발전의 법칙에 따라 거의 모든 곳에서 사용하게 되었다. 루돌프 디젤의 예언대로 트럭과 자동차용 디젤기관이 등장했다. 1923년, 벤츠와 M.A.N.은 대형트럭용 디젤기관 시험에 성공했다. 1927년에 미국에서는 맥 트럭Mack Trucks이 디젤기관 시험을 시작했고 1935년경에 자체적으로 디젤 트럭군을 제작해 판매하기 시작했다. 1930년대 이후 전 세계 어디서나 새로 제작되는 트럭은 디젤 트럭이 되었다.

미국에서는 디젤기관 선구자인 클레시 커민스Clessie Cummins가 1919년에 커민스기관회사Cummins Engine Company를 설립하고 개발에 박차를 가했지만, 승용차용 경량 디젤기관은 실용화에 조금 더 시간이 걸렸다. 처음에 커민스는 대형 농업 장비와 선박용 디젤기관을 제작했다.

그는 1929년에 선박용 디젤기관을 개조해 패커드Packard 리무진(엔진룸이 넓었다)에 장착했다. 커민스는 큰 팡파르를 뒤로하고 인디애나주 콜럼버스의 본사에서 출발해 뉴욕 모터쇼까지 이 차를 몰고 갔다. 주행거리는 1,200킬로미터였고 소비한 디젤유는 1.38달러(지금의 20달러)어치였다.

1931년 눈에 보이지 않는 실랑이 끝에 커민스는 '인디애나폴리스 500' 자동차 경주에 참여했다. 대회 관계자들은 노골적으로 비웃으며 자가 제작 85마력 디젤기관을 장착한 듀젠버그Dusenberg 모델 A의 대회 참가를 승인했다. 커민스의 디젤차는 자격 기준 속도인 155킬로미터를 만족했고 특별 예외 규정에 따라 40대가 경쟁하는 경주에 참여할 수 있게 되었다. 물론 휘발유 자동차들의 기준 속도는 187킬로미터에 달했다. 무거운 디젤기관은 견인에 유리한 토크는 좋았어도 고속 성능을 발휘하지는 못했으며 커민스 디젤 자동차의 참가는 경주 홍보용 스턴트 행사에 불과해 보였다.

그런데 데일 에번스Dale Evans가 운전하는 커민스 디젤차는 13위를 차지해 모두를 충격에 빠뜨렸다. 어떻게 에번스는 자기 차보다 더 빠른 대회 참가 차 절반 이상을 따돌릴 수 있었을까? 전례 없는 성능을 맘껏 발휘하며 커민스 디젤차는 **단 한 번도 재급유를 위해 멈추지 않았다.**

5년 뒤, 메르세데스-벤츠가 메르세데스 260D 모델로 진정한 첫 디젤 자동차를 달성했다. 45마력 디젤기관을 장착한 이 6인승 승용차는 1936년 베를린 자동차 전시회에 전시되었다.

1928년에 캐터필러트랙터회사가 아틀라스 임페리얼 디젤기관Atlas Imperial Diesel Engine을 트랙터에 장착해 성공적으로 시험했다. 1931년부터 32년까지 캐터필러사는 농장 작업과 토공 작업을 위해 디젤동력 트랙터 157대를 만들었다. 1932년에 캐터필러는 오리건주의 한 농장에서 보인 시연 작업으로 한바탕 파란을 일으켰다. 회사는 날 12개가 달린 쟁기(즉 밭고랑 12개를 팔 수 있다는 뜻)를 신제품 디젤 트랙터에 장착했다. 46일간의 연속 작업 끝에 이 트랙터는 5,633킬로미터를 운행하고 6,880에이커(27.8제곱킬로미터)를 쟁기질했다. 1에이커당 들어간 연료비는 평균 6센트였다. 휘발유 동력 트랙터보다 몇 배 뛰어난 성능이었다.

2022년 기준 커민스, 캐터필러와 M.A.N.은 세계 최고의 디젤기관 제작사다. 전 세계적 디젤기관 시장의 가치는 2022년에 3조 달러 이상이며 2023년부터 2028년까지 5.65퍼센트라는 견실한 성장세를 유지할 것으로 전망된다.

———

디젤기관의 군사적 응용 역시 20세기 내내 성장했다. 연합군은 제1차 세계대전이 끝나고 베르사유 조약 조건으로 독일의 특정 분야 디젤 기술 응용을 제한하는 데 실패했다. 조약의 군사, 해양, 항공 관련 조항이 있는 제5부에서 승리한 연합군은 미래 독일 해군 구성의 한계를 정했다. 제181조는 잠수함을 금지했다. 제188조는 전쟁이 끝나고 남은 독일 잠수함 전체를 연합군이나 그 주요 동맹국에 넘기라고 정했다. 제191조는 한 걸음 더 나아가 "잠수함의 건조 및 획득은 상업적 목적이라도 독일에서는 금지된다."라고 선언했다.

1919년에 합의한 조건에도 불구하고 디젤기관은 제1차 세계대전보다 제2차 세계대전에서 더 큰 역할을 했다. 그리고 디젤기관을 장착한 독일군 유보트가 다시 바다에서 재앙과도 같은 손실을 끼쳤다. 디젤기관은 독일군과 소련군 장거리 폭격기의 동력원이 되었다. 독일군 일선 부대 장성들의 묘사에 따르면 지상에서는 "세계 최고의 전차"인 소련군 T-34 전차가 디젤기관으로 움직였는데 러시아 노벨사가 남긴 뛰어난 디젤 기술력을 떠올리게 만든다. 자신이 이끌던 붉은 군대로 에마누엘 노벨을 1918년에 러시아에서 추방한 스탈린은 1940년에 T-34의 대량생산을 시작했다. 더 빠르고 더 강력한 T-34는 독일군 전차를 압도했다. (아이러니하게도 독일군 전차는 마이바흐 휘발유 기관으로 움직였다.)

1947년에 E. L. 코크레인E. L. Cochrane 해군 중장은 이렇게 주장했다.

> 지난 전쟁에서 미합중국은 수천 척의 배를 건조했는데 그 90퍼센트는 디젤동력으로 움직였으며 어떤 식으로든 디젤기관이 장착되지 않은 배는 없었다. (…) 상륙정 프로그램은 모두 디젤기관을 사용했고 이 배들은 가장 가혹한 환경에서 사용되었다. (…) 디젤기관은 승리의 원동력이다. 중요한 작전에서 우리를 실망하게 한 디젤기관은 단 1대도 없었다.

1913년에 디젤이 사라진 지 며칠 뒤, 아돌푸스 부시는 독일에서 사망했다. 그러나 부시-술처는 영업을 계속했고 미 해군이 제2차 세계대전에서 사용한 많은 디젤기관을 제작했다.

디젤기관은 전후 시대 세계 교역의 원동력이 되었다. 1960년경, 거의 모든 상선은 디젤기관을 갖췄다. 오늘날 바다로 운송되는 상품의 거의 100퍼센트 — 2021년 기준 연간 11억 톤 — 가 디젤기관으로 수송된다. 그리고 항구에 도착한 화물은 트럭에 옮겨 싣는데 이 트럭 대부분도 디젤 트럭이다. 트럭은 화물을 철도야적장으로 운반한다. 여기 있는 기관차는 1960년대부터 거의 전적으로 디젤동력으로 움직인다. 루돌프 디젤의 마법 같은 기술의 도움 없이는 오늘날 아무것도 움직이지 않는다.*

디젤기관은 당연히 받아야 하는 대우를 받았고 나는 그 발명자도 그런 대우를 받기 바란다.

루돌프는 세계를 지배하는 동력원을 창조했다. 그리고 그는 이 기술이 독일 밖에서도 사용되도록 노력했지만, 여기에는 큰 희생이 따랐다. 어떻게 보면 록펠러와 카이저 빌헬름 2세가 디젤을 '죽게' 만들었다.

---

* 　오늘날 화물 대부분은 바다로 운송된다. 톤-킬로미터 단위는 운송된 상품이 이동한 무게와 거리를 동시에 재는 단위다. "2015년 현재 운송된 108조 톤-킬로미터(의 상품) 가운데 70퍼센트는 바다로, 18퍼센트는 육지로, 9퍼센트는 철도로 그리고 2퍼센트는 내륙수로로 운반된다." 여기에 사용되는 수단은 주로 디젤동력으로 작동한다. 항공으로 운반되는 상품은 0.25퍼센트에 불과하다. (〈2050년경 세계 화물 수요는 3배로 증가할 것으로 예상〉, Marine Executive, 2019. 5. 27.)

본인이 이 두 사람에게 위협이 되었기 때문에 그는 독일을 떠나 캐나다에서 자기 일을 마무리할 수밖에 없었다. 디젤은 가정, 가족, 신분과 유산까지 포기해야 했다. 1913년에 그가 윈스턴 처칠의 자산이 됨으로써 그의 옛 삶은 끝났다. 루돌프 디젤은 수많은 방법으로 세상을 바꿨다. 그는 과연 이 변화에 만족했을까?

디젤이 전시에 귀중한 자산이 되었다는 것은 본인의 삶에는 끔찍한 모순이다. 그는 영국 해군을 돕기는 했어도 무기를 늘리는 것은 인생의 꿈이 아니었다. 그는 단지 영국의 전쟁 도구를 두 악 가운데 차악으로 보았을 뿐이다. 그리고 독일과의 전쟁이 임박했고 피할 수 없음을 알게 된 디젤은 독일군 유보트보다 영국군 잠수함을 만들겠다는 결론을 내렸다. 이런 관점에서 보면 처칠과의 협업은 단순한 이해관계의 일치가 아니었다.

그가 희망했던 만능 디젤기관 — 농촌경제와 장인 계급을 지탱하는 — 은 결코 실현되지 않았다. 디젤 본인이 1897년에 특허 라이선스 계약에 처음으로 서명했을 때부터 디젤기관이 거둔 결과는 대기업과 군대가 빠르게 가져갔다.

지금도 그렇듯 과학 진보의 불확실한 응용은 좋든 나쁘든 디젤의 시대에도 큰 논란이었다. 강력한 신기술을 다른 사용 목적에 끌어들이려는 충동은 역사를 통틀어 계속 반복되었다. 오이겐 디젤은 1960년에 출간한 아버지에 관한 책에서 이렇게 썼다.

우리는 기계, 기술과 협상해야 한다. 그리고 우리는 이것으로 무슨 일을 할지 아직도 모른다. 우리는 이제 겨우 위험으로 가득하지만 동시에 장래성으로 가득한 새 시대에 들어섰을 뿐이다.

지상의 모든 생명체 가운데 인간만이 독특한 자질을 가졌다. 의식적으로 계속 진화하고자 하는 야망이다. 이것은 우리 내면의 좋은 점이 반영된 것일까? 이 질문은 디젤의 삶과 업적에 내재한 슬픈 모순의 배경이 된다.

역사 전체를 보면 특정한 사람들이 기술을 개발해 우리 삶에 속도와 편리함을 더했다. 우리 대부분은 진보가 원래 좋은 것이라는 가정을 받아들인다. 드물게 마주치는 교차로에서 어떤 사람들은 멈춰 서서 우리가 무엇을 위해 여기까지 왔는지를 반추한다. 우리는 진짜 더 나아졌을까?

루돌프 디젤은 바로 이것을 궁금해했다. 디젤기관이 가져다준 놀라운 진보는 인류를 더 향상시키기 위한 것인가? 아이러니하게도 디젤이 만든 기적의 기관이 가져온 거의 모든 효과는 그의 의도와 상충했다. 디젤기관은 경제 집중화를 해체하지 못하고 대기업과 경제 집중화의 도구가 되었다. 디젤기관은 윤리적 물음표가 붙은 방법으로 공격하는 끔찍한 무기를 낳았다. 그리고 디젤이 채소와 견과류 기름 같은 대체 연료를 사용할 수 있는 능력을 강조했음에도 석유 트러스트들의 술책이 결국 승리했다. 20세기 전반을 거쳐 오늘날까지 디젤기관은 주로 디젤유를 연소한다. 채소 기름이나 콜타르 정제 인프라 건설 앞에 놓인 정치적, 투자적 장애물을 극복한 나라는 아직 없어서 디젤기관은 더더욱 원유에 의지하게 되었다.

디젤에게는 뼈아픈 일이지만 이 아이러니들은 그의 사후에 현실화되지 않았고 그는 생전에 이 역설이 눈앞에 펼쳐지는 광경을 목격했다. 결국 디젤은 마지막 카드를 꺼내는 수밖에 없었다.

'독일의 기술력' 때문에 결국 전 세계는 독일에 형편없이 뒤떨어질 위험에 처했다. 디젤은 비독어권 세계를 돕기로 했다. 공적 생활에서 사라지면서 디젤은 자진해서 처칠과 연합군에게 자신의 귀중한 지식을 선물로 주었다.

하지만 그는 치열하게 노력했던 평생 동안 귓가에 맴돌며 자신을 괴롭히던 한 가지 질문에 대한 답을 고민하면서 사라졌다. 창조자라면 누구나 가졌을 질문이다. 그는 다른 사람들처럼 이 질문을 마음에 담았다. 디젤이 자기 삶을 이야기한다면 이 마지막 말을 할 자격이 있다.

예술가의 구상과 창조기법으로 설계하고 발명하는 것은 멋지다. 그러나 나는 이 모든 것에 과연 목적이 있는지, 그리고 사람들이 그 결과 행복하게 되었는지를 결정할 수 없다.

루돌프 디젤

감사의 말

이 책을 쓰는 데는 수년간 미국과 유럽 곳곳에 있는 문서보관소에서의 연구가 필요했다. 나는 여기에서 근무하는 많은 이들로부터 엄청난 도움을 받았다. 특히 내부로 들어갈 수 없었던 팬데믹 기간 동안 더욱 그랬다. 나는 특별히 M.A.N. 문서보관소의 야나 베버, 율리아 오베른되르퍼, 안겔리카 필츠, 에리히 프리들라인과 미카엘 멜처, 그리고 독일박물관의 아나 크루취, 마티아스 뢰슈너, 카트린 묀흐, 크루프 문서보관소의 슈테판 랑, 케임브리지처칠문서센터의 소피 브리지스, 제시카 콜린스, 캐서린 톰슨, 국립영국해군박물관의 앨리슨 퍼스와 존 릭비, 네덜란드 도선사협회의 얀 판 베를로, 덴마크 해양박물관의 사라 기어싱과 헨리에테 가븐홀트 야콥센, 시카고대학교 도서관의 안드레아 트위스-브룩, 위스콘신역사협회의 수전 크루거와 리 그레이디, 하버드대학교 예술과

학대학의 조앤 블룸, 국립문서보관소 세인트루이스 분관의 캐서린 테리, 그리고 영국 신문 데이터베이스를 검색하고 운영시간이 매우 제한되었을 때 큐 내부에서 작업한 하이월 매슬렌에게 감사한다.

많은 편지와 다른 문서들을 독일어에서 영어로 번역하고 디젤에 대한 즐거운 대화를 나눈 게르하르트 라이히에게 감사드린다. 애드리언 킨록은 지난번 내 책에서처럼 이번에도 DouglasBrunt.com에서 훌륭한 작업을 해 주었다. 이번에 우리는 디젤 시대의 인물들과 또다른 즐거움을 누렸다.

자신들의 추억을 우리와 공유한 장필립 디젤과 수잔네 크로프에게 감사한다. 그리고 저자를 위해 증거를 검토한 피터 로매리, 필 휴스턴, 빌 스탠튼과 마이크 스웨인에게도 감사한다. 식당 테이블에 대해 앤디와 에린 스턴에게도 감사한다.

에이전트 키스 어번, 매트 래티머와 매트 카를리니는 디젤 이야기에 관한 열정을 공유하고 이 이야기가 오늘날 가지는 중요성과 타당성을 인정했다. 이들은 책을 어떻게 만들 것인가를 반영한 제안을 만들었을 뿐 아니라 계속해서 저자의 아이디어를 듣고 피드백해 주었다.

편집자 피터 볼런드와 션 드론은 엄청난 일을 해냈다. 피터와 션은 전달하기 복잡한 구조였을 주제를 유려하게 흐르는 이야기를 담은 책으로 만드는 데 큰 공을 세웠다. 사이먼 앤 슈스터 출판사의 리비 맥과이어, 캐이티 리조, 시다 카, 데이나 존슨에게도 감사한다.

이번에도 아내 메긴은 이 책의 첫 독자이자 최고의 지원군이었다. 가끔 아내는 그 지원을 "이건 아니야."라는 말로 하기는 했지만 말이다. 메긴은 루돌프 디젤에 나만큼 열의를 보였다. 우리는 디젤 실종과 관련된 증거와 오늘날에도 오싹할 정도로 타당성을 가지는 1913년 이전에 디젤이 세운 업적을 놓고 수없이 대화했다. 우리의 대화에는 자녀 예이츠, 야들리, 새처가 자주 참가했다. 아이들도 디젤의 편지, 일기와 이론을 읽었다. 오래 책을 쓰면서 루돌프 디젤의 역사를 토론하노라니, 나중에는 그가 모습을 갖추고 우리와 함께하는 느낌이 들 정도였다. 디젤과 같이 보낸 시간이 그리울 것이다.

연표

1858년 3월 18일: 루돌프 디젤이 프랑스 파리에서 출생.

1867년 4월 1일: 파리 박람회 개막. 이 박람회에서 루돌프 디젤은 상을 받은 오토 기관을 관람한다.

1870년 1월 10일: 록펠러, 플래글러, 앤드루스가 스탠더드오일을 세우다.

1870년 9월 5일: 9월 1~2일의 스당 전투에서 프랑스군이 진격하는 프로이센군에 패하면서 디젤 가족이 파리에서 런던으로 피신하다.

1870년 11월: 루돌프 디젤이 런던의 가족을 두고 떠나 아우크스부르크의 왕립 직업학교에서 공부하기 위해 바르니켈 가족과 같이 살게 되다.

1875년 가을: 루돌프가 뮌헨공과대학교에서 공부를 시작하다.

1878년 7월 11일: 대학 강의 시간 중 루돌프 디젤이 더 효율적 기관의 가능성을 예상하며 노트 여백에 메모를 적다. 그는 나중에 이 메모를 디젤기관을 향한 여정의 시작이라고 확인한다.

1880년 1월 15일: 티푸스에서 회복한 디젤이 대학 역사상 최고 점수를 받고 대학 졸업 시험을 끝내다.

1880년 3월 20일: 루돌프 디젤이 파리의 린데 공장에 취직하다.

1883년 11월 24일: 독일에서 루돌프 디젤과 마르타가 결혼하고 파리의 집으로 돌아오다.

1884년 11월 7일: 장남 루돌프 디젤 2세가 파리에서 태어나다.

1885년 10월 15일: 딸 헤디 디젤이 파리에서 태어나다.

1887년 5월: 루돌프 디젤이 합리적 열기관을 위해 의도된 용도 목록을 작성하다. 특히 염두에 두었던 것은 아버지처럼 소상공인을 위한 용도였다.

1889년 5월 3일: 막내 오이겐 디젤이 태어나다.

1890년 2월 21일: 아직 린데에 근무하던 루돌프가 가족을 데리고 베를린으로 이주하다.

1890년 3월 20일: 카이저 빌헬름 2세가 비스마르크 재상을 억지로 사임시키다.

1892년 2월 27일: 디젤이 특허번호 67207번으로 합리적 열기관을 위한 특허를 출원하다.

1892년 4월 20일: 마시넨파브리크 아우크스부르크의 하인리히 부즈가 디젤의 아이디어를 구현하는 작업 지원에 동의하다.

1893년 1월 10일: 디젤이 〈합리적 열기관의 이론과 제작〉이라는 제목의 논문을 출간하다. 1년 전에 이미 완성한 초고가 부즈의 지원을 얻는 데 결정적 역할을 했다.

1893년 4월 10일: 디젤이 크루프와 기관개발 지원계약을 맺다.

1896년 10월: 디젤이 세 번째이자 마지막 시험용 기관 제작을 끝내다.

1897년 2월 17일: 모리츠 슈뢰터 교수가 디젤기관의 공인 시험을 실시하다. 실험 결과 이 기관은 26.2퍼센트의 열효율을 달성해 디젤의 아이디어가 성공적임을 입증했다.

1897년 3월 26일: 켈빈 경의 보증을 받은 미를리스, 왓슨&야르얀이 영국에서 디젤기관 특허를 사용할 권리를 사들이다.

1897년 4월 15일: 프레드릭 디코프가 프랑스에서 디젤 특허를 사용할 권리를 획득하다.

1897년 6월 16일: 디젤과 슈뢰터가 2월의 시험 결과를 독일 카셀에서 열린 발표회에서 공개하다.

1897년 10월 9일: 아돌푸스 부시가 디젤 특허를 북아메리카에서 사용할 권리를 획득하다.

1898년 2월 16일: 에마누엘 노벨이 디젤 특허권 합의에 서명하다.

1898년 9월 17일: 루돌프 디젤이 독일 아우크스부르크에 디젤 기술에 관련된 모든 상업적 이해관계를 관리하는 디젤기관일반회사를 세우다.

1900년 4월 14일: 파리 박람회 개막. 이 박람회에서 80마력짜리 디젤기관이 그랑프리를 받았다. 이 기관은 견과류 기름만 사용해 작동했다.

1900년 7월 2일: 루돌프 디젤이 친구 폰 체펠린 백작과 함께 비행선 루프트시프 체펠린 1호의 첫 비행을 보다. 이 비행선은 첫 체펠린 비행선이었다.

1900년 10월 1일: 윈스턴 처칠이 처음으로 하원의원에 당선되다.

1901년 봄: 디젤 가족이 뮌헨의 마리아-테레지아가 32번지에 있는 디젤 저택으로 이주하다.

1902년 11월: 아이다 타벨이 〈매클루어스〉 잡지에 록펠러와 스탠더드오일을 다룬 기사 연재를 시작하다.

1903년 4월 1일: 디젤이 《연대》를 출간하다.

1903년 5월 1일: 노벨이 카스피해에서 유조선 반달호를 취역시키다. 이 배는 세계 최초의 해양 항해용 디젤동력선이었다.

1903년 9월 29일: 디코프가 프랑스 운하 시스템에서 디젤동력 바지선 프티 피에르호를 진수하다.

1904년 3월 28일: 프랑스 해군이 첫 디젤동력 잠수함 Z를 진수하다.

1904년 5월: 당시 러시아의 키이우시가 노면전차 시스템 동력원으로 400마력을 내는 M.A.N. 디젤기관 4기를 설치하다. 곧 2기가 추가로 설치되었다.

1906년 2월 10일: 영국이 파슨스 증기터빈을 동력원으로 하고 보조 동력원으로 디젤기관을 설치한 전함 드레드노트를 진수하다.

1906년 4월 28일: 밀라노 국제박람회 개막. 술처 형제가 여기에서 역회전 2행정 디젤기관을 전시하다.

1907년 2월: M.A.N.과 디젤기관일반회사가 특허분쟁 때문에 디젤을 고소하다.

1908년 12월: 독일 해군이 유보트 함대 건설을 위해 처음으로 M.A.N.에 잠수함용 디젤기관을 주문하다.

1909년 7월: M.A.N. 최고경영자 안톤 폰 리펠이 독일 해군에 전함용 디젤기관을 제안하다. 몇 개월 뒤 독일 해군이 M.A.N., 크루프, 술처브라더스에 전함용 디젤기관을 발주하다.

1909년 9월 4일: 러시아가 카스피해에서 임무 수행을 위해 노벨이 만든 500마력 역추진 디젤기관 2기를 장비한 포함 카르스Kars를 진수하다.

1910년 4월 23일: 브뤼셀 국제박람회 개막. 여기에서 루돌프 디젤이 '프티'라고 부른 자동차용 기관이 최고상을 받는다.

1910년 8월 19일: 스웨덴의 A.B.디젤스모토러(나중의 폴라)가 만든 180마력 디젤기관을 장착한 프람호가 노르웨이를 떠나 남극을 향하다. 로날드 아문센이 원정을 성공적으로 이끌었고 노르웨이로 돌아오기까지 거의 4년이 걸렸다.

1911년 5월 15일: 미국 대법원이 스탠더드오일에 패소 판결을 내리다.

1911년 10월 24일: H. H. 애스키스 수상이 윈스턴 처칠을 해군장관에 임명하다. 처칠은 해군장관을 맡아 해군정보부의 활동과 영국 해군 전반의 준비 태세를 지휘했다.

1912년 3월 1일: 처칠이 웨스트 인디아 독에 있는 세계 최초의 진정한 대양 항해용 디젤동력선 셸란디아호의 기관실을 시찰하다.

1912년 3월 7일: 통합디젤기관회사가 영국 입스위치에 세워지다. 이 회사의 주력 분야는 선박용 대형 디젤기관 제작이다. 루돌프 디젤과 조르주 카렐은 이 회사의 공동창업자이자 이사이다. 이 회사는 나중에 디젤이 실종되고 겨우 몇 달 만에 미스터리한 상황에서 해산한다.

1912년 3월 15일: 디젤은 런던의 국제 기계공학자협회에서 〈디젤 액체연료 기관과 그 산업적 중요성 - 특히 영국을 위한〉이라는 논문 내용으로 연설하다.

1912년 3월 17일: 처칠이 의회에서 이틀 전 디젤의 연설과 비슷한 내용의 연설을 하며 영국 해군이 연료를 증기에서 석유로 바꾸면 해군은 분명 "더 높은 수준"으로 발전할 것이라고 주장했다. "(바다의) 지배야말로 이 모험에 대한 보상이라고 할 수 있을 것"이므로 이 장애물 극복은 중요했다. 영국 해군의 함선 설계자들은 이미 실제 사용 중이던 디젤 잠수함에 더해 디젤기관을 설치한 구축함과 전함의 세부 설계안을 만들어두었다. 석유보다는 디젤기관이 처칠이 탐낸 "보상"으로 가는 진정한 길이었다.

1912년 4월 13일: 디젤이 미주리주 세인트루이스의 공학자협회연합에서 연설하다.

1912년 5월 6일: 디젤 부부가 뉴저지주 웨스트오렌지에서 토머스 에디슨과 만나다.

1912년 6월 24일: 카이저 빌헬름 2세가 킬 레가타 기간에 셸란디아호의 자매선 피오나호를 시찰하다.

1913년 3월: 휴고 융커스가 항공기용 4행정 디젤기관을 개발하다.

1913년 6월: 체스터 니미츠가 미 해군을 위해 디젤기관을 연구하려 아우크스부르크에 도착하다. 디젤을 찾아온 미국 기술자들이 펜실베이니아철도회사에서 일해 달라고 다시 제안하다.

1913년 6월 28일: 찰스 파슨스와 조르주 카렐이 디젤의 뮌헨 저택에서 열린 저녁 파티에 참여하다. 디젤과 이 두 사람은 그해 10월 초에 영국에서 열리는 행사에 참석하는 데 동의하다.

1913년 9월 29일: 디젤이 탑승했다는 드레스덴호가 해협 횡단 항해를 시작하다.

1913년 10월 2일: 〈AP통신〉이 디젤이 해협 횡단을 하는 드레스덴호에 없었다는 승무원 증언을 보도하다.

1913년 10월 11일: 쾨르첸호 승무원들이 셸트강 어귀에서 떠다니던 디젤의 시신을 발견했다고 주장하다.

1914년 3월 15일: 〈뉴욕 타임스〉가 디젤이 캐나다에 살고 있다고 보도하다.

1914년 6월 28일: 검은 손이라고 불린 세르비아 민족주의자 집단이 오스트리아의 프란츠 페르디난트 대공을 사라예보에서 암살해 제1차 세계대전의 도화선에 불을 붙이다.

1915년 1월 1일: 베들레헴강철이 잠수함 부품 제작을 끝내고 이들을 캐나다에 있는 1급 기밀인 제작 공장에 수송해 찰스 M. 슈워브와 윈스턴 처칠의 합의를 이행하다.

1915년 8월 15일: 〈워싱턴 포스트〉가 캐나다에서 건조된 처칠의 비밀 잠수함들이 디젤 동력으로 대서양을 건너 북해로 갔다고 보도하다.

부록1

설명 1

4행정 디젤기관의 작동

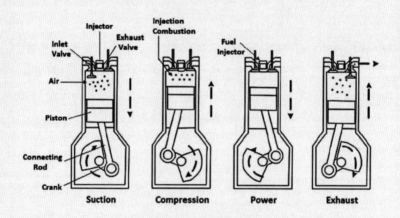

4행정 디젤 사이클, 압축점화기관

위 그림은 4행정 디젤기관의 단일 실린더에서 일어나는 4가지 단계를 보여 준다. 첫 그림에서는 피스톤이 하강한다. 그러면 공기와 연료 혼합물이 끌려온다. 두 번째 그림에서는 피스톤이 위로 올라가 혼합물을 압축한다. 세 번째 그림에서는 공기와 연료 혼합물이 압축되어 연소해 동력행정이 만들어진다. 네 번째 그림에서 피스톤이 다시 올라가 실린더에서 배기가스를 배출한다.

설명 2

1919년 이전의 디젤기관 생산업체(ABC순)

A.B. 디젤모토러_{A.B. Diesel Motorer} - 스웨덴

앨리스-찰머스_{Allis-Chalmers} - 미국

미국디젤기관회사_{American Diesel Engine Co.} -미국

오귀스탱노르망_{Augustin Normand} - 프랑스

벨리스앤모르컴_{Belliss & Morcom} - 영국

벤츠_{Benz} - 독일

브론스_{Brons} - 네덜란드

부르마이스터&바인_{Burmeister & Wain} - 덴마크

부시-술처_{Busch-Sulzer} - 미국

카렐_{Carels} - 벨기에

칼야스트람_{Carl Jastram} - 독일

칼캐벨_{Carl Kaebel} - 독일

다임러_{Daimler} - 독일

다름슈타트_{Darmstadt} - 독일

드로네벨빌_{Delaunay-Belleville} - 프랑스

도이츠_{Deutz} - 독일

다우_{Dow} - 미국

디코프_{Dyckoff} - 프랑스

프란코토시_{Franco Tosi} - 이탈리아

풀턴철공소_{Fulton Iron Works} - 미국

제너럴일렉트릭_{General Electric} - 미국

그라처 바곤_{Grazer Waggon} - 오스트리아

귈드너모토렌_{Güldner-Motoren G.m.b.H} - 독일

하셀반더_{Haselwander} - 독일

융커스_{Junkers} - 독일

콜롬나기계제작소_{Kolomna Machine-Building} - 러시아

쾨르팅_{Körting} - 독일

크루프_{Krupp} - 독일

랑엔&볼프_{Langen & Wolf} - 이탈리아/오스트리아

라이스너_{Leissner} - 스웨덴

레오베르스도르퍼 마시넨파브리크_{Leobersdorfer Maschnenfabrik} - 독일

M.A.N. - 독일

미를리스_{Mirrless} - 영국

노벨_{Nobel} - 러시아

노르드베르크_{Nordberg} - 독일

사바테_{Sabathe} - 프랑스

소테아를_{Sautter-Harle} - 프랑스

스노우홀리_{Snow-Holly} - 미국

슈나이더에시_{Schneider et Cie} - 프랑스

소시에테모테르아가즈_{Ste. Moteurs à Gaz} -프랑스

슈타인베커_{Steinbecker} - 독일

술처브라더스_{Sulzer Brothers} - 스위스

트링클러_{Trinkler} - 러시아

비커스_{Vickers} - 영국

바펜운트마시넨파브리크_{Waffen-u Maschinenfabrik} - 독일

베르크스푸르_{Werkspoor} - 네덜란드

웨스팅하우스_{Westinghouse} - 미국

윌란스&로빈슨_{Willans & Robinson} - 영국

위딩턴_{Worthington} - 미국

부록2

M.A.N.의 비밀 – 제1차 세계대전기 전함용 디젤기관

1909년 8월, M.A.N. 뉘른베르크 사업부의 안톤 폰 리펠Anton von Rippel은 독일 해군에 주력함의 동력원이 되기에 충분한 출력을 낼 수 있는 디젤 기관을 제작할 준비가 되었다는 대담한 주장을 제시했다. 당시 그 어떤 업체도 이런 주장을 할 수 없었다. 하지만 1909년 말에 폰 리펠은 독일 해군과 출력 1만 2,000마력의 주력함용 6기통 디젤기관 6기 제작 계약에 서명했다. 6기를 합치면 전함을 움직이는 데 필요한 7만 2,000마력을 낼 수 있었다. 그 뒤로 몇 년간 전함용 대형 디젤기관에 대한 소문이 유럽 전체에 돌아다녔다. 그러나 개발 작업은 철저하게 비밀에 부쳐졌기에 설계 세부 사항은 전쟁이 끝난 다음에도 알려지지 않았다.

이 혁명적인 디젤기관을 장비한 전함은 재급유를 위해 멈출 필요 없이 세계 일주를 할 수 있을 것이다. 이런 위력의 디젤기관을 장비한 떠다니는 괴물은 들키지 않고 접근할 수 있다는 놀라운 가능성까지 갖췄다. 몇 마일 떨어진 곳에서도 하늘을 물들이며 수평선 위에서 접근을 알리는 검은 연기 기둥 없이, 디젤동력 전함은 증기 동력 전함과 같은 대형 대구경 함포를 가진 채 자신을 드러내지 않고 적에게 다가갈 수 있었다.

독일은 당시 진지하게 전함용 디젤기관 제작을 추구한 유일한 나라였고 이것이 가능하다고 여길 배짱이 있던 유일한 나라이기도 했다. 이 전함이 성능 면에서 영국 해군의 드레드노트형 전함을 훌쩍 뛰어넘기를 바랐던 빌헬름은 1909년에 M.A.N., 크루프, 술처브라더스와 각각 계약을 맺었다. 이 디젤기관은 카이저급 전함 SMS 프린츠레겐트 루이트폴트에 설치될 예정이었다.

당시 디젤기관이 내는 장거리 성능의 가치와 석탄 기관 전함의 재급탄이 얼마나 힘들었는지를 평가하기란 어렵다. 그러나 역사상 가장 유명한 해상 추격전인 SMS 괴벤Goeben의 도주 사건은 이것이 어떤 난제였는지를 잘 보여 준다.

제1차 세계대전이 일어나고 몇 달 동안 독일 순양전함 SMS 괴벤은 지중해와 에게해를 거쳐 영국 해군으로부터 도망쳤다. 이 과정에서 반복적으로 연료(석탄)를 재보급할 필요가 생겼기 때문에 괴벤은 섬에 있는 항구에 들르거나 급탄선과 바다에서 만나 힘든 급탄 작업을 시작해야 하는 큰 위험을 무릅써야 했다. 영국군이 근처에 있다는 것을 알았던 괴벤함 승조원 전원은 미친 듯이 작업했다. "밤새 크레인이 괴벤함 위로 실어 온 석탄 자루는 덜그럭거리는 소리와 함께 강철 갑판 아래로 내려갔다. 석탄 자루가 내려오면 삽으로 푸는 작업이 시작되었다. 승조원들은 지쳐 비틀거리기 시작했다. 소우혼(빌헬름 소우혼 제독)은 맥주, 커피, 레모네이드, 군악대 연주, 독려로 부하들을 격려했다. 장교들도 웃통을 벗고 병사들 옆에서 일하는 솔선수범을 보였다. 그러나 그 어떤 것으로도 지친 승조원들을 계속 서 있게 할 수는 없었다. (…) 둘째 날

정오쯤 괴벤함은 석탄 1,500톤을 적재했다. 승조원들은 탈진했다. 이들은 물집투성이 손에 삽을 꼭 잡은 채 갑판에 쓰러져 있었다." 그러나 설상가상으로 괴벤함은 증기압을 올리고 도주를 다시 시작해도 기관 출력을 제대로 내지 못하고 속도를 제한할 수밖에 없었다. 보일러 튜브가 터지기 시작하며 증기와 끓는 물이 프로펠러를 계속 돌리기 위해 상의를 벗고 화로에 석탄을 집어넣던 화부들을 덮쳤다. 추격이 계속되는 동안 화부 4명이 데어서 숨졌다. 이와 반대로 디젤동력 전함에서 승조원들은 호스를 준비된 탱크에 연결하기만 하면 자동으로 기관에 연료가 들어갔다.

현대 기준으로 전함용 '대성당형' 디젤기관은 터무니없을 정도다. M.A.N. 기관은 각각 7.6미터 높이였다. M.A.N.의 첫 시험용 기관은 계약에서 요구된 기준 출력의 90퍼센트를 잠깐 달성했으나 양측이 합의했던 5일 연속 가동에는 실패했다. 새로 설계된 시험용 기관은 1912년 1월에 폭발 사고를 냈다. 이 사고로 기술자 10명이 죽고 14명이 중상을 입었다.

결국 M.A.N.은 1913년 9월에 7번째이자 마지막 설계를 완성하고 다음 해 2월에 기관 제작을 끝냈다. 초도 시험 기간에 이 기관은 10시간 동안 1만 마력을 내어 장래성을 보였다. 그런데 전쟁이 일어나는 바람에 시험 단계 통과가 느려졌다. 시험에 필요한 연료 부족뿐 아니라 기관이 과연 시간에 맞춰 실전 투입될 것인지에 대한 회의 때문에 이 신형 디젤기관의 우선순위는 낮아졌다.

디젤기관용 중유의 원료인 원유 부족으로 인해 M.A.N. 기술진은 루돌프 디젤이 언제나 강변했던 방향으로 프로젝트를 전환했다.

M.A.N.은 석유보다 조달하기 쉬운 콜타르로 연소가 가능하도록 기관을 개조했다. 시험은 1915년 4월에 단기통만 이용해(6개 기통을 모두 갖춘 기관 대신) 재개되었다. 6개 기통 전체를 사용하는 시험은 1917년에 시작되었고 그해 3월 24일에 기관은 인수 시험을 통과했다. 기관은 1만 2,200마력이라는 엄청난 출력을 냈다. 따라서 전함 1척에 들어가는 6기를 합치면 7만 3,200마력을 낸다. 기관은 1시간에 마력당 연료 243그램을 연소했다. 연료 효율성이 뛰어난 이 기관을 장착한다면, 당시 현역에 있던 어떤 전함보다 몇 배 더 먼 거리를 갈 수 있었다. 이 기관에 사용된 연료는 콜타르 214그램과 파라핀유 29그램 비율로 조성되었다. 석탄은 풍부하게 산출되나 석유는 해외에 의존해야 하는 독일(혹은 영국) 같은 나라에서 이런 디젤기관은 운명을 바꿀 수도 있었다.

크루프와 술처는 전함용 디젤기관 설계에서 다른 기술적 접근을 따랐으나 M.A.N.의 성공에는 미치지 못했다. 1914년 12월 22일, 프랑스 해군 사절단이 술처 공장을 방문해 기관시험을 참관했다. 며칠 뒤 영국, 독일, 이탈리아 해군 대표들이 이 기관이 가동하는 모습을 보았다. 각자 견해는 달랐다.

이 거대한 디젤기관은 비록 실전에 투입되지는 못했어도 거의 신화에 가까운 독일 기술진의 업적이며 다른 나라에서는 그 후로도 오랫동안 여기에 필적한 결과를 내지 못했다. 카이저급 전함 프린츠레겐트 루이트폴트의 용골龍骨은 1910년 10월에 놓였다. 그리고 적합한 디젤기관을 인도한 생산사가 없었기 때문에 1912년 2월 17일에 진수되었을 때 이 전함에는 파슨스식 증기터빈 2기가 탑재되었다. 독일이 전쟁에서 패한 1919년 6월 21일, 베르사유 조약 서명 겨우 1주일 전에 루트비히 폰 로이터Ludwig von Reuter 제독은 연합군에 이 전함을 넘기는 사태를 막으려 자침自沈 명령을 내렸다.*

———

1949년 3월 24일에 〈뉴욕 타임스〉는 "석탄과 석유 혼합연료로 작동하는 디젤기관"이라는 기사를 냈다. 이 기사는 노스캐롤라이나주립대학교의 한 교수가 가루 석탄과 석유를 "반반" 섞은 혼합연료를 연소하는 디젤기관을 개발하는 데 성공했다고 보도했다. 교수는 4년에서 10년 정도 있으면 이 기관은 상업적 이용이 가능할 것으로 내다보았는데 그의 말을 빌리자면 이것은 매우 중요했다. "전시에 석탄은 석유보다 더 풍부합니다. 그리고 석탄이 있으면 연료 1갤런으로 2갤런이 하는 일을 할 수 있습니다." M.A.N. 기술진이 이미 옛날인 1917년에 훨씬 야심적인 석탄-석유 혼합연료 목표 비율을 비밀리에 달성했다는 것을 고려해 보면 이 기사는 당황스러울 정도로 시대에 뒤쳐진 것처럼 들린다. 그런데 아우크스부르크에서 이룩한 업적이 믿을 수 없을 정도로 선진적이었다는 증거가 있다. 실제 전함에 사용되지 못하고 공장에 남았던 M.A.N. 기관이 베르사유 조약에 따라 폐기되었던 것이 그것이다.

———

* 　　프린츠레겐트 루이트폴트를 비롯한 독일 함대 대부분은 당시 영국 스캐퍼플로에 억류되어 있었다. 로이터 제독의 명령으로 이날 주력함 16척을 포함한 독일 해군 함선 74척이 동시에 자침했다. - 옮긴이 주

루돌프 디젤 미스터리

초판 1쇄 인쇄 2025년 2월 20일
초판 1쇄 발행 2025년 3월 1일

지은이 더글러스 브런트
옮긴이 이승훈
펴낸이 오세인 | 펴낸곳 세종서적(주)

주간 정소연 | 편집 윤정아
표지 디자인 유어텍스트 | 본문 디자인 김미령
마케팅 조소영 | 경영지원 홍성우
인쇄 천광인쇄 | 종이 화인페이퍼

출판등록   1992년 3월 4일 제4-172호
주소   서울시 광진구 천호대로132길 15, 세종 SMS 빌딩 3층
전화   (02)775-7011
팩스   (02)776-4013
홈페이지   www.sejongbooks.co.kr
네이버 포스트 post.naver.com/sejongbooks
페이스북   www.facebook.com/sejongbooks
원고모집   sejong.edit@gmail.com

ISBN 978-89-8407-861-1   (03990)

미국 자본주의의 역사
맨땅에서 일어선 국가의 성공 요인은 무엇인가?

앨런 그린스펀, 에이드리언 울드리지 지음 | 김태훈 번역 | 장경덕 감수 | 552쪽 | 23,000원

세계 최대의 경제대국이 되기까지 미국 자본주의가 걸어온 길을 생생히 그려낸 책. 저자 앨런 그린스펀은 20년간 연준(Fed)의 수장을 지낸 "세계 경제대통령"으로 불린다. 이 책은 최초의 벤처캐피탈 고래잡이부터 실리콘밸리 너머 미래까지, 미국의 과거와 미래에서 혁신의 길을 찾는 지적인 여정이다. "밖은 경쟁자의 도전, 안에서는 파열음이 쟁쟁한 이 개척국가의 미래는 여전히 밝은가?" 혁신의 돌파구를 찾는 국가와 기업, 개인을 위한 유용한 길잡이가 될 것이다.

★파이낸셜 타임스–맥킨지 비즈니스북 2018 노미네이트★

★SK CEO 추천도서★

돈을 찍어내는 제왕, 연준
미국 중앙은행은 어떻게 세계 경제를 망가뜨렸나

크리스토퍼 레너드 지음 | 김승진 옮김 | 468쪽 | 25,000원

세계 경제와 인플레이션을 이해하는 필수 키워드 '연준(Fed)'을 내부자의 시선으로 그려낸 최초의 책. 연준은 세계의 구원자일까, 위기와 불평등의 진원지일까? '연준 해설가' 오건영 팀장은 "연준은 협의체이기 이전에 인간이 만들어낸 기구이다. 연준의 결정이 시장을 뒤흔드는 이 시기, 한국 독자들이 이 책을 통해 미국 중앙은행을 한층 가까이에서 심층적으로 들여다보는 좋은 기회"라고 추천의 글을 썼다.

★〈월스트리트저널〉 2022 올해의 책★

**The Mysterious
Case of
Rudolf Diesel**